우리 안의 미래
교육

'나'라는 감옥에서 벗어난 탈현대 교육의 청사진

우리 안의 미래교육

'나'라는 감옥에서 벗어난 탈현대 교육의 청사진

초판 1쇄 인쇄 2019년 1월 21일
초판 1쇄 발행 2019년 1월 30일

지은이 정재걸
펴낸이 김승희
펴낸곳 도서출판 살림터

기획 정광일
편집 조현주
북디자인 꼬리별

인쇄·제본 (주)현문
종이 월드페이퍼(주)

주소 서울시 양천구 목동동로 293, 22층 2215-1호
전화 02-3141-6553
팩스 02-3141-6555
출판등록 2008년 3월 18일 제313-1990-12호
이메일 gwang80@hanmail.net
블로그 http://blog.naver.com/dkffk1020

ISBN 979-11-5930-085-1 93370

이 도서의 국립중앙도서관 출판예정도서목록(CIP)은
서지정보유통지원시스템 홈페이지(http://seoji.nl.go.kr)와
국가자료공동목록시스템(http://www.nl.go.kr/kolisnet)에서 이용하실 수 있습니다.
(CIP제어번호: CIP2019000071)

우리 안의 미래교육

'나'라는 감옥에서 벗어난 탈현대 교육의 청사진

정재걸 지음

살림터

이 저서는 2014년 정부(교육부)의 재원으로 한국연구재단의 지원을 받아 수행된 연구임
(NRF-S1A6A4025273).

머리글

　지금까지 살아오면서 잘한 일이 별로 없지만 그래도 잘한 일 중에 하나를 꼽으라고 하면 예순이 다 되어 수영을 배우기 시작한 것이다. 돌아가신 수영 선수 출신 지도교수께서는 자주 "힘을 빼는 것이 힘을 주는 것이다"라는 말씀을 하셨는데, 수영을 배우면서 비로소 그 말씀을 몸으로 터득하게 되었다. 모름지기 모든 공부의 핵심은 힘을 빼는 것이다. 수영을 하는 것도 좋지만 수영을 하고 나서 뜨거운 물에 반신욕을 하는 것도 커다란 즐거움 중의 하나이다.

　오늘도 수영을 마치고 뜨거운 물에 들어가 반신욕을 하며 '늙음과 병듦과 죽음을 어떻게 바라볼 것인가?'에 대해 명상을 하였다. 마음의 세계에서 보면 늙음과 병듦과 죽음은 어쩔 수 없이 조만간 우리에게 닥칠 것이고, 그렇게 보면 우리의 하루하루는 외줄타기를 하는 것처럼 위태롭다. 그러나 몸의 관점에서 보면 이 세 가지는 닥치면 어떻게든 적응하기 마련인 여러 현실 중 하나에 지나지 않는다. 우리가 주변에서 만나는 노인들은 허리가 굽고 또 각종 질병에 시달리고 있지만 누구나 다 나름대로 적응하며 살아가고 있다. 물론 그 노인들도 매 순간 이보다 더 나빠지면 어떻게 하나 하는 걱정을 하고 살아가겠지만, 그 걱정 역시 몸의 세계가 아니라 마음의 세계일 뿐이다. 마음의 세계가 고통스러운 것은 늙음과 병듦과 죽음에 끊임없이 저항하기 때문이다. 늙음과 병듦과 죽음이라고 하는 것 그 자체는 그리 고통스럽지 않다. 몸의 관점에서 보면 그것들은 그냥 첫 번째 화살일 뿐이기 때문이다. 정말로 고통스러운 것은 마음이 쏘는 두 번째 화살이다. 그 화살은 한 개가 아니고 여러 개이며, 생각하면 생각할수록 화살의 빈도가 잦아지기 때문이다.

몸의 관점이 곧 현존의 세계다. 몸은 과거와 미래를 모른다. 그저 뜨거운 물이 출렁거리며 피부에 닿는 것을 느낄 뿐이다. 많은 선사들이 불법이 무엇인가, 부처가 누구인가, 궁극적 진리가 무엇인가라는 제자들의 질문에 '뜰 앞의 잣나무'라든지, '마른 똥 막대기'라든지, '삼 서 근'이라고 대답한 것은 바로 제자들로 하여금 마음의 세계에서 지금 여기라는 현존의 세계로 돌아오도록 하기 위함이었다. 나의 깨달음의 스승인 김기태 선생이 자주 언급하는 무심선원 김태완 선생은 설법을 하면서 자주 책상을 손으로 탁 친다고 하는데, 그것 역시 현존의 세계로 돌아오라고 부르는 것일 따름일 것이다. 외줄타기를 하는 위태로운 마음의 세계가 곧 에고 속의 삶이고, 고요하고 평화로운 현존의 세계가 곧 셀프 속의 삶이다.

살림터 출판사에서 『오래된 미래교육』을 출판한 지 벌써 8년이 흘렀다. 2010년 『오래된 미래교육』 출판 직후 나는 일찌감치 다음 책의 제목을 『우리 안의 미래교육』으로 결정해두었다. 그러나 몇 차례 연구재단 인문저술지원사업의 문을 두드렸으나 열리지 않다가, 마침내 2014년에 한국연구재단 인문저술지원사업에 선정되어 본격적으로 저술 작업을 시작할 수 있었다. 그리고 마침내 작년에 초고를 탈고하였다.

이 책은 문명사적 입장에서 현대 문명과 교육이 안고 있는 여러 문제를 살펴보고, 인간과 자연이 평화롭게 공존할 수 있는 새로운 문명의 실현이 '우리 안'의 교육을 통해 가능하다는 주장을 담은 것이다. 책의 제목인 '우리 안의 미래교육'에서 '우리 안'은 세 가지 의미를 가지고 있다. 그 한 가지는 미래교육에서 추구해야 할 것은 우리 밖에 있는 객관적 진리가 아니라 우리의 마음속에 있는 궁극적 진리라는 의미이다. 두 번째 의미는 미래교육의 청사진은 현대 문명을 이끌고 있는 서양 교육사상이 아니라 동양의 전통 교육사상 속에서 찾을 수 있다는 것이다. 그리고 마지막으로 탈현대 문명의 출현은 현대 문명의 중심부인 서유럽이나 미국이 아니라 현대 문명의 주변부인 우리나라에서 시작될 수 있다는 의미를 담고 있다.

책의 제1부는 문명을 에고와 셀프의 문명으로 구분하여 셀프의 문명이 어떤 것이며 어떤 교육을 통해 실현될 수 있는지 살펴보았다. 제2부에서는 네 가지 대표적 동양 고전, 즉 『논어』, 『주역』, 『노자』, 『금강경』 속에 들어 있는 셀프 실현의 교육이 어떤 것인지 살펴보았다. 마지막 제3부에서는 미래교육의 핵심적인 교육과정으로 '내가 없는 사랑無我之愛'을 실현하는 인성교육과 삶과 죽음이 걸림 없음을 깨닫는 죽음교육, 마음의 본래 상태인 고요함을 회복하는 평화교육, 곧 도래할 인공지능 시대에 필요한 마음교육을 살펴보았다.

이 책을 저술하는 데 많은 사람들의 도움을 받았다. 먼저 함께 연구년을 지내며 초고를 일일이 읽어주고 참신한 아이디어를 준 진선희 선생에게 가장 큰 도움을 받았다. 그리고 동양사상과 탈현대연구회의 리더인 홍승표 선생, 까칠하게 보이지만 한없이 너른 품을 가진 이승연 선생, 모임의 총무이자 깜찍하고 발랄한 이현지 선생, 그리고 묵묵히 궂은 일을 감당해내는 막내 백진호 선생도 큰 도움을 주었다.

동양사상과 탈현대연구회는 1997년부터 매주 혹은 격주로 모여 동양의 고전을 함께 강독하며, 그 속에서 삶과 문명을 바라보는 새로운 관점을 발굴하고, 현대 문명이 안고 있는 근원적인 문제를 토론하며 문명의 미래를 모색하는 모임이다. 모임을 시작한 지 어느새 20년이 훌쩍 지나갔다. 그동안 연구회에서는 『동양사상과 탈현대의 죽음』(2010), 『주역과 탈현대 1·2』(2014), 『동양사상과 마음교육』(2014), 『공자혁명』(2015), 『동양사상에게 인공지능 시대를 묻다』(2017), 『노자와 탈현대』(2017) 등의 공동 저서를 출판하였다.

이 책의 기본 취지 역시 동양사상과 탈현대연구회의 설립 목적과 그동안 펴낸 공동 저서의 주장에서 크게 벗어나지 않는다. 아무쪼록 문명사적 입장에서 미래교육을 설계하려는 이들에게 이 책이 작은 도움이라도 될 수 있기를 기원한다.

끝으로 『오래된 미래교육』에 이어 자매편인 『우리 안의 미래교육』을 출간해준 살림터 사장님과 직원 여러분께 감사 인사드린다.

2019년 1월
정재걸

차례

서론

어느 시대나 자신의 시대가 위기의 시대이고 또 종말의 시대라는 인식이 존재해왔다. 그러나 현재 인류가 처한 상황은 그러한 일상적인 위기의식의 하나로 보기에는 훨씬 심각한 상황이다. 재레드 다이아몬드는 그동안 존재했던 여러 문명의 붕괴를 살펴본 뒤, 현재 인류가 처한 문명을 "우리가 지속 가능하지 않은 방향을 계속 고집한다면 세계의 환경문제는 우리 자식들이 세상을 떠나기 전에 어떤 형태로든 결론이 날 것이다. 바람직한 방향으로 해결되느냐, 아니면 전쟁, 대량학살, 아사, 전염병, 사회의 붕괴 등 바람직하지 않은 방향으로 해결되느냐가 문제일 뿐이다"[1]라고 결론짓고 있다. 제레미 리프킨 또한 현재의 인류 문명이 지극히 위험한 상황에 처해 있으며, 이러한 문명의 붕괴에 대응할 수 있는 유일하고 진정한 해결책은 다가오는 세기 동안 인간의 의식을 대폭 재조정하여 인간이 공유하고 있는 지구에서 다 함께 살 수 있는 방법을 배우는 길뿐이라고 하였다.[2]

이러한 문명의 종말에 대응하여 교육은 무엇을 할 수 있을까? 현대 교육학에서 교육은 사회변화에 수동적이고 종속된 것으로 간주되어왔다. 일부 진보적인 교육학에서 교육이 사회변화를 이끌 수 있다고 주장하기도 했지만, 대부분의 교육이론에서는 교육이 하부구조에 비해서뿐만 아니라 여타 상부구조에 비해서도 가장 변화가 지체되는 것으로 간

---

1. 재레드 다이아몬드(2011), 『문명의 붕괴』, 강주현 옮김, 김영사, 681쪽.
2. 제레미 리프킨(2010), 『공감의 시대』, 이경남 옮김, 민음사, 615쪽.

주되어왔다. 그러나 마르크스가 『포이어바흐에 관한 테제』에서 낡은 유물론에서는 존재가 의식을 결정하지만, 새로운 유물론의 입장에서는 결국 하부구조를 변화시키는 것이 인간의 의식이라는 점을 강조했듯이,[3] 궁극적인 변화는 인간의 의식을 변화시키는 교육을 통해 이루어질 수 있다.

헤르바르트 이후 형성, 발전된 현대 교육학은 지나치게 미세한 교육현상에 주목하여왔다. 현대 교육학은 무엇을 어떻게 가르칠 것인가에만 초점을 맞추어 왜, 무엇을 위해 가르쳐야 하는가 하는 질문에는 소홀했다. 그러나 이제는 보다 거시적인 시각에서 문명의 종말과 관련하여 교육이 무엇을 할 수 있는가에 대한 근본적인 검토가 필요한 시점이 되었다.

인류는 지금 기로에 놓여 있다. 새로운 문명을 만들어나갈 것인지 아니면 멸망하여 2억 5,000만 년 이전의 상태로 돌아갈 것인지 하는 기로에 놓여 있다.[4] 문명론적 시각에서 보면 오늘날 인류는 제2단계인 자신

---

3. "관조적 유물론, 즉 감성을 실천적 활동으로 이해하지 않는 유물론이 도달할 수 있는 가장 높은 지점은 시민사회 속의 개개인의 관조이다. 낡은 유물론의 입장은 시민사회이며, 새로운 유물론의 입장은 인간적 사회 또는 사회적 인간이다."
4. 세계적인 환경운동가 겸 저널리스트인 마크 라이너스는 2008년 4월 영국의 가디언지에 '지옥으로 가는 여섯 단계(Six steps to hell)'라는 제목의 글을 실었다. 마크 라이너스는 지구 온도가 1도 상승하면 네브래스카 등 미 대륙 서부는 가뭄이 극심해져 사하라 사막과 유사한 환경이 되고 인구 대이동이 일어날 것으로 전망했다. 킬리만자로 만년설은 모두 녹아 아프리카에서는 더 이상 얼음을 볼 수 없게 된다고 경고했다. 2도 올라가면 그린란드의 얼음이 녹아서 평균 해수면이 7미터까지 상승할 수 있다고 내다봤다. 유럽 날씨가 중동처럼 변해 폭서현상으로 수십만 명의 사상자가 발생하고 산불 위험도 커질 것으로 경고했다. 산호초가 사라지는 등 현존하는 생물의 3분의 1이 멸종하게 된다. 3도 올라가면 아프리카 남부지역 사막화와 슈퍼태풍으로 수십억 명의 난민이 발생하고, 북유럽과 영국에는 여름철 가뭄과 겨울철 홍수가 번갈아 발생한다. 아마존 일대 가뭄이 악화되면서 거대한 화재가 발생하는 사태도 예견했다. 4도 상승하면 북극 시베리아 얼음이 녹아 수천억 톤의 이산화탄소와 메탄가스가 대기 중으로 방출된다. 북극곰도 사라지고 남극의 얼음이 녹아 해수면이 5미터 상승, 섬 국가들은 물에 잠기게 된다. 5도 올라가면 지구는 5,500만 년 전 상태로 돌아가 캐나다에서도 아열대종인 악어와 거북이 발견되고, 남극 중앙에 숲이 생긴다. 6도까지 상승하면 지구는 2억 5,100만 년 전 페름기 말과 비슷해져 현존하는 생물종 95%가 사라질 것이라는 경고도 내놨다.

을 분리 독립된 개체로 여기는 '개별 에고의 문명'에서, 모든 존재가 서로 거미줄처럼 연결된 '셀프의 문명'으로 전환해야 하는 기로에 서 있다.[5] 셀프의 문명은 제1단계 문명인 '집단 에고 문명' 이전의 자연 상태와 같으면서도 다르다. 에고가 없다는 측면에서 양자는 같지만, 그것을 자각하고 있다는 측면에서 셀프의 문명은 자연 상태의 세계와 구별된다. 에릭 호퍼는 "자연은 완전하지만 인간은 절대로 그렇지 못하다. 완전한 개미, 완전한 꿀벌은 있지만 인간은 영원히 미완성이다"라고 하였다.[6] 인간이 개별 에고를 거쳐 다시 셀프로 돌아갈 때 비로소 인간은 완전해질 것이다. 이 부분은 책의 2장에서 보다 상세하게 논의하게 된다.

셀프의 문명 실현의 중심에 있는 것이 교육이다. 현대 문명, 즉 개별 에고의 문명은 제도적 구조적 장치를 통해 이루어졌지만, 셀프의 문명은 감동을 통한 인간의 근원적인 변화를 통해 이루어질 것이기 때문이다. 『중용中庸』에서는 "성실하면 드러나고 드러나면 더욱 드러나고 더욱 드러나면 밝아지고 밝아지면 감동시키고 감동시키면 변하고 변하면 화할 수 있다"[7]라고 하였다. 즉 궁극적인 변화는 나의 변화에서 시작되어 그 변화가 다른 사람의 마음에 닿아感 움직임動으로써 이루어진다는 것이다. 로먼 크르즈나릭은 "공감은 혁명을 일구어낼 수 있다. 지금까지 있었던 구식 혁명, 즉 법률과 제도, 정부를 새로 세우는 그런 혁명이 아니

---

5. 문명의 발생은 에고의 발생과 일치한다. 에고란 자신을 분리 독립된 개체로 보는 의식이다. 문명 이전의 사회에서 인류는 다른 모든 생명체와 같이 자연과 하나가 된 삶을 살았다. 에고의 발생에 따라 인류는 자연을 자신의 밖에 존재하는 그 무엇으로 간주하고 그 자연을 개발함으로써 문명을 이루게 되었다. 인류의 제1단계 문명은 집단 에고의 문명이다. 근대 이전의 모든 문명이 이에 속한다. 집단 에고의 문명에서 자아의 인식은 자신이 소속된 집단에 의해 확인된다. 제2단계 문명은 개별 에고의 문명이다. 근대 문명과 같이 분리 독립된 개체로서 자신을 인식하는 시대이다. 제3단계 문명은 셀프의 문명이다. 오직 성숙한 에고만이 무르익어 떨어질 수 있듯이 개별 에고의 시대를 거치지 않고는 결코 셀프의 문명으로 들어설 수 없다.

6. 에릭 호퍼(2014), 『인간의 조건』, 정지호 옮김, 이다미디어, 13쪽. 이어서 그는 "인간은 자연의 실수에서 비롯되었다. 자연은 인간을 완성하는 일을 깜빡 잊어버렸고 그 실수의 대가를 지금까지 치르고 있다"라고 말하고 있다.

7. 誠則形 形則著 著則明 明則動 動則變 變則化.

라 훨씬 더 근본적인 것, 즉 인간관계의 혁명을 일으킨다"라고 하였는데,[8] 이는 유학에서 말하는 근본적인 변화는 머리를 통한 설득이 아니라 가슴의 감동을 통해 이루어진다는 말과 같다.

이 책은 보다 거시적인 시각, 즉 문명론적 시각에서 현대의 여러 문제를 살펴보고, 문명 붕괴를 막을 수 있는 대안을 교육에서 찾기 위한 것이다.

이집트의 저명한 학자인 사미르 아민은 혁명은 문명의 중심부가 아니라 주변부에서 시작된다고 하였다.[9] 문명의 중심부에서는 문명 내부의 모순을 해결할 제도적 장치들이 정교하게 작동하고 있기 때문에 오히려 변화의 가능성이 적은 반면, 문명의 주변부에는 그런 제도적 장치들이 열악하기 때문에 오히려 새로운 문명의 발생 가능성이 크다고 본 것이다.[10] 결론부터 이야기하자면 현대 문명은 위기에 처해 있고, 그 해결책은 인간의 본성 속에서 궁극적인 진리를 발견하려는 우리의 전통교육에서 실마리를 찾을 수 있다는 것이다.

이 책을 통해 독자들은 인류 문명의 위기와 그 유일한 해결책으로서의 교육의 위상과 역할에 대해 분명한 인식을 가지게 될 것이다. 아울러 새로운 문명의 설계에 동양 사상이 어떻게 활용될 수 있으며, 새로운 문명을 위한 미래교육의 구체적인 청사진은 어떤 것인지 살펴볼 수 있을 것이다. 또한 이 책을 통해 독자들은 보다 거시적인 시각에서 현재 우리 교육의 좌표를 파악할 수 있을 것이다. 향후 교육에 대한 문명론적 시각을 지닌 많은 연구들이 이루어지기를 기대한다.

---

8. 로먼 크르즈나릭(2014), 『공감하는 능력』, 김병화 옮김, 더퀘스트, 12쪽.
9. 사미르 아민(1985), 『주변부 자본주의론』, 정성진·이재희 옮김, 돌베개.
10. 같은 맥락인지 모르겠지만 김용옥은 미래 세계 문명의 중심은 중국이 될 것이며, 이런 중국 문명의 미래적 방향의 모델을 우리 한국 문명이 제시해야 한다고 말하고 있다. 김용옥 (2011), 『중용 인간의 맛』, 통나무, 32쪽.

제1부

인류 문명과 미래교육

제1장

우울 사회

모두 고개를 옆으로 떨구고 잠들어 있다.
왁자하던 입구 쪽 사내들도
턱 밑에 하나씩 그늘을 달고 묵묵히 건들거린다.
헤친 앞섶 사이로 런닝 목이 풀 죽은 배춧잎 같다.

조심히 통로를 지나 승무원 사내는
보는 이 없는 객실에 대고
꾸벅 절하고 간다.

가끔은 이런 식의 영원도 있나 몰라.
다만 흘러가는 길고 긴 여행

기차 혼자 깨어서 간다.
얼비치는 불빛들 옆구리에 매달고
낙타처럼

무화과 피는 먼 곳 어디
누군가 하나는 깨어 있을까.
기다리고 있을까 이 늙은 기차

_김사인, 「밤기차」

1. 고통 속의 한국 사회

2016년 8월 3일 네이버 뉴스에 '삼불남'이라는 신조어가 소개되었다. 30대의 불안한 남자, 혹은 불만인 남자를 뜻한다고 하는데, 이태백(20대 태반이 백수)과 사오정(45세가 넘으면 정리해고 대상) 사이에 정확히 긴 세대라고 하였다. '불안'과 '불만', 그리고 '불확실성'으로 특징되는 삼불남의 '불안' 심리가 인터넷 댓글 폭주 같은 '불만' 표출로 귀결되는 경우가 많다고 하는데, 이 기사에 대해 한 삼불남은 다음과 같은 댓글을 달았다.

> 군에서 제대하면 23살, 어학연수에 유학에 토익 공부에 부모 등골 빼먹다가 졸업해서 간신히 30살에 취직해서 45살이면 명퇴, 희망퇴직으로 쫓겨나서 자영업 2년 하다 전 재산 날리고, 이혼하고… 일당일 근근이 하다가 나이 들어 노동력 상실하면 번개탄 피워놓고 자살할 수밖에 없는 게 개한민국의 현실이다.

21세기도 17년이나 지난 현재, 인류의 미래는 암담하다. 세계 어느 곳을 살펴보아도 우리가 본받을 모델이 보이지 않는다. 소비에트 연방의 붕괴와 함께 공산주의가 무너진 이후, 사회구성 원리로서의 도덕적 이념은 사라지고, 오직 생존 경쟁을 위한 투쟁이 전 세계에 만연해 있다. 한때 유럽은 최선은 아니지만 많은 국가들이 부러워하고 따라가야 할 모범으로 여겨지기도 했다. 그런 유럽이 2008년 미국발 금융위기의 여파로 혼란스러운 경제 위기에 빠져 있다. 실업률이 솟구치고 일자리와 함께 미래를 잃은 청소년들은 자포자기의 심정으로 술과 마약에 빠져들고 있다. 재스민 혁명이라고 불리는 튀니지에서 시작된 젊은이들의 사회운동은 청년 실업의 급격한 증가가 직접적인 원인이었다. 뉴욕의 한복판에서 벌어진 '점령하라'는 시위 역시 청년 실업의 급증이 그 원인이라고 하지 않을 수 없다.[1]

이와 같은 경제적 혼란은 인류가 처한 거시적 위기에 비하면 아주 사소한 것인지도 모른다. 인류가 처한 문제 중 가장 심각한 것은 환경이다. 생태주의자들이 보는 미래는 암울하기만 하다. 프란츠 알트는 오늘 하루 동안 우리는 100가지 종류의 동식물을 멸종시키고, 20,000헥타르(약 6,050만 평)의 사막을 만들어내고, 8,600만 톤의 비옥한 땅을 침식시켜 파괴하고, 1억 톤의 온실가스를 배출하고 있다고 하였다.[2]

지구상에 생명이 존재했던 38억 년 동안 대량 멸종의 파도가 다섯 차례 휩쓸고 지나갔다. 이러한 생물학적 청소가 한 번 지나가고 난 후 사라진 생물종의 다양성을 회복하는 데 평균 1,000만 년의 시간이 걸렸다.[3] 환경문제는 급격한 인구 증가로 인하여 그 심각성이 더욱 증폭되고 있다. 2012년에 세계 인구는 70억 명이 되었다. 현재와 같은 속도로 인구가 증가하면 774년 후에는 1제곱야드당 10명이 살게 되고, 2,000년 후에는 인간의 질량이 지구의 질량과 엇비슷하게 되며, 6,000년 후에는 인간의 질량이 우주의 질량과 비슷해진다고 한다.[4]

1. 이런 젊은이들의 사회운동과 관련하여 스테판 에셀은 『분노하라』라는 책을 통해 젊은이들에게 사회 양극화, 외국 이민자에 대한 차별, 민주주의를 위협하는 금권 등에 저항할 것을 선동한다. 그는 무관심이야말로 최악의 태도이며, 인권을 위협받고 있는 사람들이 있다면 찾아가 기꺼이 힘을 보태라고 뜨겁게 호소하고 있다. 스테판 에셀(2011), 『분노하라』, 임희근 옮김, 돌베개.
2. 프란츠 알트(2003), 『생태주의자 예수』, 손성현 옮김, 나무심는사람, 28쪽.
3. 제레미 리프킨(Jeremy Rifkin)(2010), 『공감의 시대』, 이경남 옮김, 민음사, 599쪽.
4. 위의 책, 699쪽.

두 번째는 앞에서 언급한 경제 문제이다. 오늘 세계가 직면한 경제의 근본 문제는 마르크스가 주장한 과잉 생산과 과소 소비이다. 리프킨의 주장대로[5] 정보혁명은 일자리 감소를 가져왔고, 일자리 감소는 소득 감소와 더불어 소비 위축을 낳았다. 세계화된 자본주의는―많은 경제학자들이 지적한 것과 같이―자전거와 같아 앞으로 달리지 못하면 쓰러지고 만다. 문제는 이런 경향이 향후 전혀 개선될 여지가 보이지 않는다는 것이다.[6] 경제 문제에 관한 한 인류는 한마디로 출구가 보이지 않는 터널에 들어선 것이다. 정보혁명의 첨단에 선 우리나라는 특히 심각하다.[7]

세 번째는 정치 문제이다. 2차 대전과 소련의 붕괴로 인해 많은 민족들이 식민지에서 해방되었다. 그리고 억눌렸던 민족 간, 국가 간의 분쟁이 최근 전 세계 곳곳에서 일어나고 있다. 이러한 분쟁을 가속화시키는 것은 물론 경제적 어려움이다. 최근 한일 간의 독도 분쟁, 일본과 중국과의 센카쿠 열도 분쟁, 중국과 필리핀, 중국과 베트남 간의 영토 분쟁도 모두 민족 간의 억눌렸던 감정의 격화와 함께 경제적 위기가 크게 작용하고 있다고 볼 수 있다. 경제적으로 여유가 있는 상황에서는 민족 간, 국가 간의 분쟁이 크게 감소하지만, 경제적 어려움에 봉착할 경우 다른 국가나 민족에 대한 포용성이 지극히 줄어든다. 물론 이것은 경제적 어려움으로 인한 국민들의 불만을 밖으로 돌리기 위한 정치 지도자

5. 리프킨은 2050년이 되면 성인 인구의 불과 5퍼센트만으로도 기존의 산업 영역을 차질 없이 운영하고 관리할 수 있을 것이라고 전망했다. 제레미 리프킨(2004), 『소유의 종말』, 이희재 옮김, 17쪽.

6. 유럽연합(EU)에 따르면 지난 2012년 6월 유로존(유로화 사용 17개국)의 15~24세 실업률은 20.5%로 청년 다섯 명 중 한 명은 실업 상태에 놓여 있다. 특히 스페인의 경우 청년 실업률은 45.7%에 이르고 그리스의 18~24세 실업률은 42%에 달한다. 청년 두 사람 중 한 사람은 직업을 구하지 못하고 있는 상황이다. 전문가들은 유럽 각국의 재정긴축 정책이 본격적으로 실행되면서 청년 실업률은 더욱더 악화돼 곧 사상 최고치를 경신할 것이라고 전망하고 있다.

7. 통계청에 따르면 우리나라 전체 고용에서 전자, 자동차, 석유화학, 철강 등 4대 업종이 차지하는 비중은 2007년 6.0%, 2008년 5.6%, 2009년 5.4% 등 계속 하락하고 있다. 특히 IT 제조업 종사자는 2006년 42만 2,155명에서 2009년 37만 7,336명으로 4만 5,000명 가까이 줄었다(『동아일보』 2011년 7월 15일 자).

들의 의도도 강하게 작용하기 때문이기도 하다.

이런 위기 상황 속에서 살고 있는 현대인은 결코 행복할 수 없다. 에리히 프롬은 현대인에게 가장 치명적인 감정으로 고립감, 무력감, 권태감 세 가지를 뽑았다. 이 세 가지 감정으로 인해 현대인들은 스스로 자신을 무가치하다고 생각하고, 삶의 의미는 존재하지 않는다고 생각한다. 프롬은 인간이 진정으로 행복한 '건전한 사회'를 만들기 위해서는 인간의 의식의 변화도 중요하지만 그보다 중요한 것은 이런 의식 변화를 가능하게 하는 제도적 구조적 장치들이 마련되는 것이라고 주장하였다. 프롬은 지금까지 인간의 본성의 변화를 통해 건전한 사회를 건설하려는 시도는 항상 개인적인 영역에 그치고 조그만 오아시스에 한정되었다고 주장하였다.[8]

그러나 인간의 의식 변화와 사회의 제도적 구조적 변화가 동시에 이루어져야 한다는 프롬의 주장은 근본적으로 잘못된 것이다. 위기에 처한 현대 사회와 그 속에서 불행한 현대 인간은 동전의 앞뒷면과 같이 서로 분리될 수 없다. 핵문제, 생태파괴, 인종, 문화, 국가 간의 분쟁과 같은 외적 위기와, 고립, 무력, 권태와 같은 개인의 내적 위기는 본질적으로 동일한 것이다. 지두 크리슈나무르티는 『삶과 각성의 코멘터리』에서 다음과 같이 말했다.[9]

사소한 것에 만족하지 못하는 탐욕적인 사람들 사이에서 탐욕 없이 살아갈 수 있는가? 건강치 못한 사람들 틈에서 산다고 우리도

---

8. "(잘못된 주장은) 인간의 본성이 변해야 하고 그런 다음에 비로소 참으로 인간적인 사회를 구축할 수 있다는 것이다. 그러나 인류의 역사는 그들의 주장이 잘못됐음을 증명하고 있다. 순수한 정신적 변혁은 항상 개인적인 영역에 그치고 조그만 오아시스에 한정되었으며, 또 정신적인 가치의 설교와 그 반대인 가치의 실천이 연결될 때에 그것은 완전히 무력했기 때문이다." 에리히 프롬(2011), 『소유냐 존재냐』, 이철범 옮김, 동서문화사, 107쪽.

9. 정인석(2009), 『트랜스퍼스널 심리학』, 대왕사 43쪽에서 재인용.

건강할 수 없는가? 이 세상은 우리와 떨어져 있지 않다. 우리가 곧 세계다. 지금의 세상 현실을 만드는 것은 바로 우리다. 이 세상은 우리 때문에 그 세속성을 획득한 것이다. 그러므로 온갖 세속적인 것을 없애려면 우리가 세속성을 치워버려야 한다.

프롬과 같이 개인의 의식 변화와 사회 구조의 변화가 동시에 이루어져야 새로운 사회가 가능하다는 주장은 에고의 문명에서 바라본 사회 변화의 공통적인 주장이다. 뒤에서 자세히 살펴보겠지만 이와 같이 인식 주체와 인식 대상, 개인과 사회를 분리된 것으로 바라보는 관점에서는 결코 새로운 대안 수립이 불가능하다. 카프라는 다음과 같이 말했다.[10]

인플레, 실업, 에너지 위기, 의료문제, 공해와 환경재해, 폭력과 범죄의 증가 등과 같은 것들은 모두가 동일한 위기가 다르게 나타난 측면에 지나지 않다. 그 위기란 본질적으로 인식의 위기이다.

카프라가 말하는 '동일한 위기가 다르게 나타난 측면'이란 그 모든 위기가 우리의 마음에서 비롯되었다는 뜻이다. 인류의 위기는 곧 우리 자신의 마음의 위기를 말한다. 그 위기는 '나'를 분리 독립된 개체로 여기고, 나와 사회, 나와 자연을 대립적인 것으로 여기는 인식의 위기에서 비롯된 것이다. 그래서 프란츠 알트는 '환경의 위기는 곧 내면세계의 위기'[11]라고 했던 것이다. 환경뿐만 아니라 인류가 겪고 있는 모든 외적 위기는 내면세계의 위기이며 그렇기 때문에 오직 내부로부터만 풀어나갈 수 있다.

인류가 미래에 대한 희망을 찾으려면 근본적으로 카프라가 말한 인식

---

10. 프리초프 카프라(1992), 『더 터닝 포인트』, 뉴욕: 사이먼 앤드 슈스터, 15~16쪽.
11. 프란츠 알트(2003), 『생태주의자 예수』, 손성현 옮김, 나무심는사람, 18쪽.

의 위기에서 벗어나야 한다. 원시적 관점에서 볼 때 현재 인류가 휩쓸려 있는 모든 전략적 음모와 치열한 경쟁은 침몰하는 배 위에서 벌어지는 이전투구에 지나지 않으며, 거시적 관점에서 볼 때 현재 인류가 누리고 있는 번영은 죽음이 눈앞에 다가옴을 의식하지 못하는 아편 환자가 맛보는 환각적 행복감과 같다.[12]

이케다 다이사쿠는 서구 근대적 인간을 '파우스트적 인간형'이라고 규정하여 비판한다. '파우스트적 인간형'이란 16세기 말 독일 민간 전설의 주인공으로 '모든 것을 알고, 모든 것을 경험하고, 자아를 무한히 확대하려는 사람'을 뜻한다고 한다.[13] 그는 이러한 인간이 지구 생명권의 발암물질과 같은 존재라고 비판한다. 즉 서구 근대 문명은 극복해야 할 자연으로 외적인 자연과 내적인 자연을 나누어 내적인 자연, 즉 식욕, 성욕, 지배욕 등의 욕망을 인간의 이성으로 극복해야 한다고 주장했는데, 근대적 인간은 인간 밖에 있는 자연적인 상태도 '야만'이고 인간 안에 있는 자연 상태도 '야만'이기 때문에 이 두 가지 자연을 극복하여 문명으로 나가는 것이 진보라는 역사관, 세계관을 가졌다는 것이다. 그렇기 때문에 이케다는 근대 문명을 발전시킨 추진력이 그대로 문명 붕괴의 주된 원인이 되고 있다고 주장한다. 이를 극복하기 위해서는 진정한 다원주의로 이행하되 문화와 문명은 다양성을 강조하되 생명적 차원, 우주적 차원에서는 일체감을 공유하는 것이 중요하다고 결론을 맺고 있다.

위기에 처한 현대 문명 속의 국가 중 우리나라의 상황은 최악이라고 하지 않을 수 없다. 2011년 7월 6일 미국의 『뉴욕 타임스』는 한국은 국가적으로 신경쇠약에 걸리기 직전이라고 보도하였다. 과도한 노동과 스트레스 그리고 상시적인 걱정으로 이혼율은 치솟고 학생들은 학업에 짓

---

12. 박이문(1998), 『문명의 미래와 생태학적 세계관』, 당대, 278쪽.
13. 이케다 다이사쿠·로케시 찬드라(2016), 『동양철학을 말한다』, 중앙북스, 368쪽.

눌리고 매일 30여 명이 자살하는 국가가 되었다고 하였다.[14]

지난번 대통령 선거에서 한 후보는 우리나라의 현재와 미래를 나타내는 두 가지 지표로 자살률과 출생률을 들었다. 그의 지적과 같이 자살률은 현재의 삶에 대한 인식을 나타내고, 출생률은 미래의 삶에 대한 전망을 나타내는 대표적인 지표라고 할 수 있다. 우리나라가 출생률이 세계 최하위가 된 것은 오래된 일이지만, 자살률의 가파른 증가는 눈여겨보지 않을 수 없다.

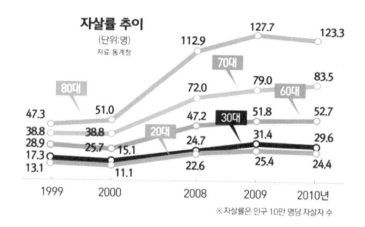

자살률 추이
(단위:명)
자료:통계청

80대: 47.3 — 51.0 — 72.0 — 79.0 — 83.5
70대: 112.9 — 127.7 — 123.3
60대: 51.8 — 52.7
30대: 47.2 — 31.4 — 29.6
20대: 38.8 — 38.8 — 24.7
28.9 — 25.7 — 15.1
17.3 — 22.6 — 25.4 — 24.4
13.1 — 11.1

1999 2000 2008 2009 2010년

※자살률은 인구 10만 명당 자살자 수

위의 그래프에서 보듯이 모든 연령층에서 자살률은 가파르게 증가하고 있다. 우리나라 자살률은 인구 10만 명당 31.2명으로 OECD 국가 평균 자살률 11.3명보다 3배 가까이 많다.[15] 특히 OECD 국가 평균의 8배에 달하는 노인 자살률은 한국의 현재 상황이 세계 최악임을 단적으로

---

14. 『경향신문』 2011년 7월 7일 자. 이어 『뉴욕 타임스』는 "한국인들은 스마트폰에서 인터넷, 성형수술에 이르기까지 서구 혁신기술을 강박적으로 받아들여 왔지만 정작 불안과 우울, 스트레스에 대한 심리치료를 대부분 거부하고 있다"라고 지적했다.

15. 2012년 9월 9일 보건복지부의 '2011년 정신건강 실태조사' 결과에 따르면 2010년 국내 자살자는 1만 5,566명으로 집계됐다. 매일 평균 42.6명이 자살하는 셈이다. 특히 청소년 사망자 중 13%가 자살을 택했다. 이 비율은 청소년 사망 원인 중 1위였다.

나타내고 있다고 할 수 있다.

세계에서 노인이 가장 불행한 나라인 우리나라에서 미래 사회의 주역이 될 청소년들의 상황은 또 어떤가? '88만 원 세대', '니케아 세대'에 이어 '삼포 세대', '오포 세대'란 말이 회자되더니 이제는 '달관 세대'라는 말까지 나오고 있다. 달관 세대란 양극화, 취업전쟁, 주택난 등 아무리 노력해도 바꿀 수 없는 절망적 미래에 대한 헛된 욕망을 버리고 지금 이 순간이라도 행복하게 살자는 세대를 말한다.[16] 일본에서도 이미 '사토리 세대さとり世代'라는 말로 사회에 대한 분노와 좌절을 현실 만족으로 대체하려는 세대들을 일컫고 있다.

그러나 『조선일보』에 달관 세대라는 기사가 실린 후 이에 대한 비판이 쏟아지고 있다. 일본의 사토리 세대와 비교해볼 때 우리나라의 달관 세대에는 무기력과 체념의 느낌이 강하게 들어 있기 때문이다.[17] 왜 우리나라의 젊은이들은 달관할 수밖에 없을까? 그들이 아무리 노력해도 좋은 직장, 안정된 일자리를 구하는 것이 불가능에 가깝기 때문이다. 그들을 달관하도록 만드는 것은 물론 기득권층은 아니다. 정보기술의 발전이 그들을 달관하도록 몰아붙이고 있는 것이다. 이장욱 시인은 「소규모 인생계획」이라는 시를 통해 88만 원 세대의 애환을 다음과 같이 노래했다.

> 식빵 가루를
> 비둘기처럼 찍어먹고
> 소규모로 살아갔다.
> 크리스마스에도 우리는 간신히 팔짱을 끼고
> 봄에는 조금씩 선량해지고

---

16. 『조선일보』 2015년 2월 23일 자.
17. 『한국일보』 2015년 3월 4일 자. 최서윤 『월간잉여』 발행·편집인은 이 기사에 대해 '너부터 달관하세요'라는 기사를 통해 기득권층의 불순함을 비판하였다.

낙엽이 지면

생명보험을 해지했다.

내일이 사라지자

어제가 황홀해졌다.

친구들은 하나둘 의리가 없어지고

밤에 전화하지 않았다.

먼 곳에서 포성이 울렸지만

남극에는 펭귄이

북극에는 북극곰이

그리고 지금 거리를 질주하는 싸이렌의 저편에서도

아기들은 부드럽게 태어났다.

우리는 위대한 자들을 혐오하느라

외롭지도 않았네.

우리는 하루 종일

펭귄의 식량을 축내고

북극곰의 꿈을 생산했다.

우리의 인생이 간소해지자

이스트를 가득 넣은 빵처럼

도시가 부풀어 올랐다.

   '크리스마스에도 간신히 팔짱을 낄' 정도로 삶의 여유가 없지만, 새싹이 돋고 꽃이 피는 봄이 오면 자연의 아름다움을 즐길 마음의 여유를 가지려고 애써 노력한다. 그렇지만 이들에게 내일은 없다. 그래서 다 늙은 노인들처럼 지나간 날들을 회상하며 살아간다. 지구상에 벌어지는 분쟁과 고통에 눈 돌릴 여유가 없고, 환경문제의 심각함도 생각할 마음의 여유가 없다. 이들은 언제 희망을 가질 수 있을까?

또 박후기 시인은 「아르바이트 소녀」라는 시에서 다음과 같이 썼다.

우린 컵라면 같은 연애를 하지요
가슴에 뜨거운 물만 부으면
3분이면 끝나거든요

가끔은 내가
아르바이트를 하러 이 세상에 온 것 같아요
아, 다음 생엔
최저인간을 보장받고 싶어요

2015년 1월 6일 KBS 〈시사기획 창〉에서는 인공지능과 로봇의 발전으로 20년 후에는 700여 개의 직업 중 47%가 사라질 것이라고 하였다. 이 프로그램에서는 제일 먼저 사라질 직업으로 청년들이 가장 선호하는 직업인 기자를 꼽았다. 다음에 꼽은 것도 역시 청년들이 선호하는 펀드매니저였다. 또 컴퓨터 알고리즘에 의해 1초에 125개의 기사를 정확하게 작성할 수 있고, 미국 증권시장에서는 이미 컴퓨터 프로그램이 주식 거래량의 70% 이상을 담당한다고 하였다. 또 처방전에 따라 로봇이 약을 조제함으로써 약사가 사라지고 있고, 로봇이 수술을 대신하기 때문에 의사도 조만간 사라질 직업으로 보고 있다. 또한 구글 번역기로 통역이나 번역하는 직업도 사라질 것이고, 드론의 발전으로 택배회사 직원들도 모두 일자리를 잃을 것이라고 하였다.

KBS 보도 다음 날 『중앙일보』 최준호 기자도 다음과 같은 비슷한 맥락의 기사를 실었다.

인공지능·로봇 전문가, 빅데이터 분석가, 교사, 목수의 공통점은 뭘까. 정답은 '10년 후에도 살아남을 수 있는 직업'이다. 워싱턴 포스트WP는 5일(현지 시간) '10년 후에도 살아남는 직업 고르기 노하우'를 공개했다. 과학기술의 발달로 세상이 급변하면서 현재 있는 수많은 직업이 사라지고, 또 새로운 직업이 생겨날 것이라는 예측이 전제됐다. 미국 노동부에 따르면 10년 후 세상에 있을 직업 중 약 65%는 지금껏 한 번도 생각하지 못했던 것들이다. 또 호주 정부는 현존 직업 중 50만 개가량이 인공지능으로 작동하는 로봇이나 기계로 대치될 것이라는 보고서를 내놨다.

　WP는 하버드대 하워드 가드너 교수의 저서 『미래를 위한 다섯 가지 생각』 등을 인용했다. 가장 먼저 고려해야 할 점은 당연한 얘기지만 '로봇이 당신의 직업을 대신할 수 있을까'에 대한 고민이다. 로봇이 대신 하기에는 실용적이지 않거나 사교적이며, 형이상학적인 직업이라면 미래에도 살아남을 가능성이 크다. '생각하는 기술'도 자신의 직업을 오래 살아남게 하는 요인이다. 뭔가 재미있고 유용한 것을 만들어내기 위해 새로운 방식으로 여러 가지 아이디어를 조합하는 종합적·창조적 사고방식을 가져야 한다. 뉴미디어를 마음대로 다룰 수 있는 능력도 필요하다. 미래는 콘텐츠를 생산하고 주고받기 위한 새로운 기술들로 가득 찰 것이기 때문이다. 이외에도 매일 쏟아지는 엄청난 정보의 홍수를 걸러낼 수 있는 '정보처리 능력', 유튜브·페이스북·아마존 등이 이미 하고 있듯 '가상환경 virtual environments'을 다룰 수 있다면 금상첨화다. 이 같은 특성에 어울리는 직업이라면 주로 정보기술IT 분야인 정보보안 전문가, 빅데이터 분석가, 인공지능·로봇 전문가, 모바일 애플리케이션 개발자 등이 있다. 하지만 WP는 회계사와 법률가·의사·변호사·약사·교사·목수·벽돌공 등도 미래에 여전히 수요가 있는 직업들로 꼽았다.

많은 전문가들이 청년들에게 향후 일자리를 가지고 싶으면 로봇과 경쟁하지 않는 직업을 찾으라고 말하고 있다. 그들이 살아남으리라고 예상하는 직업은 인간을 직접 마주 대하는 보육이나 노인 요양 등과 같은 직업과 앞으로 새롭게 나타날 것이라고 예상되는 로봇을 설계하거나 컴퓨터 알고리즘을 개발하는 직업들이다. 그러나 워싱턴 포스트에서 예견한 직업들이 과연 살아남을 수 있을까? 이들 역시 기술의 변화 속도를 너무 과소평가하는 것은 아닐까?

제4차 산업혁명이 교육에 가져올 변화를 다룬 기존의 연구물들은 대부분 직업교육을 중심으로 대안을 제시하고 있다. 즉 제4차 산업혁명으로 인공지능이 대부분의 직업을 대체할 것이라는 사실에 대해 인공지능이 대체할 수 없는 직업이 반드시 있을 것이고, 그러한 직업을 갖는 데 필요한 능력이 어떤 것인가에 초점을 맞추고 있는 것이다. 그러나 인공지능이 대체할 수 없는 직업은 없다. 2004년 MIT의 프랭크 레비 교수와 하버드의 리처드 머네인 교수는 직업시장을 심층 연구해 자동화될 가능성이 가장 높은 직업으로 트럭 운전사를 꼽았지만,[18] 구글이 개발한 자율자동차는 시험 운행을 마치고 이제 곧 거리로 나오게 되어 있다.

그렇다면 인공지능 설계자는 어떨까? 인공지능 설계야말로 인공지능이 할 수 없는 영역이 아닐까? 그러나 아쉽게도 과학기술 전문 매체인 아이플사이언스IFLscience는 구글이 머신러닝 알고리즘을 이용하여 특정 용도의 소프트웨어를 설계하는 인공지능 기술을 개발하고 있다고 보도하였다. 즉 이제 인공지능으로 또 다른 인공지능을 설계할 수 있게 되었다는 뜻이다. 예를 들어 컴퓨터 언어를 전혀 모르는 주부라도 인공지능에게 집에서 키우는 수십 가지의 식물들에게 물을 주는 시기와 비료를 제공하는 시기를 알려주는 모바일 앱을 만들어달라고 요청한 뒤 집

---

18. 유발 하라리(2017), 『호모데우스: 미래의 역사』, 김영사, 440쪽.

에 있는 식물들의 종류만 입력해주면, 인공지능인 AutoML이 프로그램을 만들어준다는 것이다.[19]

이제는 인공지능이 대체할 수 없는 직업이 무엇이고 그 직업을 수행하기 위해서는 어떤 능력이 필요한가에 대한 연구는 큰 의미가 없다. 이제 관점을 바꾸어 인간이 직업 대신 무엇으로 자신을 실현할 수 있는가에 대한 연구가 본격적으로 이루어져야 한다. 교육정책을 입안하는 책임을 맡은 사람들도 역량교육과 같은 그럴듯한 개념을 만들어 책임을 회피하지 말고, 일자리가 사라진 이후에 학교와 학생들이 추구해야 할 교육의 목표를 보다 분명하게 제시해주어야 한다.

공시성을 잘 보여주고 있는 영화 〈클라우드 아틀라스〉에는 우리나라 배우 배두나가 술집에서 서빙을 하는 로봇으로 나온다. 이처럼 향후 모든 서비스 직종도 역시 로봇이 대신하고, 나아가 교사들도 로봇이 대신하는 사회가 올 것이다. 나아가 영화 〈터미네이터〉나 〈매트릭스〉에서 보듯이 인공지능을 갖춘 로봇을 개발하는 인공지능도 나타나게 될 것이다. 이제 로봇과 경쟁해서 살아남을 직업을 생각하기보다는 직업이 없는 세상, 노동이 필요하지 않은 사회를 생각해야 하지 않을까? 왜 우리는 노동과 직업에 대한 집착에서 벗어나지 못하고 있는 것일까?

---

19. 『사이언스 타임스』 2017년 6월 9일 자.

2. 출구 없는 방

가. 피로사회와 부조리

오늘날 인류가 겪고 있는 위기는 곧 현대 문명의 위기이다. 절대 빈곤에 시달리는 노인들과 갈수록 늘어나는 고독사, 그런 노인이 되지 않으려고 퇴직을 한 뒤에도 일자리를 구하려고 노심초사하는 베이비붐 세대들, 용케 직장을 잡아 끊임없이 자기 자신을 자발적으로 착취하는 직장인들, 그리고 앞에서 언급한 아무런 희망도 없는 삼포세대. 이들 모두 현대 문명의 고질병인 고립감, 무력감, 권태감에 시달리고 있다. 그리고 이러한 고질병의 종착지는 우울증이다. 세계보건기구는 2020년까지 우울증이 심장순환질환과 에이즈를 넘어 세계에서 가장 중요한 질병 발생 요인이 될 것이라고 했다.

한병철은 『피로사회』에서 현대인이 우울증에 빠질 수밖에 없는 까닭을 규율사회에서 성과사회로의 패러다임의 전환 때문이라고 주장하였다. 규율사회는 푸코가 『감시와 처벌』에서 주장한 대로 금지의 규율로 정상과 비정상을 갈라놓는 사회이다. 금지를 위반하는 사람들은 광인과 범죄자가 되어 정신병원이나 감옥으로 분리된다. 그러나 한병철의 성과사회에서는 규율사회와 같은 외적인 금지가 존재하지 않는다. 대신 자기 스스로가 자신을 착취한다. 결과적으로 성과사회는 광인과 범죄자 대신 낙오자와 우울증 환자를 낳는다. 한병철은 "아무것도 가능하지 않다는 우울한 개인의 한탄은 아무것도 불가능하지 않다고 믿는 사회에서만 가능한 것이다"[20]라고 말한다. 참으로 통찰력이 있는 주장이다. 모든 것이 가능하다고 믿는 긍정 과잉의 사회 속의 개인은 스스로를 강제하는 자유, 즉 역설적 자유에 구속된다. 성과사회에서의 강제하는 자유, 역설적 자유는 현재의 나와 되어야 할 나의 간극을 말한다. 강제하는 자유는 스스로 자기 자신에게 부과하는 것이기 때문에 되어야 할 나에 대한 욕망을 멈추지 않으면 필연적으로 아무것도 가능하지 않다는 우울증에 빠질 수밖에 없는 것이다.

이처럼 현대 문명은 자기 착취의 사회이며, 일자리를 얻은 성과주체는 완전히 타버릴 때까지 자기를 착취한다. 이를 한병철은 "자아는 자기 자신과 전쟁을 치른다. 모든 외적 강제에서 해방되었다고 믿는 긍정성의 사회는 파괴적 자기 강제의 덫에 걸려든다"라고 말하고 있다.[21] 성과사회에서 성과주체는 프로이드의 초자아를 이상 자아로 대체한다. 프로이트의 초자아는 억압적이지만 긍정 자아는 긍정적 강제력을 발휘하는, 그래서 스스로는 자유라고 착각하는 자아이다. 그래서 현실 자아와 이상 자아의 간극만큼 사람들은 스스로를 학대하는 것이다.

성과주체를 고용한 회사 경영자는 '당신은 우리 회사에서 꼭 필요한 인재야'라고 말함으로써 성과주체인 직원의 자녀들과 아내의 가슴에 비수를 꽂는다. 상사의 말에 고무되어 죽을 둥 살 둥 모르게 열심히 일하는 사이에, 생일 케이크에 촛불을 꽂아놓고 아빠가 오기만을 기다리는 아내와 아이들의 절망감은 형언할 수 없을 만큼 깊어진다. 사실 내가 회사를 그만두어도 회사는 결코 망하지 않는다. 언제든지 나를 대체할 인력이 줄을 서서 기다리고 있기 때문이다. 그렇지만 아이들이 겪은 좌절감은 결코 회복되지 못할 것이다. 그 좌절감은 평생에 걸쳐 깊은 상처로 남는다.

한병철은 또 다른 책 『시간의 향기』를 통해 현대 문명 속의 시간은 원

---

20. 한병철(2013), 『피로사회』, 김태환 옮김, 문학과지성사, 28쪽.
21. 한병철, 위의 책, 103~104쪽.

자처럼 낱낱이 흩어져버린 시간이라고 말한다. 이 책의 역자인 김태환은 이를 "그러나 미래에 더 이상 어떤 의미론적 내용도 없는 까닭에, 시간의 진행은 어디론가를 향한 전진이 아니라 단순히 끝없는 현재의 사라짐일 뿐이다"라고 했다.[22] 이처럼 미래에 아무런 희망이 없는, 그래서 선으로 이어지지 못하는 시간을 한병철은 '반反시간'이라고 규정한다. 시간의 연속성이 사라져 시간이 원자처럼 낱낱의 점으로 변해버린 반시간 속에서 사는 인간은 필연적으로 세계와 공동체, 그리고 자연으로부터 분리된다. 반시간 속의 인간은 작은 육체로 쪼그라들며, 그가 할 수 있는 일이란 그 작은 육체를 건강하게 지키려고 악착같이 애쓰는 것뿐이다. 그래서 오늘의 인간은 그토록 죽기 힘들어하는 것이며, 나이만 먹을 뿐 늙지는 않게 된다. 그러다가 불시에 죽음이 와서 모든 것이 끝나버리게 된다.

반시간의 상황에서 사는 원자적 인간은 모두 동일하다. 모두가 동일한 삶을 살고 동일한 것을 욕구한다. 그래서 공자가 말한 동일하지만 조화를 이루지 못하는 동이불화同而不和의 삶을 살아간다. 다르게 느끼는 사람은 자발적으로 정신병자 수용소로 들어간다.[23]

역사 이전의 인간, 즉 자연 상태에서의 인간은 영속하는 현재의 삶을 살았다. 그들은 신화 속의 삶을 살았고 신은 영속하는 현재의 상징이기 때문이다. 그리고 그들은 진리와 하나 된 삶을 살았다. 진리는 그 자체로 이미 시간 현상이라고 할 때 진리는 지속적인 영원한 현재의 반영이기 때문이다. 이를 사르트르의 표현대로 하자면 '즉자卽自의 시간'이라고 할 수 있다. 이처럼 충만한 시간 속에서의 인간의 삶이 시작도 끝도 없는 공허한 지속으로 늘어진 시간으로 변한 것은—넓은 평면의 세계에서

---

22. 한병철(2013), 『시간의 향기』, 김태환 옮김, 문학과지성사, 8쪽.
23. 위의 책, 24쪽.

점의 세계로 삶이 축소된 것은-현대 문명, 특히 정보화와 밀접하게 관련이 된다. 정보에는 완전히 다른 시간성이 내재되어 있기 때문이다. 정보는 원자화된 시간, 즉 점-시간의 현상이다. 자연 상태의 신화적 시간을 평면이라고 한다면 전현대의 역사적 시간은 선으로 표현될 수 있다. 그리고 현대의 정보화된 시간은 어지럽게 날아다니는 점들로 표현된다. 이 점들 사이에는 필연적으로 공허가 입을 쩍 벌리고 있다.[24]

〈월드 워 Z〉라는 영화와 같이 현대 문명 속에서 우리가 당면하고 있는 현실은 끊임없이 좀비, 즉 Undead를 만들어내고 있다. 물론 감염되는 데 10초가 아니라 10년 이상이 걸릴지는 모르겠지만, 우리 교육은 욕망에 따라 맹목적으로 돌진하는 수많은 좀비 인간들을 만들어내고 있는 것이다. 그리고 세계화란 아무런 장애물 없이 이런 좀비를 전 세계로 퍼뜨리는 것을 말하는 것이다.

현대 문명 속에 삶이 원자화되고 무의미하게 되는 것은 인간의 욕망 때문이다. 시간을 극도로 무상하게 만드는 것이 바로 욕망이기 때문이다. 욕망으로 인해 정신은 가만히 있지 못하고 마구 내달린다. 그렇지만 그렇게 빠르게 흘러가는 시간 속에서 현대인은 권태를 느낀다. 권태는 결국 시간의 공허에서 비롯된 것이기 때문이다.[25]

카뮈는 현대인의 공허하고 원자화된 일상을 『이방인』의 주인공 뫼르소를 통해 잘 드러내고 있다. 뫼르소는 요양원에 있는 엄마가 죽었다는 전보를 받고, 장례식을 치른 후, 해수욕을 하고, 여자와 성행위를 하고, 코미디 영화를 본다. 그리고 해변에서 아랍인을 살해하고 사형을 언도받고 숨진다. 뫼르소에게 인생은 살 만한 가치가 없는 것이며, 회사 생활이나 어머니의 죽음, 여자와의 관계, 심지어 자신의 죽음까지도 무의미한 것이었다.

---

24. 위의 책, 43쪽.
25. 위의 책, 129쪽.

또 다른 책 『시시포스 신화』에서 카뮈는 우리의 일상을 시시포스가 무거운 돌을 굴리며 산 정상에 올라가는 일과 같다고 생각했다. 물론 일상의 삶을 떠나 좀 더 긴 삶의 목표와 굴곡이 있지만 그것 역시 마찬가지이다. 취업을 준비하는 젊은이들은 취업이라는 산 정상까지 바위를 굴려 올리면 모든 어려운 일이 마무리될 것이라고 생각할 것이다. 그러나 카뮈에 따르면 산 정상에 오르면 다시 그 돌은 산 밑으로 굴러떨어질 것이고, 또다시 돌을 굴려 올려야 하는 일이 생길 것이라고 경고한다. 왜 인간은 이런 무의미한 일상을 살아가야 하는가?

　사르트르는 『구토』라는 책에서 여행가이며 역사 연구자인 앙투안 로캉탱이 매일 도서관에 드나들면서 원인 모를 구역질을 하는 이야기를 소개하고 있다. 그 구토의 원인을 알기 위해 그는 매일매일 일어나는 일을 기록하기로 한다. 어느 날 공원 벤치에 앉아 있다가 마로니에 나무뿌리를 보면서 그는 모든 것이 아무 존재의 이유 없이 존재한다는 사실을 깨닫게 된다. 또 모든 존재는 서로 아무런 관계도 없이 존재한다는 것을 깨달았다. '나는 우연히 이 세상에 태어나 돌처럼 식물처럼 세균처럼 존재한다. 나는 별 볼 일 없는 존재다.' 이런 생각을 하면서 그는 갑자기 구토를 느끼게 된 것이다. 로캉탱은 미술관이나 식당에서 만나는 모든 다른 사람들이 속물이라고 생각한다. 속물이란 실존을 바로 볼 수 없는 사람들이며, 자기기만과 자기 위선에 빠져 있는 사람들을 말한다. 이들은 소유나 소비, 취미 활동, 지위나 역할 등과의 동일시를 통해 인간 실존의 비극이 없는 것처럼 가식적으로 살아간다. 즉 사르트르에 의하면 존재의 무의미성을 깨닫고 구토를 하지 못하는 사람들이 바로 속물이라는 것이다.

　카뮈나 사르트르와 같은 실존주의자들은 인간이 이성을 통해 삶의 유한성을 자각하지만 결코 그 유한성을 극복할 수 없는 상황을 '부조리'라고 부른다. 그러나 삶의 무상에 대한 자각이 곧 허무를 의미하는 것은 아니다. 삶이 의미가 없다는 것을 자각하지만 실존주의자들은 그 자각이 곧 인간의 자유를 의미한다고 보기 때문이다.

니체가 '신은 죽었다'고 선언한 뒤 인간의 궁극적인 삶의 의미는 사라졌다. 과거에 신에 속했던 모든 가치와 의미가 사라졌기 때문이다. 그리고 신에 속했던 모든 역할을 인간이 대신 맡게 되었다. 그것을 실존주의자들은 '자유'라고 불렀다. 그렇지만 인간은 결코 신이 될 수 없으므로 인간의 자유란 결국 무의미한 삶의 과정에 주어진 상황에서 무엇인가를 선택하는 것 이상의 의미가 없는 것이다.

카뮈는 이런 부조리 앞에 선 인간에게는 오직 두 가지 선택이 있다고 하였다. '믿음의 도약'을 통해서 초월적 존재에게 의지하거나 아니면 자살하는 것이 그것이다. 물론 카뮈는 두 가지 다 반대한다. 카뮈가 말하고자 하는 것은 우리가 부조리를 명확하게 인식함으로써 운명을 넘어 행복할 수 있다는 것이다. 굴러 내려간 돌을 따라 하산하는 그 짧은 시간 동안 헛된 노역에서 풀려난 시시포스가 비록 그 형벌에서 풀려날 어떤 희망도 없지만, 바로 그 사실을 명료하게 이해함으로써 그의 운명보다 한 수 위에 있고, 따라서 행복할 수 있기 때문이라는 것이다.

사르트르는 『자유의 길』이라는 책에서 부조리에 직면한 세 가지 인간형을 제시하고 있다, 즉 종교나 이념에 자신을 맡기는 유형, 돈과 권력에 자신을 맡기는 유형, 그리고 자신의 선택에 자신을 맡기는 유형이 그것이다. 물론 사르트르는 이 가운데 마지막의 길이 바로 실존주의자들이 걸어가는 길이라고 주장한다.

시시포스가 그 부조리를 분명하게 자각하는 것이 오히려 그 형벌을 내린 신과 자신의 운명보다 한 수 위에 있다는 것이 의미하는 바는 무엇일까? 로캉탱이 삶의 부조리를 깨닫고 '구토'를 하는 것이 과연 그 부조리 속에서 웃고 울며 살아가는 사람들보다 더 행복한 일일까? 자신의 선택에 따라 적극적으로 참여하고 행동하는 것이 실존의 무의미성을 극복하기 위한 유일한 길일까? 우리는 에이브러햄 매슬로우와 같이 이들 실존주의자들을 '우주적 규모로 징징대는 IQ 높은 부류'[26]라고 조롱하기만 하면 될까?

나. 완벽한 일상

실존주의가 현대인에게 크게 기여한 바는 존재의 방식을 자신이 선택하고 결정하며, 선택과 결정에 책임을 지는 개인의 자유와 주체성을 주장한 것이 아니다. 그들이 기여한 것은 데카르트의 '생각하는 나'의 끝이 바로 이와 같은 무의미한 일상의 반복이 될 것이라는 점을 발견한 점이다. 이러한 삶은 죽을 때까지 계속될 것이다. 그러나 바로 이와 같은 발견이 새로운 출발이 될 수 있다.

사르트르에게서 대자對自는 한가운데에 무無가 들어 있는 그러한 존재 양식이다. 대자는 자기가 있는 그대로의 것으로 있지 않고 자기가 있지 않은 것으로 있기 때문이다. 반면 저 밖에 서 있는 나무는 존재의 충실이며 지금 있는 그대로의 존재이다. 따라서 즉자卽自는 전적으로 긍정적인 데 반해, 대자는 끊임없이 자신을 무화無化시키려 하기 때문에 필연적으로 결여태로 나타난다. 물론 사르트르에게는 이런 결여태가 바로 인간의 자유를 가능하게 하는 토대라고 할 수 있다. 즉자에게는 시간이 없다. 시간에 대한 의식은 대자에게만 있다. 대자인 인간은 오직 죽음을 통해서만 완전해질 수 있다. 왜냐하면 죽음은 인간을 즉자로 만들기 때문이다. 사르트르가 '타인은 지옥이다'라고 말한 것은 인간은 죽을 때까지 자신의 에고를 벗어나지 못한다는 것을 알았기 때문이다. 그래서 그는 '진리는 주체성'이라고 당당하게 주장한 것이다. 그가 말하는 주체가 곧 에고이기 때문이다.

---

26. 제레미 리프킨(2010), 『공감의 시대』, 이경남 옮김, 민음사, 517쪽.

그러나 실존주의자들이 발견한 우리의 삶의 무상無常과 일상의 무의미함은 역설적으로 영원하고 의미 있는 세계로 나아가는 '좁은 문'이다. 지구의 중력이 인간을 속박하는 것이 아니라 자유로운 보행과 운동을 가능하게 하는 조건인 것처럼, 인생의 무의미함의 각성은 분리 독립된 개체로서의 '나'를 벗어나게 해주는 '축복'이기 때문이다. 그렇지만 뫼르소나 로캉탱 등의 실존주의 주인공들은 결코 이 좁은 문을 발견할 수 없었다. 그 이유는 그들이 인간을 자신을 둘러싸고 있는 세계로부터 근원적으로 분리된 고립적 개체로 보았기 때문이다.

카뮈와 사르트르가 깨닫지 못한 것은 분리 독립된 '나'의 삶 너머에 전혀 다른 종류의 삶이 존재할 수 있다는 사실이다. 매일 똑같이 양치질하고, 세수하고, 청소하고, 회사에 출근하면서 살아가지만 사실 똑같은 일은 결코 일어나지 않는다. 매일 하는 양치질과 세수는 다르다. 백장선사는 이를 '매일매일이 좋은 날日日好時節'이라고 했다. 시시포스가 바위를 산 정상으로 굴리면서 올라갈 때 그 바위는 어제와 똑같은 바위가 아니다. 바위뿐만 아니라 주변의 환경도 그리고 바위를 굴려 올리는 자기 자신도 똑같지 않다. 그것을 똑같다고 생각하는 그 무엇, 즉 '나'가 문제인 것이다. 매일 매 순간 새롭게 주어지는 삶을 자각하면서 살아가는 것이 얼마나 큰 행복이고 또 감사한 일인지 실존주의자들은 결코 깨닫지 못했던 것이다.

분리 독립된 개체로서의 '나'의 관점에서 보면 시시포스의 바위는 부조리이고 무의미한 것이지만, 그 '나'를 벗어난 관점에서 보면 매일 바위도 달라지고 바위를 굴려 올리는 주변 경치도 달라진다. 나아가 좀 더 상상력을 발휘해보면 그 바위는 시시포스가 사랑했던 바위일 수도 있다. 바위는 매일 산 정상에 올라가고 싶어 한다. 때문에 시시포스는 사랑하는 바위를 매일 정상에 올려놓는 것이다. 조금 더 상상력을 발휘하면 시시포스 신화는 남녀 관계의 절정을 의미한다고도 볼 수 있을 것이다. 바위를 정상에 굴려 올리는 일이 바로 절정을 향해 달리는 남녀 간의 모습과 유사하지 않은가? 한 번 사랑의 절정에 도달했다고 해서 다시는 그 행위를 하지 않으려는 사람이 없듯이 시시포스의 반복되는 작업도 그런 것이 아니었을까?

잭 콘필드는 반복적인 일상 속에서의 깨달음을 '일상 속의 열반'이라고 하였다. 그의 스승인 아잔 붓다다사는 또 이를 '완벽한 일상'이라고 하였다.[27]

열반은 내려놓음의 후련함이며, 삶의 집착도 저항이 없을 때 경험하는 본래적 기쁨이다. … 이 일상 속의 열반에 감사를 느껴야 하지 않겠는가?

우리의 영적 과제는 완성을 만들어내는 것이 아니라 우리의 일상이 그저 있는 그대로 완벽한 것임을 깨닫는 것이 아니겠는가? … 이것은 빨리 배워지지 않는다. 내려놓고 또 내려놓아 자꾸만 이 완벽한 일상 속으로 깨어나야 한다.

완벽한 일상을 살아갈 때 일상 속에서 만나는 모든 사람들의 삶 속에서 놀랍고 신기한 면들을 발견할 수 있다. 그때 우리는 "학교 갈 아이들을 데리고 가서 버스를 태우는 일은 추운 아침에 대웅전에서 염불을 외우는 것만큼이나 어렵다"는 것도 알게 된다.[28] 완벽한 일상을 이해하지 못할 때 '타인이 지옥'인 것이 아니라 라 로수푸코(1613~1680)가 이야기했듯이 '지옥이란 다른 사람이 아니라 바로 우리 자신'인 것을 깨닫게 된다.[29]

---

27. 잭 콘필드(2011),『깨달음 이후의 빨랫감』, 이균형 옮김, 한문화, 147~272쪽.
28. 위의 책, 299쪽.

하비 콕스는 "실존주의는 노쇠한 어머니에게서 태어난 한 문화적 시대의 마지막 자식이다. 그들은 소멸될 운명에 있는 한 시대를 대표한다"[30]라고 하였다. 그가 말하는 소멸될 운명에 있는 한 시대가 바로 현대 문명이다. 실존주의적 정신분석학자로도 알려진 에리히 프롬 역시 실존주의자들의 이런 일상의 부조리에 대해 '극단적으로 부르주아지적인 이기주의와 유아론'이라고 비판하였다.[31]

> 사르트르의 심리학적 사고는 화려하기는 하지만 피상적인 데다가 건전한 임상적 기초도 갖추지 못했다. … 하이데거의 실존주의처럼 사르트르의 실존주의도 새로운 시작이 아닌 종말이다. 그들은 두 번에 걸친 세계대전이라는 크나큰 재난을 겪으며 히틀러와 스탈린의 지배를 받은 서양 사람들이 느꼈던 암울한 절망감을 표현하고 있다. 그러나 그들은 단순히 절망을 표현하는 데서 그치지 않는다. 그들은 극단적으로 부르주아지적인 이기주의와 유아론을 표현한다. … 그런데도 그(사르트르)는 자신이 비판하고 변혁하려고 한 아노미와 자기 본위 사회를 대표하는 자다.

프롬이 문제 삼는 것은 실존의 부조리나 일상의 무의미성이 아니라 산업화에 따른 인간의 도구화이다. 그는 산업사회의 인간은 "자유가 없고…, 산만하고…, 불완전하고…, 인간성을 상실할 위험성이 있는" 존재라고 특징지으면서[32] 다음과 같이 말했다.[33]

---

29. 아브라함 요수아 헤셸(2008), 『어둠 속에 갇힌 불꽃』, 이현주 옮김, 한국기독연구소, 123쪽.
30. 하비 콕스(2010), 『세속도시』, 이상률 옮김, 문예출판사, 372쪽.
31. 에리히 프롬(2014), 『인간의 마음』, 황문수 옮김, 문예출판사, 9쪽.
32. 에리히 프롬(2013), 『소유냐 존재냐』, 최혁순 옮김, 215쪽.
33. 에리히 프롬(2014), 『자유로부터의 도피』, 원창화 옮김, 홍신문화사, 102~105쪽.

그러나 인간은 스스로 만든 생산물과는 소원해졌으며, 실제적으로 자신이 만든 세계의 주인도 아니다. 오히려 인간이 만든 세계가 인간의 주인이 되어 인간은 그 주인 앞에 머리를 숙이고 될 수 있는 한 최선을 다해 그것을 조정하거나 달래며 속이고 있다. 자기가 만들어낸 것이 그의 신이 되어버렸다. 인간은 자기 이익에 의해 행동하는 것처럼 보이지만, 실제로 모든 구체적인 잠재력을 지닌 그의 전체적인 자아는 스스로 만든 기계의 목적을 위한 도구에 지나지 않는다. 인간은 여전히 세상의 중심이라는 환상을 품고 있지만, 일찍이 그의 선조들이 신에 대해 의식적으로 느끼고 있었던 것처럼 자기 자신을 무의미하고 무력한 것이라고 강렬하게 느끼고 있다.

실존주의자들이 말하는 일상의 무의미성, 그리고 프롬이 말하는 산업화에 따른 인간의 소외를 동시에 처절하게 보여주는 소설이 있다. 바로 잭 런던의 「배교자」라는 소설이다.[34] 이 소설은 다음과 같이 시작된다.

> "조니, 안 일어나면 아침은 없어!"
> 소년에게 그 위협은 아무 소용없었다. 그는 악착같이 잠에 매달려서 꿈꾸는 자들이 꿈을 위해 분투하듯 힘써 그것을 무시했다. 느슨하게 주먹 쥔 소년의 두 손이 힘없이 움찔거리며 허공을 쳤다. 어머니를 향한 주먹질이 아니었지만 어머니는 익숙한 동작으로 주먹을 피해 아들의 어깨를 흔들었다.
> "건드리지 말아요!"

---

34. 잭 런던, 고정아 옮김, 『현대문학』 2015년 3월호(723권), 136~137쪽.

그 외침은 잠결에 희미하게 시작되어 울부짖듯 맹렬하게 솟아올랐다가 이내 알아듣기 힘든 칭얼거림으로 잦아들었다. 그것은 고통받는 영혼이 반항과 아픔을 담아 내지르는 외침이었다.

하지만 어머니는 수그러들지 않았다. 슬픈 눈과 피로한 얼굴의 어머니는 이 일에 익숙했다. 평생토록 매일같이 반복된 일이었기 때문이다. 그녀는 이불을 확 벗겨내려고 했다. 하지만 주먹질을 멈춘 소년은 필사적으로 이불에 매달렸다. 소년은 계속 이불을 뒤집어쓴 채 침대 발치에 웅크렸다. 그러자 어머니는 이불을 바닥으로 끌어내리려고 했다. 소년은 저항했다. 어머니는 온몸으로 이불을 당겼다. 그녀의 체중이 더 나갔기에 소년과 이불은 버티지 못했다. 소년은 본능적으로 이불을 따라갔다. 살을 파고드는 방 안의 추위를 피하기 위해서였다.

침대 가장자리까지 끌려가자 소년은 바닥으로 곤두박질칠 것 같았다. 하지만 의식이 가물가물 살아나자 그는 몸을 바로 하고 아슬아슬하게 균형을 잡았다. 그런 뒤 두 발로 바닥에 내려섰다. 어머니가 곧장 소년의 어깨를 잡고 흔들었다. 소년이 다시 주먹을 휘둘렀다. 이번에는 힘도 더 실리고 방향도 정확했다. 하지만 그와 동시에 그는 눈을 떴다. 그녀가 그를 놓았다. 그는 잠이 깼다.

"됐어요." 그가 중얼거렸다.

어머니는 램프를 집어 들고 소년을 어둠 속에 남겨둔 채 서둘러 나갔다.

"지각하면 급료가 깎여." 어머니가 경고했다.

위의 소설은 『강철군화』로 유명한 노동자 소설가 잭 런던의 단편 중 일부이다. 주인공인 조니는 7살부터 공장에서 일을 시작해서 이제 완벽한 기계가 되었다. 프롬이 말한 로봇이 된 것이다. 런던은 이를 다음과

같이 묘사한다.[35]

> 그의 인생에 아무런 즐거움이 없었다. 그는 하루하루가 지나가
> 는 모습을 보지 못했다. 밤 시간에는 무의식 속에 움찔거리며 잠을
> 잤다. 나머지 시간에는 일을 했고, 그때 그의 의식은 기계의 의식이
> 었다. 그 정신 바깥에는 아무것도 없었다.

이 소설은 산업혁명 초기의 미국의 상황을 그린 소설이지만 오늘날의
상황과 크게 다르지 않다. 방직기계가 PC로 바뀌고, 공장과 사무실의
환경이 개선되었지만 노동하는 인간의 의식은 기계의 의식과 같다. 아니
기계의 의식이라기보다는 신자유주의 자본의 의식과 같다. 라캉이 지적
한 것처럼 우리는 욕망하는 것을 욕망하기 때문이다.

현대인들이 우울증에 걸리는 까닭은 '그냥 사는 것'의 기쁨을 모르
기 때문이다. 현대 문명은 무언가를 위해 살아야 한다고 가르치고 길들
이고 있다. 그냥 산다는 것은 내 자신이 살아 있기 때문에 사는 것이다.
엑카르트는 이를 '살아 있기 때문에 사는 것이다'라고 하였다.[36]

> 누군가가 생명에게 왜 사느냐고 천년이고 물어도, 만약 생명이
> 답을 할 수 있다면, 살기 때문에 산다는 것 외에는 답이 없을 것이
> 다. 그 이유는 생명은 자기 자신의 근저로부터 살며 자기 자신의 샘
> 으로부터 솟아나기 때문이다. 그러므로 생명은 바로 자기 자신을
> 위해 산다는 점에서 이유 없이 사는 것이다. 누군가가 자기 자신의
> 근저로부터 활동하는 참된 인간에게 "당신은 왜 당신의 일을 하느
> 냐?"고 묻는다면 그가 옳은 대답을 하려면, "나는 일하기 때문에

---

35. 위의 책, 152쪽.
36. 길희성(2012), 『마이스터 엑카르트의 영성사상』, 분도출판사, 278쪽.

일한다"는 말밖에는 할 말이 없을 것이다.

우울증은 오히려 지금까지와 전혀 다른 삶, 전혀 다른 새로운 세계로 안내하는 통로가 될 수 있다. 그때 우울증은 고통이 아니라 축복이 된다. 안셀름 그륀 신부는 "우울증은, 내가 우울증만 아니라면 그전처럼 계속 붙잡고 싶은 것들을 놓아버리게 만든다"라고 하였다.[37] 또 이현주 목사는 "자본주의의 잘못으로부터 벗어나는 길이 자본주의를 겪지 않고 어떻게 가능하겠습니까? 노예가 되지 않고 어떻게 노예해방이 가능하겠습니까?"라고 되물었다.[38] 현 인류가 처한 위기는 비록 고통스러운 것이지만 우리는 그 고통을 통해서만 새로운 세계, 새로운 문명을 발견할 수 있는 것이다.

데카르트는 '나는 생각한다. 고로 나는 존재한다'라고 하였지만 틱낫한 스님은 "네가 존재한다. 고로 나는 존재한다"라고 하였다. 또한 아잔 브라흐마는 "나는 생각한다. 고로 존재한다는 말은 진실에 부합하지 않는다. 진실은 정반대. 당신은 존재하고 싶어 한다. 그러므로 당신은 생각한다"라고 하였다.[39] 예수가 공중을 나는 새와 들에 핀 백합화를 말한 것은 인간이 거듭나면 다시 시간성을 극복한 영원한 현재를 살 수 있음을 보여주려고 한 것이다. 부활과 몸이 다시 사는 것을 말한 것 역시 죽지 않고도 즉자가 될 수 있음을 말하려고 한 것이다.

케이트 윌헬름은 『노래하던 새들도 지금은 사라지고』라는 소설을 통해 핵전쟁과 환경오염으로 인류가 멸망하고 그것을 예상한 일부 사람들이 살아남아 겪는 이야기를 다루고 있다.[40] 이 소설의 핵심은 인간 배아

---

37. 안셀름 그륀(2014), 『황혼의 미학』, 윤선아 옮김, 분도출판사, 128쪽.
38. 이현주(2011), 「생태적 삶을 추구하는 영성」, 장회익 등, 한국교회환경연구소 엮음, 『생태적 삶을 추구하는 영성』, 동연, 161쪽.
39. 아잔 브라흐마(2012), 『성난 물소 놓아주기』, 김훈 옮김, 공감의기쁨, 277쪽.
40. 케이트 윌헬름(2016), 『노래하던 새들도 지금은 사라지고』, 정소연 옮김, 아작.

를 통해 태어난 인간과 세포 복제로 태어난 클론 간의 대결에 있다. 월헬름은 물론 배아를 통해 태어난 인간을 옹호하는 입장이다. 그 까닭이 재미있다. 저자는 세포 복제로 태어난 클론들은 '나'라는 개별성을 잃어버린다고 설명하고 있다. 한 여자 클론은 이를 다음과 같이 말하고 있다.[41]

"이제 돌아가야 해." 귀신 들린 표정이 그녀의 얼굴에 떠올랐다. 그녀는 그것을 '공허감'이라고 했다. "넌 무슨 말인지 모를 거야. 우리는 나누어진 존재가 아니야. 자매들과 나는 하나, 함께 하나를 이루었고, 나는 거기서 혼자 떨어져 나온 조각 같은 거야. 가끔은 잠깐 그 사실을 잊을 수 있고, 너와 함께 있을 때는 조금 더 오래 잊기도 하지만, 결국 공허감은 언제나 돌아와. 아마 나를 뒤집어보면 그 안에는 아무것도 없을 거야."

이처럼 개별성을 잃어버린 클론들은 창의성도 함께 잃어버리게 된다. 그리고 클론들이 만든 문명도 점차 소멸하게 된다. 저자는 "그러나 그들은 행복했다"고 말하고 또 "그들은 미래를 내다볼 상상력이 없기 때문에 행복했다"고 그 이유를 설명한다. 소설은 클론 속에서 살아남은 한 배아 인간 마크가 세포 복제의 문제를 보완하기 위해 남겨둔 씨받이 여자들을 데리고 탈출하여 새로운 공동체를 꾸리는 것으로 마무리된다. 물론 그들에 의해 태어난 인간은 현재의 인류와 같이 개별성을 가지는 인간이다.

인류의 멸망이 인간이 가진 개별성에서 비롯되었는데 다시 그 개별성을 부활시키려는 소설의 주제는 참 아이러니컬하다. 개별성이라고 하는

---

41. 위의 책, 332쪽.

것이 물론 창의성을 발현하기도 하겠지만 결국 피부경계선을 기준으로 서로 대립하고 갈등하여 파국에 이르게 한다는 것을 저자는 알지 못하는 것일까? 새로운 개별적 인간 공동체를 만드는 주인공이 혼자 탐험을 하다가 웃음을 터트리는 다음의 장면은 개별성이 어떤 것인지 잘 보여준다.[42]

마크는 갑자기 머리를 뒤로 젖히고 어린애처럼 득의에 찬 즐거운 웃음을 터트렸다. 모두 다 그의 것이었다. 이 세상 전부가. 아무도 이곳을 갖고 싶어 하지 않았다. 여기에는 그의 소유권에 이의를 제기할 사람이 아무도 없었다. 모두 다 그가 차지할 것이다.

---

42. 위의 책, 337쪽.

3. 새로운 문명의 조건

가. 노동 없는 삶

인류 최초의 문명은 원숭이가 나무에서 내려와 두 발로 걷게 되면서 시작되었다. 이것이 첫 번째 문명의 대전환이다. 두 발로 걷게 된 '털 없는 원숭이'는 자연계에서 유일하게 자신을 자연에서 분리된 존재로 여기게 되었다. 흔히 도구의 제작과 불의 사용을 인류 초기 문명의 특징으로 언급하지만, 이것은 단순히 도구와 불을 사용했다는 사실 이상의 의미를 가지고 있다. 즉 도구와 불의 사용이 의미하는 것은 인류가 자신을 자연과 분리된 존재로 여기고 그 자연을 두려움의 대상, 극복의 대상으로 삼게 되었다는 뜻이다. 전 세계에 산재한 인류 최초의 예술품인 동굴 벽화는 인간이 대자연과 분리된 자아를 슬퍼하고 두려워하는 내용으로 가득 차 있다.

인류는 이제 새로운 문명의 대전환의 입구에 서 있다. 새로운 문명의 대전환의 물리적 토대는 정보화이다. 정보화가 문명의 대전환의 토대가 된다는 의미는 무엇일까? 만약 그것이 토플러가 말하는 농업혁명이나 산업혁명에 이은 정보혁명을 의미한다면 그것은 인류 문명의 대전환이 아니라 '소전환'에 불과하다고 할 수 있다. 그것은 원숭이가 나무에서 내려온 것과 같은 의미의 큰 변화가 아니라, 생산력 발전의 한 계기에 지나지 않기 때문이다. 그러나 정보화는 단순히 생산력의 획기적인 발전만을 의미하지는 않는다. 정보화는 노동의 종말을 초래한다는 점에서 기존의 농업혁명이나 산업혁명과 구별된다. 노동의 종말은 농업혁명이나 산업혁명과 같이 그것을 통해 생산력이 증대하고 또 이에 따라 노동시간이 줄어들고 여가시간이 늘어나는 것만을 의미하지는 않는다. 노동의 종말은 문명 형성 이후 인류의 자아정체성 자체에 혁명적인 변화를 초래할 중대한 사건이다. 왜 그런가?

문명 이전의 인류에게 노동이란 개념은 존재하지 않았다. 대부분의 동물이 그렇듯이 인간의 경우에도 노동과 노동이 아닌 것은 구별되지 않았던 것이다. 예컨대 원숭이가 나무에서 열매를 채취하는 것은 노동이고 그것을 먹는 것은 여가일까? 아니면 최초의 인류가 짐승을 사냥하는 것은 노동이고, 그것을 나누어 먹고 나무 그늘 밑에서 쉬는 것은 여가일까?

인류 최초의 노동은 노동 계급의 형성과 더불어 시작되었다. 집단 구성원 모두가 생산 활동, 즉 먹을 것을 구하는 활동에 종사해야만 생존할 수 있을 정도로 생산력이 지극히 낮은 사회에서는 노동과 노동이 아닌 것이라는 구별이 존재할 수 없었다. 생산력의 발전으로 육체노동을 하지 않고, 다른 사람의 잉여 노동을 착취해서 먹고사는 유한계급이 형성되면서 비로소 노동이 발생하였다. 즉 노동의 발생은 계급의 발생과 시기적으로 일치하는 것이다.

인류 문명과 더불어 발생한 노동은 인류의 자아정체성의 형성에 결정적인 역할을 하였다. 즉 자신이 행하는 노동으로서 곧 자기 자신의 정체성을 규정하는 것이 되었던 것이다. '당신은 누구입니까?'라는 질문에 자신을 농부와 대장장이, 목수 등으로 대답하는 것이 그것이다. 그런데 이러한 노동은 전근대 사회에서는 집단 노동으로, 그리고 근대 사회에서는 개인 노동으로 전개되었다.

집단 노동이란 분리 독립된 개체로서의 개인이 나타나기 전에, 자신이 속한 집단으로서 자아정체감을 가지는 시기의 노동이다. 고대 노예제 사회나 중세 봉건제 사회에서 자신의 출생과 더불어 노동의 형태가 정해지는 것이 바로 집단 노동이라고 할 수 있다. 이러한 집단 노동의 시대에는 노동의 선택이 집단 내에 한정되고, 그러한 노동이 평생의 삶을 지배하였다. 그러나 근대 문명과 함께 노동은 여타 상품과 함께 팔고 사는 대상이 되었으며, 개인은 '자유롭게' 자신의 노동을 팔고 그 대가로 임금을 받아 삶을 영위하게 되었다. 이것이 바로 마르크스가 자본주의의 기준으로 설정한 '이중으로 자유로운 임금 노동의 출현'인 것이다.

노동의 종말이란 이러한 근대 문명의 개인 노동이 정보화의 진척과 함께 사라져가고 있음을 지적한 것이다. 이제 인류는 다시 한 번 최초의 인류와 같이 노동이 없는 사회로 진입하고 있는 것이다. 다시 말해 노동이 아닌 다른 것으로 자신의 자아정체감을 형성해야만 하는 시기에 들어서게 된 것이다.

리프킨은 그의 최근 저서 『한계비용 제로 사회』에서 향후 자본주의 생산성 증가로 재화나 서비스를 한 단위 더 생산하는 데 들어가는 추가 비용을 뜻하는 한계비용이 제로 수준이 되어 상품을 거의 공짜로 만드는 상황이 발생한다고 주장하였다. 우리는 휴대전화나 인터넷을 이용해 제로에 가까운 한계비용으로 정보를 생산하고 공유하는 시스템을 통해 그 사례를 직접 목격하고 있다. 한계비용 제로 사회는 자본주의의 자체 모순의 필연적인 결과다. 자본주의는 생산성을 최대한 높이는 것을 목표로 기술혁신을 하게 되는데, 결국 치열한 경쟁으로 기술은 계속 발전하고 그에 따라 생산성이 최고점에 달해 판매를 위해 생산하는 각각의 추가 단위가 '제로에 가까운' 한계비용으로 생산되는 상황이 발생하게 된다는 것이다.[43]

리프킨은 이전의 저서 『3차 산업혁명』을 통해 앞으로 모든 개인이나 기업이 태양력, 풍력, 지열 등을 이용하여 에너지를 자체 생산하게 될 것

---

43. 제레미 리프킨(2014), 『한계비용 제로 사회-협력적 공유사회』, 안진환 옮김, 민음사, 11쪽.

이고, 그리고 그 에너지를 저장하고 교환하게 될 것이라고 주장하였다. 이러한 에너지 생산과 소비의 변화는 정치, 경제, 사회, 문화, 교육에 커다란 변화를 가져오게 된다. 이러한 에너지 자체 생산이 한계비용 제로 사회의 토대가 된다. 리프킨은 한계비용 제로 혁명이 비디오나 오디오 텍스트를 넘어 재생 에너지와 3D 프린팅 제조, 온라인 고등교육으로 확대되고 있다고 말한다. 리프킨이 특히 주목하는 부문이 사물인터넷인데, 그는 커뮤니케이션 인터넷과 에너지 인터넷, 그리고 물류 인터넷이 통합될 것이며 이것이 한계비용 제로 혁명을 모든 산업 분야로 확대시킬 것으로 보고 있다. 리프킨의 주장대로 지능형 로봇이 인간 노동의 대부분을 담당하게 되면 시장 자본주의에는 과연 어떤 일이 발생할까? 리프킨은 다음과 같이 예상한다.[44]

첫째로 부상하고 있는 한계비용 제로 경제는 경제 과정에 대한 우리의 개념 자체를 급진적으로 변화시킬 것이다. 소유주와 노동자, 그리고 판매자와 소비자로 분리되는 낡은 패러다임이 무너지기 시작하고 있다. 프로슈머들은 협력적 공유사회에서 제로를 향해 접근하는 한계비용으로 생산하고 소비하며 서로의 재화와 서비스를 공유할 것이다. … 둘째, 시장 경제 모든 부문에 걸친 작업의 자동화가 이미 인간 노동을 해방하고 있으며, 그에 따라 인간 노동은 진화하는 사회적 경제로 이동할 것이다. 다가오는 시대의 협력적 공유사회에서는 자신의 놀이에 심취하는 것이 시장경제에서 열심히 일했던 것만큼이나 중요해지고 사회적 자본을 모으는 것이 시장 자본을 축적했던 것만큼이나 높이 평가받을 것이다.

---

44. 위의 책, 215쪽.

리프킨은 한계비용 제로 혁명의 결과로 자본주의는 소멸하고 그 대신 협력적 공유사회라는 새로운 사회가 나타날 것으로 추정하고 있다. 그가 말하는 공유사회는 민주적으로 운용되는 모든 비공식 조직을 말한다. 흔히 '시민사회' 혹은 '비영리 부문'이라고 부르는 조직이 협력적 공유사회의 토대를 이룬다는 것이다. 이들은 사물인터넷의 플랫폼을 토대로 자동차와 집, 심지어 옷까지 공유하게 될 것이라고 보는 것이다. 결과적으로 시장의 교환가치는 갈수록 협력적 공유사회의 '공유가치'로 대체될 것이라고 한다. 자본주의 사회의 소유가 어떻게 공유로 바뀌는가를 리프킨은 다양한 사례를 통해 보여주고 있다. 자동차, 주택, 장난감, 의류 심지어 농지까지 공유하는 사례를 구체적으로 보여주고 있다. 그리고 공유사회에서는 모두가 의사가 되고, 광고가 사라질 것이라고 말하고 있다.[45]

노동 없는 사회는 인류의 오래된 소망이었다. 주지하다시피 그리스 로마 문명이나 기독교 문명 속에서 노동은 부정적인 것, 원죄에 대한 벌의 의미로 받아들여졌다. 리프킨의 주장과 같이 노동이 불필요한 사회가 되면 모든 사람이 행복해질까?

비록 노동이 원죄에 대한 벌이라고 해도 인류에게 노동의 의미는 결코 무시할 수 없다. 근대 계몽주의자들은 노동을 인간이 개체로서의 자신을 실현하는 수단인 동시에 사회적 연대의 토대로 삼았다. 따라서 현대 문명에서 노동이란 단순한 생계수단의 의미를 넘어 개인이 자신의 자아정체성을 확립하는 가장 중요한 수단이 되었다. 노동에 대해 너무나 큰 의미를 부여한 현대 문명은 '노동=자아실현', '실업=낙오자'라는

---

45. 그러나 리프킨은 장기적으로 모든 노동이 사라지겠지만 단기 및 중기적으로는 세계 곳곳에 사물인터넷 인프라를 대규모로 구축하는 과정에서 임금노동자들의 수요가 마지막으로 급증하는 현상이 나타날 것이라고 보고 있다. 그는 이런 노동의 급증이 앞으로 약 40년간 지속되리라고 예상한다. 특히 글로벌 에너지 체제를 화석연료와 원자력발전에서 재생에너지 중심으로 변화시키는 것은 대단히 노동집약적인 과정이기 때문에 노동력이 많이 필요하게 된다는 것이다. 위의 책, 435쪽.

낙인을 찍고 있어 이러한 이데올로기에서 벗어나가 쉽지 않다. 취업에 실패한 청년 실업자에게 '당신은 이제 노동으로부터 해방되었으니 자유다. 이제 당신이 하고 싶은 것을 마음대로 하고 살아라'라고 한다면 과연 그들이 기뻐할까?

현대 문명에서 노동을 통한 자아실현은 '자아'라는 분리 독립된 개체의 자기 확인과 확대를 의미한다. 그리고 실업이란 이런 자아실현의 가장 강력한 수단을 상실했음을 뜻한다. 캘빈과 베버와 헤겔과 마르크스가 주장한 대로 현대는 노동이 모든 시간을 지배하고 있다. 현대인은 일하지 않으면 살아 있다고 느끼지 못하듯이 오늘날 일의 지배는 너무나 완벽해져서 노동 시간 바깥에는 오직 때우고 죽여야 할 시간밖에는 남아 있지 않게 되었다. 자본주의의 지상명령에 따라 사물은 점점 더 빠른 속도로 생산되고 소비되기에 이르렀다. 소비의 강제는 생산 시스템에 내재되어 있다. 경제 성장은 사물의 빠른 소모와 소비에 의존하고 있다.[46] 그래서 오늘날 노동자와 소비자는 서로 근친관계에 있다. 그들은 공히 시간을 소비하는 존재일 뿐이다.[47] 마르크스는 현대의 두 집단을 자본가와 노동자로 나누었지만 실제로는 모두 노동자일 뿐이다. 이재용도 노동자이고 빌 게이츠도 노동자일 뿐이다. 그리고 편의점에서 대기업 정규사원이 되기를 염원하며 일하는 88만 원 세대도 노동자이다. 노동하지 않는 삶은 살아 있다고 느끼지 못한다는 점에서 누구나 다 노동자인 것이다.

따라서 여기서 가장 중요한 문제는 자아정체감 형성의 가장 중요한 수단인 노동이 사라질 경우 그것을 무엇으로 대체할 것인가 하는 것이다. 모든 일을 인공지능이 대신하면 인간은 무엇으로 자신의 정체성을 삼게 될까? 헤겔은 '주인과 노예의 변증법'을 통해 비록 주인에게 예속

---

46. 한병철(2013), 『시간의 향기』, 김태환 옮김, 문학과지성사, 149쪽.
47. 위의 책, 160쪽.

된 존재이기는 하지만 노동을 전담하는 노예가 결국 노동을 통해 주인의 자리로 나아간다고 하였다. 그렇다면 많은 SF 영화가 다루고 있듯이 인공지능에게 노동을 빼앗긴 인류는 인공지능의 노예로 전락하게 될까?

노동 없는 삶의 한 가지 모습으로 최근 일본과 우리나라에서 급증하고 있는 오타쿠족을 생각해볼 수 있다. 오타쿠란 존칭인 '오'와 집을 나타내는 '타쿠宅'를 합쳐서 만들어진 말인데, 한 가지에 미쳐서 집에서 나가지 않고 그 일만 하는 사람을 나타내는 말이다. 우리나라의 젊은이들은 이를 '오덕五德'이라고 부른다. 한 조사에 따르면 우리나라의 오타쿠도 수백만 명에 이른다고 하는데, 최근에 베개에 미친 어느 오타쿠는 베개와 결혼식까지 올렸다고 한다. 오타쿠 중에서 중증인 사람을 히키코모리引き籠り라고 하는데 히키코모리는 집 안에 틀어박혀 지낸다는 뜻으로 대화를 통한 의사소통이 거의 없고 자기혐오·우울증 비슷한 증세를 갖고 있는 사람들을 지칭한다. 이들은 주로 인터넷과 게임에 몰입하면서 현실과 가상의 사이버 세계를 혼동하여 폭력을 휘두르거나 스스로 영웅시하며 자기만족을 꾀하기도 한다고 하는데, 일본의 시민단체인 '전국 히키코모리 가족연합회'의 보고서에 따르면 히키코모리의 80%가량이 20~30대이며, 이 중 8 대 2 정도로 남성이 여성에 비해 압도적으로 많다고 한다. 또 일본 NHK 복지 네트워크의 최근 조사에 따르면 히키코모리는 일본에서 160만 명 정도 되는 것으로 추산되며, 거의 외출을 하지 않는 광의의 히키코모리를 포함하면 전국 300만 명 이상으로 파악하고 있다. 노동이 사라진 미래 사회에서 대부분의 사람들이 오타쿠 아니면 히키코모리가 될까?

노동으로부터의 해방을 통한 정체성의 상실과 함께 고려해보아야 할 문제는 현재의 노동력을 양성하는 것으로서의 현대 교육의 목표를 무엇으로 대체할 것인가 하는 문제이다. 또한 리프킨이 주장한 것과 같이 인공지능을 통한 노동으로부터의 해방이 이루어진다고 해서 인류가 당면

한 정치 경제적 문제와 환경 문제 등의 외적 위기와 고립감, 무의미함과 같은 내적 고통이 저절로 사라질 것인가 하는 것이다. 리프킨도 인공지능을 통한 노동으로부터의 해방이 저절로 풍요롭고 행복한 미래를 가져올 것이라고는 생각하지 않는 듯하다. 그는 책의 마지막 부분에서 결국 한계비용 제로 사회를 통한 풍요로운 협력적 공유사회로의 이행도 '인간의 의식이 근본적으로 달라지지 않는다면 모두 무의미해질 것'이라고 말하고 있다.[48]

나. 멍 때리기 대회

스스로를 착취하다가 마침내 소진해버리거나 우울증에 빠지는 성과주체에 대해 한병철은 어떤 대안을 제시하고 있을까? 그는 『피로사회』에서 니체의 『우상의 황혼』을 인용하면서 "인간은 어떤 자극에 즉시 반응하지 않고 속도를 늦추고 중단하는 본능을 발휘하는 법을 배워야 한다"라고 주장한다. 또 피로사회의 대안으로는 한트케의 '근본적 피로', '눈 밝은 피로', '무위의 피로', 혹은 '오순절 피로' 등을 제시하고 있다. 또 『시간의 향기』에서는 또 다른 대안으로 사색적 삶의 복원을 주장하기도 하였다. 여기서 사색적 삶이란 '행위를 통해 세계와 시간을 조작하고 변화시키는 활동적 삶의 대척점에 있는 삶'으로서, "정관靜觀하는 삶, 무위無爲의 삶으로서, 행위를 멈추고, 우리의 뜻대로 대상을 조작하고 바꾸어버리려는 협소한 욕망을 잊어버리고, 그 순간에 드러나는 세계의 모습을 가만히 마주하고 받아들이는 태도를 가리킨다".[49]

그에 앞서 그는 고대와 중세의 사색적 삶이 어떻게 소멸했는지 살펴본다. 첫 번째로 지적하는 것은 캘빈의 구원경제학적 의미로서의 노동이다. 이는 베버의 프로테스탄티즘과 자본주의 정신의 친화성으로 정리된

---

48. 제레미 리프킨(2014), 『한계비용 제로 사회-협력적 공유사회』, 안진환 옮김, 민음사, 478쪽.
49. 한병철(2013), 『시간의 향기』, 김태환 옮김, 문학과지성사, 148~150쪽.

다. 금욕주의는 축적의 강박으로 나타나며 이것이 자본의 형성으로 귀결된다는 것이다. 두 번째로 그는 헤겔과 마르크스를 원흉으로 지목한다. 헤겔은 주인과 노인의 변증법을 통해 노동이 역사의 원동력이고 노동이 곧 시간이라고 주장하였으며, 마르크스는 이러한 헤겔의 주장을 받아들여 인간은 자신의 노동의 결과라고 하였다. 그는 『독일 이데올로기』에서 "인간을 동물과 구별되는 존재로 만든 최초의 역사적 사건은 그들이 생각했다는 것이 아니라 그들이 자신의 생활수단을 생산하기 시작했다는 것이다"라고 말하고 있다.

한병철이 말하는 사색적 삶은 지금 이 순간을 완벽하게 느끼는 삶과 닮았다. 그가 말하는 사색적 삶은 이성적으로 사유하는 삶이 결코 아니기 때문이다. 그는 "노동하는 동물은 또한 이성적 동물과도 근친관계이다. 이성의 활동 그 자체는 일종의 노동이기 때문이다"[50]라고 말하고 있다. 그래서 현대 문명 속에서는 사유조차도 노동과 유사해진다고 지적하고 있다.

한병철이 제안하는 근본적 피로란 결국 피로로 인해 자아가 위축되어 그만큼 다른 것들이 들어올 수 있는 공간을 마련한다는 점에서 긍정적인 의미가 있다. 그런데 어떤 경우에 탈진하는, 그래서 우울증과 같은 신경증적 병으로 연결되는 피로가 나타나고 어떤 경우에 근본적 피로가 나타나는 것일까? 결국 그 피로를 보는 관점의 차이가 아닐까? 그리고 근본적 피로는 '중단하는 본능'과 어떤 관련이 있을까? 또 사색적 삶이 이성적으로 사유하지 않는 사색이라면 그것은 어떻게 하는 것일까? 또 '속도를 늦추고 중단하는 본능'이라는 것이 무엇일까? 단지 활동 과잉을 멈추고 머뭇거리는 능력을 말하는 것일까? 그렇다면 왜 본능이라는 말을 붙였을까? 중단하는 본능은 혹시 외부에 대해 민감하게 깨어

---

50. 위의 책, 176쪽.

있는 것과 관련이 있지 않을까?

에고는 두 가지 망상을 가지고 있다. 그 한 가지는 자신을 행위자로 여기는 것이고 또 한 가지는 자신을 아는 자로 여기는 것이다.[51] 한병철의 근본적 피로와 중단하는 본능, 그리고 사색적 삶은 이 두 가지 망상을 벗어나기 위한 한 가지 방법으로 여겨지기도 한다. 그러나 지나치게 소극적이고 염세적인 방법이 아닐까?

2014년 10월 27일 네이버 뉴스에 '멍 때리기 대회'라는 이색적인 행사에 대한 기사가 실렸다. 멍 때리기 대회란 아무 짓도 하지 않고 가만히 있는 '멍 때리기' 고수를 뽑는 대회이다. 10월 27일 서울시청 앞 광장에서 처음 열린 '제1회 멍 때리기 대회'는 잠을 자선 안 되고, 그렇다고 딴 짓을 해서도 안 되고 그저 멍하게 앉아 있는 대회이다. 이 대회의 우승자는 초등학교 2학년 김지명 양이 차지했다. 당초 50명에게만 주어지는 참가 자격을 놓고 약 3대 1의 경쟁률을 뚫었던 참가자들은 도심 한복판 광장에 멍하니 앉아 '무위無爲'의 극단을 시위했다. 멍 때리기 대회와 같은 맥락에서 요즘 서점가의 베스트셀러가 컬러링북이라고 한다. 이는 아무 내용도 없이 밑그림만 그려져 있는 책에 아무 생각 없이 색연필로 밑그림에 색칠하는 책이다.

멍 때리기 대회나 컬러링북은 기자가 적절하게 지적하고 있듯이 일종의 '무위'의 실험이다. 도연명이 '동쪽 울타리 아래에서 국화를 꺾으며 유연히 남산을 바라보네彩菊東籬下 悠然見南山'라고 했던 것처럼 전현대 사람들은 무위에 익숙했던 것 같다. 옛 선인들의 시에 '먼 산 위의 흰 구름만 말없이 바라본다'는 노래 가사와 같은 시구가 굉장히 많은 것은 그들은 아무것도 하지 않고 그냥 하늘과 흰 구름과 산과 물을 바라보는데 익숙해 있었기 때문일 것이다. 박목월의 '송화가루 날리는 외딴 봉오

---

51. 아잔 브라흐마, 『성난 물소 놓아주기』, 공감의기쁨, 2012, 285쪽.

리'라는 시와 '고사관수도高士觀水圖'와 같이 무위의 세계를 표현한 것이 매우 많다. '천 개의 산에 새 날기 끊어지고 만 가지 길에 인적이 끊겼네 千山鳥飛絶 萬逕人踪滅'라는 시구절도 무위가 극에 달해 모든 소리가 사라진 정적의 세계를 표현하고 있다. 하여간 현대인들에게 무위가 힘든 까닭은 현대 문명과 현대 교육에 그 원인이 있는 것이지, 유전적 요인은 아닐 것이다.

한병철은 최근 저서 『심리정치』에서 우리의 내면을 비우고 '백치' 상태에 이르는 것이 심리정치의 유일한 대안이라고 하였다.[52] 멍 때리기 대회나 컬러링북이 한병철이 내놓은 대안과 같은 것일까? 차라리 멍 때리기 대회나 컬러링북에 아무 생각 없이 색칠하는 것이 그리스 아이들이 땅속에서 지폐를 발견하고 이를 가지고 놀다가 찢어버리는 것[53]보다는 낫지 않을까?

다니엘 밀로는 『미래중독자』에서 '내일 보자'는 말이 인류를 아프리카에서 벗어나 전 대륙으로 확장하는 계기가 되었다고 하면서, 이런 미래중독에서 벗어나기 위해서는 유치원에서 멍 때리기를 가르치고, 초등학교 3학년부터 '백수 준비'를 필수과목으로 가르쳐야 한다고 주장하였다.[54]

---

52. 한병철(2015), 『심리정치』, 김태환 옮김, 문학과지성사, 111~118쪽.
53. 위의 책, 75쪽에서 그는 이 사건을 "범상치 않은 사건"이며, "미래에서 온 신호"라고 말하고 있다.
54. 다니엘 밀로(2017), 『미래중독자』, 청림출판, 305쪽.

제 2 장

셀프의 문명론

아침마다 사과를 먹는다. 몸속에 사과가 쌓인다.
사과가 나를 가득 차지하면 비로소 사과는 숨진다.
사과가 숨질 때 나는 사과나무를 본다.
사과나무는 아름답다.

때로 다른 일이 벌어지기도 한다.
내가 먹은 사과들이 내게서 탈주하는 것이다.
어제를 살해한 오늘의 태양처럼 빛나고 향기나는 사과들.
사과는 사과나무를 불태운다.
사과나무는 아름답다.

_이수명, 「사과나무」

1. 기존 문명론의 검토

　문명에 대한 정의는 매우 다양해서 통일된 정의를 찾기 어렵다. 또한 문명과 비슷한 개념인 문화와 그 의미가 중첩되기도 하여 일반적인 기준을 찾기가 어렵다. 다만 문화가 정신적인 측면에 중점을 둔다면 문명은 기술적인 측면까지 포함한다는 것, 문화가 개별적인 것이라면 문명은 보다 포괄적인 개념이라는 측면에서는 의견 수렴이 이루어진 듯하다.

　기존의 문명론은 크게 두 가지 차원에서 살펴볼 수 있다. 한 가지는 문명을 단일문명과 다원문명으로 구분하여 살펴보는 것이고,[1] 또 한 가지는 문명을 발전하는 것으로 볼 것인지, 아니면 쇠퇴하는 것으로 볼 것인지에 대한 것이다.

　단일문명론과 다원문명론은 후쿠야마의 '역사의 종말'과 헌팅턴의 '문명의 충돌'로 대비된다. 후쿠야마는 "어떤 시대, 어떤 민족의 경험에서 생각하더라도 유일한, 그리고 일관된 진화의 과정으로서 역사가 끝났다"라고 말한다.[2] 즉 서유럽에서 시작된 자유민주주의라는 정치제도와 자유시장 경제라는 경제제도는 역사의 정점이며, 소비에트 공산주의의 몰락을 계기로 이러한 형태는 전 세계로 확산되고 이제 전 세계는 이러한 한 가지 문명 속에 포괄될 것이라는 주장이다. 이러한 후쿠야마의 주장은 사실 근대 계몽주의자들의 진화론적 문명론의 한 형태에 지

---

1. 『문명 담론을 말하다』(푸른역사, 2012)에서 저자 전홍석은 이를 '단수적 의미의 문명'과 '복수적 의미의 문명'으로 구분하고 있다.
2. 프랜시스 후쿠야마(2007), 『역사의 종말』, 이상훈 옮김, 한마음사, 8쪽.

나지 않는다. 오리엔탈리즘이라는 비판을 받고 있지만 이러한 진화론적 문명발전론은 두 가지 기본 가정을 가지고 있다. 한 가지는 문명은 끊임없이 발전한다는 것이고, 그 발전은 무한한 것이 아니고 인류가 가장 심오하고 근본적인 형태의 문명을 실현했을 때 진화는 종말을 맞이한다는 것이다.

한편 헌팅턴의 문명충돌론은 토인비와 슈펭글러의 문명론을 계승한 것으로 세계문명을 8개의 문명권으로 구분하고 국제 갈등의 중심은 서구 문명과 근대화를 받아들이면서도 서구 문화에 동참을 거부하는 문명 간의 충돌로 설명하였다. 특히 그는 이슬람 문명권과 유교 문명권을 서구 문명의 가장 큰 잠재적 위협으로 간주하였다.

문명론의 또 한 가지 차원은 문명을 발전하는 것으로 볼 것인가 아니면 쇠퇴하는 것으로 보는가 하는 것이다. 근대 이전에 문명론에서는 인류의 문명이 점차 쇠퇴하는 것으로 간주하였다. 그리스 문명은 문명 쇠퇴론의 입장으로 분류될 수 있다. 호메로스는 일찍이 황금시대가 있었고 그것이 은과 동을 거쳐 현재 철기시대로 쇠퇴하였다고 하였고, 플라톤의 이데아론도 일종의 문명 쇠퇴론이라고 볼 수 있다. 공자의 유가사상에서도 하은주 시대의 문명이 가장 발달한 것으로 보았으며, 불교의 문명론 역시 부처의 사후를 기준으로 500년을 단위로 문명이 쇠퇴하는 것으로 보고 있다.

문명발전론은 근대 계몽주의로부터 시작되었다. 콩도르세를 위시한 계몽주의자들은 인류의 역사는 단순한 사회로부터 복잡한 문명사회로 진화하고 발전한다고 주장하였고, 이러한 진화론적 문명관은 이후 근대문명을 지배하는 흐름으로 이어져왔다. 적극적으로 서구 문명을 받아들여 일본의 문명화를 추구한 후쿠자와 유키치도 진화론적 문명관을 아무런 거부감 없이 받아들였다. 그는 문명의 발전에 대해 다음과 같이 말했다.[3]

문명의 진보에 따라서 지와 덕은 함께 그 양이 커지고 사적인 것을 넓혀 공적인 것으로 전환시켜 사회 전체에 공지공덕이 미치는 곳이 넓어지며 평화를 향해 나간다. … 온 나라가 한집안 같고 한 집안은 사원과 같으리라. 부모는 교주이며 자식은 교도와 같으리라. 세계의 국민은 마치 예양禮讓의 대기에 감싸이고 덕의 바다에서 목욕하는 것처럼 되리라. 이것을 문명의 평화라고 부른다.

계몽주의에서 말하는 문명 발전의 기본 전제는 스펜서의 사회진화론에서 주장하는 '약육강식', '적자생존', '우승열패'와 같은 것이다. 스펜서는 이런 사회진화의 원리를 다윈의 생물진화론에서 따왔다고 주장하지만 다윈이 『종의 기원』에서 그렇게 주장했다고 단정하기는 어렵다. '적자생존'은 분명히 다윈의 주장이 맞지만 이때의 적자란 반드시 강하고 우수한 종족이나 개체라고 보기는 어렵다. 오히려 약하고 열등한 종족이나 개체이지만 경쟁이 아니라 협력을 통해 생존하고 진화할 가능성이 크다는 점도 언급한 바 있다. 이처럼 경쟁이 문명 발전에 토대가 된다는 생각은 문명발전론을 주창한 모든 저자들에게 공통으로 드러난다. 그러나 그런 주장은 한 가지 관점은 될 수 있겠지만 진실이 되기는 어렵다. 한 가지 예를 들어보자.

모든 생명체의 탄생 과정에서 수컷의 정자 수는 암컷의 수정란에 비해 월등하게 많다. 이를 경쟁의 관점에서 보면 약육강식, 우승열패가 맞는 것이라고 주장할 것이다. 그러나 수정의 과정을 자세히 살펴보면 가장 먼저 난자에 도착한 정자가 수정하는 것은 아니다. 대개의 수정란은 감염을 방지하기 위해 여러 겹의 보호막을 가지고 있다. 따라서 제일 먼저 수정란에 도착한 정자는 정자의 머리를 첫 번째 보호막에 박고 죽는

---

3. 후쿠자와 유키치(福澤諭吉)(1986), 『문명론의 개략』, 정명환 옮김, 홍성사, 144쪽.

다. 정자의 죽음으로 인해 보호막이 해체되고, 다음에 도착한 정자가 다음의 보호막을 해체하고 모든 보호막이 해체된 뒤 도착한 정자가 수정에 성공하게 되는 것이다. 이처럼 새로운 생명은 경쟁이 아니라 협동에 의해 태어나며, 자연 역시 경쟁이 아니라 협동에 의해 조화를 이룬다고 주장하는 사람들도 적지 않다.

또 한 가지 문명론에 대한 논의에서 빠뜨릴 수 없는 것이 문명반대론이다. 문명반대론은 문명쇠퇴론과 일견 유사하지만 다른 측면이 있다. 문명쇠퇴론은 문명이 쇠퇴하는 것이 필연적이고 따라서 그것을 되돌릴 수 없다는 수동적이고 운명론적인 측면이 강하다면, 문명반대론은 적극적으로 현대 문명의 문제점을 비판하고 문명 이전 상태로 돌아가기를 주장하는 능동적인 이론이다.

먼저 프로이트는 『문명의 불안』이라는 책에서 인류의 문명은 곧 인간 본능의 억압이며 자기해체이자 파괴의 충동이라고 하였다. 프랑크푸르트학파의 호르크하이머와 아도르노 역시 인간 해방과 문명의 진보를 가져온 계몽의 기획 그 자체에 광기와 살육의 씨앗이 내포되어 있음을 주장하였다.[4] 아렌트가 정확하게 지적하였듯이 수백만 명을 살해한 홀로코스트는 어느 특정인의 잘못이 아니라 현대 문명이 초래한 인간에게 내재된 '악의 평범성'이 그 원인이라고 할 수 있다.

레비-스트로스 역시 미개인의 사고가 결코 무지몽매한 미신과 같은 것이 아니라 오히려 문명인이 잃어가고 있는 대자연의 환경과 호흡을 같이하고 조화를 살리고 있다고 하였다.[5] 프랑스의 인류학자인 클라스트르 역시 『국가에 대항하는 사회-정치인류학 논고』라는 책에서 남아메리카 인디언 사회를 연구한 결과 인디언 사회는 결코 야만 사회가 아닌 문명사회였으며 오히려 우리가 살고 있는 국가 사회가 야만사회라고 주장

---

4. 존 저잔(2009), 『문명에 반대한다』, 정승현·김상우 옮김, 와이즈북, 27쪽.
5. 정인석, 앞의 책, 124쪽.

하였다.[6]

같은 맥락에서 존 저잔이 엮은 『문명에 반대한다』는 책은 구석기시대
가 인류 최초의 풍요사회였다는 주장을 담고 있다. 이들은 인류는 자연
상태에 머물도록 만들어진 존재이며, 자연 상태는 세상의 진정한 청춘
기이며, 그 후의 모든 진보는 종의 쇠퇴를 향한 여정이었다고 주장한다.[7]
이들에게 문명은 질병이다. 특히 선진 사회일수록 그 질병은 깊다.[8]

> 선진 산업사회에서 빈곤의 현대화란 텔레비전 기상 캐스터건
> 교육자건 간에 전문가가 공인해주지 않으면 사람들이 전혀 사실을
> 인식하지 못한다는 것, 의사에게 치료받지 않으면 신체의 불편은
> 견딜 수 없이 힘든 것이 된다는 것, 서로 떨어진 지역을 차량으로
> 연결하지 않으면 친구와 이웃은 사라진다는 것을 의미한다. 요컨대
> 우리는 대부분의 시간을 우리의 세계와 떨어져 살고 있으며, 누구
> 를 위해 일하는지도 모르고 느끼는 대로 살고 있지도 못하다.

최근에 우리나라에서도 '구석기 식단'이라고 하여 현대의 패스트푸드
뿐만 아니라 신석기 이후 인간이 먹게 된 곡물류까지도 거부하는 움직
임이 있다. 우리의 몸이 인류 형성의 95%를 차지하는 구석기 시대에 적
합하게 만들어졌다는 것이 구석기 식단을 주장하는 사람들의 근거이다.
리프킨도 『제3차 산업혁명』에서 현대 인류가 겪는 여러 가지 질병의 원
인을 자연에서 분리된 삶에서 찾고 있다. 즉 우리 몸속에 새겨진 오래된
기억은 깊은 숲속의 맑은 호수를 끊임없이 동경하도록 만들고 있는데,
이는 깊은 숲속의 맑은 호수는 기근과 갈증에 시달리던 우리의 조상들

---

6. 클라스트르(2005), 『국가에 대항하는 사회-정치인류학 논고』, 홍성흡 옮김, 이학사.
7. 존 저잔, 앞의 책, 78쪽.
8. 위의 책, 243쪽.

이 맑은 물과 충분한 식량을 얻을 수 있는 최적의 장소이기 때문이라고 하였다.[9] 이처럼 우리 몸에는 인류의 전 역사가 나이테처럼 새겨져 있다. 인류뿐만이 아니라 아메바 시절부터 파충류와 원인류에 이르기까지의 모든 기억들이 새겨져 있다. 깊은 숲속의 맑은 호수를 동경하는 마음은 아마 그런 잠재된 기억들의 표현일 것이다.

『환경과 문명의 세계사』는 비교문명사와 환경고고학, 환경학을 전공하는 세 학자가 나눈 대담을 묶어 책으로 펴낸 것이다. 이들은 숲의 파괴가 문명을 붕괴시켰음을 여러 가지 자료를 통해 보여주고 있다. 특히 이들은 고대 문명은 건조지역의 관개농업이 염해를 일으켜서 붕괴되었으며, 기독교 세계가 알프스를 넘어 확대되어갈 때 숲을 파괴하는 첨병이 된 것은 바로 기독교 선교사들이었다는 사실, 그리고 원래 가축을 키우던 사람들이 이룩한 지중해 문명 위에 기독교라는 가축민의 거대 종교가 들어와서 자연지배의 문명을 낳았고 이것이 인류 역사에서 최대의 비극이라고 주장하고 있다.[10] 결론적으로 이들은 인류 문명에서 농업혁명, 도시혁명, 산업혁명에 이어 이제는 환경혁명이 일어나야 하며, 환경혁명은 인간이 가지고 있는 삶에 대한 에너지, 즉 욕망을 부정하지 않으면 안 된다고 주장하고 있다. 이를 종교학자인 야마오리 데츠오는 '자신을 먹을 것인가, 남들을 먹을 것인가'의 선택이라고 표현하였다.[11] 여기서 남들을 먹는다는 것은 지금처럼 환경을 파괴하면서 결국 파멸에 이르는 것을 말하고, 자신을 먹는다는 것은 먹는 것을 줄이고, 섹스와 가정을 포기하는 것이다.

다이아몬드는 최근 그의 방대한 저서, 『어제까지의 사회』에서 현대 문

9. 제레미 리프킨(2012), 『제3차 산업혁명』, 안진환 옮김, 민음사.
10. 이시 히로유키 외(2003), 『환경은 세계사를 어떻게 바꾸었는가』, 이하준 옮김, 경당, 263쪽.
11. 위의 책, 264쪽.

명 속에서 우리가 전통사회에서 무엇을 배울 수 있는가를 살펴보고 있다.[12] 그런데 이 방대한 책을 통해 다이아몬드가 제시하는 대안은 너무나 실망스럽다. 젖떼기를 최대한 늦추고, 이중 언어를 사용하도록 키우고, 염분 섭취량을 줄이는 것 등이 그가 전통문명에서 배울 점이라고 말하고 있는 것들이다. 이런 상식적인 결론을 도출하기 위해 이렇게 방대한 책을 썼다는 것이 정말 믿기지 않을 정도이다. 10만 년 전에 탄생한 현생 인류의 구석기 문화가 1만 1천 년 전까지 지속되었기 때문에 그리고 그 문화가 지금도 지속되고 있기 때문에 구석기 문화에서 우리가 얻을 수 있는 장점이 고작 그것뿐일까?

인류의 미래를 다룬 대부분의 영화들은 유토피아가 아니라 디스토피아를 상정하고 있다. 〈혹성탈출〉과 같이 핵전쟁으로 완전히 파괴된 지구를 그리고 있거나, 〈터미네이터〉나 〈매트릭스〉와 같이 인공지능에 의해 지배되는 세상을 그리고 있거나, 아니면 〈기억 전달자〉와 같이 인간의 감정을 완벽하게 통제하는 문명을 그리고 있다. 단테는 그의 대표작 『신곡』을 쓰면서 지옥과 연옥편은 손쉽게 썼지만 천국편을 쓸 때 가장 어려웠다고 하였다. 왜 그럴까? 그 까닭은 에고의 틀 속에서는 아무리 해도 새로운 대안, 새로운 문명을 생각해낼 수 없기 때문이다.

---

12. 재레드 다이아몬드(2013), 『어제까지의 사회』, 강주현 옮김, 김영사.

2. 에고와 셀프의 문명론

문명론의 장점은 현재 인류가 처한 상황을 보다 거시적인 관점에서 볼 수 있게 만들어준다는 것이다. 앞에서 나는 인류 문명의 발전을 원시 상태에서 전근대 사회의 집단 에고의 문명으로 그리고 현대 문명의 개별 에고의 문명으로 소개하였다. 각 단계 문명의 특징을 살펴보기 전에 동양에서 문명의 의미를 먼저 살펴보자.

동양 고전 속에서의 문명은 앞에서 살펴본 서구의 문명 개념과는 전혀 다르다. 가장 큰 차이점은 서구의 문명 개념에서 문명은 항상 자연과 대립되는 것이지만, 동양의 문명은 항상 자연과 교류하고 자연을 본받는 것이라는 점이다. 서구의 문명은 야만을 벗어난 상태를 말하고 야만이 곧 자연을 말하는 것인데 비해, 동양의 문명은 자연을 본받는 것法自然을 말하고 있다.

문명이란 용어의 기원은 『주역周易』이다. 『주역』 건괘乾卦 문언전文言傳에는 "드러난 용이 밭에 있어 천하가 문명한다"[13]는 구절이 있다. 주지하다시피 건괘에서는 6개의 양효를 모두 용으로 표현하였다. 용은 신화적 동물이다. 그것은 변화무쌍하여 예측할 수 없는 존재이다. 여기서 용은 두 가지 자아를 동시에 의미하고 있다. 분리 독립된 개체인 에고ego로서의 자아와 우주적 존재로서의 셀프Self로서의 자아이다. 분리 독립된 개체로서의 에고를 극복하면 곧 그 에고가 우주적 자아라는 것을 알 수

---

13. 見龍在田 天下文明.

있다. 여섯 가지 종류의 용은 에고를 극복하여 우주적 자아를 성취하는 과정을 보여주고 있다. 초구에서 물에 잠긴 용은 어머니 뱃속에 있는 태아 혹은 갓 태어난 적자를 말한다. 문명이라는 개념이 쓰인 구이九二의 현룡재전見龍在田이니 이견대인利見大人에서 현룡은 들에서 뛰노는 어린아이를 뜻한다. 대인이란 적자심을 잃지 않아 우주적 자아를 성취한 성인이니, 구이는 이제 '나'라는 아상이 형성되기 시작한 어린아이를 이끌어 줄 위대한 스승이 될 수 있다는 뜻이다.

대유괘大有卦 단전端傳에는 "그 덕이 강건하고 문명하며 하늘에 응하여 때에 맞게 행한다"[14]라는 구절이 있다. 이 구절은 대유괘의 주효인 육오六五를 설명하고 있는데, 육오는 부드러움과 중도를 갖추고 있으므로 따사로운 빛으로 만물을 포용하고 있음을 말하고 있다. 대유괘의 괘상은 불이 하늘 위에 높이 솟아 있는 모습이니 마치 태양이 만물을 골고루 비추고 있는 것과 같다. 대유는 크게 소유함을 뜻하니 크게 소유함이란 태양이 햇빛을 모든 존재에 골고루 비추는 것과 같음을 말하고 있다. 현대적 소유가 아니라 햇빛과 같이 모든 존재를 골고루 비추는 것이 진정으로 크게 소유하는 방식이라는 것이다. 여기서 문명이란 하늘을 본받음을 의미한다.

명이괘明夷卦 단전에는 "안은 문명하고 밖은 유순하다"[15]라고 했다. 단전에서는 이를 다음과 같이 설명하고 있다. "밝음이 땅속에 들어감이 '명이明夷'이다. 안으로는 문명하지만 밖으로는 유순하여 어둠으로써 큰 어려움을 겪으니, 문왕이 본받아서 '이간정利艱貞'하고 그 밝음을 어둡게 하여 안으로는 어렵지만 능히 그 뜻을 바르게 하니 기자가 이를 본받았다." 명이괘는 암흑의 시대에 밝음을 간직한 문왕과 기자 두 성인을 예로 들어 설명한 괘이다. 『노자』에는 '불상현不尙賢'란 말이 있는데 이는

---

14. 其德剛健而文明 應乎天而時行.
15. 內文明而外柔順.

'어짐을 숭상하지 말라'는 뜻이다. 즉 지금 있는 그대로의 나 말고 보다 바람직한 나를 상정하지 말라는 뜻이다. 내가 부정적으로 생각하는 나와 이런 부정적인 나를 극복한 바람직한 나를 대비시켜 지금 그대로의 나를 끊임없이 부정하는 어리석음을 범하지 말라는 뜻이다. 어떻게 그렇게 할 수 있을까? 바로 용회이명用晦而明, 즉 어둠을 통해 그림자를 밝히는 것이 그 방법이다. 명이괘에서 문명의 의미는 밝음을 안에 간직하고 있다는 뜻이다.

산화비괘山火賁卦 단전에는 "문명에 그치니 인문이다"[16]라고 하였다. 비는 아래의 음효가 위로 가서 질박함을 꾸미는 형상을 말한다. 위에 있는 강을 나눈다는 말은 비괘의 상괘인 양효를 음효로 대체함을 말한다. 천문이란 강과 유가 사귀는 자연의 상이고, 문명해서 사치에 빠지지 않고 그치는 것이 인문이다. 따라서 천문을 보아 때의 변화를 잘 살펴야 할 뿐만 아니라, 인문을 잘 살펴야 하는데, 인문을 살핀다고 하는 것은 『중용中庸』의 치곡致曲과 같다. 치곡은 자신의 일에 지극히 임함이니 지극히 하면 능히 성실하게 되고, 성실하면 드러나고 드러나면 현저해지며, 현저하면 밝아지고 밝아지면 감동케 하고 감동케 하면 변하고 변하면 화할 수 있다는 것을 말한 것이다. 이를 택산함澤山咸괘에서는 "하늘과 땅이 교감하여 만물이 화생化生하고, 성인聖人이 사람의 마음을 감동시켜 천하가 화평和平하나니, 그 교감하는 바를 관찰하면 천지와 만물의 정을 볼 수 있을 것이다"라고 말하고 있다. 즉 변화는 오직 상호 교감을 통해 이루어질 수 있다는 것이다. 이런 과정을 통해 자신의 성을 다하는 것이 다른 사람의 성을 다하고 사물의 성을 다하게 하여, 천지의 화육에 참여한다는 원리를 나타낸 것이다. 이처럼 『주역』에서 문명이란 도와 합치되는 삶과 제도를 뜻한다.

---

16. 文明以止 人文也.

공자는『주역』「계사전繫辭傳」에서 역이 지어진 뜻이 자연을 관찰해서 도道를 터득하고, 이를 바탕으로 도와 합치하는 삶과 문명을 건설하고 자 함이었음을 밝히고 있다. 자연은 도道 그 자체이다. 자연의 운행은 도를 한 치도 벗어나지 않는다. 자연은 자신의 성취를 뽐내지 않으며, 또한 자신보다 큰 존재를 대면해서 움츠러들지도 않는다. 자연은 어떤 상황에 처해서도 불평하지 않고, 조바심을 내지 않으며, 지루해하지 않는다. 자연은 언제나 '지금 여기에' 깊이 머문다. 자연에게는 불안이 없고, 자연에게는 집착이 없고, 자연에게는 자기를 고집함이 없다.

　그러나 인간의 삶은 도를 벗어나 있다. 인간은 자신의 성취를 뽐내고, 자신보다 큰 존재를 대면해서 움츠러든다. 인간은 주어진 상황에 불평하고, 조바심을 내며, 지루해한다. 인간은 '지금 여기에' 머물지 않는다. 인간에게는 불안이 있고, 인간에게는 집착이 있고, 인간에게는 자기를 고집함이 있다. 그래서『역』을 지은이는 자연을 관찰해서 도를 터득하고, 이를 인간해방을 위해 활용하려 했다. 에고의 출현은 중력을 벗어나는 것과 같이 어렵고 대단한 일이었다. 그러나 도道와 합치하는 삶과 문명의 건설이란 에고의 삶과 문명의 출현을 훨씬 넘어서는 인류의 위업이 될 것이다.『역』에는 바로 셀프의 삶과 문명의 건설을 위한 지혜가 내장되어 있으므로, 우리는『역』에서 탈현대 건설을 위한 지혜를 찾을 수 있다.[17]

　『중용』에는 "성실함에서 밝음으로 가는 것을 본성이라고 하고 밝음에서 성실함으로 가는 것을 교육이라고 한다自誠明 謂之性, 自明誠 謂之敎"라는 구절이 있다. 이 말에 대해 김용옥은 "성이란 자연에서 문명으로 가는 과정과 관련되고, 교는 문명에서 자연으로 가는 과정과 관련된다"라고 하였다.[18] 즉 그는 밝음을 문명이라고 본 것이다. 그의 주장을 받아들

---

17. 자세한 내용은『주역과 탈현대』(정재걸 외, 문사철, 2014) 참조.
18. 김용옥(2011),『중용 인간의 맛』, 통나무, 284쪽.

이면 우리는 천명을 받은 본성을 갖추고 있기 때문에 자연을 본받아 문명을 창출할 수 있고, 또 이미 문명에 소속해 있는 인간은 교육을 통하여 자연으로 회귀하는 것이라고 해석할 수 있다. 즉 자연과 문명은 상호 교류적인 존재인 것이다.

인간의 의식은 2,500년 전 예수와 부처, 공자에 의한 의식의 찬란한 발현 이후 간헐적 진화가 있었지만 아직 본격적인 진화에는 이르지 못했다. 톨레는 그의 저서 『나우』에서 바다 생물에서 육지 생물로의 진화에 엄청난 진화의 압력이 있었다고 하였다.[19] 지형의 변화에 의해 석호처럼 바닷물에 갇힌 생명체가 물이 점점 마르게 되자 그대로 있으면 물과 함께 사라져버릴 위기에 놓인 것이다. 그중에 몇몇 생명체가 아가미호흡이 아니라 폐호흡을 하게 됨으로써 오늘날의 육지 생물이 나타나게 되었다고 한다.

오늘날 인류도 비슷한 상황에 처해 있다. 이성의 발달에 따른 거대한 생산력과 낮은 의식수준이라는 상황이 바로 그것이다. 인간은 여전히 낮은 의식 수준에 남아 있는데 생산력은 인류뿐만 아니라 지구상의 모든 생명체를 소멸시킬 만큼 비대해졌기 때문이다. 톨레는 이런 절박한 상황이 인류 진화의 압력으로 작용할 것이라고 주장하고 있다.[20] 이런 현대의 상황을 사르트르는 '출구 없는 방'이라고 표현했다. 에고의 문명으로서는 답이 없다는 뜻이다. 톨레는 이처럼 낮은 단계의 의식이 변화하는 상황에 제대로 대처하지 못하는 것을 의식의 기능장애라고 하였다.[21]

수피 시인 루미는 '고통의 치료제는 그 고통 속에 있다'고 하였다. 인류가 처한 에고 문명의 절박한 상황 속에 그 해답이 있다. '출구 없는

---

19. 에크하르트 톨레(2012), 『나우』, 류시화 옮김, 조화로운삶, 30쪽.
20. 위의 책, 29쪽.
21. 위의 책, 361쪽.

방' 그 자체가 방을 벗어나는 유일한 열쇠가 될 수 있는 것이다. 우리가 의식의 기능장애를 벗어나기 위해서는 에고 문명의 고통과 왜 그것이 출구 없는 방인지 분명하게 이해할 수 있어야 한다.

에고의 문명에서 셀프의 문명으로의 전환은 에고의 문명이 완전히 소멸하고 셀프의 문명이 그것을 대체하는 것은 아니다. 에고의 문명 속에도 문명 이전의 자연 상태, 즉 본능적인 삶이 그대로 남아 있는 것처럼 셀프의 문명 속에도 문명 이전의 본능과 에고의 작용이 그대로 남아 있다. 다만 셀프의 문명 속에서는 문명 이전의 본능적 삶과 에고의 작용보다는 셀프가 가장 커다란 영향력을 행사한다는 점이 다르다. 이를 홍승표는 문명의 각 단계에 따라 인류의 존재 차원의 변화를 다음과 같은 그림으로 제시하였다.[22]

문명 이전	에고의 문명기		셀프의 문명기 (탈현대 문명)
	집단 에고의 문명기 (전현대 문명)	개별 에고의 문명기 (현대 문명)	
			셀프의 존재 차원
		개별 에고의 존재 차원	개별 에고의 존재 차원
	집단 에고의 존재 차원	집단 에고의 존재 차원	집단 에고의 존재 차원
생물학적인 존재 차원	생물학적인 존재 차원	생물학적인 존재 차원	생물학적인 존재 차원
	문명 발생기	문명 소전환기	문명 대전환기

문명 단계와 인류의 존재 차원

---

22. 홍승표(2013), 『동양사상과 탈현대적 삶』, 계명대학교출판부.

3. 에고와 주체의 문명

가. 개별 에고의 탄생

에고란 자신을 분리 독립된 개체로 간주하는 의식이다. 이를 앨런 와츠는 '피부 밑 자아skin-encapsulated ego'라고 부른다. 타라 브랙은 『삶에서 깨어나기』라는 책에서 이를 '우주복 자아'라고도 부르고 있다.[23] 피부 밑 자아나 우주복 자아는 에고가 만들어낸 분리 독립된 개체로서의 '나'를 말한다. 이 자아의 특징은 자신을 스스로 통제할 수 있다고 착각하는 것이다. 그러나 이런 분리 독립된 '나'라는 개체는 존재하지 않는다. 그것은 문화적으로 조건화된 그 무엇을 나와 동일시한 것에 지나지 않는다. 『인간학적 심리학 저널』의 편집자인 모린 오하라는 다음과 같이 말하였다.[24]

현대 미국문화의 이면에는 우리들의 개인적 자립과 정체성의 감각, 안정된 퍼스낼리티를 갖는다고 하는 감각, 한 사람의 개인이라고 하는 감각이 문화에 의해서 주어진다고 하는 것이 망각되고 있는 것이다. 그럼에도 불구하고 우리는 이 자립의 환상에 비싼 대가를 치르고 있다. 이 대가를 치르는 형태는 고독감, 배우자와 가족과의 부조화, 공동체에 대한 동격, 무관심한 우주 속에 고립되어 있다고 보는 지울 수 없는 널리 스며든 감각, 그 밖에 현대 특유의 불

---

23. 타라 브랙(2014), 『삶에서 깨어나기』, 불광출판사, 74쪽.
24. 정승석, 앞의 책, 183쪽.

안과 고뇌 등 다양하다.

매슬로우는 미국 심리학계에서 인간의 정신병리적 측면이나 생물기계론적 환원주의를 비판하고 인간의 주체성과 전체성에 기초한 심리학 이론을 기초한 인물이다. 그의 욕구의 계층이론은 이런 배경에서 탄생하였다. 그렇지만 그는 이러한 자기실현의 모델에 한계를 느끼고 1969년 인간 본성의 실현에 최상의 가능성은 '자기실현'이 아니라 '자기초월'이라고 주장하게 되었다. 자기초월자는 일상적인 생활이나 신성함이나 인생의 초월적 측면을 빈번히 자각하며, 모순에 찬 인생의 배후에 존재하고 있는 일체성을 인식할 수 있고, 매사를 전체적으로 대하며, 과거, 현재, 미래, 선악의 고정적인 관념의 틀을 넘어설 수 있는 사람이다.[25] 매슬로우가 말하는 자기 초월이 곧 셀프의 실현이다. 셀프는 분리 독립된 개체로서의 '나'라는 동일시에서 벗어난 의식이다. 그런 맥락에서 셀프는 에고의 본바탕이며 에고는 셀프의 작용이다.

인류가 '나'를 분리 독립된 개체로 인식하게 된 것은 극히 최근이다. 하비 콕스가 말했듯이 부족인은 현대적인 의미의 개인적 '자아'라고 보기 힘들다. 그가 부족 안에 산다기보다는 부족이 그의 안에서 살기 때문이다. 부족인은 부족의 주관적 표현이다. 그는 초월적인 관점이나 비판적인 초연함을 허용하지 않는 빡빡한 의미들의 폐쇄된 체계 안에서 자신을 파악한다.[26]

분리 독립된 개체로서의 '나'를 개별 에고라고 한다면, 현대 이전의 부족인은 집단 에고 속에서 살았다. 서양의 경우 암흑기와 중세 초의 기독교적 세계관은 존재의 대사슬이라는 옴짝달싹할 수 없는 우주론으로 봉건 영주, 성직자, 기사, 평민, 농노 등을 엄격한 위계 지향적 집단으로

25. 정승석, 앞의 책, 154쪽.
26. 하비 콕스(2010), 『세속도시』, 이상률 옮김, 문예출판사, 47쪽.

묶어놓았다. 모든 사람은 날 때부터 역할과 책임이 정해져 있었다. 프롬은 이를 다음과 같이 설명하였다.[27]

> 중세사회는 개인으로부터 자유를 빼앗지 않았다. 그때는 아직 '개인'이란 관념조차 존재하지 않았기 때문이다. 사람은 일차적 관계에 의해 외부 세계와 맺어져 있었으며, 아직 자기 자신을 하나의 개인으로 인식하지 못했다. … 자기 자신이나 타인, 그리고 외부 세계에 대해 각각 분리된 실체로서 생각하는 그런 인식은 아직 충분히 발달하지 못했다.

근대 사회 이전의 중세 사회는 근대적 의미에서의 자유는 없었지만 고독하거나 고립된 상태에 있었던 것은 아니었다. 집단 에고 속에서 그들의 인생이란 의심의 여지가 없는 구태여 의심할 필요조차 없는 명확한 의미를 가진 것이었다. 즉 그는 한 사람의 농민이고 직공이고 기사였으며, '우연히' 그러한 직업을 갖게 된 '개인'이라고는 생각되지 않았다. 사회적인 질서는 곧 자연적인 질서로 생각되었으며, 사회적 질서 속에서 그 역할을 충실히 이행하면 그에게는 안정감과 소속감이 주어졌다.[28]

프롬은 집단 에고에서 개별 에고로의 전환에 중요한 영향을 미친 것이 종교개혁이라고 보았다. 즉 중세 가톨릭교회는 개인과 신을 결부시키는 매개체로 한편으로는 인간의 개체성을 제한하면서 다른 한편으로는 개인을 집단의 구성 부분으로서 신 앞에 서게 했다. 그런데 프로테스탄티즘은 개인을 오직 혼자 신 앞에 서게 했다. 개인이 홀로 신의 권위 앞에 서게 되면 심한 압박감으로 하여 인간은 완전한 복종을 함으로써 구원을 바라지 않을 수 없다. 이러한 정신적 개인주의는 심리학적으로 볼

---

27. 에리히 프롬, 『자유로부터 도피』, 42쪽.
28. 위의 책, 41쪽.

때 경제적 개인주의와 그다지 다른 점이 없다. 어느 경우에나 개인은 완전히 고독하며, 고립된 상태에서 신이라든가 경쟁자라든가 또는 비인간적인 경제력이라고 하는 우월한 힘에 직면하게 된다.[29]

강신주는 『상처받지 않을 권리』라는 책에서 개별 에고의 출현을 자본주의에서 찾았다. 그는 게오르그 짐멜, 보들레르와 발터 벤야민, 미셸 쿠르니에와 부르디외, 유하와 보들리야르라는 네 명의 문학자와 네 명의 철학자를 엮어 자본주의의 종교성을 해부하였다. 먼저 그는 짐멜의 주장을 빌려 산업자본주의가 진정한 개인주의를 낳는다는 점을 먼저 지적한다. "개인과 개인 사이의 인격적 관계가 단절된 이러한 물질적 조건에서만 개인주의의 발로가 가능하다"[30]고 말한다. 따라서 개인주의는 익명성이 지배하는 대도시의 형성과 불가분의 관계에 있다. 그리고 산업자본주의는 생산 공간과 소비 공간을 하나로 통일하여 잉여가치를 증대시켜야 하기 때문에 대도시의 형성을 필요로 한다. 즉 산업자본주의와 개인주의는 불가분의 관계에 있다는 것이다.

대도시가 형성되기 이전에 인간은 '공동체주의'에 매몰되어 있었다. 즉 집단 에고 속에서 살았다. 그러다가 대도시가 점차 발달하게 되자 사람들은 비로소 '양적 개인주의'에 입각한 생활을 하게 된다. 다시 말해 상호 불간섭으로 규정되는 소극적 의미의 자유가 도래했던 것이다. 그런데 이 같은 소극적 의미의 자유라는 공간 속에서 사람들은 자신의 내면에 침잠하고 이에 따라 서서히 자신만이 가진 단독성을 깨닫게 된다. 이로 인해 자신의 고유한 개성을 표현하려는 욕망이 이전 시대보다 더욱 강해진다. 짐멜은 이것이 바로 '질적 개인주의'의 진정한 기원이라고 설명한다. 그가 명확하게 지적하지는 않았지만 자신만의 특이성 혹은 질적 고유성을 표현하려는 욕망은 사실 도시적 삶이 가져다주는 고독을

---

29. 위의 책, 94쪽.
30. 강신주(2013), 『상처받지 않을 권리』, 프로네시스, 43쪽.

극복하려는 데서 작동한다고 볼 수 있다.[31]

　최근에 강신주나 한병철 등의 철학자들이 일반인들의 관심을 끌게 된 것은 우리나라에서도 이제 개인의 의식, 개인의 자유에 관심이 커졌기 때문일 것이다. 두 사람의 접근 방법이 다소 차이가 있지만 결국 지향하는 바는 조건화에서 벗어난 자유로운 개인이다. 한병철은 라캉이나 들뢰즈와 같은 철학자들과 함께 자본주의, 특히 신자유주의에 조건화된 개인의 특성을 밝혀냄으로써 그 조건화에서 벗어나야 함을 역설하고 있고, 강신주는 김수영을 모델로 삼아 진정으로 자유로운 인간이 어떤 모습인지 밝혀내려고 노력하고 있다. 두 사람이 진정으로 개별 에고의 시대를 여는 개척자들인 셈이다.[32]

　심리학적으로 개별 에고의 출현은 자신의 삶을 스스로 선택하고 자신의 삶의 의미를 스스로 만들어갈 수 있는 인간을 의미한다. 가장 대표적인 학자는 아들러이다. 아들러는 기존의 심리학이 어떤 현상의 원인을 밝히는 데만 치우쳐 있다고 비판하고 자신의 심리학은 목적론이라고 주장하였다.[33] 아들러는 있는 그대로의 자신을 받아들이면 배신을 두려워하지 않고 다른 사람을 신뢰할 수 있으며, 다른 사람에게 공헌을 할 수 있게 되고, 타인에게 공헌함으로써 다시 있는 그대로 자신을 받아들일 수 있게 된다는 선순환을 주장하였다.[34] 아들러는 "인생에서 의미 같은 것은 없다. 하지만 내가 그 인생에 의미를 줄 수 있다. 내 인생에 의

---

31. 위의 책, 97쪽.
32. 구태여 비교하자면 두 사람 중 강신주가 한 발 앞선 것처럼 여겨진다. 그 까닭은 그가 단순히 자유로운 개인의 모습을 밝히는 데 그치지 않고 그런 개인들 간의 연대 가능성을 탐구하고 있다는 것이다. 그는 그 연대의 필수적인 조건을 '사랑'이라고 말하고 있다. 그런데 이것이 바로 강신주 딜레마이기도 하다. 사랑은 자유로운 개인이 결코 이룰 수 없는 것이기 때문이다. 사랑은 바로 그 자유로운 개인이 소멸되는 그 자리에 피어나는 꽃이기 때문이다.
33. 아들러는 프로이트의 원인론이 '소유의 심리학'이고 결국은 결정론으로 귀결되며, 자신의 심리학은 '사용의 심리학'이고 결정은 자신이 하는 것이라고 하였다. 기시미 이치로·고가 후미타케(2014), 『미움받을 용기』, 전경아 옮김, 인플루엔셜, 140쪽.
34. 위의 책, 276쪽.

미를 줄 수 있는 사람은 다른 누구도 아닌 나밖에 없다"라고 하였다.[35]

철학적으로 볼 때 진정한 의미의 개별 에고의 출현은 자아의식에서 비롯된다.[36] 즉 나를 객관적으로 바라볼 수 있을 때, 그리고 그 나에게 독립된 인격을 부여할 때, 나는 비로소 타자와 구별된다. 헤겔은 인격은 스스로에게 현실을 부여하려는, 다시 말해서 외부 세계를 자기 것으로 주장하려는 몸부림이라고 했다. 즉 인간은 재산으로 자기를 감쌈으로써 자신의 인격성을 시공간 속에서 부풀리고 자기의 영향력을 발휘할 수 있는 영역을 만들어낸다.

개별 에고의 특징은 헤겔의 인정투쟁을 통해 가장 잘 드러난다. 헤겔은 자유민주주의가 인정투쟁의 최종적인 결과라고 하였다. 즉 타인으로부터 인정받기를 원하는 투쟁의 원동력이 되었던 욕망이 보편적이고 최종적으로 충족된 사회가 자유민주주의이고 이것이 역사의 최종단계라고 하였던 것이다. 후쿠야마의 '역사의 종말'은 이 헤겔의 인정투쟁에 대한 충족을 토대로 한 것이다. 인정투쟁은 고대 그리스의 철학으로 거슬러 올라간다. 플라톤은 『국가』에서 인간의 영혼에는 세 가지 요소가 있다고 하였다. 즉 욕망, 이성, 튜모스thymos가 그것이다. 인간 행동의 대부분은 욕망과 이성의 조합으로 설명된다. 즉 인간은 이성을 이용하여 자신이 욕망하는 것을 충족시키고자 노력한다. 그러나 인간은 욕망의 충족으로만 살 수 없다. 인간은 태생적으로 자기 자신, 자민족, 사물의 가치나 원칙에 대해 인정받기를 원하는 욕구를 갖는다. 이것이 튜모스이다. 인정받기 원하는 욕구와 그로 인해 느끼는 분노, 수치, 긍지 등의 감정은 욕망과 이성과 견줄 만한 인간 속성의 핵심 부분이다.

---

35. 위의 책, 316쪽.
36. 리프킨은 의식의 근대적 정의는 1620년에 나타났다고 말하고 있다. 명사 의식 (consciousness)은 반세기 후인 1678년 등장했으며, 1690년 자아와 의식이 결합한 '자의식(self-consciousness)'은 근대의 신인간을 묘사하는 중심 개념이 되었다고 한다. 제레미 리프킨(2010), 『공감의 시대』, 이경남 옮김, 민음사, 347쪽.

하이데거는 존재를 존재와 현존재로 구별한다. 존재는 사르트르의 즉자卽自와 같이 그 자체로 존재하는 모든 것이며, 현존재는 대자對自와 같이 자신을 의식하는 존재, 즉 인간을 말한다. 그러나 현존재는 현존재를 둘러싼 사회적 규범의 영향으로 본래성을 잃게 된다. 하이데거는 현존재로부터 물러나 사회적 규범에 철저히 종속된 채로 타인과 잡담이나 주고받으며 살아가는 것을 타락the Fall이라고 부른다. 이러한 상황에서 현존재가 자신의 본래성을 회복하기 위해서는 사회적 규범과 타인으로부터 벗어나려는 죄의식을 통해 결단을 해야 한다. 그때 이 세계는 생생하게 살아 있고 신비롭고 역동적인 모습으로 나타나게 된다. 이것을 '본래성으로의 도약'이라고 부른다. 그러나 이러한 본래성으로의 도약의 끝에는 자신과 자신이 살고 있는 세계 전체가 완전히 의미를 상실하는 근원적인 한계 상황이 기다리고 있다. 이 한계 상황에서 현존재에게 세계 그 자체는 완전한 무the nothing가 되어버린다.

하이데거는 본래성을 상실한 인간을 '평균인간'이라고 불렀다. 즉 기존 사회의 가치관이나 규범에 의해 조건화된 사람들이 감수성은 표준화되고 취향은 보편화된 모습을 지칭하는 개념이라고 할 수 있다. 이렇게 탄생한 '평균인간'을 하이데거는 '세상사람das Man'이라고 부른다.

이용규는 『더 내려놓음』이라는 책에서 다음과 같이 말하고 있다.[37]

이 시대는 끊임없이 나 자신에게 집중하라고 말한다. … 대중매체는 끊임없이 "나, 나, 나"를 외친다. 내가 만족하고, 내가 튀고, 내가 드러나는 것, 내 주장을 관철시키고, 자신을 극대화하는 것, 이것이 성공이라고 강조한다. 자신이 세상의 중심에 있어야 한다고 가르친다. 이 시대는 '나'를 숭배하고 '나'를 우상화하는 일에 몰두

---

37. 이용규. 2010. 『더 내려놓음』. 규장. 34쪽.

하게 만들고 있다.

그러나 앞서 실존주의의 대자 개념을 통해 살펴보았듯이 신 앞에 홀로 서게 되었다고 진정한 개별 에고의 시대가 열렸다고 보기는 어렵다. 더구나 자본주의에 의해 조건화된 개인을 개별 에고라고 보기는 더욱 어렵다. 진정한 개별 에고는 종교적, 자본주의적 조건화에서 벗어난 존재여야 한다. 즉 "개인의 존재 의의와 독자성 및 신성불가침을 존중하고 개인이 자기 인생의 목적과 이상을 추구하는 주체이고 인간의 공동성과 사회성을, 그리고 개인 간의 평등성과 사회적 규범을 중심원리로 보는 생활 태도와 사회관"[38]이 진정한 개인주의이기 때문이다.

데카르트 이후의 근대 철학자들이 대상의 본질이 아니라 주체에게 관심을 돌렸다고 해도 그 주체의 고유성이나 구체성을 염두에 둔 것은 아니다. 칸트는 주체가 가진 이성의 보편적 속성과 한계를 탐구하였고, 마르크스는 사회경제적 지위가 결정하는 주체에 대해, 프로이드는 내가 자각할 수 없는 무의식적 주체에 대해, 푸코는 권력에 의해 조건화된 주체의 역사적 구성에 대해 탐구했던 것이다. 실존주의자들이 말하는 즉자존재는 본질이 먼저 있고 그것에 맞춰서 만들어지는 존재이다. 본질은 내가 어떻게 할 수 없는 숙명적인 성질이기 때문이다. 본질에 앞서는 인간은 저 스스로 자신을 선택하고 만들어가는 존재이다.

포스트모더니즘은 진정한 개별 에고의 형성을 위해 세 가지를 제안한다. 첫째, 사회에서 작동하고 있는 합리적인 원리, 규칙, 질서, 코드 등을 거부한다. 둘째 모든 규격화를 혐오한다. 셋째, 타자들의 목소리, 그들이 들려주는 작은 이야기에 귀 기울이려 한다.[39]

여기서 말하는 타자란 물론 레비나스의 '타자의 얼굴'을 지칭한다. 레

---

38. 정인석, 『트랜스퍼스널 심리학』, 대왕사, 2009, 27쪽.
39. 이왕주, 『철학, 영화를 캐스팅하다』, 효형출판, 2013. 23쪽.

비나스는 기존의 철학적 논의를 모두 존재론이라고 비판한다. 이는 이러한 일반화의 논리 속에 구체적이고 개별적인 주체의 인격이 소멸된다고 보기 때문이다. 주체에 대한 탐구는 개별성과 고유성에 있다. 어느 누구와도 공유할 수 없는 나 자신만의 독특한 신체적 혹은 심리적 특징을 찾아내는 데 있다.

『전체성과 무한』이라는 대표작의 초두에서 레비나스는 "서양 철학은 대체로 존재론이었다"라고 말한다.[40] 레비나스가 말하는 존재론은 '물질', '신', '역사', '절대정신', '자아', '국가' 등의 개념과 같이 존재자 전체를 한곳에 모을 수 있는 사유를 말한다. 그래서 존재론은 모든 것을 예외 없이 전체 속에 체계화하는 전체성의 철학이라고 할 수 있다. 전체성의 철학은 지식을 강조한다. 지식은 타자를 중립화하고 마침내는 동일자의 세계로 타자를 환원해버린다. 그래서 레비나스는 후설과 하이데거의 현상학도 존재론의 한계를 벗어나지 못했다고 말한다.

레비나스가 그토록 주체성을 강조하는 것은 전체성의 철학 속에서는 구체적이고 개별적인 개인의 인격과 존엄성을 찾을 수 없기 때문이다. 개체는 전체의 한 부분일 때, 전체와의 연관 속에서만 존재 의미를 가질 수 있다. 전체성의 철학에서 구체적이고 다양한 개인은 일원성 또는 단일성으로 환원되어 개체로서의 자신의 가치를 유지할 수 없기 때문이다. 주체가 자신의 고유성을 인정받을 수 없다면 나와 다른 이 역시 다름 그 자체로 인정받고 존경받기보다는 나의 세계로 환원되거나 배제되거나 할 뿐이다. 현대 철학자 중에서 레비나스와 같이 주체의 단독성과 고유성을 강조한 철학자는 키르케고르를 제외하고는 거의 없을 것이다.

레비나스는 진정한 개체의 성립을 먹고 마시고 삶을 즐기는 신체적인

---

40. 강영안. 2005. 『타인의 얼굴』. 문학과지성사. 239쪽.

측면에서 찾는다. 한 개인이 먹고 마시고 잠자는 것은 어느 누구도 대신해줄 수 없기 때문이다. 먹을 것을 주고 잠자리를 마련해줄 수는 있지만 아무도 나를 대신해서 먹어줄 수도 없고 잠을 자줄 수도 없는 것이 바로 레비나스의 개체성이다. 이것을 그는 '향유로서의 주체성'이라고 부른다. 그러나 향유로서의 주체성은 그 대상이 곧 나에게 동화되어버린다. 인식활동도 마찬가지이다. 인식은 타자를 나의 표상에 귀속된 자로 만든다. 주체는 다시 자아의 틀에 갇힌다. 레비나스는 이런 향유로서의 주체성이 성립된 다음에 타자에 대한 '환대로서의 주체성'이 발생하고 이로써 개체의 주체성이 완성된다고 주장한다. 그렇기 때문에 레비나스의 주체성에서 동일자나 전체성과 같은 보편적인 개념이나 지식을 추출하는 것은 불가능한 일이다.

여기서 레비나스에 대해 장황하게 설명하는 까닭은 단순히 레비나스가 주체의 단독성과 고유성을 강조했기 때문은 아니다. 레비나스의 독특성은 '타자와의 만남'에 있다. 레비나스가 그토록 추구했던 주체의 단독성과 고유성은 타자와의 만남에서 소멸된다. 그는 '타자'라는 말을 오디세우스와 아브라함을 비교해서 설명하면서 타자와의 진정한 만남은 아브라함과 같아야 한다고 말한다. 즉 오디세우스는 '나'라는 주체를 가지고 대상을 만나기 때문에 진정한 타자를 경험할 수 없지만, 아브라함은 '나'를 넘어서는, 그래서 결코 이해할 수 없는 것을 경험함으로써 진정한 타자를 경험할 수 있다는 것이다.[41] 바로 이 부분이 레비나스를 주체의 단독성과 고유성을 강조한 기존의 철학자와 구별 짓는 지점이라고 할 수 있다.

---

41. 우치다 다츠루(2013), 『레비나스와 사랑의 현상학』, 이수정 옮김, 갈라파고스, 85~88쪽.

나. 개별 에고의 한계

에고의 가장 중요한 기능은 이성이다. '나는 생각한다.' 이 생각과 함께 온 세상이 함께 일어난다. 반대로 생각이 멈출 때 온 세상도 사라진다. 데카르트의 "나는 생각한다. 고로 나는 존재한다"는 말은 생각을 존재와 동일시한 것이다. 톨레의 주장과 같이 데카르트는 이 말을 통해 궁극적인 진리 대신 에고의 뿌리를 발견한 것인데도 그는 그것을 깨닫지 못했다. 자유를 향한 첫걸음은 '생각하는 나'가 진정한 내가 아님을 깨닫는 데 있다. 이 생각하는 나의 끝에 바로 사르트르가 말한 '타인은 지옥이다'라는 말이 있기 때문이다. 이 말을 하고 있는 것은 바로 에고의 목소리인 것이다.

톨스토이는 인간이 가진 최고의 능력인 이성이 어떻게 인간을 피폐화시키는지 다음과 같이 말했다.[42]

> 인간 최고의 능력인 이성, 살아가기 위해서는 없어서는 안 될 이성, 자연의 폭력 앞에 의지할 곳 없는 벌거숭이 인간에게 생존의 방법과 쾌락의 방법을 가르쳐주는 이성, 그 이성이 오히려 인간의 생활에 더할 나위 없는 해독을 끼치고 있는 것이다. 우리 주위의 생물들을 살펴보면 생물들이 갖고 있는 나름대로의 독특한 능력은 그들 모두에게 공통된 것이며 꼭 필요한 것으로 행복을 촉진시켜주고 있다. 식물, 곤충, 동물들은 제각기 자신들의 생활 법칙에 따라 행복과 기쁨에 가득 찬 평온한 생활을 영위하고 있다. 그러나 인간의 경우에는 태어나면서부터 갖고 있는 저 최고의 능력이 오히려 인간을 참기 어려운 괴로운 상태로 몰아넣는 것이다. 그리하여 최고의 능력인 이성 때문에 생겨난 참기 어려운 내적 모순으로부

---

42. 레프 톨스토이(2012), 『톨스토이 인생론, 참회록』, 박병덕 옮김, 육문사, 66쪽.

터 벗어나기 위해, 또한 그러한 모순이 만든 불안으로부터 벗어나 기 위해 사람들은 가끔(최근에는 점점 빈번해져 가고 있지만) 자살 을 한다.

자연 속에 존재하는 모든 생명들은 자신들이 가지고 있는 능력을 행 복과 기쁨을 위해 사용하고 있다. 그러나 오직 인간은 최고의 능력인 이 성으로 인해 오히려 고통 속에 살고 있는 것이다. 윌리엄 제임스도 이성 의 한계에 대해 다음과 같이 말했다.[43]

우리가 이성적 의식이라고 부르는 통상적인 각성상태의 의식 은 의식의 특수한 한 형태에 지나지 않는다. 일상의식의 주변에는 매우 얇은 스크린에 의해서 둘러싸여 있는 일상의식과 전혀 다른 의식형태가 잠재하고 있다.

이성을 통해 일어나는 생각은 광대한 바다 속을 헤엄치는 한 마리의 물고기와 같다. 그 광대한 바다가 바로 순수의식이다. 또 이성을 통해 일 어나는 생각은 스크린 위에 펼쳐지는 영상과 같다. 존재의 진정한 모습 은 영상이 아니라 스크린이다. 그럼에도 불구하고 인간은 생각과 자신 을 동일시한다.

들뢰즈는 이성과의 동일시에서 벗어나기 위한 대안으로 탈주와 유목 의 길을 제시한다. 탈주와 유목의 길을 가기 위해서는 이성 속에 안주 하는 영토화, 코드화의 길에서 벗어나야 한다. 이성 속에 안주하는 사 람들을 안정된 형식과 규범과 원칙들에 맞춰 적당히 통제하며 살아간 다. 이렇게 사는 것은 이성에 사로잡힌 붙박이 삶이다. 탈주와 유목의

---

43. 정승석, 앞의 책, 128쪽.

길을 선택한 사람들에게 공간이란 말뚝을 박아 금줄을 치고 기둥을 세워 벽을 만들기 위한 기하학적 조건이 아니다. 몸과 욕망의 탈주선을 자유롭게 터주는 것이다. 역동적으로 솟구치는 야성은 그 공간의 매끄러운 지표면을 가로지르며 탈주한다.[44] 이처럼 들뢰즈는 다양한 검열의 코드 바깥으로 나서는 탈영토화의 주체, 유목민만이 자유로운 삶의 주체일 수 있다고 하였다.

개별 에고를 벗어나는 또 한 가지 길은 바로 사랑이다. 실존주의자들은 사랑을 현존재를 넘어 현존재존재로, 또 대자를 넘어 대자즉자를 가능하게 해주는 유일한 길이라고 말한다. 사랑은 죽지 않고도 대자즉자가 될 수 있는 방법을 보여주기 때문이다. 그래서 시인 최옥은 '사랑한다는 것은 끝없이 쓸쓸해지고, 까무러칠 것 같은 절망에 빠지는 일'이라고 하고, 허영자는 '아무것도 아닌 것이 되는 것'이 사랑의 가장 중요한 조건이라고 하였을까? 사랑을 통한 절망과 아무것도 아닌 것이 되는 것, 바로 이것이 실존주의의 출구였던 것일까?

에리히 프롬 역시 자본주의가 초래한 현실의 지옥으로부터 벗어나는 유일한 길은 진정한 사랑이라고 했다.[45]

> 우리들이 지옥으로부터 구원되는 길은 오직 하나, 자기중심성의 뇌옥을 뛰쳐나와 세계와 '하나'가 되는 것뿐이다. 만일 자기중심적인 분리가 기본적인 죄라면 그 죄를 보상하는 길은 사랑의 행위이다. '보상atonement'이라는 말 자체가 바로 이러한 개념을 나타내고 있다. 왜냐하면 그 어원은 중세영어로 합체를 나타내는 atonement에서 유래하고 있기 때문이다. 분리의 죄는 불복종의 행위가 아니므로 그것은 '사면'을 필요로 하지 않는다. 그러나 그것을

---

44. 위의 책, 19쪽.
45. 에리히 프롬(2011), 『소유냐 존재냐』, 이철범 옮김, 동서문화사, 169~170쪽.

고칠 필요는 있다. 그리고 그것을 고칠 수 있는 것은 바로 사랑이다.

강신주 역시 사랑을 대안으로 제시한다. 산업자본주의가 만든 소비사회에서 인간의 자유와 평등은 '소비의 자유이며 욕망의 평등'일 뿐이지만, 사랑은 아무런 대가 없이 상대방에게 무엇인가를 줄 수 있기에 사랑이란 감정은 자본주의로부터 가장 멀리 떨어져 있으면서 동시에 우리 인간에게 가장 가까이 있는 소망스러운 감정이라고 본다.[46] 자본주의가 사랑을 아무리 자본의 논리로 포섭하려고 할지라도 사랑은 자본의 한계를 돌파할 어떤 힘이 있다고 보는 것이다.

보들리야르도 이와 유사하게 현대 사회의 가치를 사용가치, 교환가치, 상징가치, 기호가치로 구별한 뒤, '상징'으로서의 사물이 가진 가치가 사물뿐만이 아니라 우리 자신을 산업자본주의의 마수로부터 구원해줄 유일한 희망이라고 보았다.[47] 상징가치는 사랑하는 사람에게 주는 선물로서의 가치를 말한다. 바타유 또한 지구에 전달되는 태양의 에너지가 기본적으로 과잉이므로 그 에너지를 해소할 두 가지 방법을 제시한다. '불유쾌한 파멸'과 '바람직한 파멸'이 그것이다. 과잉 에너지를 바타유는 '저주의 몫'이라고 불렀는데 이는 일반경제의 논리에 따라 아무런 대가 없이 진행되는 무조건적인 소비나 소모를 말한다. 즉 불유쾌한 파멸이 전쟁이나 폭동 등의 유혈사태를 통한 과잉 에너지의 소비를 말한다면, 바람직한 파멸은 아무런 대가 없이 다른 사람에게 증여하는 일이라고 한다. 불교 용어로 하자면 『금강경』에서 말하는 '무주상보시無主相布施'를 해야 한다는 뜻이다.

그러나 자유로운 개인의 존재와 진정한 사랑은 양립 불가능하다. 진정한 사랑은 그 자유로운 '개인'이 사라지는 곳에서 나타나기 때문이다. 이

---

46. 강신주(2013), 『상처받지 않을 권리』, 프로네시스, 367쪽.
47. 위의 책, 386쪽.

성과의 사랑에서 우리는 상대방을 사랑하는 것이 아니라 상대방이 우리에게 주는 느낌을 사랑한다. 즉 우리가 사랑하는 것은 상대방이 아니라 그 사람과 함께 있을 때 우리가 느끼는 행복감이다. 엔소니 드 멜로 신부는 에고의 사랑을 '사랑으로 변장한 감정들이 거래되는 장터 풍경'이라고 했다.[48] 이어 그는 다음과 같이 말했다.[49]

> 너 없이는 못 산다고? 그게 사랑이라고? 아니다. 굶주림이다. … 사랑은 무엇보다도 명징하게 인식하고 정확하게 반응하는 것을 의미한다.

에고의 사랑은 내가 사랑하는 상대방이 절대적으로 나만을 선택하기를 요구한다. 그러나 진정한 사랑은 사랑하는 사람에게 자유를 주는 것이다. 그 사람이 누구를 사랑하던 그가 사랑하는 사람도 그를 사랑하기를 바라는 것이 진정한 사랑이다. 무언가를 원하고 갈망하는 것은 진정한 사랑이 아니다. 사랑은 그 자체로 완전하다. 사랑은 아무것도 부족하지 않고 아무것도 필요하지 않고, 상대방을 구속하지도 않는다.

『성경』에 네 이웃을 네 몸과 같이 사랑하라는 말이 있다. 이 말에 대해 아잔 브라흐마는 "자기 자신보다 더 많이도 말고, 더 적게도 말고 자기를 사랑하는 것만큼 똑같이 사랑하라는 뜻이다"라고 하였다.[50] 진정한 사랑은 에고가 사라진 사랑이다. 사랑 그 자체가 우리의 본성이다. 스리 니사르가다타라는 현인은 다음과 같이 말했다. "지혜는 나에게 내가 아무것도 아니라고 말한다. 사랑은 나에게 내가 모든 것이라고 말한다. 그

48. 엔소니 드 멜로(2013), 『행복하기란 얼마나 쉬운가』, 이현주 옮김, 샨티, 163쪽.
49. 위의 책, 165쪽.
50. 아잔 브라흐마(2014), 『술 취한 코끼리 길들이기』, 류시화 옮김, 연금술사, 56쪽.

둘 사이에서 나의 삶이 흐른다."[51] 내가 아무것도 아니라는 자각이 있어야 진정한 사랑, 모든 것에 대한 사랑이 가능하다는 뜻이다. 우리가 가야 할 길은 피부 밑 자아를 벗어버리고 우리의 존재가 광대한 바다라는 것을 깨닫는 것이다. 그리고 그 바다의 표면에 이는 모든 파도를 사랑하는 것이다.

개별 에고의 문명 속에 사는 인간이 그려볼 수 있는 가장 이상적인 문명의 모습은 모든 조건화에서 벗어난 자유로운 개인과 그 개인들의 연합이다. 강신주는 클라스트르라는 인류학자를 인용해서 인디언들의 공동체와 같이 "진정한 문명이란 것은 어떤 차별도 존재하지 않는 독립적인 자유인들의 공동체"라고 말하고 있다. 그는 주체에게 가장 중요한 것은 자유이고 타자와의 관계에서 가장 중요한 것은 사랑이며, 사회와 국가에서 가장 중요한 개념은 아나키즘이라고 주장한다. 그래서 강신주가 바라는 이상사회는 그러니까 자유로운 주체가 사랑 속에서 수평적 연대를 하며 살아가는 공동체라고 할 수 있다.

마르크스 역시 최종적으로 추구하는 이상적인 사회를 '자유로운 개인들의 연합'이라고 말하고 있다.[52] 그럼에도 앞에서 언급한 클라스트르는 "자유로운 개인들의 공동체란 경제적 구조나 정치적 구조를 변혁시켜 달성할 수 있는 것이 아니라, 우리가 남을 지배하거나 남에게 복종하려는 야만적 동물성을 원칙적으로 극복할 때만 가능하다"라고 했다.[53] 나 자신의 의식이 근원적으로 변하지 않으면 자유로운 개인들의 공동체는 불가능하다는 뜻이다.

현대 문명 속에서 플라톤에서 데카르트와 칸트에 이르는 철학자들이 추구했던 영원하고 지속적인 확실성 같은 것은 존재하지 않는다. 오늘

---

51. 타라 브랙(2014), 『삶에서 깨어나기』, 윤서인 옮김, 불광출판사, 418쪽.
52. 강신주, 『철학 대 철학』, 그린비, 101쪽.
53. 강신주(2011), 『철학적 시 읽기의 괴로움』, 동녘, 168쪽.

날 어떤 철학자들도 토마스 아퀴나스가 추구한 것과 같이 바늘 끝에 천사가 몇 명이나 춤출 수 있는지 따져보지 않는다. 그 까닭은 칸트와 같이 궁극적인 진리가 우리 자신으로부터 주어져야 한다고 생각했기 때문이다. 칸트는 우리 스스로 입법하는 자, 우리 자신이 세운 법률에 따라서만 행동하는 자율적 주체가 되어야 한다고 주장하였다. 따라서 칸트에게 모든 외적 힘들은 '의지의 타율적 규정들'로 평가 절하된다. 사르트르 역시 실존주의의 첫걸음은 모든 사람들로 하여금 그의 존재의 주인이 되게 하고 그에게 그의 존재에 대한 전적인 책임을 돌리는 것이라고 하였다.

그러나 진정으로 자유로운 주체는 가능한 것일까? 우리에게 조건화되지 않은 사고, 감정, 행위가 존재할 수 있을까? 예수는 '내 제자가 되려면 자기 아버지와 어머니를 미워해야 한다'고 하였다. 여전히 자신의 의식을 지배하고 있는 아버지와 어머니의 목소리에서 해방되지 못한다면 결코 예수의 길을 따라가지 못한다는 뜻이다. 모든 조건화에서 벗어난 에고는 존재할 수 없다. 에고는 양파껍질과 같아 탈조건화를 통해 자신의 조건화된 가면을 하나씩 벗어버리면 결국 아무것도 남지 않기 때문이다. 즉 탈조건화는 자유로운 에고를 세우기 위한 것이 아니라 에고를 소멸시키기 위한 방법일 뿐이다.

1840년대 마르크스와 베를린에서 영 헤겔리안들의 모임에 함께 참석했던 가난한 교사 스티르너는 우리는 결코 조건화에서 벗어나지 못한다고 주장했다. 그는 이것을 '머리 속의 수레바퀴'라고 불렀다.[54]

인간이여, 당신의 머리에는 유령이 따라다니고, 당신의 머리에는 수레바퀴가 있다. … 이념이 인간을 종속시켜왔다.

---

54. 조엘 스프링(2001), 『머리 속의 수레바퀴』, 조종인·김회용 옮김, 양서원, 85쪽.

스티르너는 우리 머릿속에는 두 가지 수준의 수레바퀴가 있다고 했다. 첫 번째 수준은 일상생활을 통해 사람들을 장악하여 사람들을 열심히 일하게 하고, 교회에 가게 하고, 세금을 내도록 하며, 두 번째 수준에서는 어떤 실현할 수 없는 목적을 위해 끊임없이 현재를 희생하도록 만든다. 결국 모든 조건화에서 벗어난 자유로운 개인은 존재할 수 없다. 자유로운 개인을 주장하는 수많은 논의들은 스티르너의 '아무 의미 없는 추상적 개념에는 전혀 헌신하지 않는 자유로운 개인들의 조직인 이기주의자 연합Unions of Egoist'[55]만이 종착역일 뿐이다.

칼릴 지브란은 『예언자』에서 다음과 같이 말했다.

아이들이 그대를 거쳐 이 땅에 온 것뿐
그대가 창조한 것은 아니다.
아이들은 그들 자체의 삶을 살아갈 존재들이다
그러므로 아이들은 그대들의 소유물이 아니다.

그대들은 아이들에게 사랑을 줄 수 있으나
그대들의 생각을 주어서는 안 된다.
아이들은 그들만의 생각을
소유할 수 있어야 하기 때문이다.

그대들이 아이들처럼 되기에 힘쓰는 것은 좋으나
아이들은 그대들처럼 만들려고 하지 말라.
그대들은 아이들에게 육신의 집은 줄 수 있으나
영혼의 집은 줄 수 없다.

---

55. 위의 책, 89쪽.

아이들의 영혼은 내일의 집에 살기 때문이다.

그대들은 활, 아이들은 화살이다.
사수인 하나님은 그대들을 힘껏 당겨 아이들을
먼 미래로 쏘아 보내신다.

하나님은 활인 그대들도,
화살인 아이들도 사랑하신다.

개별 에고 시대가 열린 지난 150여 년간 인류가 경험한 것은 인간 자신이 결코 우리 세계에서 타당한 의미의 원천이 될 수 없다는 것이었다. 내 밖에 있는 영원하고 궁극적인 진리를 버린 대가로 얻은 내 안의 영원하고 궁극적인 진리 역시 무지개처럼 사라져버린 것이다. 이것이 현대 문명이 목도하고 있는 능동적 허무주의이다.

물론 니체는 이러한 허무주의야말로 신이 죽은 다음의 우리 상황을 잘 묘사하는 말이고, 그것이 커다란 기쁨이라고 생각했다. "신이 없다면 모든 것이 허용된다"라고 말한 도스토옙스키의 말과는 달리 현대인은 우리가 누구인가라는 질문에 제대로 답할 수 없는 슬픔과 상실 속에서 살고 있다.[56]

마지막으로 '소유'와 '존재'라는 두 가지 패러다임을 통해 새로운 사회, 즉 '건전한 사회'를 건설하려는 프롬의 주장을 검토해보자. 과연 프롬의 존재론이 에고의 문명을 벗어난 것인지 살펴보기로 한다. 프롬은 새로운 사회의 기능은 새로운 '인간'의 출현을 촉진시키는 일이며, 새로운 인간은 다음과 같은 자질을 갖춘 존재라고 하였다.[57]

---

56. 휴버트 드레이퍼스·숀 켈리(2013), 『모든 것은 빛난다』, 김동규 옮김, 사월의책, 57쪽.
57. 에리히 프롬(2013), 『소유냐 존재냐』, 최혁순 옮김, 범우사, 227~228쪽.

(1) 완전하게 '존재'하기 위하여 모든 소유의 형태를 자진하여 포기하려는 의지.

(2) 안정감, 동일성의 의식, 자신감. 이것들의 기초는 자기의 '존재'요, 밀접한 관계, 관심, 사랑, 주변 세계와의 연대에 대한 요구이며, 세계를 소유하고, 지배하고, 나아가서는 자기의 소유물의 노예가 되려는 욕구는 아니다.

(3) 자기 이외의 어떠한 인간이나 사물도 인생에 의미를 부여하지 못한다는 사실과 함께 철저한 독립성과 사물에 집착하지 않는 일이 동정과 나누어 갖는 일에 전력하는 가장 완전한 능동성의 조건이 될 수 있다는 사실을 용인함.

(4) 자기가 지금 있는 곳에 완전히 존재함.

(5) 저축과 착취하는 데서가 아니라 주고 나누어 갖는 데서 오는 기쁨.

(6) 생명의 모든 현상에 대한 사랑과 존경. 그것은 물건과 권력과 모든 죽어 있는 것이 아니라 생명과 그 성장에 관련된 모든 것이 신성神聖하다는 지식 속에서 찾아볼 수 있다.

(7) 탐욕, 미움, 환상을 가능한 한 줄이도록 애씀.

(8) 우상을 숭배하지 않고 환상을 품지 않으며 생활함. 그것은 이미 환상을 필요로 하지 않는 상태에 도달해 있기 때문이다.

(9) 사랑의 능력을 비판적이고 냉철한 사고능력과 함께 발달시킴.

(10) 자기도취(나르시시즘)를 버리고 인간생존에 내재하는 비극적 한계를 용인함.

(11) 자기와 동포의 완전한 성장을 삶의 지고至高의 목적으로 삼음.

(12) 이러한 목적에 도달하기 위해서는 수양과 현실의 존중이 필요하다는 것을 앎.

(13) 또한 어떠한 성장도 그것이 구조 속에서 이루어지지 않으면

건전하지 못하다는 것을 앎. 그러나 생명의 속성으로서의 구조와 비생명, 즉 죽은 자의 속성으로서의 '질서'의 차이도 앎.

(14) 상상력을 개발함. 그것도 견딜 수 없는 환경을 제거하는 수단으로서.

(15) 다른 사람을 속이지 않음. 그러나 다른 사람으로부터 속지도 않음. 천진하다고는 말할 수 있을지 모르지만 단순하다고는 말할 수 없음.

(16) 자기 자신을 알고 있음. 자신이 알고 있는 자기뿐만 아니라 자신이 모르는 자신까지도―자신이 모르는 것에 대해서는 막연한 지식밖에 가질 수 없을지 모르지만.

(17) 자신이 모든 생명체와 하나임을 인식함. 그리하여 자연을 정복하고, 지배하고, 착취하고, 약탈하고, 파괴한다는 목표를 포기하고 오히려 자연을 이해하고, 자연과 협력하도록 애씀.

(18) 방종이 아니라 자기 자신이 되는 가능성으로서의 자유. 탐욕스러운 욕망의 덩어리가 아니라 언제나 성장이냐 쇠퇴냐, 삶이냐 죽음이냐의 양자택일에 직면하는, 미묘하게 균형을 유지하는 구조로서의 자유.

(19) 사악함과 파괴성은 성장에 실패함으로써 필연적인 결과임을 앎.

(20) 이 모든 자질의 완성에 도달한 사람들은 단지 소수에 불과하다는 것을 알고 있지만 꼭 '목표에 도달하겠다는' 야심은 없음. 그와 같은 야심도 탐욕과 소유의 형태임을 알고 있기 때문에.

(21) 어디까지 도달할 수 있느냐 하는 것은 운명에 맡기고 항상 성장하는 삶의 과정에서 행복을 찾아냄. 그 이유는 가능한 한 완전하게 산다는 것은 자기가 무엇을 달성할 수 있느냐 없느

냐 하는 걱정을 할 필요가 거의 없을 정도로 만족감을 가져다
주기 때문이다.

(20)에서 프롬이 말하고 있듯이 위의 21가지 자질에 도달한 인간은
극히 드물다. 아니 거의 불가능하다고 할 수 있다. 왜냐하면 '소유'에서
'존재'로의 변화는 오직 에고의 소멸에 의해서만 가능하기 때문이다. 프
롬의 '존재론'은 에고의 영역에서 에고를 벗어나려는 헛된 노력에 불과하
다. 이를 좀 더 자세히 논의해보자.

우리는 결국 재벌공화국에 살면서 그들을 위해 일함으로써 그들의 배
를 불리고, 그들의 제품을 사서 소비함으로써 또 그들의 재산을 늘리는
삶을 살아간다. 이것이 사회개혁을 추구하는 사람들의 논리이다. 그런데
이들의 논리는 결국 재벌을 옹호하는 논리와 다르지 않다. 즉 모두 프롬
이 말하는 소유의 논리에 포함되는 것이기 때문이다. '부러우면 진다'는
말이 있듯이, 소유의 논리 속에서는 결코 문제를 해결할 수 없다. 재벌
들을 부러워하면서 동시에 그들에 대해 적대감을 갖는 대중들을 측은
히 여기고, 그들과 다른 관점으로 세상을 보는 것이 구조 자체를 허물
수 있는 확실한 방법이다.

프롬의 소유 대 존재의 패러다임은 우리의 에고와 셀프의 패러다임과
일견 유사하게 보이지만 큰 차이가 있다. 그 차이의 핵심은 프롬의 존재
는 이성을 토대로 한 것이라는 점이다. 즉 프롬의 '건전한 사회'는 플라
톤의 『국가』로부터 이어지는 서양의 합리론적 유토피아를 계승하고 있
다. 프롬이 '존재의 인간'이 가진 특징으로 내세우는 21가지도 자세히 보
면 모두 이러한 이성적 인간을 전제로 한 것이다. 비판적 이성을 토대로
공감과 동정심, 실천이성에 의한 도덕적 선의지, 자기 수양을 통해 사랑
에 가득 찬 인간이 되는 것이 바로 프롬이 전제하는 새로운 유토피아를
건설하는 인간인 것이다.

『논어』에서 공자는 '인仁에 편안한 것安仁'과 '인을 이롭게 여김利仁'을 구별해서 말하고 있다. 즉 인한 사람仁者은 인을 편안하게 여기고 모든 것을 인의 눈으로 바라보지만, 지혜로운 사람智者은 인을 이롭게 여겨 그것이 자신에게 더 큰 이익이 된다는 것을 깨닫고 인을 추구한다는 것이다. 프롬은 바로『논어』에서 말하는 지혜로운 사람이라고 할 수 있지만 결코 인한 사람이라고는 할 수 없다.

4. 셀프의 문명

가. 셀프와 본성

'진정한 나' 혹은 '참나' '주인공' '근원적 자아' 등 피부 밑 자아나 우주복 자아를 벗어난 본래의 내 모습을 표현하는 말은 무수히 많다. 이 책에서는 이런 말들을 묶어 셀프라고 이름 붙이기로 한다. 에고를 벗어난 근원적 존재를 셀프라고 처음 명명한 것은 융C. G. Jung이다. 그는 자아를 섬에 비유하여 물 밖에 나온 육지를 에고라고 하고 물속에서 다른 모든 섬과 육지로 연결된 부분을 셀프라고 이름하였다.

그러나 엄밀히 말해 셀프와 문명이라는 말은 서로 모순된다. 문명은 프로이트의 지적과 같이 억압된 본능의 산물이기 때문이다. 또한 문명은 오직 에고의 산물이기 때문이다. 자연 상태에서 자연과 하나가 되어 살아가던 인류가 그 자연을 자신과 분리된 존재로 의식하면서 문명이 발생했기 때문이다. 셀프는 다시 에고를 벗어나 자연과 하나가 된 인간을 말한다. 물론 이때의 셀프는 자연 상태 속에 살던 인류와는 구별된다. 자연 상태 속의 인류는 자연과 하나가 되어 살아가는 삶의 의미와 가치를 자각하지 못하기 때문이다.

문명은 『구약성경』의 바벨탑과 같다. 인류는 자연을 개발하고 착취하여 자연을 하나의 거대한 기계로 만들려고 하지만 그것은 불가능하고 무모한 시도일 뿐이다. 그럼에도 여기서 셀프의 문명이라는 말을 쓰는 것은 다른 적절한 용어가 없기 때문이다.

셀프의 문명이란 셀프가 기반이 되는 문명을 말한다. 홍승표는 자연 상태와 에고의 문명 그리고 셀프의 문명은 서로 배타적인 것이 아니라 후자가 전자를 포섭하고 초월하는 것이라고 하였다.[58] 즉 자연 상태에 있는 인류는 본능에 따라 살아가고, 문명을 이룩한 집단 에고나 개별 에고의 시대의 인류는 본능과 에고의 지배를 받으며, 셀프의 시대를 사는 인류는 본능과 에고, 그리고 셀프의 지배를 받는다고 하였다. 물론 셀프의 시대의 인류를 움직이는 힘은 셀프이다.

인류가 자연 상태에서 본능의 지배를 받으며 살아갈 때는 에고가 존재하지 않았다. 에고란 본능을 스스로와 동일시하는 주체이기 때문이다. 본능 그 자체는 에고가 없다. 가창오리에게는 에고가 없기 때문에 수십만 마리가 동시에 군무를 펼쳐도 서로 부딪치거나 떨어지는 경우가 생기지 않는다. 가창오리에게도 본능은 있다. 본능이란 개별 생명이 그것을 보존하고 유지하려고 하는 노력이기 때문이다. 오직 인간만이 그러한 본능을 '나'라고 하는 가립假立된 존재와 동일시한다. '나'라고 하는 것이 가립된 존재이기 때문에 인간은 그것의 보존, 유지가 아니라 그것의 확대 강화를 위해 노력하게 된다. 그것이 '에고의 자아확장투쟁'이 일어나는 원인이다.[59]

에고의 자아확장투쟁은 본능을 '나'와 동일시하여 이성을 활용해서 그 본능을 최대한 실현시키려는 노력이다. 따라서 에고의 가장 중요한 기능은 본능이라기보다는 이성이다. 반면 셀프는 본성이다. 여기서 본성이라고 하는 것은 사회적 역사적 산물로서가 아니라 선천적으로 주어진 능력이라는 뜻이다. 우리의 본성은 이성이 쉬는 그 자리에 존재한다. 그래서 본성의 소리는 당위적인 도덕 명령이 아니라 본능처럼 마음이 스스로 하고자 하는 기호적 욕망을 말한다.[60] 동물의 경우 본성과 본능은

---

58. 홍승표(2011), 『동양사상과 탈현대적 삶』, 계명대학교출판부.
59. 프롬은 그의 주저 『소유냐 존재냐』에서 '에고의 자아확장투쟁'을 '자아팽창(self-inflation)'이라는 말로 표현하고 있다.

조화를 이루고 있다. 그러나 인간은 이성의 계발을 통해 인위적인 욕망이 자연과 조화를 이루는 본성을 벗어나 무한대로 확장되고 있다.

인간의 본성에 대해 최초로 본격적으로 논의한 학자는 맹자孟子이다. 그는 인간의 본성이 선하다고 하였다. 맹자는 그 증거로 우물에 빠지려는 어린아이를 보면 누구나 달려가 그 아이를 끌어안는다는 것을 증거로 들었다. 여기서 중요한 것은 그때 아이를 끌어안는 사람은 누구나 다 이 아이를 구하면 사람들이 자기를 칭찬할 것이라거나 혹은 아이를 구하지 않으면 사람들이 자기를 욕할 것이라고 '생각'하지 않는다는 것이다. 여기서 '생각'이라고 하는 것이 중요하다. 생각이란 이성의 활동이다. 즉 아이를 구하는 일은 이성적으로 옳은 일이라고 판단하여 이루어지는 일이 아니라는 것이다.

맹자가 말하는 본성은 선험적이고 즉각적인 것이다. 맹자는 이를 양지양능良知良能이라고 하였다. 양지란 배우지 않고도 아는 것이고, 양능은 배우지 않고도 실천할 수 있는 것이다. 이를 『대학大學』에서는 아름다운 여인을 좋아하고 악취를 싫어하는 것과 같다고 하였다.[61] 선험적이고 즉각적이라는 측면에서 본성은 본능과 같다. 그러나 유학에서 말하는 본성은 본능과는 다르다. 본성과 본능은 어떻게 다른 것일까? 본능에 대한 사전적 정의는 다음과 같다.[62]

사람과 동물에 특유한 생득적 행동능력. 가르쳐주지 않아도 아기가 어머니의 젖을 빨고, 병아리가 달걀 껍질을 깨뜨리고 나오는 것과 같은 생득적 행동을 말한다. 그중에는 계통발생系統發生이

---

60. 김형효(2011), 『마음혁명』, 살림출판사, 331쪽.
61. 『大學』, 「傳文六章」, "所謂誠其意者 毋自欺也 如惡惡臭 如好好色 此之謂自謙." 이 구절에 의거하여 김형효는 본성을 기호와 같다고 주장하였다. 그러나 본성은 기호와는 다르다 기호는 저절로 발현되는 것이지만 본성은 저절로 발현되는 것이 아니기 때문이다.
62. 네이버 두산백과에서 인용함.

낮은 단계에서도 볼 수 있는 반사反射나 주성走性이 있는데, 본능 행동은 이러한 부분적인 것보다 광범위하고 복잡한 반응을 의미한다. 본능 행동을 '반사의 연쇄chained reflexes'라고 한 견해도 있었으나 오늘날에는 그 밖의 특성도 발견되었다. 눈꺼풀의 작용이나 타액 분비와 같은 반사는 비교적 국부적인 반응으로서 일정한 자극 강도에 의존하고 있음에 대하여, 본능 행동은 전체적 반응으로서 환경의 변화, 사물의 특성에 의하여 생긴다.

쥐가 고양이를 무서워하는 것은 도주본능에 의한 것이지만 이 공포 반응은 고양이의 특정 부분에서 유발되는 것이 아니라, 고양이의 전신, 앞발, 뒷발, 울음소리, 발소리뿐만 아니라 실물이 아닌 그림자에서까지 일어난다. 주성은 전신 반응이라는 점에서 본능과 비슷하지만, 나방이 불빛 쪽으로 모여들거나, 바퀴벌레가 불빛을 피하는 것과 같은 주성은 신경계가 분화되지 못한 하등동물의 행동양식이며, 본능은 신경계가 발달한 고등동물에도 나타난다. 또 반사나 주성은 환경자극에 대한 비교적 고정된 반응이지만, 본능은 생활체의 내적 조건에 강하게 지배되어 그 종種에 특유한 행동이라 할지라도 하나하나의 반응은 가소성可塑性을 지니고 있다. 본능은 경험으로 습득할 수 없는 능력으로서 학습과 대립하여 논의되지만 실제 행동에서 본능과 학습을 구별한다는 것은 쉬운 일이 아니다. 특히 동물의 발전단계가 고등화됨에 따라서 오는 본능행동과 학습에서 오는 행동은 구별하기 어렵다.

꿀벌이나 비둘기가 먼 곳에서 집으로 돌아오는 것은 귀소본능歸巢本能 때문이라고 하지만, 이러한 행동도 여러 번 횟수를 거듭하여 촉진된다는 것이 알려졌다. 본능은 정동적情動的이라는 점에서 지성이나 지능과 대립하는 말로 보는 일이 있다. W. 맥두걸은 본능을 분류하면서 거부본능-혐오, 투쟁본능-분노 등 각각 대응하는 정동개념情動槪念을 인정하였다. 프로이트도 본능을 생물학적 에너지라고 생각하여, 생물이 무기상태無機狀態로 돌아가려는 죽음의 본능과 유기상태有機狀態를 회복하는 삶의 본능을 구별하였다.

본능은 선천적인 것이지만 그것이 학습과 전혀 다른 것이라고 보기는 어렵다. 인간의 본능은 오랜 기간의 학습을 통해 유전자에 새겨진 것이기 때문이다. 맹자가 말하는 선한 본성 역시 본능과 같이 인간의 유전자에 새겨진 것일까? 맹자는 '우산지목장牛山之木章'에서 인간의 타고난 본성은 우산의 나무와 같이 울창하고 아름답다고 하였다. 다만 일상에서 마주치는 각박한 삶이 그 본성을 해쳐 마치 아름다운 본성이 없는 것처럼 여겨진다는 것이다.[63]

맹자는 또 고자告子와의 논쟁을 통해 인간의 본성이 물이 아래로 흐르는 것과 같이 자연스러운 것이라고 하였다. 맹자가 이처럼 인간의 본성을 나무나 물에 비유한 것은 무슨 뜻일까? 단지 자연스러운 것임을 나타내는 것일까? 그래서 인간의 본성이 선하다는 맹자의 주장을 당위론적 주장이라고 보는 경우도 많다.[64]

'본성은 선하다'고 하는 맹자孟子의 주장은 현실을 볼 때 바로 납득하기 어렵다. 맹자가 말하는 대로의 선한 본성을 가진 사람을 찾기 어려울 뿐만 아니라, 인간의 본성이라는 인의예지가 바로 내

---

63. 『孟子』, 「告子章句 上」, "孟子日 牛山之木 嘗美矣 以郊於大國也 斧斤 伐之 可以爲美乎 是其日夜之所息 雨露之所潤 非無萌蘗之生焉 牛羊 又從而牧之 是以 若彼濯濯也 人見其濯濯也 以又未嘗有材焉 此豈山之性也哉 雖存乎人者 豈無仁義之心哉 其所以放其良心者 亦猶斧斤之於木也 旦旦而伐之 可以爲美乎 其日夜之所息 平旦之氣 其好惡與人相近也者幾希 則其旦晝之所爲 有梏亡之矣 梏之反覆 則其夜氣不足以存 夜氣不足以存 則其違禽獸 不遠矣 人見其禽獸也 而以爲未嘗有才焉者 是其人之情也哉 故 苟得其養 無物不長 苟失其養 無物不消 孔子日 操則存 舍則亡 出入無時 莫知其鄕 惟心之謂與."

64. 이혜경, 『孟子』(해제), 서울대학교 철학사상연구소, 네이버 지식백과, 2004.

마음 그대로라고 자신할 만한 사람도 거의 없을 것이다. 이 세상 어디에서든지 탐욕이 부딪히는 것은 볼 수 있지만, 인의예지라는 덕목에 의해 사랑과 존경이 넘치는 사회는 좀처럼 볼 수 없다. 맹자역시 현실적으로는 모든 사람을 선하다고 하기 어렵다는 것을 인정한다.

위의 주장과 같이 본성을 완전히 실현한 인물은 드물다. 본성은 본능과 같이 저절로 발현되는 것은 아니기 때문이다. 본성은 '나'라는 '피부밑 자아'를 극복해야 비로소 발현될 수 있다. 그렇지만 일단 본성이 발현되면 그것은 본능과 같은 커다란 힘을 가지게 된다. 유학에서 성인은자신의 본성을 완전히 실현한 사람을 가리킨다. 공자가 일흔에 도달한경지의 중요한 특징은 노력하지 않아도 저절로 그렇게 된다는 뜻이다. 소위 불면이중不勉而中이 본성의 중요한 특징이다. 본성의 실현은 노력을통해 달성되는 것이 아니다.

이처럼 유학의 본성 개념은 사회적 역사적 산물이 아니라 자연적, 생물학적 속성이다. 이런 점에서 '자유로운 활동을 하는 속성'과 '의식적인활동을 하는 속성'으로서 본성을 규정하는 마르크스[65]나 본성을 역사적, 사회적 산물로 보는 프롬[66]과는 구별된다. 프롬은 인간의 본성을 다음과 같이 규정하였다.[67]

인간 본성이란 여러 충동들의 생물학적 고정이나 총화도 아니

65. 마르크스는 사회적 존재로서의 인간 본성은 세 가지 근본 속성으로 집약할 수 있다고 하였다. 즉 노예가 아닌 주인이 되려는 속성, 세계를 목적의식적으로 개조하고 변혁하는 속성, 의식을 이용해 세계와 자기 자신을 인식하고 스스로를 지휘 통제하는 속성이 그것이다. 『싸우는 심리학』, 85쪽.
66. 김태형(2014), 『싸우는 심리학』, 서해문집, 47쪽.
67. 에리히 프롬(2010), 『자유로부터 도피』, 원창화 옮김, 홍신문화사, 24쪽.

요, 또한 무리 없이 적응해가는 문화적 양식의 생명감 없는 그림자도 아니다. 인간 본성은 바로 인간 진보의 산물이다. 그러나 또한 고유한 메커니즘과 법칙을 가지고 있기도 한다. 인간 본성에는 고정되어 변화하지 않는 요소들이 있다. 생리적으로 제약된 충동을 만족시켜야 하는 필연성, 고립과 정신적 고독을 피하고자 하는 필연성이 그것이다. … 문화에 대한 동적인 적응 과정에서 비로소 개인의 행동과 감정을 자극하는 많은 강력한 충동들이 발달한다. … 이들 충동은 이번에는 사회적 과정을 형성하는 데 강력한 영향을 미치는 힘이 된다.

이와 같은 본성의 규정에 의해 프롬은 인간 본성으로부터 흘러나오는 욕구 중 가장 중요한 것은 사랑하고 사랑받으려는 욕구, 진리를 파악하고 정의를 실현하려는 욕구, 생산적 활동을 통해 세계를 변혁하려는 욕구라고 주장하였다. 따라서 이웃들과 사랑하면서 살도록 권장하는 사회, 현실을 있는 그대로 볼 수 있도록 자유롭고 비판적으로 사고할 권리를 보장해주는 사회, 모든 사람에게 평등한 기회와 권리를 보장해주는 정의로운 사회, 다수의 국민이 권력과 자본의 주인이 되어 있는 사회가 '건강한 사회sane society'인 것이다.[68]

그러나 본성을 프롬과 같이 욕구로 규정할 경우 본성은 시대적 환경적 변화에 따라 변할 수밖에 없다. 달리 말해 욕구는 환경에 의해 조건화된 것이지 인간에게 본래부터 내재된 그 무엇으로 보기는 어렵다는 것이다. 그런 점에서 유학의 본성 개념이 셀프의 설명에 가장 적절하다고 판단할 수 있다.

---

68. 김태형, 앞의 책, 270쪽.

나. 셀프의 인식론

에고가 소멸한 곳에 그 빈자리에 셀프가 들어온다. 아니 들어오는 것이 아니라 발현된다. 이때 드러나는 것은 3차원적 선형적 지식이 아니라 4차원적 비선형적 지식이다. 비선형적 지식은 인식 주체와 대상을 분리하여 대상에 대한 감각적 경험을 통해 얻는 지식과 달리 주체와 대상의 분리 없이 대상 속에서 대상을 인식하는 것이다. 우리의 일상적 삶 속에서도 이를 경험하는 경우가 있다. 예컨대 아름답고 장엄한 낙조를 볼 때 그때 우리는 아무 생각도 할 수가 없다. 칸트는 이를 '숭고'라고 했지만 그 순간 우리는 낙조와 완벽한 조화를 이루고 그 낙조와 하나가 된다. 이것이 진정으로 낙조의 아름다움과 장엄함을 인식하는 방법이다. 낙조가 아름답다고 되풀이한다고 해서 낙조의 아름다움을 알게 되는 것은 아니다. 우리의 마음이 멈추지 않는다면 우리는 진정한 아름다움이 무엇인지 결코 알 수 없을 것이다.

에고는 실체가 없다. 불교 유식학唯識學에서는 에고를 가립假立된 것이라고 한다. 에고는 무한자인 아뢰야식이 자신을 자신이 아닌 것과 구별하기 위해 만든 허구에 불과하다.[69] 그러나 이렇게 가립된 에고가 진정한 자아이고 우리의 본성인 셀프의 발현을 가로막고 있다.[70] 에고가 소멸된

---

69. 졸고, 「나는 누구인가-유식 30송의 경우」[『교육철학』 32집(2010), 255~261쪽].
70. 엔리케 바리오스(Enrique Barrios)(1991)는 『별을 찾아 떠난 여행』(황성식 옮김, 나무심는사람, 111쪽)이라는 책에서 에고가 진정한 사랑을 가로막는 장애물임을 다음과 같이 이야기하고 있다.
　　"그런데 사랑하기가 왜 그리 힘든 거지?"
　　"왜냐면 우리 가슴 안에는 사랑을 방해하거나 우리의 감정을 억제하는 보이지 않는 장벽이 있기 때문이야."
　　"그게 뭐야?"
　　"바로 '자아'야. 자기 자신에 대한 잘못된 생각이지. 만일 이러한 자아가 잘못 커지게 되면 다른 사람보다 자기 자신이 더 중요하다고 느끼게 돼. 이런 자아는 다른 사람을 낮추어 보고 다른 사람에게 상처를 주거나 지배하고 이용하라고 부추기는 거지. 결국엔 자기 자신의 삶까지도 이런 식으로 대하게 돼. 이런 자아는 사랑에 대한 장벽이기 때문에 연민이나 애정을 느끼게 하는 것을 방해하고… 즉, 자아는 삶을 제대로 느낄 수 없게 만들고 결국 잘못된 생각에 의해 눈덩이처럼 커져만 가는 거야. (중략) 사랑을 키워나가기 위해선 인간의 진보가 이러한 자아를 얼마만큼이나 줄일 수 있느냐에 달려 있어."

곳에서 셀프가 발현된다. 장 바니에 신부는 『인간되기』라는 책에서 다음과 같이 말했다.[71]

> 거짓 자아의 죽음에서 오는 자유는 우리 자신을 있는 그대로 받아들이는 것이다. 그것은 세상을 우리가 살아가기에 보다 더 나은 장소로 만들기 위해 노력하려는 의지와 함께 세상을 있는 그대로 받아들이는 것이다. (중략) 모든 시대, 모든 세대는 새로운 현실, 새로운 비극, 새로운 어려움과 함께 새로운 진리에 직면한다.

장 바니에의 거짓 자아가 바로 에고이다. 오직 거짓 자아의 죽음을 통해 참된 자아, 즉 셀프가 나타난다. 그리고 참된 자아가 나타나면 우리는 자신을 있는 그대로 받아들이게 된다. 그리고 모든 것이 있는 그대로 완벽함을 깨닫게 된다. 그리고 참된 자아가 나타나면 그것은 세상을 더 나은 곳으로 만들려는 의지가 생긴다. 진리는 불변하는 것이지만 시대나 세대에 따라 항상 새롭게 나타난다는 것이다. 그리고 진리가 나타나는 배경에는 항상 새로운 현실과 새로운 비극, 그리고 새로운 어려움이 있다. 많은 성인들이 지적한 바와 같이 진정한 자아의 모습은 사랑이다.

톨레는 『나우』라는 책에서 진리의 첫 번째 부분은 인간 존재의 '정상적'인 마음 상태는 기능장애 또는 정신이상이라고도 부를 수 있는 강력한 요소를 포함하고 있다는 자각이라고 하였다.[72] 따라서 인류의 가장 위대한 성취는 예술 작품, 과학, 기술의 발전이 아니라 자신의 기능장애, 자신의 정신이상을 자각한 데 있으며, 에고가 지배하는 인간 마음의 기능장애가 과학과 기술 발전을 통해 더 극대화되어 이제 최초로 이 행성

---

71. 장 바니에(2010), 『인간되기』, 제병영 옮김, 다른우리, 190쪽.
72. 에크하르트 톨레(2008), 『나우』, 류시화 옮김, 조화로운삶, 17쪽.

자체의 생존을 위협하고 있다고 하였다.[73]

　분리 독립된 주체를 에고라고 하고 그것이 허상이라는 것을 깨닫고 모든 주체들이 서로 연결되어 있음을 깨닫는 것을 셀프라고 말하는 것은 하나의 패러다임이라고 할 수 있다. 그런데 그 패러다임이 옳다는 것을 어떻게 알 수 있을까? 패러다임은 말 그대로 패러다임일 뿐이다. 즉 내가 특정의 관점이 옳다고 판단하는 것은 조건화의 결과일 뿐이라는 뜻이다. 자신이 하나의 독립된 개체이고 그 개체는 본능적 이기심에 따라 움직이는 것이라는 생각은 누구나 하고 있다. 사실은 이것이 모든 세속적인 사람들이 가지고 있는 세계관인 셈이다. 프롬이나 한병철, 강신주, 그리고 수많은 포스트모더니스트들의 주장도 바로 이런 세계관의 하나에 지나지 않는다. 이런 세계관은 물론 자본주의가 만든 세계관이 주입된 결과이다. 그런데 그런 세계관이 잘못되었고 우리는 결코 독립된 개체가 아니고 모두 서로 연결된 존재라는 것이라는 세계관 역시 또 하나의 주입된 결과일 수도 있지 않을까?[73]

　만약 뇌과학의 발달로 두뇌의 어떤 부분에 수술을 해서 모든 사람들이 에고가 아니라 셀프의 세계관을 가질 수 있다면 그렇게 하는 것이 바람직한 것일까? 아니면 스키너의 『월덴 2』나 헉슬리의 『멋진 신세계』와 같이 교육을 통해 구성원 모두 그런 세계관을 갖도록 할 수 있다면 그렇게 해야 할까? 그런데 어차피 세계관이라고 하는 것이 개개인들에게 만들어지는 것이라고 한다면 타자가 나와 동일한 세계관을 가지고 있다는 것을 어떻게 알 수 있을까?

　불교의 인식론에 따르면 우리는 누구나 자기가 만든 커다란 세계 속에 살고 있다. 마치 엄청나게 큰 투명한 공 속에 살고 있는 셈이다. 그 공 속에 자기를 포함해서 자기가 아는 모든 사람과 세계가 들어 있다.

---

73. 위의 책, 29쪽.

타자 역시 자기가 만든 커다란 공 속에 살고 있다. 그런데 중요한 것은 갑이라는 사람의 세계 속에 있는 병이라는 사람과, 을이라는 사람의 세계 속에 있는 병이라는 사람이 동일하지 않다는 것이다. 갑의 세계 속에 있는 병은 갑의 병일 뿐이고, 을의 세계 속에 있는 병은 을의 병일 뿐이라는 뜻이다. 두 세계 속의 을은 전혀 다른 사람일 가능성이 높다는 것이다.

칠레 출신의 생물학자 겸 철학자인 마투라나는 우리가 스스로 만든 세계 속에 살고 있음을 실험을 통해 밝혔다. 마투라나 이전에 독일의 생물학자 폰 윅스킬은 모든 동물은 스스로 가상세계를 구성하여 산다는 놀라운 주장을 했다. 즉 배추흰나비는 노란색에서 자외색까지 볼 수 있고 호랑나비는 빨간색에서부터 자외색까지 인지를 하는데 이처럼 서로 다른 인지능력으로 인해 서로 다른 가상세계를 만들어 산다는 것이다. 윅스킬은 이를 '비누방울 속의 세계'라고 불렀다. 마투라나는 1980년 제자인 바렐라와 함께 쓴 『자기 생산과 인지』, 그리고 『인식의 나무』라는 책을 통해 인간을 포함한 모든 동물에게 있어서 대상을 인식하는 인지 시스템은 닫힌 상태로 작동한다고 주장하였다. 즉 인지 시스템이 외부 환경으로부터 들어온 자극이나 정보들을 자신의 고유한 작동방식에 의해 처리한다는 뜻이다. 물론 칸트도 우리가 물자체를 인식하는 것이 아니라 현상에 대한 인식을 한다고 했지만, 마투라나는 우리의 인식이 외부 세계에 대한 인식이 아니라 스스로 구성한 세계의 인식이라고 한 점에서 더 급진적이라고 할 수 있다. 그래서 그의 인식론을 급진적 구성주의라고 부른다. 한마디로 우리가 세계를 그렇게 구성하기 때문에 세계가 우리에게 그렇게 나타나고 세계가 그렇게 나타나기 때문에 우리가 세계를 그렇게 구성한다는 것이다.

불교에 일수사견—水四見이라는 우화가 있다. 같은 물이지만, 천계天界에 사는 신神은 보배로 장식된 땅으로 보고, 인간은 물로 보고, 아귀는 피고름으로 보고, 물고기는 보금자리로 본다는 것이다. 마투라나는 잠자리는 잠자리만의 세계를 구성하고 거기서 살며 인간도 마찬가지라고 한다. 우리가 각자 자신이 만든 세계 속에 살고 있다면 우리는 어떻게 소통할 수 있을까? 물론 마투라나는 생물학자이기 때문에 인간의 두뇌가 50만 년에 이르는 진화의 과정에서 어느 정도 공통성을 가진다고 말한다. 이를 '괄호 친 객관성'이라고 하는데, 나에게 빨간색으로 보이는 것은 나와 같은 인지 시스템을 가진 존재에 한정되어 빨갛게 보인다는 것을 말한다. 어떤 동물과 그가 만든 세계를 함께 짝지어 괄호를 쳐서 인정하는 객관성이 괄호 친 객관성이다.

불교의 인식론이나 마투라나의 '급진적 구성주의'가 말하는 것은 일어나는 상념이 문제가 아니라 그 상념과 자신을 동일시하는 것이 문제라는 것이다. 윤리와 지식에 대한 마투라나의 입장은 '무릇 함이 곧 앎이며, 앎이 곧 함'이라는 일종의 지행합일이다. 여기서 함이란 곧 세계를 구성하는 행위를 말하고, 앎은 그 세계를 경험하는 것을 말한다. 함이란 세계가 존재하는 방식이고 앎은 세계가 우리에게 나타나는 방식이라고도 할 수 있다. 우리는 세계를 구성하는 행위와 세계를 인지하는 경험을 구분할 수 없다. 그래서 마투라나는 우리가 다르게 살 때만 세계가 변한다고 말한다.

어떤 생각이 일어나면 대부분의 사람들은 그 생각이 자신이라고 생각하고 생각의 흐름을 따라간다. 그런데 그러한 동일시를 의식하는 사람들은 그 일어난 생각을 자각하고 생각의 흐름을 지켜본다. 그럴 경우 그 생각이 일어나는 것을 자각하고 그 생각의 흐름을 지켜보는 주체를 셀프라고 생각한다. 그런데 사실은 그것을 자각하고 지켜본다고 생각하는 주체 역시 에고에 지나지 않는다. 에고가 또 다른 에고를 만들어 그것을 셀프라고 이름하는 것이다. 자각하는 주체를 셀프라고 하는 것도 또 하나의 동일시에 불과하다는 것이다. 그래서 사실은 모든 동일시에서 벗어나야 한다. 지켜보는 내가 셀프라고 하는 것도 여전히 동일시의 한 종류에 지나지 않는다. '모든 동일시에서 벗어나라.' 하는 말이 셀프가 출현하기 위한 최소한의 기반이다.

바이런 케이티는 『나는 지금 누구를 사랑하는가』라는 책에서 다음과 같이 말했다.[74]

결국 당신 이외의 모든 것은 당신 자신의 생각이 투영된 결과라는 사실을 깨닫게 됩니다. 당신은 이야기를 지어내는 스토리텔러이자, 그 모든 이야기를 비추는 영사기이며, 세상은 당신이 품고 있는 생각의 이미지가 투사된 것입니다.

엑카르트는 하느님이 우리 안에 빛나려면 이성의 자연적 빛은 완전히 사라지고 순전한 무가 되어야 한다고 하였다. 그는 하느님을 알려면 우리의 앎은 순수한 무지가 되어야 하고 자기 자신과 모든 피조물들을 잊어야 한다. 이는 전적인 어둠이며 그 이름은 수용성이다. 하지만 이것은 존재의 결핍이 아니라 그 안에서 우리가 완성되는 것이다.[75] 이성, 기억, 의지 그리고 감각기관을 통해 외부 사물과 관여하는 지각 능력들은 모두 영혼의 '존재의 근저로부터' 흘러나오는 힘 혹은 기능들로서 그것들은 모두 상을 매개로 하여 피조물들과 관여하지만 영혼의 근저 자체는 일체의 상과 매개물이 비고 침묵하는 곳으로서 오직 하느님만을 위한 영혼의 신성한 영역이다.[76]

『요가 수트라』에는 '마음은 거울에 쌓이는 먼지와 같다'는 구절이 있다. 즉 마음은 과거라는 먼지가 쌓인 것, 즉 기억의 총체라는 뜻이다. 마

---

74. 바이런 케이티(2014), 『나는 지금 누구를 사랑하는가』, 유영일 편역, 쌤앤파커스, 17쪽.
75. 길희성(2012), 『마이스터 엑카르트의 영성 사상』, 분도출판사, 253쪽.
76. 위의 책, 134쪽.

음은 미지의 것, 즉 미래의 것을 생각할 수 없다. 우리가 미래라는 것을 생각할 때 그것은 과거의 투사에 불과하기 때문이다.

그렇다면 어떻게 에고를 벗어나 진정한 나를 만날 수 있을 것인가? 바바라 헤거티는 『신의 흔적을 찾아서』라는 책에서 신을 영접하게 되는 가장 중요한 계기가 '좌절'이라고 주장한다. 그녀는 "좌절은 우리의 삶이 약물중독, 암, 외로움, 해고, 말할 수 없는 비참함 등에 무릎을 꿇을 때 일어난다. 좌절은 우리가 처한 상황을 이겨내기 위한 모든 수단과 방법, 힘과 회복력을 완전히 소진하고 벼랑 끝에 섰을 때 찾아온다"라고 말한다.[77]

본능적 이기심에 의해 자아확장투쟁을 하는 주체와 깨달음을 위해 수행하는 주체는 동일한 에고이다. 에고가 원력을 세워 수행을 하면 곧 셀프가 된다는 것은 우리 안에 있는 양심을 셀프라고 주장하는 것과 다르지 않다. 이는 우리 마음속에 천사와 악마가 있다는 오랜 주장을 악마는 에고이고 천사는 셀프라고 말하는 것과 다름없다. 프로이트가 밝혀냈듯이 양심이나 천사는 슈퍼에고에 지나지 않는다.

셀프의 개념 속에 들어 있는 중요한 한 가지 전제는 셀프는 분리 독립된 개체가 아니라는 것이다. 즉 셀프는 주체와 대상으로 분리될 수 있는 존재가 아니다. 그래서 도道는 무엇이라 규정할 수 없고, 깨달음은 허공이나 하늘과 같다고 말하는 것이다. 기독교에서도 신을 이름 붙일 수 없고, 그래서 '스스로 존재하는 자'라고 말하고 있다.

깨달음을 통해 '사랑의 존재'가 되었다는 말은 '내가 사랑의 존재가 되었다'는 말이 아니라 '신의 사랑이 내 안에 들어왔다'는 뜻이다. 사랑은 내 안에 존재하는 그 무엇이 아니라 우주에 편만해 있는 것이다. 그 사랑은 무한해서 끊임없이 내게로 흘러 들어와 다른 존재로 흘러 나간

---

77. 바버라 헤거티(2013), 『신의 흔적을 찾아서』, 홍지수 옮김, 김영사, 86쪽.

다. 바울이 깨달음을 통해 '이제는 내가 아니라 그리스도가 내 안에 살게 되었다'고 한 말은 우주에 편만한 그리스도의 사랑이 바울을 통해 작용하기 시작했다는 뜻이다.

따라서 수행이란 에고가 에고의 작용을 지켜보고, 스스로를 무화無化시키는 과정이다. 에고가 사라진 자리에 선물같이 셀프, 즉 신의 은총이 흘러 들어온다. 깨달음은 에고가 셀프로 변하는 과정이 아니다. 에고가 사라진 자리에 내가 아닌 그 무엇이 저절로 작용하는 것이다. 내가 수행을 통해 무엇을 깨달을 수 있다는 생각은 애초부터 잘못된 것이다.

일어나는 마음을 지켜보는 마음은 혹시 셀프가 아닐까 오해할 수도 있다. 그러나 유식唯識의 '사분설四分說'에서 지적하고 있듯이 견분見分을 보는 자증분自證分이나 그 자증분自證分을 보는 증자증분證自證分 역시 마음의 주관적인 작용에 지나지 않는다. 그래서 『요가 수트라』에서도 마음은 결코 인식 주체가 될 수 없다고 말한다. 진정한 인식 주체는 참나인 아트만뿐이라는 것이다.

또 한 가지 비유를 들어보자. 컴퓨터에는 본체가 있고, CPU가 있고, 프로그램이 있다. 본체는 몸이고 CPU는 마음이며 컴퓨터를 작동시키는 프로그램은 마음의 작용이다. 그렇다면 셀프는 누구인가? 셀프는 바로 전원이다. 전원이 들어와야만 컴퓨터가 비로소 작동하듯이 모든 에너지의 근원은 전원인 셀프이다. 『성경』에서 하나님이 흙으로 빚은 아담의 입에 입김을 불어넣듯이 우리는 신의 호흡에 의해서만 비로소 존재할 수 있다. 그럼에도 불구하고 CPU는 중립이라고 주장하고, CPU에 의해 만들어진 좋은 프로그램은 셀프이고 나쁜 프로그램은 에고라고 주장하는 것은 어리석기 짝이 없는 일이다.

정목 스님은 셀프의 인식을 다음과 같이 표현하였다.[78]

---

78. 정목(2013), 『비울수록 가득하네』, 쌤앤파커스. 41쪽.

내가 꽃을 바라보는 것이 아니라
꽃이 나를 바라보고 있다. 앞산이 나를 바라보고 있다.
커피잔이 나를 바라보고 있다. 나무가 나를 바라보고 있다…
모든 대상이 나를 바라보고 있다고 생각할 때
우리의 관점은 완전히 변화됩니다.

지배적이고 이기적이었던 마음이 사라지고
내 안에 무엇인가 숨기고 속이고 싶은 마음이 멈추게 됩니다.
동물, 식물은 물론 사물에도 모두 눈이 있습니다.
우주에는 눈이 있습니다.
내가 대상을 바라보는 것이 아닌,
대상이 나를 바라보고 있다고 생각할 때,
비로소 내 안의 눈을 뜨게 됩니다.

다. 셀프와 공시성

셀프의 또 한 가지 중요한 특징은 공시성이다. 에고에게 있어서 시간은 저기 바깥에 존재하는 객관적 구조물이다. 그렇기 때문에 에고가 현재를 대하는 방식은 항상 목적을 위한 수단이며, 장애물이며, 적이다.[79] 그러나 시간은 객관적인 존재가 아니라 감각적인 지각을 위해 마음이 만들어낸 구조물이다. 따라서 에고를 극복하기 위해서는 시간이라는 망상을 극복해야 한다. 우리가 과거라고 생각하는 것은 우리 마음속에 저장된 지나간 지금에 대한 기억의 흔적이고, 미래라고 생각하는 것은 마음의 투사물로서 상상 속의 지금이다.

예수는 현재를 놓치는 어리석음을 신랑을 맞이하는 신부를 예로 들

---

79. 에크하르트 톨레, 『나우』, 238쪽.

어 설명하였다. 다섯 명의 부주의한(무의식적인) 여인들이 등불(현존)을 켤 수 있는 충분한 기름(의식)을 준비하지 않았다가 신랑(현재)을 놓치고 결혼 피로연(깨달음)에 참석하지 못하는 이야기이다.[80]

『고요함의 지혜』에서는 다음과 같이 말하고 있다.[81]

> '나'를 생각하고 '나'를 말할 때 내가 실제로 의미하는 것은 '나와 나의 이야기'이다. 그것은 내가 좋아하고 싫어하는 것들, 두려운 것들, 갈망하는 것들로 이루어진 '나'이며, 결코 만족을 모르고 혹여 만족이 있다 해도 잠시뿐인 '나'이다. 그것은 마음이 지어낸 자아상으로서 늘 과거에 얽매이고 미래에서 만족을 구하는 나이다.

과거와 미래와는 아무런 상관도 없는 '나'는 어디 있을까? 점심시간에 회의 때 있었던 일들을 생각하는 나와 저녁에 무엇을 먹을까 생각하는 나를 알아차리는 곳에 내가 있다. 내가 이 순간이 아니라 과거와 미래에 있음을 알아차릴 때마다 나는 나의 본래 자리로 돌아오는 것이다. 하나의 행위를 하면서 그것이 가져올 결과보다는 행위 그 자체에 좀 더 관심을 가질 때 나는 본래 자리로 돌아오게 되는 것이다. 마음에서 일어나는 걱정과 회환과 두려움을 똑똑히 목격할 때 나는 '생각하는 나'가 아니라 '지켜보는 나'가 되는 것이다.

에고는 '비교'에서 정체성을 얻고 '더 많이'를 양식으로 먹고 살아간다. 우리는 비교하지 말고 살아가야 한다. 더 이상 '더 많이'에 에너지를 공급하지 말아야 한다. 과거에 했던 일, 또는 하지 못했던 일 때문에 죄의식을 가지고 살아가지 말아야 한다. 『고요함의 지혜』에서는 '한 가지 분명한 것은 그때 당신은 당신의 수준에 맞게 행동했다는 것이다'라고

---

80. 위의 책, 140쪽.
81. 에크하르트 톨레(2011), 『고요함의 지혜』, 진우기 옮김, 37쪽.

말한다.[82] 그 죄의식을 가지게 했던 행동은 바로 그때의 나의 수준을 정확하게 드러내 준다는 뜻이다. 그런 어리석은 행동을 한 것이 나 자신의 정확한 모습인데 후회하는 것이 무슨 의미가 있겠는가?

윌리엄 블레이크는 「순수의 전조」라는 시에서 다음과 같이 말했다.

> 인간은 기쁨과 슬픔을 위해 태어났으며
> 우리가 이것을 제대로 알 때 비로소
> 우리는 세상을 안전하게 지나갈 수 있다.
> 섬세하게 직조된 기쁨과 슬픔은
> 신성한 영혼을 위한 안성맞춤의 옷
> 모든 비탄과 갈망 아래로
> 비단으로 엮어진 기쁨이 흐른다.
> (중략)
> 우리는 눈을 통해서 보지 않을 때
> 거짓을 믿게 된다.
> 눈이란 영혼이 빛살 속에 잠잘 때
> 밤에 태어나 밤에 사라지는 것
> 밤에 사는 가련한 영혼들에게
> 하느님은 나타나시고 하느님은 빛이시다.
> 그러나 빛의 영역에 사는 사람들에게는
> 인간의 모습을 드러내 보이신다.

사르트르는 『존재와 무』라는 책에서 인간을 제외한 즉자적 존재에게는 오직 현재만이 있고, 대자적 존재인 인간에게는 과거와 미래가 있는

---

82. 위의 책, 124쪽.

데, 이것이 인간이 타 존재에 비해 우월한 것이라고 했다. 그러나 우리는 그 우월을 넘어서서 다시 오직 현재만이 있는 시간을 회복해야 한다. 오직 현재만이 있는 시간 속에서는 모든 것이 새롭다. 새로움은 항상 두려움과 긴장을 준다. 그런데 그 두려움과 긴장은 사실 매일이 똑같다는 생각의 바탕에서 만들어지는 것이다. 어차피 매 순간, 매일, 매주가 다른 것이라면 새로운 시간이라고 해서 특별히 두렵거나 긴장해야 할 이유는 없을 것이다. 시간의 영역에서는 매일이 가을이다. 싹을 틔우고 성장하고 하는 기다림이 없다는 뜻이다. 가을의 시간에서 우리가 수확해야 할 것은 매 순간의 현재이다. 우리가 현재에 머무르는 순간만 수확의 대상이라는 뜻이다. 과거와 미래를 왕복하는 순간은 결코 수확할 수 없다.

멀리 여행을 떠났다가 다시 집으로 돌아온 사람은 떠날 때의 그 사람이 아니다. 새로운 것을 보았고 고통을 느꼈고 새로운 아름다움을 알았기 때문이다. 두 개의 똑같은 점이 있다. 하나는 처음부터 그 자리에 있었던 점이고, 또 하나는 멀리 돌아서 다시 제자리로 돌아온 점이다. 두 점은 같지만 그 안에 있는 내용은 전혀 다르다. 하나는 그냥 점이고 또한 점은 설렘과 충만으로 편만한 점이다.

본래부터 건강한 사람과 그 건강을 잃었다가 다시 건강을 회복한 사람은 다르다. 본래 부자인 사람과 부자였다가 모든 것을 잃은 뒤 다시 부자가 된 사람도 다르다. 전자는 결코 건강의 의미와 부의 의미에 대해 알 수 없기 때문이다. 셀프의 문명은 문명 이전의 삶과 집단 에고의 문명, 그리고 개별 에고의 문명을 '포월'한다. 여기서 포월이란 포함하되 동시에 초월한다는 의미이다. 그래서 셀프의 문명은 개별 에고의 문명이 이룩한 과학기술을 전면 부정하지는 않는다. 박이문은 『문명의 미래와 생태학적 세계관』이라는 책에서 "오늘의 과학기술 문명이 아무리 심각한 문제를 내포하고 있다 하더라도 과학 지식과 기술을 버린다는 것은 마치 목욕통의 땟물을 버리려다 그 속에 들어 있는 아기까지 버리는 것과 유사하다"라고 하였다.

막다른 골목에 도달한 현 인류는 과연 에고를 소멸시키고 진정한 자아를 발현할 수 있을까? 리프킨은 『소유의 종말』이라는 책에서 인터넷을 통한 접속의 시대가 오히려 에고의 소멸을 가져올 수 있다는 희망적인 주장을 피력했다. 그는 이것을 거건의 다음과 같은 말을 인용하여 주장하고 있다.[83]

이 자아 관념의 파편화는 조리가 없고 일관성이 없는 관계들의 복수성과 맞물려 나타난다. 이런 관계들은 무수히 많은 방향에서 우리를 끌어당기면서 다양한 역할로 우리를 초대한다. 그래서 알아볼 수 있는 윤곽을 가진 '진정한 자아'는 점점 우리의 시야에서 사라진다. 완전히 포화 상태에 이른 자아는 더 이상 자아가 아니다.

이 탈근대 세계의 최종 단계에 이르면 자아는 관계의 단계 속으로 모습을 감춘다. 자신이 파묻혀 있는 관계망에 독립된 자아가 있다는 사실을 사람들은 더 이상 믿지 않는다. … 서양 역사에서 지난 수백 년 동안 한복판을 차지해온 자아는 밀려나고 그 빈자리로 관계가 밀고 들어온다.

생태적 차원에서도 에고의 종말이 예언되고 있다. 장회익은 온생명이라는 개념을 통해 섬처럼 혼자 존재하는 자아는 존재할 수 없음을 주장하였다. 온생명이란 한 생명이 존재하기 위한 최소한의 필요조건이 갖추어진 한 생명의 거시적인 기본단위를 말한다.[84] 온생명의 관점에서 보면 피부 밑 자아라고 하는 낱생명은 허구일 뿐이다. 태양과 구름과 바람

---

83. 제레미 리프킨(2004), 『소유의 종말』, 이희재 옮김, 민음사, 310쪽.
84. 장회익 외(2011), 『생태적 삶을 추구하는 영성』, 한국교회환경연구소 엮음, 동연, 31쪽.

118 제1부 인류 문명과 미래교육

과 나무와 흙이 없다면 어떻게 내가 존재할 수 있겠는가? 낱생명으로서 내가 지금 여기 존재한다는 것은 온 우주의 협력에 의해 가능한 것이다. 얼마나 엄청난 기적인가?

소노 아야코는 『약간의 거리를 둔다』라는 책에서 "보이지 않는 눈이 갑작스레 보이게 되었다는 건 기적의 참된 의미가 아니다. 보이지 않는 불행 속에서 그 불행을 이겨내고도 남을 만큼의 축복을 발견해내는 것, 그것이 진짜 기적이다"라고 썼다.[85] 눈뿐만 아니라 모든 장애에 적용할 수 있는 말이다. 앉은뱅이가 걷게 된 것이 기적이 아니라 앉은뱅이 그 자체가 축복임을 발견하는 것, 벙어리 그 자체가 축복임을 발견하는 것, 암의 발병 그 자체가 축복임을 깨닫는 것, 사업의 실패 그것이 곧 축복임을 알게 되는 것 등으로 확대할 수 있을 것이다.

카터 핍스는 폴 틸리히를 인용하여 우리가 르네상스라고 부르는 문화에 참여한 인원은 당시 겨우 1,000명 정도였다고 하였다.[86] 놀라운 일이다. 천 명이 문화의 최첨단을 선택했고 그것으로 문화 전체가 규정된 것이다. 탈현대를 지향하는 사람이 많지 않다고 하더라도 적어도 만 명은 되지 않을까?

---

85. 소노 아야코(2016), 『약간의 거리를 둔다』, 김욱 옮김, 책읽는고양이.
86. 카터 핍스(2016), 『인간은 무엇이 되려 하는가』, 이진영 옮김, 김영사, 282쪽.

제3장

셀프의 문명과 미래교육

두 번은 없다.
지금도 그렇고
앞으로도 그럴 것이다.
그러므로 우리는 아무런 연습 없이 태어나서
아무런 실습 없이 죽는다.

우리가 세상이란 이름의 학교에서
가장 바보 같은 학생일지라도
여름에도 겨울에도
낙제는 없는 것

반복되는 하루는 단 하루도 없다.
두 번의 똑같은 밤도 없고
두 번의 한결같은 입맞춤도 없고
두 번의 동일한 눈빛도 없다.

_심보르스카, 「두 번은 없다」 중에서

1. 창의인성교육의 헛발질

2014년 '이오덕 동요제'에 다음과 같은 동시가 소개되었다.

> 나는 ○○ 초등학교를 나와서
> 국제중학교를 나와서
> 민사고를 나와서
> 하버드대를 갈 거다.
> 그래 그래서 나는
> 내가 하고 싶은
> 정말 하고 싶은
> 미용사가 될 거다.

부산 부전초등학교 1학년 박채연 어린이가 쓴 동시라고 한다. 『복숭아
한번 실컷 먹고 싶다』라는 시집(보리출판사)에 실려 있다.

2014년 7월 네이버 뉴스에 중국의 허베이성 헝쉐이고등학교에 대한
기사가 실렸다.[1] 허베이성 최고의 입시 명문고라고 하는 이 학교는 올해
대입 성적 집계 결과 허베이성의 최고 득점자 10명 가운데 문과는 9명,
이과 6명을 배출했다. 이 학교의 교육을 이른바 '격정 교육'이라고 하는
데, 이 학교 학생들은 새벽 5시 운동장을 뛰며 구호를 외치는 것으로 하

---

1. 네이버 뉴스 2014년 7월 6일.

루를 시작한다. 구호는 "목숨 걸고 공부해야 인생 의미를 찾는다"는 것이다. 아침 7시부터 밤 10시까지의 일과 시간표는 10교시의 수업과 3시간의 자습으로 꽉 차 있으며 아침과 저녁 식사 시간은 20~30분에 불과하다. 대학 입시에서 거둔 탁월한 성과를 중국 언론들이 앞 다퉈 보도하면서 전국에서 이 학교 따라 하기 열풍이 불고 있다고 한다. 대학 입시를 놓고 공교육과 사교육이 경쟁을 하면 공교육이 이길 수 없다. 우리나라에도 헝쉐이고등학교와 같은 기숙형 학원이 많이 있다. 헝쉐이고등학교의 특징은 바로 공교육에서 이런 기숙형 학원의 시스템을 들여왔다는 것이다. 입시경쟁이 계속된다면 우리 교육도 이렇게 변하지 않을까?

그러나 그렇게 변하지 않아도 이미 우리나라 교육은 최악의 상황이다. 네이버 뉴스 2014년 11월 4일 기사에는 우리나라 아동들의 삶의 만족도가 국제개발협력기구OECD 국가 가운데 최하위 수준이라고 밝히고 있다.[2]

우리나라 아동들의 삶의 만족도가 국제개발협력기구OECD 국가 가운데 최하위 수준인 것으로 조사됐다. 보건복지부가 5일 공개한 '2013년 한국 아동종합실태조사' 결과를 보면 우리나라 전체 아동의 삶의 만족도는 100점 만점에 61.5점이었다. OECD 기준인 11세와 13세, 15세 아동의 삶의 만족도는 60.3점으로 OECD 국가 가운데 꼴찌였다. 우리나라를 제외한 국가 가운데 최하위인 루마니아(76.6점)와 비교해도 격차가 크다. OECD 국가 가운데 아동의 삶 만족도가 큰 국가는 네덜란드(94.2점), 아이슬란드(90.2점), 핀란드(89.8점) 등이다. 삶 만족도는 아동이 자신의 삶을 어떤 수준으

---

2. 『아시아경제』 2014년 11월 4일 자, 지연진 기자.

로 인지하는지에 대한 국제 척도로 10점부터 0점까지 점수를 주는 방식으로 평가한다. 우리나라 경우 학업 스트레스와 학교폭력, 인터넷 중독 등이 아동 삶의 만족도를 떨어뜨리는 요인으로 지목됐다. 실제 인터넷과 스마트폰 등 매체중독 고위험에 포함되는 아동이 16.3%에 이르렀다. 또 12~17세 아동의 스트레스는 2008년 조사 당시 2.14점(4점 만점)에서 지난해 2.16점으로 증가했고, 아동 우울증도 1.21점에서 1.25점으로 높아졌다. 이번에 처음 실시된 아동결핍지수도 54.8%로 OECD 국가 평균을 훨씬 웃돌았다. 아동결핍지수는 아동 성장에 필요한 물질적·사회적 기본 조건의 결여 수준에 대해 14개 항목을 평가한 것으로 높을수록 결핍을 많이 느끼는 것이다. 대부분의 나라가 20%대고 아이슬란드의 경우 1%대다.

삶의 만족도, 스트레스, 아동결핍지수 등 모든 통계적 수치가 우리나라 아동이 최악의 상황 속에 있음을 보여주고 있다. 이런 상황에서 우리의 교육부는 무엇을 하고 있을까? 요즈음 우리나라 교육부는 창의인성교육에 물 붓듯이 돈을 쏟아붓고 있다. 창의교육은 한마디로 자신의 재능을 최대한 발휘하도록 하여 일자리를 갖도록 하는 교육이다. 그리고 인성교육은 이러한 생존 경쟁의 치열함을 도덕적 이성으로 완화시키기 위한 노력이다.

그런데 현대 교육은 그 출발부터 창의인성교육이었다. 왜냐하면 현대 학교와 교실의 형성은 산업혁명에 따른 직업교육의 필요에서 비롯되었기 때문이다. 즉 순치馴致된 노동력의 양성을 위해 자본가들이 노동자 자녀들을 교육시킨 것이 현대 학교의 출발이었다. 서구의 현대 교육은 플라톤의 철인哲人 교육도 아니고, 로크의 신사 교육도 아니며, 루소의 소극적 교육negative education도 아닌 천박하고 값싼 대중교육mass education으로 시작되었다. 우리는 이런 값싼 대중교육의 아이디어를 로

크J. Locke의 노동학교와 벤담J. Bentham의 감옥학교에서 찾을 수 있다.[3]

노동학교와 감옥학교의 원리는 최소한의 비용으로 최대한의 감시와 처벌을 가능하게 하는 것이기 때문에 이를 '경찰교육police education'이라고도 부른다. 즉 이들 학교는 잠재적인 범법자이고 장차 사회 불만 세력으로서 등장할 가능성이 많은 노동자 자녀들을 일정 기간 동안 감시가 용이한 곳에 감금함으로써 경찰의 역할을 대신한다는 것이었다. 어쨌거나 "학교를 열고 감옥을 닫아라"라는 구호는 서구 근대 공교육의 보급에 크게 기여해, 20세기 초기까지 수많은 공립학교가 이러한 명분으로 설립되었다.

값싼 대중교육 혹은 경찰교육으로서의 공교육은 영국의 공교육에서 그대로 실현되었다. 영국의 공교육은 산업혁명 이후 등장한 노동자 자녀들에 대한 자선 사업의 일환으로 시작되었다. 주로 교회나 자선기관에서 노동자 자녀들을 일요일에 교회에 모아, 읽고, 쓰고, 셈하는 기초적인 교육을 시켰던 것이다. 이러한 교육이 공장법 이후 노동자 자녀들을 대상으로 하는 직업교육과 도덕교육 중심의 강제 교육으로 정착되었다.[4] 한편 이러한 학교에 자녀를 보내야만 하는 부모의 입장에서 볼 때 공교육의 강제 교육은 가계 수입의 커다란 손실을 의미하였다. 따라서 그들은 아이들을 학교에 보내는 데 소극적이었다. 또 학생들의 경우도 결코

---

3. 로크는 당시 건강한 노동자 부부의 노동으로 부양 가능한 식구 수를 3세 이하의 아동 2명으로 계산하였다. 실제 당시의 열악한 임금으로는 부부가 모두 공장에 나가도 자녀 2명을 양육하기 어려웠다. 따라서 로크는 3세 이상 14세까지의 노동계급 자녀들은 모두 부모로부터 격리시켜 노동학교에 수용할 것을 제안하였다. 노동학교는 교구마다 1개씩 설치하여 남녀를 분리 수용하도록 고안되었는데, 여기서 아이들은 생산노동에 종사하면서 3R과 도덕을 배워야 했다. 벤담 또한 중산층 자녀들을 위해서는 실과학교(Christendom)라는 교육기관을 구상하였지만, 노동자 자녀들에게는 이와 전혀 다른 감옥학교(Panopticon)를 제안하였다.

4. 물론 자본가들과 그들의 집행기구인 국가에서는 이렇게 생겨난 교육기관에 대해 많은 돈을 투자할 생각을 결코 하지 않았다. 따라서 이들 교육기관은 랭커스터(J. Lancaster)와 벨(A. Bell)의 조교제 학교에서 나타난 것과 같이, 가급적 많은 학생을 적은 수의 교사가 가르치는 대중교육기관이 될 수밖에 없었다. 실제로 랭커스터 학교의 조교 출신인 어느 젊은 교장은 혼자서 2,000명 이상의 아동들을 가르쳤다고 보고하였다.

배우고자 하는 강한 욕구를 가지고 학교에 오지는 않았다. 따라서 많은 학생을, 그것도 배울 의욕이 거의 없는 학생들에게 어떻게 주어진 교육 내용을 가르칠 수 있을 것인가 하는 교육 방법들이 연구되고 도입되었으며, 특히 학습 동기를 유발하여 학습의 효율성을 높이는 교육 이론이 교육학의 핵심 내용이 되었다.

학교의 역사를 5천년이라고 할 때 이런 현대 학교의 역사는 불과 2~3 백년에 불과하다. 그럼에도 불구하고 현대 학교는 현대 문명의 전파와 함께 지구 구석구석까지 확대되었다. 아프리카의 어느 오지 학교에 가더라도 그곳에서 이루어지는 교육은 자신의 노동력의 가치를 높이고 사회에 순응하는 인간을 양성하는 일에 지나지 않는다. 그러나 사회가 필요로 하는 순치된 노동력의 양성을 위해 같은 교실에 같은 연령층의 학생들을 몰아넣고 동일한 교육 내용을 가르치는 현대의 학교는 학교의 전체 역사에서 보면 매우 특이한 현상이라고 하지 않을 수 없다. 현대 이전의 학교에서는 동서양을 막론하고 대부분의 경우 다양한 연령층의 학생들이 모여 경전과 그 해설서, 그리고 경전을 읽기 위한 문자를 학습했다.

갑오개혁과 일제 식민 지배를 통해 이런 기형적인 근대 교육을 수입한 우리나라는 유교문화 속에 내재된 교육열과 상승작용을 통해 세계에 유례없는 급격한 교육팽창을 경험하였다. 그리고 이러한 교육팽창을 통해 양성된 순치된 노동력을 활용하여 급속한 경제성장과 정치적 민주화를 이룩하였다. 그리고 지난 김대중 정부와 노무현 정부의 정보화 노력에 힘입어 정보산업 분야에서는 세계의 선진국들과 어깨를 나란히 겨룰 수 있게 되었다. 그러나 정보화에 따른 산업 자동화는 노동에 대한 수요를 급격히 감소시키고 있다.

정보혁명은 단순화하면 컴퓨터가 인간의 지력을 대신하는 것이기 때문에 필연적으로 노동에 대한 수요를 대폭 감소시킬 수밖에 없다. 이처

럼 정보혁명에 따른 노동의 수요 감소로 인해 노동력을 양성하는 목적
으로 설립된 우리의 학교는 심각한 위협을 받고 있다. 기업의 채용 규모
는 해가 갈수록 줄어드는데 오히려 대학은 점점 더 직업훈련소로 바뀌
고 있다. 취업이 어려워질수록 취업을 위한 직업교육이 강화되는 기이한
현상이 벌어지고 있는 것이다. 학생들은 취업이 용이한 실용적인 학문
을 선호하고, 대학은 이런 학생들의 욕구에 편승해서 직업교육을 강화
해 가고 있는 것이다.

그 결과는 파국적인 것이다. 소수의 정규직을 향한 경쟁은 날로 심화
되고 경쟁이 격화될수록 학생들 상호 간의 갈등도 커져, 이로 인한 학교
폭력은 날이 갈수록 심해지고 있다. 학생들의 생활공간은 감시와 통제
가 이루어지는 감옥으로 변한 지 오래이다.[5] 교육과학기술부와 포털사이
트 네이버가 함께 실시한 '인성교육 대국민 설문조사'와 '2012 인성교육
실태조사' 결과 한국 초·중·고 학생 10명중 4명은 학교를 그만두고 싶
다고 생각하는 것으로 조사되었다.[6]

창의인성교육을 통해 가르치는 것은 크게 두 가지이다. 한 가지는 직

---

5. 오늘날 우리의 학생들은 어른도 감당하기 어려운 짐을 진 채 신음하고 있다. 상상을 초월
하는 양과 질의 공부를 강요당하고, 마치 하루하루가 인생 전체를 결정하는 중대한 순간인
듯 어른들이 조성한 일상적 긴장 속에서 살아가고 있다. 이들의 생활공간인 가정이나 학교
는 물샐 틈 없는 감시와 통제가 이루어지는 감옥으로 변해버렸다. 이렇게 보이지 않는 감옥
에 갇힌 아이들이 벗어날 방법을 찾지 못한 채 좌절하고 상처받고 방황하고 있다. 『경향신
문』 2011년 12월 14일 자.
6. 이 설문조사는 지난 7월 23일부터 한 달간 일반국민 8만 3,608명을 대상으로, 인성교육
실태조사는 7월 6일부터 19일간 전국 500개 학교의 학생과 교사, 학부모 5만 7,902명을 대
상으로 진행됐다. "평소에 학교를 그만두고 싶다"는 질문에 학생들의 40.3%가 '있다'고 응
답했다. 학교를 그만두고 싶었던 이유로는 '학업성적'이 41.8%로 가장 많았다. '재미없는 학
교생활'(22.1%) '친구관계'(13.5%) '선생님과의 문제'(6.1%)가 뒤를 이었다. 한국 학생의 더
불어 사는 능력 수준에는 교사의 80.3%, 학부모의 64.2%, 학생의 53.7%가 '아니다'와 '매
우 아니다' 등 부정적으로 답했다. 더불어 사는 능력은 신뢰와 협력, 참여 등을 말한다. 인
성 형성에 부정적인 영향을 끼치는 요소 1순위를 묻는 질문에 학생은 성적 위주의 학교교
육(33.4%)과 폭력적인 또래문화(25.2%)를, 학부모는 성적 위주의 학교교육(27.6%)과 부모
님의 잘못된 교육관(18.5%)을, 교사는 부모의 잘못된 교육관(45.6%)과 성적 위주의 학교
교육(21.0%)을 꼽아 교사와 학생·학부모 간 인식 차이가 큰 것으로 나타났다(『경향신문』
2012년 9월 3일 자).

업 능력을 갖기 위한 창의적 이성의 계발이고, 또 한 가지는 도덕적 생활을 위한 비판적 이성의 계발이다. 전자는 생존 경쟁에서 남을 이기기 위한 욕망을 충족시키기 위한 것이고, 후자는 이런 욕망의 충돌에서 비롯되는 갈등을 완화시키기 위한 것이다. 직업 능력을 위한 이성의 계발은 창의력을 신장시키는 것에 초점을 두고 있으며, 갈등을 완화시키기 위해서는 도덕적이고 비판적인 이성을 신장시키는 데 초점을 두고 있다.[7] 우리는 이 두 가지를 합쳐 '창의인성교육'이라고 부른다.

---

7. 칸트는 『도덕형이상학의 기초』에서 이렇게 썼다. "도덕 법칙을 인간의 본성이나 주변 세계에서 찾아서는 안 된다. … 인간과 결부된 지식, 예를 들어 인류학 등에서 빌려 올 수 있는 것은 무엇이 되었건 아무런 쓸모없다. … 실제로 그런 지식을 머리로 받아들여 인간 본성의 특별한 구조에서 우리의 도덕적 원리의 실재를 추론해내려 해서는 안 된다."

2. 본성의 회복

직업교육으로서의 창의교육은 시대적 요구에 부합하지 않는다. 새로운 시대는 '노동 없는 사회'에서 여가시간을 '창의적으로 보낼 수 있는 능력'을 배양할 것을 요구한다.[8] 그렇다면 비판적인 이성을 신장시키기 위한 인성교육은 어떤가? 비판적 이성을 신장시키는 인성교육이 과연 증폭되는 갈등을 완화시키는 대안이 될 수 있을까? 역시 그것도 불가능하다.

인류의 역사를 통해 볼 때 도덕적 삶을 위한 비판적 이성이 생존경쟁을 위한 욕망을 이긴 적이 없다. 그 이유는 명백하다. 후자는 인간의 본능에 뿌리를 박고 있는 것이기 때문이다. 김형효는 『마음혁명』이라는 책에서 도덕적 선의지는 결코 무의식의 본능적 이기심과 싸워 이길 수 없다고 하였다. 도덕적 선의지는 인간 이성의 한 부분으로, 역사적으로 볼 때 이성과 본능의 싸움에서 언제나 본능이 승리했기 때문이다.[9]

그렇다면 대안은 없는 것일까? 대안은 있다. 뒤에서 자세히 살펴보겠지만 인간에게는 본능적 이기심과 함께 '나'를 넘어서는 이타적 본성이 있다. 따라서 셀프의 문명 시대의 교육에서 핵심은 자연의 한 부분으로서 인간의 본성을 발견하고 계발하는 것이다. 우리는 끊임없이 밖으로 향하는 마음을 안으로 되돌려 '우리 안'에서 그 해결책을 찾아야 한다.

---

8. 홍승표(2015), 『주역과 탈현대 문명』, 문사철, 23~24쪽.
9. 김형효는 이를 "당위가 자연을 이기지 못한다는 것을 노자는 '발돋움하고 있는 자는 오래 서 있지 못하고, 성큼성큼 걷는 자는 오래 가지 못한다'고 했다"라고 말하고 있다. 김형효(2011), 『마음혁명』, 살림출판사, 329쪽.

우리 안에는 본능적 욕망과 같이 거대한 에너지를 가지고 있는 본성이 있다. 셀프의 문명이 추구하는 것은 우리의 밖에 있는 지식이 아니라 우리 안에 있는 본성이다. 비판적 이성의 계발이 아니라 잠자고 있던 인간 본성의 계발이다. 인간의 신체기관과 외부 세계를 연결시켜주는 뇌신경 체제의 입력 및 출력 통로가 두뇌에서 차지하는 비중은 2%에 불과하며, 나머지 98%는 내적 기능과 관계가 있다.[10] 단순화하여 말한다면 현대는 98%의 본성을 무시하고 2%의 이성에 의해 건설된 것이다.

오늘날의 에고의 문명은 인간의 밖에 있는 객관적, 과학적 지식을 통해 형성되었다. 객관적, 과학적 지식은 자연을 대상으로 그 자연을 능욕함으로써 축적되었다. 베이컨은 자연은 '길거리에 널린 창녀'나 다를 바 없으며, '불가능이 없을 만큼 인간의 제국을 확대하기' 위해서는 창녀의 야성을 '누르고 순화하고 길들여야 한다'고 주장하였다.[11] 그는 신의 섭리가 아니라 인간의 이성과 의지로 물질적 풍요를 누리는 새로운 지상 낙원을 건설할 수 있다고 믿었다. 베이컨은 『신기관』에서 아리스토텔레스의 삼단론법, 연역법에 대하여 귀납법을 강조하고 사변과 권위에 의한 중세적인 학문 방법에 반기를 들었다. 이러한 비판적 관점에 입각하여, 그는 과학적 방법론으로 관찰자와 그 대상물을 분리할 것과 객관적 지식을 통해 사람들로 하여금 자연계의 대상물들 즉 신체, 기계적 힘 등을 지배할 수 있어야 한다고 주장하였다. 이러한 생각은 "지식은 힘이다"라는 명제에 잘 나타나 있으며, 발생genesis으로서의 자연개념은 제작관념으로 대체되어갔다. 그리고 자연은 명상의 대상이 아니라 조종의 대상으로 격하된다. 결국 베이컨은 과학이 인간의 타락으로 상실된 자연에 대한 인간의 지배권을 회복하도록 도울 수 있다고 보았으며, 과학

---

10. 에드가 모랭(Edgar Morin)(2006), 『미래의 교육에서 반드시 필요한 7가지 원칙』, 고영림 옮김, 당대, 29쪽.
11. 제레미 리프킨(Jeremy Rifkin)(2010), 『공감의 시대』, 이경남 옮김, 민음사, 277쪽.

을 통해 삶의 고통, 질병, 가뭄, 기아, 홍수 전염병, 무지 등을 극복해갈 수 있다고 믿었던 것이다.[12]

베이컨의 이런 신념을 이어받은 프랑스의 귀족 마르키 드 콩도르세는 다음과 같이 장담했다.[13]

> 인간이 가진 능력은 무한정 발전할 수 있다. … 인간은 끝없는 완전성을 추구할 수 있다. … 자연이 우리에게 준 지구라는 터전이 존속하는 한, 인간이 완전해지는 것을 가로막는 모든 힘을 완전히 제압하는 이 과정은 무한히 계속될 것이다.

이제 인간 이성을 통해 새로운 질서를 수립하려는 근대 계몽주의자들의 시도는 잘못된 것이었음이 분명해졌다. 그들의 노력은 엔트로피의 증가, 즉 돌이킬 수 없는 혼란만을 가져왔을 뿐이다. 그렇다면 인류는 어떻게 새로운 질서를 찾을 수 있을까?

인류는 머나먼 길을 돌아 다시 본래의 상태로 돌아오고 있다. 지금까지의 인류의 여정은 인간이 동물과 어떻게 다르며, 어떻게 해야 동물로부터 벗어날 수 있는지를 이야기했다면, 이제부터의 여정은 인간이 어떻게 자연으로, 즉 자신의 본성으로 돌아갈 수 있는지 살펴보고 돌아가기 위한 것이 되어야 한다. 그렇게 하기 위해서는 인간이 지금까지 이룩한 모든 이분법을 버리고 위대한 혼돈으로 다시 돌아가야 한다. 성서적으로 이야기하면 에덴의 시대에서 율법의 시대를 거쳐 다시 에덴을 회복하기 위한 사랑의 시대로 돌아가는 것이다.

'우리 안'이란 우리의 본성을 말한다. 앞에서 언급했듯이 지금까지의 현대 교육은 이성의 계발에 초점을 맞추었다. 이성을 통해 인간의 욕망

---

12. 김연숙(2007), 「과학전통과 자연관」, 『공학윤리』, 인간사랑, 64~65쪽.
13. 제레미 리프킨, 앞의 책, 278쪽.

을 충족시키고 또 이성을 통해 인간의 욕망을 절제할 수 있다고 생각하였다. 그것이 실패로 끝난 지금 탈현대의 교육은 이성의 작용을 멈추고 자신의 마음속으로 침잠해 들어가 자신의 본성을 발견하는 것에 초점을 맞추어야 한다.

우리의 본성은 우리의 이성이 쉬는 그 자리에 존재한다. 동물의 경우 본성과 본능은 조화를 이루고 있다. 그러나 인간은 이성의 계발을 통해 인위적인 욕망이 자연과 조화를 이루는 본성을 벗어나 무한대로 확장되고 있다.

앞에서 언급한 아들러의 개별 에고 역시 '원자로서의 개인'을 전제로 하고 있다. 원자로서의 개인을 전제로 하니 당연히 그 개인의 '용기'가 필요할 수밖에 없을 것이다. 그러나 셀프의 입장에서 보면 '나'라고 하는 것은 조건화의 결과에 지나지 않는다. 원래부터 있었던 것이 아니라 만들어진다는 뜻이다. 이것을 아들러는 일종의 원인론이라고 규정할지도 모르겠다. 어쨌거나 셀프의 입장에서 볼 때 '나'는 만들어진 것이고, 이런 '나'를 극복해서 '무아'로 돌아가면 자기수용, 타자신뢰, 타자공헌이 저절로 이루어진다고 할 수 있다. 유학에서의 본성의 회복, 불교에서의 불성의 발현이 바로 무아無我의 실현이라고 할 수 있다.

그래서 본성의 입장에서 아들러의 주장을 이야기하자면 아들러의 '용기'는 칸트의 '실천이성'과 같고, 또 콜버그의 '도덕성'과 같다고 비판할 수 있다. 이미 역사적으로 충분히 증명된 바와 같이 이러한 실천이성과 도덕성은 인간이 가진 본능적 이기심과 충돌하면 반드시 패배할 수밖에 없다. 반면 본성의 실현이나 불성의 발현은 본능적 이기심과 같이 이미 인간에게 갖추어진 것이기 때문에 본능적 이기심과 충돌하면 충분히 그것을 극복할 수 있다. 그렇지만 현대 문명과 함께 이미 '개인'이라고 하는 것이 이미 머릿속에 뿌리 깊게 박힌 서구인들에게 무아를 이야기하기는 어려울 것이다.

본성이 기호인가 하는 문제와 관련된 개념이 자겸自謙이다. 『대학』에서는 사랑이라는 본성의 발현이 악취를 싫어하고 색을 좋아하듯 해야 하는 것이라고 말하고 있다. 이 구절을 두고 본성은 기호라고 주장하는 사람들이 있다. 김형효는 본성의 소리는 당위적인 도덕 명령이 아니라 본능처럼 마음이 스스로 하고자 하는 기호적 욕망을 말한다고 주장한다.[14]

본성의 입장에서 보면 '선은 곧 좋은 것善卽好之'이다. 그래서 지행합일이 가능한 것이다. 그러나 이성의 입장에서는 '선은 곧 옳은 것善卽義之'이다. 따라서 무엇이 옳은 것인지 미리 알아야 실천할 수 있다.[15] 선은 좋은 것이지 옳은 것이 아니다. 그래서 선의 실천은 의무가 아니라 기호嗜好라고 할 수도 있다.

자겸自謙의 사전적 의미는 '스스로 마음을 겸손하게 가짐'이라고 할 수 있다. 그러나 왕양명은 자겸을 '존재론적 충만감'으로 해석한다. 인간은 본래적으로 천지만물과 하나였기에 본래 충만한 존재였지만 자신을 분리된 개체로 여기면서 자겸으로부터 멀어지게 되었다는 것이다. 또 양명은 자겸을 '스스로 만족함'의 뜻으로 이해하기도 했다. 인간은 누구나 자신의 본성을 실현할 수 있는 능력을 가지고 있는데 이를 치양지致良知라고 한다. 치양지는 스스로 만족함自謙과 참된 즐거움眞樂으로 나타나며, 자겸과 진락은 곧 치양지의 경지라고 주장하는 것이다. 우리나라에서 유일하게 양명학을 받아들여 공부한 하곡 정제두는 자겸을 '도덕적 자기 신뢰'로 이해했다. 자겸이라는 개념이 『대학』의 성의에 대한 설명에서 나오는 것이기 때문에 이렇게 해석하는 것이 가장 타당할 것이다. 성의란 뜻을 성실하게 하는 것으로서 자기를 속이지 않는 것을 말한다. 그래서 자겸이란 마음의 안과 밖이 투명한 상태, 흔히 유학자들의 행장에

---

14. 김형효. 위의 책. 331쪽.
15. 김형효(2011), 『마음혁명』, 살림, 409쪽.

서 '유리항아리'로 표현되는 마음의 상태를 말한다. 따라서 본성은 기호적 욕망이 아니라 인간의 근원적 능력이다. 따라서 자겸은 본성의 발현에 따른 충만감으로 보아야 한다.

누구나 자신이 가진 재능을 최대한 발현하는 사회는 근대 계몽주의자들의 이상이기도 하다. 그들은 누구나 자기의 재능을 최대한 발휘하는 사회는 보이지 않는 손에 의해 조화롭게 공존할 수 있다고 생각하였다. 물론 도덕적 선의지라는 실천이성이 작용을 하겠지만, 마치 수요와 공급이 가격이라는 푯대로 저절로 균형을 잡아가듯이 말이다.

본연지성은 모든 인간 나아가 모든 생명체에게 공통적으로 주어진 근원적 능력이다. 유학에서는 그것을 사랑仁이라고 한다. 기질지성은 각각의 인간, 각각의 생명체를 구성하고 있는 기질의 차이에 따라 달라지는 능력이다. 따라서 기질지성은 개개인의 본능적 욕망까지를 포함한다. 본성의 발현이란 본연지성에 바탕을 둔 기질지성의 개화이다. 기질은 사람마다 다르다. 따라서 서로 다른 기질을 가진 사람들이 자신의 본연지성을 활짝 꽃 피울 때 아름다운 꽃밭과 같이 조화롭게 어울릴 수 있는 것이다. 장자의 하늘의 하늘은 유학의 본연지성과 같고 사람의 하늘은 기질지성과 같다. 장자는 사람들이 사람의 하늘만을 중시하는 까닭에 경쟁과 갈등이 나타나게 되었다고 말한다.

유학의 본성인 사랑仁은 본능과 같이 저절로 발현되는 것은 아니다. 인이 무엇인가를 묻는 안회의 질문에 공자는 '자기를 극복하여 예로 돌아가면 인이 된다克己復禮爲仁'고 대답하였다. 인은 자기를 극복해서 예로 돌아가야만 가능한 능력이고 경지이다. 그렇다면 자기를 극복한다는 말은 무엇일까? 맹자는 '인의 샘물론'을 통해 자기의 극복을 설명하였다. 즉 그는 인간은 누구나 자신의 마음속에 무한한 용량을 가진 사랑의 샘을 가지고 있으며, 한 번 그 샘에서 물이 솟아나기 시작하면 주변의 구덩이를 채우고, 흘러넘쳐 들판을 적시고 넓은 바다로 흘러간다고 하였다.[16] 그런데 이 샘의 입구를 막고 있는 바위가 있다. 그 바위의 이름이 바로 '나'라고 하는 생각, 그 바위와 동일시하는 생각이다. 극기복례란 바로 그 바위를 치우면 예로 돌아갈 수 있고 그것이 인이 되는 길이라는 말이다.

극기복례에서 예란 자연의 질서를 말한다. 자연에는 분명한 질서가 있다. 봄이 지나면 여름이 오고, 가을이 지나면 겨울이 오는 것과 같은 분명한 질서가 있다. 그런데 인간은 자연에 속한 생명체 중에서 유일하게 자연을 대상으로 여기는 존재이다. 즉 인간은 태어나서 자라는 과정에서 필연적으로 '나'라는 생각을 가질 수밖에 없는 존재라는 뜻이다. 극기복례란 이처럼 필연적으로 생겨나는 '나'라는 생각을 극복해서 자연과 하나가 되는 삶을 살아가면 그것이 바로 인이 되는 방법이라는 것이다.

그렇다면 '나'라는 생각을 극복하기 위한 방법은 무엇일까? 유학에서는 효제孝悌를 그 방법으로 제시한다. 그 까닭은 효제가 '나'라는 생각을 경험하고 그것을 넘어서는 가장 친근한 대상이기 때문이다. 부모의 자식 사랑은 당연한 것이어서 별도의 노력이 필요하지 않다. 그러나 효제는 '나'라는 생각을 극복해야만 가능한 사랑이다. 그래서 유학에서는 진정으로 부모에 대한 효를 실천할 수 있는 사람은 '나'라는 생각을 극복한 인물이라고 본다. 예컨대 순임금을 성인이라고 하는 까닭은 순임금이 보통 사람들은 어려운 효를 실천하였기 때문인 것이다.

소위 인류의 스승이라고 하는 모든 성인들은 인간의 본성은, 인간의 근원적인 에너지는 사랑이라고 했다. 그러나 식색食色이 성性이라는 고자告子의 주장을 반박하는 맹자의 논리[17]가 엉터리인 것을 보면 잘 알 수 있듯이, 본성과 본능의 구별은 그리 간단한 것이 아니다. 김형효는

---

16. 徐子曰 仲尼亟稱於水曰 水哉水哉 何取於水也 孟子曰 原泉 混混 不舍晝夜 盈科而後進 放乎四海 有本者如是 是之取爾(「離婁章句 下」).

본성과 본능을 자연의 일부로서의 인간이 가진 선천적인 욕망으로 보고, 본성이 상생과 상극의 상관관계 속에 있는 존재론적 욕망이라면 본능은 자신의 생존을 위한 소유론적 욕망으로 구분하였다.[18] 인간을 제외한 동물이나 식물의 경우 본성과 본능은 뚜렷하게 구별되지 않는다. 그렇지만 인간은 취약한 본능을 보완하기 위해 이성을 계발하였고, 이성의 계발에 따라 본능이 무한대로 확장되었다.

동물의 본성과 본능은 자연적인 것이기 때문에 선악의 구별이 없다. 그렇지만 인간의 경우 본능은 자아 중심적이기 때문에 끊임없이 자신의 이익을 추구하고 항상 경쟁과 갈등을 수반한다. 그리고 이성은 이러한 본능 추구의 수단으로 활용된다. 근대 계몽주의자들은 이러한 본능 추구에 따른 악을 방지하기 위해 개별 이익이 아니라 보편적 이익을 추구하는 도덕과 율법을 제시하였다. 그리고 자신의 이익을 추구하는 이성을 도구적 이성이라고 비판하고, 이런 비판을 가능하게 하는 이성을 비판적 이성이라고 구별하였다.

인류의 역사는 이런 도구적 이성과 비판적 이성의 충돌로 이루어졌지만, 항상 승리하는 것은 도구적 이성이었다. 왜냐하면 도구적 이성은 본능적 이기심이라는 에너지를 끊임없이 공급 받는 데 비해 비판적 이성은 무의식적 본능을 억압할 만한 자신의 고유한 에너지가 없기 때문이

---

17. 告子曰 食色 性也 仁 內也 非外也 義 外也 非內也 孟子曰 何以謂仁內義外也 曰 彼長而我長之 非有長於我也 猶彼白而我白之 從其白於外也 故 謂之外也 曰 白馬之白 無以異於白人之白也 不識 長馬之長也無以異於長人之長與 且謂長者義乎 長之者義乎 曰 吾弟則愛之 秦人之弟則不愛也 是 以我爲悅者也 故 謂之內 長秦人之長 亦長吾之長 是 以長爲悅者也 故 謂之外也 曰 耆秦人之炙 無以異於耆吾炙 夫物 則亦有然者 然則耆炙亦有外與(「告子章句 上」). 이 글에서 맹자의 논리가 과연 적합한가? 특히 불고기를 좋아함이 내면에 있다는 것은 食色이 내면에 있다는 告子의 주장과 무엇이 다른가? 그 밖에 맹자의 논리에서 나타나는 모순점은 어떤 것이 있는가? 맹자가 성선을 논증하는 한 가지 방식은 사람이 가진 감성적 욕구는 비슷하다는 것이다. 그러나 이런 생리적 속성의 유사함이 마음속에 있는 인과 의의 동일함을 보증해주는가? 입맛이나 청각 등이 지역에 따라 다르고 후천적으로 결정될 수도 있지 않은가?

18. 김형효(2011), 『마음혁명』, 살림출판사, 25~28쪽.

다. 비판적 이성의 에너지는 오직 '분노'라는 감정을 통해서만 공급된다. 칸트가 실천이성이라고 부른 도덕적 선의지는 감정적으로는 자기만족과 자부심에 근거해 있다. 프랑스대혁명과 미국의 독립전쟁, 러시아혁명에 이르기까지 근대의 모든 혁명은 이성적으로는 불의에 대한 저항이지만, 감정적으로는 자부심에 근거한 분노에 지나지 않는다. 왕당파에 대한 분노가 없었다면 프랑스대혁명이 성공할 수 없었을 것이다. 영국군의 과도한 세금과 탄압에 대한 적개심이 없었다면 어떻게 미국이 독립할 수 있었을까? 황제와 귀족들에 대한 뼈에 사무치는 원한이 없었다면 러시아혁명이 성공할 수 있었을까? 그래서 마르크스는 정확하게 피억압자의 분노가 혁명의 에너지라고 했던 것이다.

지금까지의 인류의 역사는 비판적 이성이 제창하는 도덕과 율법을 통해서는 인류가 고대하는 이상적인 사회와 문명의 수립은 불가능함을 잘 보여주었다. 인류가 가진 대안은 오직 한 가지밖에 없다. 그것은 우리가 이미 가지고 있는, 본능과 같이 무한한 에너지를 가지고 있는 본성의 회복이다. 그렇다면 본성의 회복은 어떻게 가능할까?

본성의 회복은 끊임없이 자신의 이익을 추구하는 무의식적 본능을 쉬게 하면 저절로 드러난다. 기독교적 관점에서 해석하면 본성은 선악을 넘어선 에덴의 이브와 같다. 본능은 선악과를 먹고 낙원에서 추방당한 아담과 이브이다. 그리고 비판적 이성은 모세의 율법과 같다. 그리고 인간의 본성의 회복을 가능하게 하는 것은 예수의 사랑이다.

본성은 우리 내면의 고요함이다. 다만 생각이 쉴 때, 에고가 한계에 부딪쳐 지쳐 쉴 때, 그때 우리는 본성으로 돌아간다. 본성은 내가 지금 여기에 존재할 때 함께 존재한다. 내가 생각에 휘둘려 끌려갈 때, 내가 에고의 자아확장투쟁에 몰두할 때, 나는 본성에서 벗어난다. 그렇지만 그때에도 본성은 사라지는 것은 아니다. 우리가 다시 본성으로 돌아오기를 조용히 기다릴 뿐이다.

우리는 자신을 물질적인 육체와 동일시함으로써 자기 자신을 좁은 공간 속으로 제한한다. 물질적인 육체의 존재는 감각에 의해 인식된다. 그리고 그 감각을 인식하는 것은 물질적인 육체보다 더 큰 그 무엇, 즉 마음이다. 사람은 마음이 육체를 경험하기 때문에 자신의 육체를 알게 된다. 그러면 우리 마음으로 경험되는 것들은 어떻게 아는가? 생각 그 자체는 생각을 경험할 수 없으며, 생각보다 더 근본적이고 생각 밖의 무엇인가가 생각의 흐름을 경험한다. 주관적이며 객관적인 삶의 현상을 알고 관찰하는 것은 의식 자체이다. 인식과 경험은 둘 다 주관적이다. 의식 자체는 그 내용에 의해 결정되지 않는다. 의식을 관통하며 흐르는 생각들은 바다를 헤엄치는 물고기와 같다. 바다의 존재는 고기와 무관하다. 바다의 내용이 물 자체의 본질을 말해주는 것은 아니다. 무색의 광선과 같이 의식은 목격된 사물을 비쳐준다. 이 때문에 전통 문학에서는 의식을 빛으로 묘사한다.[19]

20세기 태국에서 가장 존경받는 선사인 아짠 문Achan Mun(1870~1950)은 "지식이나 경험, 사유만으로는 절대로 번뇌를 제거하여 깨달음을 얻을 수 없다"라고 하였다.[20] 의식이 초래하는 수많은 번뇌의 원인은 결국 '나'라고 하는 생각에서 비롯된다. '나'라는 생각을 제거하지 않고는 번뇌의 뿌리를 제거할 수 없다. 이를 비유하여 부처는 '개에게 돌을 던지면 개는 돌을 쫓아가지만 사자에게 돌을 던지면 사자는 돌을 던진 사람을 문다'고 하였다. 이것이 이성에 바탕을 둔 서구 근대 심리학과 본성에 토대를 둔 불교심리학의 차이이다. 현상적인 심리 현상의 기술과 설명, 그리고 그것에 따른 심리치료는 모두 '개의 심리학'에 불과한 것이다. 지금 우리에게 절실하게 필요한 것은 '사자 심리학'이다. 아리스토텔레스는 인간은 합리적 동물이라고 했다. 그런데 프로이트는 인간은

---

19. 데이비드 호킨스(1997), 『의식혁명』, 이종수 옮김, 한문화, 236쪽.
20. 김열권(2001), 『보면 사라진다』, 정신세계사, 367쪽.

합리적인 동물이 아니라 '합리화하는 동물'이라고 하였다. 인간이 결코 합리적인 동물이 아님을 발견하는 데 거의 2,000년이 걸린 셈이다.

불교의 유식에서 '나'라는 생각은 의식의 밑에서 작용하는 말나식의 작용에 의한 것이라고 한다. 말나식은 '나'는 존재한다는 생각을 말한다. 말나식은 대상을 인식하는 의意가 가지는 자기의식이며, 동시에 의意가 일으키는 온갖 느낌과 감정 욕망과 의지 등을 말한다. 이러한 말나식으로 인해 자아 동일성이 형성되는 것과 함께 나와 구별되는 객관적 세계에 대한 근원적인 집착이 생기는 것이다.[21] 그러나 전변轉變하는 아뢰야식은 견분과 상분으로 이원화되기 이전의 식識 자체이며, 이것을 깨닫지 못한 중생들은 아뢰야식의 견분見分과 상분相分을 각각 독립적으로 실재하는 자아와 세계인 것으로 간주한다. 이를 말나식이 아뢰야식에 의거하여 유전한다고 표현한 것이다. 또한 말나식은 아뢰야식을 연으로 하여 가합假合된 존재이다. 우리 중생은 이런 말나식에 의거하여 나라고 하는 생각을 하게 된다. 즉 말나식이 맹목적으로 아뢰야식의 견분을 자아로, 아뢰야식의 상분을 세계로 간주하게 되는 것이다. 이로 인해 아집我執과 법집法執이 발생하며, 제6식인 의식이 이 말나식의 맹목적 집착

---

21. 자아감각은 세 가지 과정을 통해 성장한다. 그 첫 번째는 육체적인 자아 감각이고 두 번째는 소유로서의 자아 감각이고 세 번째는 관조자로서의 자아 감각이다. 육체적인 자아 감각은 출생과 더불어 시작된다. 물론 갓 태어난 아기에게는 '나'라고 하는 감각이 전혀 없다. 아기는 엄마와 분리되어 있다고 느끼지 않는다. 아기가 최초로 나라는 것을 느끼는 것은 배고픔을 통해서이다. 이 시점에서 아기에게는 아직 심리적인 자아는 없다. 단지 자기 내부에서 일어나는 배고픔과 자신을 동일시할 뿐이다. 자아 감각의 두 번째 단계는 소유를 통해 이루어진다. 아기는 항상 눈앞에 있는 것이 사라지는 것을 자기의 상실이라고 느낀다. 이러한 소유로서의 자아감각은 좀 더 발전하면 타인에 대한 영향력의 확대로 나타난다. 자아 감각의 세 번째 단계는 자기 관조를 통해 나타난다. 아이가 주체로서의 나를 인식하는 첫 번째 단계는 선악의 이미지를 통해 나타난다. 부모나 교사로부터의 칭찬이나 비난을 통해 아이는 그것이 자신의 생존과 밀접하게 관련되어 있음을 깨닫게 된다. 나아가 자신이 속한 집단, 자신에 대한 기대를 통해 아이는 자신의 이미지를 확대한다. 자세한 내용은 정재걸(2005), 「동양사상에서 본 자기성찰지능」, 『대구교육대학교 논문집』 제40집, 참조. 자아란 단적으로 말해 자기 존재감이다. 자아란 관조자로서의 자신을 자각하는 것이다. 아이가 자기 자신을 관찰하기 시작할 때, 주체성을 자각했을 때, 지금까지 무의식적이고 평화스러웠던 세계가 돌변하여 세계와 자기 사이에서 일어난 단절을 경험한다.

을 기반으로 보다 개념적이고 분석적으로 허망분별을 하게 되는 것이다. 그래서 자기로서는 제법 선의善意의 것이라고 믿고, 또 정의감에 불타고 있을 때라도 말나식은 자기의 이익을 계산하고 있는 것이다. 바로 이것이 이성에 의한 도덕적 선의지의 실제적인 모습이다.

프롬이 제시하는 모든 형태의 바탕에 놓여 있는 가장 기본적인 사랑으로서의 형제애는 결국 프랑스대혁명의 기치인 박애의 다른 표현이다. 형제애는 모든 인간에 대한 사랑을 뜻하기 때문이다. 형제애는 배타성이 없기 때문에 내가 사랑의 능력을 발달시켜왔다면 나는 나의 형제들을 사랑하지 않을 수 없다. 그러나 이런 형제애도 결국 말나식의 자기 이익의 계산에 따른 것이다.

말나식의 근원적인 속성은 사량思量이라고 한다. 이 말은 말나식의 성품과 모습이 항상 살피고 사량한다는 것이다. 말나식은 언제 어느 때고 작용하지 않을 때가 없다. 우리의 생각을 살펴보면 항상 '나'라고 하는 생각과 더불어 일어나고 사라지고 한다.

이처럼 내 안에 있는 본성에서 벗어나 추구하는 것은 모두가 에고의 작용에 불과하다. 그것이 개인의 사욕을 충족시키는 것이든, 인류 평화를 성취하려는 것이든 관계없이 결코 도달할 수 없는 신기루를 쫓는 것에 불과하다. 에고가 주체인 상태에서 욕망이나 충동으로부터 자유로워지려는 모든 노력은 불가능한 것이다. 공산주의의 실패나 평화운동을 비롯한 모든 도덕적 선의지를 토대로 한 사회운동이 근본적으로 실패할 수밖에 없는 이유도 동일하다. 그러므로 에고를 제거하고 본성을 회복하지 않는 한 인류는 막다른 골목에서 벗어날 수 없다.

에고를 벗어나 본성을 회복하는 데 거쳐야 하는 것은 감정과 느낌이다. 에고는 머리이고 감정과 느낌은 가슴이고 그 가슴 다음이 존재이다. 우리가 흔히 '사랑에 빠진다'고 표현하는 것은 머리에서 가슴으로 내려오기 때문이다. 이를 이어령은 '지성에서 영성으로'라고 했고 또 어느 수행자는 머리에서 가슴으로 내려오는 데 평생이 걸렸다고 말하기도 하였다. 라즈니쉬는 인간은 머리, 가슴, 그리고 존재라는 세 가지 지평을 가지고 있다고 하였다. 머리는 생각하고, 가슴은 느끼고, 그리고 존재는 있는 것이다. 그래서 인간의 성장은 머리에서 가슴으로 그리고 가슴에서 존재로 이동해야 한다고 말한다. 우 조티카는 다음과 같이 말했다.[22]

> 다른 사람들을 돕는 것을
> 가장 중요하게 여기는 사람들도 있지만
> 가장 중요한 일은 자신의 삶을 진지하고 열심히 사는 것이며
> 자신의 참 본성을 더 깊이 이해하기 위해 노력하는 것이다.
> 그대가 자신의 참 본성을 알아차렸을 때만
> 진실로 남을 도울 수 있다.

---

22. 아잔 브라흐마(2014), 『술 취한 코끼리 길들이기』, 류시화 옮김, 연금술사, 240쪽.

3. 공감과 거울뉴런

미래학자 리프킨J. Rifkin은 인간의 본성과 사회의 미래를 다룬 『공감의 시대The Empathic Civilization』라는 책에서 인간이 세계를 지배하는 종이 된 것은 자연계의 구성원들 중에서 가장 뛰어난 공감능력을 가졌기 때문이라고 주장하였다. 그는 이러한 인간을 '호모 엠파티쿠스Homo Empathicus'라고 불렀다. 리프킨은 인간이 공감능력을 가지고 있음을 최근 뇌과학자들이 발견한 거울뉴런mirror neurons 이론을 통해 뒷받침하였다.

거울뉴런이란 인간이 무엇에 공감을 할 때 우리의 뇌에서는 어떤 일이 일어나는지 살펴보면서 만들어진 이론이다. 거울뉴런은 다른 행위자가 행한 행동을 관찰하기만 해도 자신이 그 행위를 직접 할 때와 똑같은 활성을 내는 신경 세포를 말한다.

거울뉴런은 처음 원숭이의 뇌에 대한 연구에서 발견되었다. 이탈리아 파르마 대학의 신경과학 연구팀이 원숭이의 특정 행동과 특정 뉴런의 활성화 관계를 연구하고 있었는데, 어느 날 원숭이가 뭔가를 쥘 때 활성화되는 복측 전운동피질Ventral Premotor Cortex(이른바 'F5 영역')이 갑자기 활성화되는 일이 발생했다. 그런데 그때 원숭이는 실제로 뭔가를 쥐었던 것이 아니라 인간 실험자가 쥐는 행동을 보고 있었던 것이다. 이후 거울뉴런계mirror neuron system에 대한 연구는 지난 10여 년 동안 수많은 성과를 이루었다.[23]

인간은 거울뉴런계를 통해 다른 사람의 행동을 바라보는 것만으로도 그의 행동을 온몸으로 이해할 수 있다. 인간의 뇌에 거울뉴런 회로가 존재하기 때문이다. 한의학에서는 외부에 대해 민감하게 깨어 있음을 '인仁'이라는 개념으로 표현한다. 인은 씨앗인데 씨앗은 외부에 민감하게 깨어 있기 때문에 언제든지 조건만 되면 싹을 틔운다고 하는 것이다. 그래서 '불인'이란 특정 부위가 마비되어 외부의 자극에 반응할 수 없는 상태를 지칭하는 것이다.

인간은 누구나 타인의 마음을 읽는 능력을 선천적으로 가지고 있다. 맹자孟子는 이를 인仁과 의義라고 하였다. 감각기관이 사람마다 유사하다면 인간의 마음도 유사함이 있으니 그것이 바로 측은한 마음이고 부끄러워하고 미워하는 마음이라는 것이다.

> 그러므로 사람들의 미각은 맛에 대해 동일한 기호를 가지고 있고, 귀는 소리에 대해 동일한 청각을 가지고 있으며, 눈은 색에 대해 동일한 미감을 가지고 있다고 할 수 있다. 마음에만 유독 동일한 것이 없겠는가? 마음의 동일한 것은 무엇일까? 그것은 理이며 義이다. 성인은 우리들 마음의 동일한 바를 먼저 체득한 분이다. 그러므로 리나 의가 우리 마음을 기쁘게 하는 것은 동물의 고기가 우리 입을 기쁘게 하는 것과 같다.[24]

사람은 누구나 고통스러운 자극이 주어지면 대뇌의 대상피질cingulate cortex에서 고통과 연관된 뉴런이 반응을 한다. 그런데 놀라운 점은 자신에게 주어진 고통이 아니라 다른 사람에게 가해진 고통스러운 자극을

23. 장대익(2012), 「거울뉴런과 공감본능」, 신경인문학연구회, 『뇌과학 경계를 넘다』, 바다출판사.
24. 『孟子』, 「告子章句 上」, "故曰 口之於味也 有同耆焉 耳之於聲也 有同聽焉 目之於色也 有同美焉 至於心 獨無所同然乎 心之所同然者 何也 謂理也義也 聖人 先得我心之所同然耳 故理義之悅我心 猶芻豢之悅我口."

보는 것만으로도 대상피질에 있는 그 뉴런 중 일부가 활성화된다는 사실이다.[25]

타인의 감정과 고통을 나의 감정과 고통으로 받아들일 수 있는 것이 유학에서 말하는 본성이다. 거울뉴런은 타인의 감정과 고통이 어떻게 '내 것'처럼 이해할 수 있는지에 대해서도 새로운 통찰을 준다. 도덕이나 가치관이 시대와 장소에 따라 다소간의 차이를 보일 수 있으나 기본적인 도덕의 원리들이 보편적인 것은 바로 이처럼 타인의 감정 및 고통을 자신의 감정과 고통으로 받아들일 수 있는 선천적인 능력과 밀접한 관련을 갖기 때문이다. 그렇기 때문에 우리는 텔레비전을 통해 우리와 멀리 떨어진 지역에서 일어난 자연재해와 그로 인해 고통받는 사람들과 공감할 수 있는 것이다.

교육방송에서 〈고래들의 전쟁〉이라고 하는 프로그램을 방영하였다.[26] 시베리아 밑에 있는 알류샨열도는 고래들이 베링해로 들어가는 길목에 있는데, 여기에 들어가기 위해서는 반드시 '유니맥 패스'라 불리는 좁은 해협을 지나야 한다. 무려 4만여 마리의 고래가 몰리는 이 좁은 길목을 바다의 무법자 범고래가 지키고 있다. 너른 베링해에서는 고래를 사냥하기가 어렵지만 이 길목만 지키고 있으면 쉽게 배를 채울 수 있는 까닭이다. 유니맥 패스의 범고래들이 주로 노리는 것은 어미를 따라온 새끼 고래인데, 이곳을 지나는 새끼 고래 중 절반이 범고래의 먹이로 희생될 만큼 치사율이 높다고 한다. 노스 걸프 대양 학회의 맷킨 박사가 이곳에서 특이한 장면을 목격한다. 범고래에 쫓겨 목숨이 경각에 달린 새끼 귀신고래를 보자, 혹등고래 무리가 달려와 범고래를 쫓아버리고 새끼 귀신고래를 구해준 것이다. 자신과 같은 종도 아닌데 혹등고래들은 새끼 귀신고래를 구하고자 기꺼이 가던 길을 멈추고 범고래와의 위험한 싸움을

---

25. 장대익, 앞의 글.
26. 〈고래들의 전쟁〉, 2013년 9월 17일 밤 11시 교육방송 방영.

마다하지 않았다. 혹등고래가 이런 행동을 하는 이유는 무엇일까? 남극에서도 범고래에게 공격받는 물범 한 마리를, 무려 20분 동안 몸을 뒤집어 헤엄치며 구해준 적이 있다는 혹등고래의 행동 뒤에는 어떤 동기가 숨어 있는 것일까? 맷킨 박사는 이러한 현상은 공감능력, 즉 약한 것을 도우려는 측은한 마음의 발동이라고 설명할 수밖에 없다고 말한다.

우리에게 정말로 다른 사람들을 측은한 마음으로 바라보는 본성이 있을까? 거울뉴런과 같은 과학적 실험을 통해 그런 본성이 있다는 것을 밝히는 것도 중요하다. 그러나 보다 중요한 것은 우리가 그런 본성이 있다는 것을 믿는 것이다. 인간은 모두 악한 존재이며 경쟁과 갈등은 불가피하다고 믿는 것과 인간은 모두 선한 존재이며 누구나 다른 사람들의 곤경을 보면 돕고 싶어 하는 본성을 가지고 있다고 믿는 것은 엄청난 차이가 있다. 흔히 세상은 보는 대로 보인다고 하듯이 우리가 어떤 관점으로 세상을 보느냐에 따라 세상은 달라지기 때문이다.

성인은 모든 것을 사랑의 눈으로 보고 깨달은 사람은 이 세상이 있는 그대로 불국토佛國土라고 한다. 사랑에 빠진 연인들에게 세상은 온통 아름답게만 보인다. 사랑하는 연인이 저 멀리 나타나기만 하면 새가 지저귀고 장미꽃이 피어나고 주변은 온통 향기로운 냄새로 뒤덮인다. 그들은 살아가는 하루하루를 신이 주는 선물로 여긴다. 바울의 말대로 범사에 감사하는 삶을 살아가는 것이다.

최근 캐나다와 미국 그리고 뉴질랜드 교육에서 큰 호응을 불러일으키는 프로그램이 있다. 〈공감의 뿌리Roots of Empathy〉라는 교육 프로그램이다. 이것은 1996년 캐나다의 유치원 교사인 메리 고든이 아동들의 공감능력 향상을 위해 만든 프로그램이다. 이 프로그램이 실시된 지 10년 후 캐나다 전역의 집단 괴롭힘 현상이나 따돌림 현상이 90%나 감소하였다고 한다. 이 프로그램은 캐나다 9개주와 뉴질랜드, 호주, 미국 등에서 시행되고 있다.

이 프로그램은 의외로 단순하다. 〈공감의 뿌리〉 프로그램이 실시되는 교실 안에 담요를 깔고 생후 2개월에서 4개월이 된 어린아이를 엄마가 안고 들어온다. 학생들은 1년 동안 한 달에 한 번 교실을 찾는 아기와 아기의 부모를 만나 아기를 관찰하고 아기와 부모와의 상호작용을 체험한다. 물론 아기가 방문하기 전에 아기의 발달 단계와 아기와 상호작용의 방법에 대해 토론하고, 방문 후에는 방문 시간에 배운 내용을 통합하는 토론을 진행한다. 이 프로그램을 통해 아동들은 아기와 공감하는 법을 배우고 이를 친구들과 주변 사람들에게 적용하게 된다는 것이다.

흥미로운 것은 『공감의 뿌리』의 저자인 메리 고든은 이 교육 프로그램에서는 아기가 교사라고 말하고 있는 것이다. 아동들이 아기를 통해 배우는 것은 두 가지이다. 한 가지는 아동들이 아기의 움직임과 반응을 통해 공감능력을 키운다는 것이다. 그리고 또 한 가지는 아기는 아무런 조건화가 되지 않았기 때문에 경계나 규정에 얽매이지 않고 모든 아동들에게 똑같이 사랑을 베풀어주는 것이다.[27] 물론 아기가 자신을 관찰하는 아동들에게 가르치겠다는 생각을 하지는 않을 것이다. 아기가 교사라는 것은 아동들이 아기에게 배우기 때문이다. 훌륭한 스승은 그 자신의 현존을 통해 제자의 깊은 곳에 있는 그 무엇을 불러내는 사람이다. 아기와 마찬가지로 자연이 훌륭한 스승인 까닭은 자연은 그 무엇을 가르치려고 하지 않지만 사람들이 그것을 보고 배우기 때문이다.

〈공감의 뿌리〉 프로그램에서 키우고자 하는 공감능력이란 곧 유학에서 말하는 인仁과 같다. 인은 사랑이고 동시에 외부에 대해 민감하게 깨어 있는 능력을 말하기 때문이다. 그래서 한의학에서는 몸의 마비를 불인不仁이라고 부른다. 그런데 왜 아기가 교사가 될 수 있는 것일까?

맹자는 성인은 어린아이의 마음을 잃지 않는 사람不失其赤子之心者이

---

27. 메리 고든(2010), 『공감의 뿌리』, 문희경 옮김, 도서출판 샨티, 28쪽.

라고 말했다. 이 말에 의거해서 주자는 공부의 목적이 그 시초를 회복함復其初이라고 하였다.[28] 〈공감의 뿌리〉 프로그램에서 아기는 곧 성인과 다름없다. 아기와 성인의 차이점은 아기는 본래 순선한 존재이고 성인은 그 순선함을 잃었다가 다시 회복한 존재일 뿐이다. 아동을 가르치는 교사는 원칙적으로 성인이어야 한다. 그러나 이 세상에 성인이 얼마나 많이 있을까? 성인은 많지 않지만 누구나 다 성인의 자질은 가지고 있다. 양명의 표현대로 누구나 자기의 마음속에 성인을 품고聖人箇箇心中 있기 때문이다. 때문에 아동을 가르치는 교사에게서 중요한 것은 그러한 성인의 자질을 아동들과의 관계 속에서 드러낼 수 있도록 하는 노력이다.

　최악의 상황인 우리나라 아동교육의 현실은 거시적으로 보면 줄어드는 일자리와 그것에서 비롯되는 경쟁의 심화에 있다. 궁하면 통한다는 말이 있듯이 정보화로 인한 일자리 감소가 더 확대되고, 따라서 교육이 더 이상 노동력의 가치 상승을 위한 수단이 되지 않는 시기가 되면 최악의 상황은 저절로 해결될 수도 있을 것이다. 그러나 또 한편에서 생각해보면 저절로 이루어지는 일은 없다. 그 시기를 대비해서 준비를 하지 않으면 오히려 더 큰 혼란이 발생할 수도 있다. 앤소니 드 멜로 신부는 다음과 같이 말했다.[29]

　　당신의 마음이 다른 사람들의 기쁨과 슬픔에 본능적으로 반응을 보일 때, 당신은 자신이 자기를 잃고서 인류와 '한 몸이 되는' 바로 그 체험을 하게 되었다는 것을 그리고 사랑이 마침내 자리하게 되었다는 것을 알게 될 것이다.

---

28. 자세한 내용은 정재걸(2005), 「복기초의 의미에 대한 일 고찰」, 『동양사회사상』 제11집, 35~57쪽 참조.
29. 엔소니 드 멜로(2004), 『개구리의 기도 1』, 이미림 옮김, 분도출판사. 213쪽.

레비나스는 타자와의 만남을 존재의 전체성이 깨어지는 것이라고 말한다. 그리고 그 대표적인 타자와의 만남으로 성행위를 들고 있다. 흔히 성행위는 잃어버린 반쪽을 찾는 행위이며 그 반쪽을 찾았을 때 합일을 맛보는 경험이라고 해석하지만, 레비나스는 성행위는 합일과 용해가 아니라 나와 전적으로 다른 타자와의 만남이고 나로 환원할 수 없는 타자의 타자성을 체험하는 장소라고 말한다.

서구의 근대 학문에서 인간은 항상 이기적인 존재이고 자기 존재 유지를 위해 세계를 자기 속으로 집어넣는다. 그렇기 때문에 인간은 필연적으로 갈등하고 투쟁할 수밖에 없는 존재라고 본다. 홉스의 만인의 만인에 대한 투쟁은 모든 학문의 기본 전제가 된다. 다만 레비나스는 이런 투쟁을 없애기 위한 기존의 제안들, 개인의 이기심을 제한하는 제안에 대해 그것이 이기심을 여전히 보존하고 있기 때문에 대안이 될 수 없다고 말한다. 타자의 얼굴이 그래서 나오는 것이다. 여기서 타자란 내가 나의 세계 속에 포함시키려는, 혹은 이미 포함시킨 타인과는 다른 나의 기대나 예측을 초월하는 존재이다. 타자의 얼굴의 출현을 레비나스는 '계시'라고 말한다. 성경에서 예수가 말하는 과부와 고아가 그들이다. 그들은 나의 이기심을 무력하게 만든다. 문제는 나의 세계 속에 포함된 타자와 그 세계 밖의 타인의 얼굴이 어떻게 다른지 하는 것이다. 즉 나는 언제 타인을 나의 존재를 유지하기 위한 수단으로 여기고 또 언제 나를 초월하는 계기로 만나게 되는지 하는 것이다.

공리주의자 벤담은 그의 저서 『의무론』에서 다음과 같이 주장했다.[30]

> 자신의 이익 추구에 반하는 일이 그의 의무일 수는 없다. (부도덕한 행위란 즉) 자기 이익에 대해 잘못 인식하는 것이다. … 때로

---

30. 아브라함 요수아 헤셀(2008), 『어둠 속에 갇힌 불꽃』, 이현주 옮김, 한국기독교연구소, 124쪽.

덕성이라는 것이 희생이나 자기 부정 속에 포함되기는 하지만, 이것들이 그대로 덕성일 수도 없거니와 덕성은 반드시 희생이나 자기 부정을 내포해야 한다고 할 수도 없다.

현대 학문은 인간을 이기심을 가진 존재로 규정하기 때문에 현대 학문을 연구하거나 공부하면 할수록 학자들과 학생들은 더욱 이기적인 존재가 된다. 경제학 강의를 듣기 전의 학생들과 듣고 난 뒤의 학생들을 비교하면 강의를 듣고 난 뒤 학생들의 이타적 정서가 크게 훼손되었음은 여러 실험 사례로 확인된다. 이것은 경제학이라고 하는 것이 사람들이 자신의 이익을 위해 행동한다는 점을 기본 가정으로 하고 있는 학문이기 때문이다. 경제학뿐만 아니라 정치학을 비롯한 모든 현대 사회과학 역시 인간을 이기심에 따라 움직이는 존재로 규정하기 때문에 그것을 연구하거나 공부하면 할수록 더욱 이기적인 존재가 된다. 우리가 아이들에게 가르치는 현대 학문이 아이들의 이타적 본성을 훼손하는 결과를 초래한다는 사실은 매우 슬픈 일이다.

4. 극기와 무아의 교육

데이비드 홉킨스의 『놓아버림』에는 다음과 같은 구절이 있다.[31]

> 우리는 어려서부터 청교도 윤리에 물들어 있는 문화의 영향으로 자신에게 엄격해야 한다는 철칙에 따라 세속적인 일에서 영성적인 일에 이르기까지 무언가를 성취하려면 '힘들게 일하고', '뼈 빠지게 일하고', '땀 흘리며 일해야 한다'는 교육을 받으며 자랐다. 이 관점에 따르면 성공하기 위해서는 고통을 겪고, 고생하고, 노력해야만 한다.

미국만 그런 것이 아니다. 청교도 문화권은 아니지만 우리나라에서도 50대 이상의 나이인 사람들에게 위와 같은 말은 매우 익숙하다. 우리는 '뜻이 있는 곳에 길이 있다.' '인내는 쓰다. 그러나 그 열매는 달다'는 등의 격언을 수도 없이 듣고 자랐다. 이 구절과 관련하여 유교문화권이 청교도문화권과 유사하다는 것을 다시 한 번 생각해보게 된다. 막스 베버가 『프로테스탄트 윤리와 자본주의 정신』이라는 책에서 청교도 윤리가 곧 자본주의를 낳게 되었다고 했듯이, 우리나라 유교근대화론자들도 역시 유교문화의 근면성이 아시아 유교문화권의 근대화를 낳았다고 주장한다.

---

31. 데이비드 호킨스(2013), 『놓아버림』, 박찬준 옮김, 판미동, 10쪽.

얼마 전 〈국제시장〉이라는 영화가 관중 몰이를 하였다. 1960~1970년 대 아버지들이 어려움을 극복하는 과정을 다룬 영화인데 평가는 두 가 지 극단으로 갈리고 있다. 감동적이라는 평가와 정치적 반동이라는 평 가가 그것이다. 그렇지만 감동적이라는 평가를 한다고 해서 우리나라 아버지들이 과연 20~30대 청년들에게 영화의 주인공처럼 온갖 어려움 을 겪으면 행복한 삶이 주어진다는 주장을 할 수 있을까? 우리의 젊은 이들이 영화의 주인공처럼 인내하고 노력하면 과연 성공하고 행복한 삶 을 누릴 수 있을까?

앞에서 언급한 리프킨이 『한계비용 제로 사회』에서 역설하고 있듯이[32] 정보화와 자동화로 인해 청년들이 그토록 원하는 안정적인 일자리는 계 속해서 감소하고 있다. 이런 상황에서 그들에게 "(1) 열심히 일하고 안간 힘 쓰고, 희생하고 노력해서 얻은 것이라야 누릴 자격이 있다. (2) 고통 은 이롭고 유익한 것이다. (3) 세상에 공짜는 없다. (4) 아주 단순한 것 은 그다지 가치가 없는 것이다"[33]라는 신념체계를 주입한다는 것이 어 떤 의미가 있을까? 이제는 이러한 신념체계와는 반대로 (1) 진정으로 가 치 있는 것은 노력의 결과가 아니라 선물로 주어지며, (2) 궁극적인 진리 는 복잡한 것이 아니라 가장 단순하다는 새로운 신념체계가 필요한 것 이 아닐까? 현대인들이 우울증에 걸리는 까닭은 그냥 사는 것의 기쁨 을 모르기 때문이다. 현대 문명은 무언가를 위해 살아야 한다고 가르치 고 길들이고 있다. 그냥 산다는 것은 내 자신이 살아 있기 때문에 사는 것이다.

브레네 브라운은 『마음가면』이라는 책에서 '부족하다는 느낌'이 가장 큰 거짓말이라고 했다.[34]

---

32. 제레미 리프킨(2014), 『한계비용 제로 사회』, 안진환 옮김, 민음사.
33. 데비비드 호킨스, 앞의 책, 51쪽.
34. 브레네 브라운(2016), 『마음가면』, 안진이 옮김, 더퀘스트, 41쪽.

우리가 스스로 충분하지 못하다고 느끼는 것은 '네가 부족해서 그래' 문화 속에 살기 때문이다. 린 트위스트는 『돈 걱정 없이 행복하게 꿈을 이루는 법』이라는 책에서 부족한 느낌을 '세상에서 제일 큰 거짓말'이라고 썼다.

내가, 그리고 수많은 사람들이 아침에 눈을 뜨고 나서 맨 처음 하는 생각은 '나는 잠을 충분히 자지 못했어'이다. 두 번째로 하는 생각은 '나에게는 시간이 충분치 않아'라는 것이다. 충분하지 않다는 생각은 우리가 사실 여부를 확인하거나 의문을 품기도 전에 자동으로 머릿속에 떠오른다. 우리는 깨어 있는 시간의 대부분을 우리가 뭔가를 충분히 가지고 있지 않다는 말을 듣고, 설명하고, 불평하고, 걱정하면서 흘려보낸다. 침대에서 몸을 일으키기도 전에 발이 땅바닥에 닿기도 전에 우리는 이미 문제가 있고, 남보다 못하고, 뭔가를 갖지 못한 사람이 된다. 잠자리에 들 무렵에도 우리의 머릿속은 그날 하루 동안 얻지 못한 것들과 끝내지 못한 일들로 뒤죽박죽이다. 우리는 이런 생각들을 짐처럼 짊어진 채 잠이 들고, 그 부족한 느낌의 잔상과 함께 깨어난다. … 이러한 '내적 결핍'은 우리의 질투심, 욕심, 편견, 삶과의 투쟁 한가운데서 생명을 유지한다.

미국은 지난 20년간 9·11사태, 거듭된 전쟁, 경기침체, 극심한 자연재해, 무차별적인 폭력과 총기 난사를 겪었다. 그리고 실업 또는 반실업 상태인 사람들이 급속도로 늘어나 사람들의 안정감을 갈가리 찢어놓았다. 저자는 뭔가 부족하다는 느낌이 미국 사람들이 집단적으로 앓고 있는 외상후스트레스증후군이라고 말하고 있다.

저자가 쓰는 취약함이라는 용어는 영어로 vulnerability이다. 이는 '상처 입다'라는 라틴어에서 유래한 것으로 민감하다는 뜻을 포함하고 있다. 그래서 취약함은 공감능력과 밀접하게 연결되어 있고 또 감정적, 인지학적, 영적으로 이어짐과 사랑, 소속을 열망하는 것과 관련이 된다.

이 책에서 재미있는 연구는 '당신이 가장 취약하다고 느낄 때는 언제입니까?'라는 질문에 대한 사람들의 대답이다. 사람들은 다음과 같이 답변했다.

- 아이들이 잠든 모습을 지켜보고 서 있을 때
- 내가 아내를 얼마나 사랑하는지 말로 표현할 때
- 내가 운이 좋았다는 생각이 들 때
- 지금 하는 일이 마음에 쏙 들 때
- 부모님과 시간 보낼 때
- 부모님이 내 아이들과 함께 있는 모습을 바라볼 때
- 남자 친구와의 관계에 대해 생각할 때
- 약혼했을 때
- 항암치료가 끝나고 회복기에 들어설 때
- 임신했을 때
- 승진했을 때
- 행복할 때
- 사랑에 빠졌을 때

정말 신기하지 않은가? 가장 행복하고 기쁠 때 가장 취약하다고 느낀다는 것이. 저자는 이를 다음과 같이 설명한다. 즉, "우리는 기쁨에 굴복하지 말라고 배웠다. 기뻐하는 일은 운이 좋을 경우 실망을 예비하는 것이고, 최악의 경우 재앙을 불러들이는 것이라고 배웠다." 이를 '호사다마 문화'라고 이름을 붙일 수 있지 않을까? 저자는 감사는 '기쁨 차단하기'의 유일한 해독제라고 주장한다. 부버는 "두 사람이 서로를 진실되고 인간적으로 대할 때, 그들 사이에서 발생하는 에너지가 곧 신GOD이다"라고 말했다.

창의인성교육이 가정하는 인간은 유학의 관점에서 보면 이익-손해의 패러다임 속에 있는 인간이다. 즉 모든 것을 이익과 손해라는 관점에서 바라보는 인간관을 전제하고 있다. 도덕적 선의지라는 것도 결국 합리적으로 따져보아 나에게 이익이 되는 것이 도덕이라는 것을 가정하고 있다.

유학에서는 이익-손해의 패러다임과 또 다른 패러다임이 있음을 주장한다. 바로 인의仁義의 패러다임이다. 공자는 인의의 패러다임 속에서 세상을 보는 사람을 인한 사람仁人이라고 하였다. 반면 이익-손해의 패러다임 속에서 인과 의가 결국 이익이라는 것을 깨달은 사람을 지혜로운 사람知者이라고 하였다. 지자知者란 돈보다는 권력이 그리고 권력보다는 명예가 더 이익이 되며, 나아가 인의가 명예보다도 더 이익이 된다는 것을 깨달은 사람이다. 그렇지만 지자는 결코 이익-손해의 패러다임을 벗어날 수 없다는 측면에서 인 속에서 편안하게 살아가는 인인仁人과는 다른 차원의 사람이라고 할 수 있다.

오늘날의 사회에서 이익-손해의 패러다임과는 다른 패러다임이 있다는 것을 설득하기는 정말 어렵다. 로먼 크르즈나릭은 『공감하는 능력』이라는 책에서 지난 300년 동안 토마스 홉스에서 지그문트 프로이트에 이르는 영향력 큰 사상가들은 인간이란 본질적으로 개인적인 목표를 추구하는 이기적이고 자기중심적인 존재로 여겼다고 말하고 있다.[35] 구체적으로 애덤 스미스는 '한 개인이 진정으로 사회의 이익을 늘리려는 의도로 노력할 때보다도 자신의 이익을 추구할 때 사회의 이익을 더 효율적으로 진작시키는 경우가 많다'라고 했고, 프리드리히 하이에크는 '이익 추구의 동기가 안내하는 대로만 그대로 따라가면 우리의 행동이 동료

---

35. 로먼 크르즈나릭(2014), 『공감하는 능력』, 김병화 옮김, 더퀘스트, 17쪽.

인간들에게 혜택으로 돌아갈 것'이라고 하였다. 또 경제학자 존 케네스 갈브레이스는 '스펜서는 미국인들의 복음이었다. 미국 자본주의에게 필요한 것과 그의 견해가 딱 들어맞았기 때문이다'라고 하여, 경제학 수업의 중심 가설은 인간은 합리적이고 이기심에 따라 행동하는 존재라는 것에 두었다.[36] 경제학뿐만 아니라 모든 근대 학문은 인간을 결국 이익과 손해라는 관점에서 바라보고 있다. 유학의 입장에서 보면 오늘날 대부분의 학자들은 자포자기自暴自棄한 사람으로 보일 것이다. 자포자自暴者는 그런 이익과 손해라는 패러다임 외에 다른 패러다임이 존재한다는 것을 아예 믿지 않는 사람이며, 자기자自棄者는 그런 패러다임이 혹 있고 또 그런 패러다임에 따라 살아가는 사람이 존재한다는 것을 인정하면서도 자신은 그럴 수 없다고 포기한 사람을 말한다.

이익-손해의 패러다임 속에서 오늘날의 아이들은 죽어간다. 아이들은 언제 폭발할지 모르는 작은 폭탄과 같다. 누구나 건강한 정신생활을 하려면 꼭 채워져야 할 감정들이 있다. 사람들은 누구나 자신을 인정해주고, 사랑해주고, 있는 그대로 받아들여주기를 원하며, 어딘가에 소속되기를 원한다. 그리고 이런 소속감이 채워지지 못할 때에 정신건강의 균형을 잃게 된다. 요즘은 초등학생, 중학생들이 화병에 걸린다. 이유는 간단하다. 아버지, 어머니, 선생님을 중심으로 하는 어른들의 조건부 사랑 탓이다.

좋은 아들이 되려면 공부를 잘해야 한다. 좋은 딸이 되려면 온순해야 한다. 사랑을 받으려면 이러저러한 일을 해야 한다. 공부를 잘해야 명문대학에 들어갈 수 있다. 명문대학에 들어가야 성공할 수 있다.

---

36. 위의 책, 46쪽.

어른들이 요구한 이런 조건에 뒤따르지 못하게 될 때에 아이들은 속으로부터 병들어 가게 된다. 부모나 학교에서 제시하는 조건에 따르지 못하면 가정에서나 교실에서 그리고 사회에서 밀려난다고 느끼기 때문이다. 이런 아이들은 자기 속에 분노의 용광로가 불타오르고 있다. 문화적으로 한국인들은 가정에서나 학교에서나 직장에서 참기를 강요당하기에 우울증, 곧 화병에 걸리기 쉽다.

최근에 이익-손해의 패러다임 속에서 죽어가는 아이들을 위한 대안학교도 많이 설립되고 있다. 그러나 대안학교가 추구하는 교육의 목표 또한 근본적으로는 학교교육과 다르지 않다. 보다 자연친화적인 환경과 자유로운 학습 분위기를 추구할 뿐, 이들이 추구하는 교육 역시 아이들이 가진 천부적 재능을 최대한 발현시키고, 또한 아이들의 실천이성을 통한 도덕적 선의지를 최대한 고양시키는 것을 목표로 삼고 있기 때문이다. 교육운동을 하는 사람들 역시 이와 다르지 않다. 그들이 열심히 본받기 위해 공부하는 프레네 학교, 발도르프학교, 서머힐 등의 교육은 모두 목표를 잃고 방황하는 방랑자일 뿐이다.

진정한 사랑과 평화는 노력으로는 결코 성취할 수 없다. 오히려 포기함으로써, 선물로 얻을 수 있는 것이다. 『논어』에서 공자가 말했던 '의도하고, 기필하고, 고집하고, 나라는 생각을 버렸다絶四論'는 말은 호킨스의 '놓아버림'과 같다. 놓아버림이란 일어나는 생각이나 감정을 그저 일어나도록 허용하고 지켜보는 것이다. 의도하고 기필하고 고집한다는 것은 곧 생각을 말하고, 이는 케이티가 말하는 '이야기를 만드는 것'과도 같다. 우리는 어떤 생각이 떠오르면 그 생각과 자신을 동일시한다. 누가 그 생각에 대해 반대하면 곧 나 자신을 반대하는 것으로 여긴다. 케이티는 생각의 기능이 이야기를 만드는 것임을 깨닫게 되면 자연히 생각과 자신의 동일시에서 벗어날 수 있다고 하였다.

절사론을 통해 우리는 공자 역시 모든 괴로움이 자신의 생각에서 비롯된다는 것을 깨달았음을 알 수 있다. 그리고 공자의 수제자인 안회가 어떻게 사랑이 될 수 있는지 묻자 공자가 "예禮가 아니면 보지도 말고 듣지도 말고 말하지도 말고, 마음이 동하지도 말아라四勿論"라고 했던 것이 바로 케이티의 '작업'과 같다. 작업은 일어나는 생각에 질문을 던지는 것이다. 공자가 예禮라고 말하는 것은 일상생활의 예법을 말하는 것이 아니고 자연의 질서를 말하는데, 이것이 곧 케이티가 말하는 '현실'과 같다. 현실은 내가 생각을 통해 만들어내는 이야기와 대비되는 것으로 생각 이전의 삶을 말한다. 따라서 공자가 현실이 아닌 것을 보지도 듣지도 말하지도 동하지도 말라는 것은 곧 그런 생각이 떠오를 때마다 그 생각을 지켜보라는 뜻이다.

케이티는 다음과 같이 말했다. "모든 두려움은 이와 같습니다. 자기의 생각을 믿기에 두려움이 일어납니다. 그 이상도 이하도 아닙니다. 그것은 언제나 미래의 이야기입니다."[37] 또 그녀는 말한다. "사람들은 묻습니다. 만일 아무것도 의미가 없고 나는 아무도 아니라면, 내가 어떻게 살아갈 수 있느냐고… 대답은 단순합니다. 우리는 살아지고 있습니다. 우리가 사는 게 아닙니다."

궁극적인 진리는 주관적이다. 내가 세상이라고 여기는 것은 모두 투사된 것이다. 세계는 모두 내가 만든 이야기일 뿐이다. 우리는 우리가 만든 세상에 대한 이야기 속에 살고 있다. 따라서 어느 누구도 나를 이해하지 못한다. 우리가 최선을 다해서 이해하려고 해도 우리가 이해할 수 있는 것은 상대방의 이야기뿐이다. 이것을 깨닫는 것이 바로 자유이다. 나는 나의 눈을 보고 있고, 나의 귀를 듣고 있으며, 내가 만든 이야기 속의 세계에 반응하고 있을 뿐이다. 서양 철학에서 '주관적 관념론'이라고 평가 절하하던 그 주관성이 바로 자유의 출발점인 것이다.

---

37. 바이런 케이티(2014), 『기쁨의 천 가지 이름』, 김윤 옮김, 침묵의향기, 187쪽.

『논어』에는 제자들이 공자에게 인이 무엇인지 묻는 수없이 많은 질문이 있다. 『논어』를 통틀어 공자의 주장을 한마디로 요약한다면 그것은 인仁이라고 할 수 있기 때문이다. 공자는 제자들의 근기와 특성에 따라 다양하게 대답을 해준다. 여색을 좋아하는 것은 인이 아니다. 그것은 본능적인 욕구일 뿐이다. 인은 한마디로 '내가 없는 사랑'이다. 내가 사랑을 '하는' 것이 아니라 사랑이 '되는' 것이다. 따라서 유학의 목표가 인이라면 그것은 '어떻게 나를 버리는가?'로 집중될 수밖에 없다. 그 '어떻게'가 연이은 안회의 질문에 대한 공자의 답변에 있다. 즉 사물四勿이라고 하는 "예가 아니면 보지도 말고, 듣지도 말고, 말하지도 말고, 마음이 동하지도 말라"는 것이다. 이 말이 단순히 예가 아닌 상황을 직면했을 때 눈을 돌리거나 귀를 막거나 하고 싶은 말을 참거나 마음이 동하는 것을 억제하라는 말은 아닐 것이다. 만약 번지와 같은 제자에게 한 말이라면 그렇게 해석할 수도 있다. 그렇지만 어떻게 안회에게 그런 의미로 이야기할 수 있었겠는가?

왜 유학에서는 그토록 신독愼獨을 강조했을까? 원래 신독은 '혼자 있을 때 삼가라'는 뜻인데 삼간다는 말은 자신의 마음의 변화를 잘 관찰하라는 뜻이다. 일반적으로는 혼자 있을 때는 다른 사람의 눈이 없기 때문에 마음이 제멋대로 일어나기 쉬우니 잘 지켜보라는 뜻으로 해석한다. 그렇지만 좀 더 적극적으로 이해하면 혼자 있을 때 자신의 마음을 잘 지켜보는 연습을 해야 다른 사람과 함께 있을 때도 눈을 자신의 마음으로 향할 수 있다는 뜻이 아닐까?

2014년 최고의 관객을 끌어들인 영화 〈명량〉은 두려움과 용기의 양면성을 잘 드러냈다. 극도의 두려움만이 용기를 낳을 수 있다는 진리를 정말 잘 표현한 영화라고 할 수 있다. 이순신 장군과 다른 병사들과의 차이점이라면 이순신 장군은 그 사실을 잘 알고 있었고, 그래서 그 두려움을 꿰뚫어 볼 수 있었던 것이다. 대사가 몇 마디 없기는 했지만 이순신 장군 역할을 한 최민식의 연기 속에서 그 두려움과 두려움을 지켜보는 모습이 잘 드러났다.

『성경』에 "믿음은 바라는 것들의 실상이요 보이지 않는 것들의 증거니 선진들이 이로써 증거를 얻었느니라"(「히브리서」 11장 1, 2절)라는 말이 있다. 여기서 실상이란 말은 헬라어로는 '휘포스타시스Hipostasis', 영어로는 'SUBSTANCE'인데, 이는 '받침대'라는 뜻이다. 곧 믿음이란 우리의 깊은 내면에 있는 받침대라는 뜻이다. 바다 위 언덕에서 싸움을 지켜보던 백성들의 마음속 깊은 곳에 장군에 대한 받침대가 있었다면, 이순신 장군의 용기도 믿음과 마찬가지로 그 깊은 바닥까지 도달해야 얻을 수 있는 것이었다. 물론 두려움의 바닥을 말한다. 오직 바다에 도달한 사람만이 받침대를 얻을 수 있을 수 있다. 그러니 바닥에 떨어지는 것을 결코 두려워할 필요가 없을 것이다. 중요한 것은 그 바닥에 떨어지는 자신을 끊임없이 생생하게 지켜보는 것이다.

두려움은 삶의 본질적인 부분이기 때문에 그것에 대한 저항은 삶에 대한 저항과 같다. 그렇기 때문에 마음속 두려움이나 고통과 직접 대면할 때 우리는 위대한 부활과 자유로 가는 관문에 서 있는 것이다. 타라 브랙이 상담한 한 여자는 두려움과 직접 대면한 뒤, 두려움 속에 깊이 침잠해 엄청난 소용돌이 속에 휩싸인 후, 다음과 같이 말했다. "혼란이 가라앉았을 때 내 마음은 절대 고요의 상태에 다다랐어요. 날카롭고 우레 같은 소리의 불협화음이 갑자기 멈춘 것 같았고, 나는 깊은 고요 속에서 쉬고 있었어요. 광대하고 완전히 비어 있었어요. … 그러나 형언할 수 없을 정도로 다정하게 느껴졌어요."[38]

나를 버린다는 것은 죽은 나뭇가지나 타고 남은 재, 혹은 돌멩이가 된다는 뜻이 아니다. 나를 버린 사람은 귀를 활짝 열어 모든 소리를 빠

---

38. 타라 브랙(2013), 『받아들임』, 김선주·김정호 옮김, 불광출판사. 제7장 참조.

짐없이 듣는다. 눈을 활짝 열어 모든 사물을 놓치지 않고 본다. 살갗을 활짝 열어 아주 가느다란 감촉도 빠뜨리지 않는다. 말하자면 완벽하게 깨어 있는 것이다.[39] 사물이란 이처럼 완벽하게 깨어 있으라는 뜻이다. 물론 완벽하게 깨어서 느끼지만 그 느낌에 휘둘리지 않고, 그 빛이나 소리에 휘말려들지 않아야 한다.

'나'가 작동하는 방식을 면밀히 살펴보면 끊임없이 일어나는 생각이 바로 '나'를 만들고 있다는 것을 알 수 있다. 생각하는 나는 진짜 내가 아니다. 그것은 파도일 뿐이다. 진짜 나는 그런 생각을 지켜보는 나다. 이것을 양명은 항조심恒照心이라는 말로 표현했다. 파도는 끊임없이 일어났다가 스러지지만 진짜 나인 항조심, 즉 바다는 항상 고요하고 평화롭다.

생각은 에고의 작용이기 때문에 실재가 아니다. 에고는 그 자체가 우리가 만든 가상의 집이다. 그 허구를 유지하려고 노력하는 것이 생각이 하는 유일한 일이다. 그렇다고 생각이 전혀 무의미한 것은 아니다. 왜냐하면 생각 역시—그것이 가상의 것이기는 해도—진정한 내가 만들어내는 것이기 때문이다. 그래서 김기태는 있는 그대로 완전하다고 말하는 것이다.[40]

그렇다면 생각은 왜 일어나는 것일까? 모든 생각은 결국 저항이다.[41] 정확하게 표현하면 생각의 에너지는 저항이다. 생각은 모두, 실제로 존재하는 것을 우리가 경험하지 못하게끔 마음이 만들어내는 이미지다. 즉 우리는 참나의 존재를 부정하기 위해 생각을 하는 것이다. 흑판에 분필로 작은 점을 찍으면 우리의 눈은 흑판이 아니라 그 점에 집중하게 되어 있다. 생각은 흑판에 찍은 점과 같다. 생각은 어항 속의 금붕어와 같

---

39. 이현주(2011), 『이아무개의 장자산책』, 삼인, 57~58쪽.
40. 김기태(2013), 『지금 이대로 완전하다』, 침묵의향기.
41. 데이비드 호킨스(2013), 『놓아버림』, 박찬준 옮김, 판미동, 49쪽.

고 진정한 나는 어항의 물과 같다.

생각이란 감정이 생긴 까닭을 설명하려는 마음의 합리화에 불과하다. 즉 생각이 감정을 만드는 것이 아니라 감정이 생각을 만들어내는 주체이다. 따라서 감정을 놓아버리면 당연히 생각으로부터도 벗어날 수가 있다. 우리 마음은 존재하지 않는 것을 존재하는 것처럼 꾸미기 위해 온갖 방법을 이용한다. 그 대표적인 것이 바로 감정이다. 근대계몽주의자들이 그토록 신봉했던 이성은 이런 감정을 뒷받침하기 위한 도구에 불과한 것이다. 이성을 통해 문제를 해결하겠다고 하는 것은 어리석은 생각이다. 차라리 감정을 통해 문제를 해결하는 것이 훨씬 쉬운 일이다.

이처럼 우리 마음은 '나'라는 가상의 존재가 생존하기 위한 기제이며 마음은 그 생존 방법으로 감정을 사용한다. 정신분석학은 대부분의 지식이 '저마다 하나의 감정적인 핵심을 가지고 있으며, 그 '감정적인 핵심은 개인의 인격 구조에 뿌리내리고 있다'고 생각한다.[42] 우리의 이성은 이런 감정의 목적을 달성하기 위한 도구에 불과하다. 그렇기 때문에 감정을 놓아버리면 그와 결부된 모든 생각에서 해방된다. 감정은 끊임없이 오고 가지만 진정한 나는 그런 감정이 오고 감을 지켜볼 뿐이다.

따라서 에고에서 벗어나기 위해서는 어떤 감정이 일어나는지 알아차리고 그 감정이 일어나도록 놓아두는 것이 중요하다. 부정적인 감정이라고 해서 그 감정을 억압하는 것은 곧 그 감정에 에너지를 공급하는 결과를 초래한다. 감정이 일어나도록 놓아두는 것은 그 감정이 일어나면 그 감정과 함께하며 그 감정을 바꾸거나 억압하려는 노력 없이 감정 스스로 제 갈 길을 가도록 하는 것이다. 공자가 극기복례의 방법으로 안회에게 제시한 사물四勿은 곧 예가 아닌 모든 상황, 즉 나의 부정적인 감정이 일어나는 모든 상황에서 그 감정이 일어나는 것을 알아차리고, 그 감

---

42. 김태형(2014), 『싸우는 심리학』, 서해문집, 91쪽.

정에 저항하려는 모든 노력을 포기하라는 뜻이다.

우리의 생각과 그 생각을 일으키는 감정은 모두 조건화의 결과일 뿐이다. 놓아버림의 방법을 활용하면 조건화에서 벗어나는 '탈조건화'가 가능하게 된다. 모든 부정적인 감정은 생존에 대한 근본적 두려움과 관련이 있으며 모든 감정이란 마음이 생존에 필요하다고 믿고 있는 프로그램일 뿐이라는 것을 알게 된다. 놓아버림 기법을 쓰면 프로그램이 점차 제거된다.

융은 우리의 마음을 섬에 비유해서 설명하였다. 그는 물 위에 나와 있는 부분을 에고라고 하고 물속에 잠겨 있는 부분을 집단무의식, 즉 셀프라고 하였다. 집단무의식은 모든 섬이 그러하듯이 물속에서 육지로 연결되어 있다. 중요한 것은 에고로서의 섬을 버리고 물속에서 모든 것이 서로 연결되어 있음을 깨달으려고 하는 충동이 모든 인간에게 선천적으로 있다는 것이다. 융은 평생에 걸친 연구 끝에 무의식 속에는 전체가 되고 완전해지고 큰나를 깨닫고자 하는 선천적 충동이 있어 무의식이 설사 의식적인 마음에 상처를 준다 해도 충동을 실현할 방법과 수단을 고안한다는 결론을 내렸다. 그 선천적인 것이 바로 유학에서 말하는 본성이다.

우리가 두려워하는 죽음이나 사업의 실패, 불치병의 진단 등은 그 자체가 문제가 아니라 그것으로 인해 자아가 소멸된다는 두려움이 문제다. 그렇지만 사실은 이러한 사건은 셀프의 자각에 중요한 계기가 될 수 있다는 점에서 매우 긍정적으로 받아들일 수 있다. 내가 처한 불운이 하나님을 만날 수 있는 좋을 계기를 얻은 것이라고 생각한다면 두려워할 것은 아무것도 없는 것이다.

내 생각은 내 것이 아니다. 모두 주위에서 주워 모은 잡동사니 쓰레기에 불과하다. 생각의 근원은 부모나 가족, 선생님에게서 아주 어릴 때 받은 교육에 있는 경우가 많고, 친구나 신문, 텔레비전, 라디오, 교회, 소설 아니면 감각을 통해 무심결에 들어온 것에서 얻은 잡동사니 정보에 의한 것이다. 그런 쓰레기를 나라고 여기기 때문에 누가 내 생각에 반대 하면 곧 자신을 무시한다고 화를 내곤 한다. '내 생각은 내가 아니다'라 는 것을 항상 머릿속에 담고 살아간다면 이런 어리석은 분노를 일으킬 일이 없다.

의도하고意 기필하고必 고집한다固는 것은 곧 생각이다. 그리고 그 생 각은 결국 '나'라고 하는 에고의 작용이다. 스스로 의도하고 고집한다는 것은 곧 상대방에게 원하고 고집하는 것으로 연결된다. 내가 상대방에 게 원하고 고집하는 바가 있으면 상대방은 그것을 압박으로 느낀다. 그 리고 무의식 중에 저항하게 된다.

놓아버림이란 결국 그 감정을 알아채고 그 감정에 대한 저항을 포기 하는 것을 뜻한다. 그때 비로소 우리는 그 일어난 감정을 제대로 경험할 수 있다. 만약 우리가 그 감정에 대해 저항한다면 그 감정을 있는 그대 로 진실하게 경험할 수 없다. 우리가 수용하는 것의 경계는 우리가 경험 하는 자유의 경계와 같다. 삶을 진실되게 사는 유일한 방법은 매 순간 을 반복될 수 없는 기적으로 수용하는 것이다.

확연히 큰 공을 깨우치고 사물이 오면 순응한다廓然大公 物來順應는 것 은 온 우주의 이치가 곧 사랑임仁을 확실히 깨우치고 나면 현실이 오는 대로 받아들이게 된다는 뜻이다. 우리가 현실을 받아들일 수 없는 것은 생각 때문이다. 정확하게 말하면 그 생각을 받아들이고 믿기 때문이다. 생각을 믿지 않고 그냥 흘러가게 내버려두면 모든 현실이 축복이고, 사 랑이고, 기적이라는 것을 깨닫게 된다.

놓아버림이라는 것은 능동적인 노력이 아니라 그저 수동적으로 지켜 보고 일어나도록 내버려두는 것이다. 바로 이 점이 중요하다. 그중의 한 가지가 '감각에 이름이나 꼬리표를 붙이지 않고, 생각하거나 말하는 대 신 감각과 경련, 통증과 하나가 됨을 느끼는' 것이다.[43] 감정이 그냥 올라오도록 내버려두는 것은 그 감정과 하나가 되는 것이다. 물론 그것은 감정에 휩싸이는 것과는 전혀 다르다. 감정과 하나가 된다는 것은 감정이 올라오는 것을 허용하되 그것을 지켜본다는 뜻이다.

수피 시인 루미는 받아들임을 다음과 같이 노래하였다.[44]

인간의 삶은 여인숙이다.
매일 아침 새로운 여행자가 온다.

기쁨, 슬픔, 비열함 등
매 순간의 경험은
예기치 못한 방문자의 모습이다.

이들 모두를 환영하고 환대하라!

어두운 생각, 수치스러움, 원한…
이들 모두를 문 앞에서 웃음으로 맞이하고
안으로 초대하라.

찾아오는 누구에게나 감사하라.
이들은 모두
영원으로부터 온 안내자들이다.

순간, 즉 찰나의 연속성은 변화의 끝을 의미한다. 이어짐이란 변화의 끝남이 명확하게 인식된 찰나의 연속적인 상태이다. 영원히 변하지 않

---

43. 데이비드 호킨스, 앞의 책, 358쪽.
44. 마울라나 젤랄렛딘 루미(2014), 『루미시초』, 이현주 옮김, 늘봄, 17~18쪽.

고 빛나는 참나는 계속되는 이어짐의 자각에 의해 존재한다. 깨닫지 못한 사람들은 과거, 현재, 미래를 연속이라고 생각하고 이러한 찰나의 연속을 시간이라고 생각한다. 그러나 찰나와 찰나는 연속적인 것이 아니라 그 사이에 단절이 있다. 깨닫지 못한 사람들은 찰나에 일어나는 전변을 알지 못하고 상당히 오랜 시간이 지난 뒤에야 변화가 있었음을 인식한다. 꽃이 필 때 찰나찰나 꽃잎이 벌어지지만 우리는 어느 한 찰나의 변화를 알지 못한다. 생각의 흐름도 마찬가지이다. 생각의 흐름도 연속적인 것이 아니라 찰나찰나 변하며 이어지는데 우리는 그 찰나를 인식하지 못하는 것이다. 법운삼매法雲三昧에 도달한 자는 시간이 실재하지 않는다. 그의 생각은 시간이라는 흐름을 타고 이어지는 것이 아니라 찰나찰나 끊어진다. 그에게는 과거와 미래를 포함하고 있는 한 찰나, 곧 '영원한 현재'밖에 없다. 찰나의 자각으로 빠져 들어갈 때 비로소 찰나로 살게 된다.

『티벳사자의 서』에는 다음과 같은 구절이 있다.[45]

> 이 가르침을 기억하라. 분명한 빛, 본성에서 반짝이는 빛을 기억하라. 당신이 어디에 있든 얼마나 멀리서 헤매든 상관없이, 그 빛은 한 호흡도 안 되는 찰나의 거리에 있다. 당신의 순수한 의식에서 나오는 선명한 빛을 깨닫는 데 너무 늦은 경우란 결코 없다.

아잔 브라흐마는 『성난 물소 놓아주기』에서 감정이나 생각으로부터 자유로워지는 소극적인 상태를 넘어 보다 적극적으로 '무아'의 고요함과 평화로움을 추구한다. 그 방법은 마음이 움직이지 않도록 하는 것이다. 마음이 움직이지 않으면 과거와 미래로의 연결이 끊어진다. 우리의 몸과

---

45. 타라 브랙(2013), 『받아들임』, 김선주·김정호 옮김, 불광출판사, 449쪽.

감정은 항상 지금 여기에 있다. 그러나 마음은 지금 여기에 있을 수 없다. 지금 여기에 있을 때 마음은 시간상으로도 공간상으로도 움직이지 않는다.[46]

마음이 고요해지기 위해서는 마음에 먹을거리를 제공하지 않아야 한다. 먹을거리를 제공하지 않는 한 가지 방법은 자신을 운전자가 아니라 승객으로 여기는 것이다. 운전자가 된다는 것은 마음을 조종하기 위해 적극적으로 노력하는 것을 뜻하고, 승객이 된다는 것은 뒷자리에 편하게 앉아 운전에 전혀 관여하지 않고 그저 묵묵히 관찰하는 것이다. 그저 묵묵히 관찰할 때 마음은 에너지를 잃고 고요해진다.

운전자가 아니라 승객이 된다는 것은 우리가 그것을 적극적으로 추구해서는 이룰 수 있는 것이 하나도 없다는 것을 뜻한다. 내가 선정이 하고 싶다고 해서 선정에 이를 수 있는 것은 아니다. 마찬가지로 내가 깨달음을 원한다고 해서 깨달음을 얻을 수 있는 것도 아니다. 선정이나 깨달음은 그것이 일어날 만한 원인이 충분히 쌓일 때 저절로 일어난다. 그저 지금 일어나고 있는 것을 온전히 경험할 때 우리는 그것을 통해 지혜를 얻고 또 그것으로부터 자유로워진다.

앙드레 지드는 소설 『지상의 양식』에서 감각으로 느껴보지 못한 채 머리로만 배운 모든 지식을 잊고 비워버리는 것이 진정한 교육의 출발점이라고 역설한다. 또한 정신적 굴레에서 벗어나 순간에 천착하고 욕망에 충실할 것을 권하고 있다. 저자는 하늘보다는 땅, 신보다는 인간, 영혼보다는 몸을 우선시하여 우리의 욕망과 본능만이 삶의 나침판이 되어준다고 말한다. 그리고 행복은 오직 순간 속에 있음을 주장하면서, 우리 생에서 가장 중요한 부분은 바로 지금 이 순간임을 일깨워준다.[47]

---

46. 아잔 브라흐마(2012), 『성난 물소 놓아주기』, 김훈 옮김, 공감의기쁨, 48쪽.
47. 앙드레 지드, 『지상의 양식』.

바닷가 모래가 부드럽다는 것을 책에서 읽기만 하면 다 되는 것이 아니다. 나는 맨발로 그것을 느끼고 싶은 것이다. … 자연의 모든 노력은 쾌락을 지향한다. 쾌락은 풀잎을 자라게 하고 싹을 발육하게 하며 꽃봉오리를 피어나게 한다. 화관花冠을 햇빛의 입맞춤에 노출시키고, 생명 있는 모든 것을 혼인하게 하며, 둔한 유충을 번데기로 변하게 하고, 번데기의 감옥에서 나비를 해방시키는 것도 쾌락이다. 쾌락에 인도되어 모든 것은 최대한의 안락, 더 나은 의식, 더 나은 진보… 를 동경한다. 그런 까닭에 나는 책 속에서보다 쾌락 속에서 더 많은 것을 배웠다. 그런 까닭에 나는 책 속에서 명쾌함보다는 난삽함을 더 많이 발견했다.

제2부

동양 고전 속의 미래교육

제4장

『논어』와 사랑교육

다홍 천 턱까지 끌어올리고
장작더미에 누운 여자
기척도 없다
불길 잦아들도록 끝끝내 이글거리던
가슴뼈와 골반
회灰가 되어 허물어진다 한때
소행성과 대행성이 생성되고
해와 달과 별이 맞물려
빛을 놓친 적 없던
여자의 집
감쪽같이 철거당했다
한우주가 사라졌다

_손 세실리아, 갠지스강 화장터

1. 진정한 공부-위기지학

누구나 잘 알고 있듯이 『논어』의 첫 구절은 다음과 같다.[1]

> 공자께서 말씀하셨다. "배우고 때때로 익히니 또한 기쁘지 아니한가? 좋은 친구가 있어 먼 곳으로부터 찾아오니 또한 즐겁지 아니한가? 남들이 알아주지 않아도 화가 나지 않으니 또한 군자가 아니겠는가?"

배우고 익혀 기쁜 것과 친구가 찾아와서 즐거운 것, 그리고 남들이 알아주지 않아도 화가 나지 않는 것은 어떤 관계일까? 그에 앞서 기쁜 것과 즐거운 것은 어떤 차이가 있는 것일까? 열說과 락樂의 차이를 주자는 열說은 마음 안에 있고在心, 락樂은 주발산主發散이니 마음 밖에 있다在外고 했다. 그렇다면 열은 발산되지 않은 기쁨이고 락은 발산된 기쁨일까? 그렇게 해석할 수도 있겠지만 그보다는 열悅을 자열自悅이라고 하면 락樂은 동락同樂이라는 의미에서, 마음 '안'과 마음 '밖'을 구별한 것이라고 보는 것이 좋겠다. 잘 풀리지 않는 경전의 한 구절에 대해 곰곰이 생각하다가 어느 순간 문득 그 의미를 깨달았을 경우 그 기쁨은 우리 마음을 가득 채운다. 반면 좋은 친구를 만나게 되면 그 즐거움은 혼자만의 것이 아니라 함께 나누는 즐거움이 되기 때문이다.

---

1. 子曰 學而時習之 不亦說乎 有朋自遠方來 不亦樂乎 人不知而不慍 不亦君子乎(「學而」 제1).

왜 공자의 제자들은 이 구절을 책의 맨 앞에 넣었을까? 영어의 'learning'을 학습이라고 번역할 때 그 어원이 되는 학이시습이 『논어』의 첫 구절을 장식하는 것은 『논어』 편찬의 일차적 목적이 학습에 있는 것이라고 유추해볼 수 있다. 배우고 때때로 익히는 것이 『논어』라는 책의 목적인 것이다. 학이 배우는 것이라면 습은 어떻게 하는 것일까? 습習에 대해서 정자는 「안연편顔淵篇」 사물잠四勿箴에 대한 해설에서 '습여성성習與性成 성현동귀聖賢同歸'라고 말하였다. 습이 반복해서 실천하는 것이라면 본성에 따라 반복해서 실천하면 성현과 같아진다는 것이다. 배워서 반복해서 실천하는 것의 목적은 또 성현과 같아지기 위함인 것이다. 그렇다면 본성에 따라 반복해서 실천한다는 것은 어떻게 하는 것일까? 본성에 따라 반복해서 실천한다는 것은 본성이 드러날 때마다 그것을 활용해 에고의 조건화를 탈조건화하는 것이다.

탈조건화는 조건화된 조건을 벗어나는 방법이다. 그런데 그 조건화된 조건을 벗어나는 방법이 조건화의 반대되는 것을 함으로써가 아니라, 아무것도 하지 않음으로써 벗어나는 것이 특징이다. 즉 조건화된 조건을 무력화시키는 방법은 무위밖에는 없다는 것이다. 조건화된 조건의 반대는 그 반대의 생각이나 감정을 일으키는 것이다. 부처가 삶에 대한 애착을 끊어버리도록 제자들로 하여금 죽음에 따른 육체의 변화를 살피는 아홉 가지 관상을 하도록 한 것이 한 가지 사례가 될 것이다. 그런데 사실 이 방법은 하기도 어렵고 효과가 그리 크지 않다. 좋아하는 마음이 들 때 싫어하는 마음을 일으키고, 슬픈 마음이 들 때 기쁜 생각을 하는 것은 무척 힘든 일이다. 그리고 좋아하거나 슬픈 마음의 원인이 여전히 남아 있기 때문에 근본적인 해결도 되지 않는다. 무위를 통한 조건화는 컴퓨터의 이진법을 닮았다. 1에 대비되는 것은 -1이 아니고 0이다. 이때 -1이 반대되는 생각이나 감정이라면 0이 바로 무위인 셈이다.

다시 첫 구절로 돌아가자. 이 세 구절은 서로 독립되어 해석되고 있지만 실은 앞의 두 구절은 마지막 구절인 군자를 설명하기 위한 것으로 해석할 수도 있다. 즉 공부하고 때때로 익히면 즐겁고, 친구가 멀리서 찾아와도 즐겁지만 그 친구들이 자신이 공부한 것을 알아주지 않아도 화가 나지 않아야 진정한 군자라고 할 수 있다는 뜻이다. 만약 그렇게 해석할 수 있다면 이 구절은 군자가 되기 위한 진정한 공부가 어떤 것임을 보여주기 위한 것이라고 할 수 있다. 이 구절과 관련하여 살펴보아야 할 것은 「자한편子罕篇」에 나오는 다음과 같은 구절이다.

공자는 네 가지 마음을 끊으셨으니 의도하고 기필하고 고집하고 '나'라는 마음이 그것이다.[2]

주자는 주석에서 의意란 움직이는 정情이 어떤 지향을 갖는 것이며 꾀하고 헤아리는 것이라고 했다.[3] 기필한다는 것은 반드시 그러리라고 기대하는 것이다. 무엇을 어떻게 하려고 하는 마음이 있으면 그것이 반드시 되어야 한다고 기필하게 되고 고집하게 된다. 그리고 그렇게 되지 않았을 때 노여움과 미움의 감정이 일어나게 된다. 이러한 것의 원인은 결국 '나'라고 하는 생각에서 비롯되는 것이다. 여기서 무아毋我는 무아無我와 같다.

무아毋我는 「태백」 제5장에서 증자가 안회를 묘사한 것이 자세하다. "능하면서 능하지 못한 사람에게 물으며, 학식이 많으면서 적은 사람에게 물으며, 있어도 없는 것처럼 여기고, 가득해도 빈 것처럼 여기며, 자신에게 잘못해도 따지지 않는다"[4]라고 하였다. 이 구절에 대한 사씨의 해석에서 무아의 경지에 가까운 자가 아니면 능하지 못하다고 하였다.

---

2. 子絶四 毋意, 毋必, 毋固, 毋我(「子罕」 제9).
3. 性是不動 情是動處 意則有主向 欲有所營爲謀度皆意也.
4. 以能問於不能 以多問於寡 有若無 實若虛 犯而不校(「泰伯」 제5).

장자莊子가 허리띠가 편하면 그것을 의식하지 않게 된다고 했듯이 무엇을 의식한다고 하는 것은 편하지 못하기 때문이다. 딱딱한 음식을 씹어 이가 아프게 되면 그것을 의식하게 되듯이, 마음에 불편한 것이 있으면 상념이 계속 일어나게 된다. 마음이 내키는 대로 따라도 법도에 어긋나지 않았다고 하는 것은 마음이 마음을 의식하지 않을 정도로 편안하다는 것을 뜻한다. 내 마음이 일어나는 대로 그것을 의식하지 않고 지켜보지 않는 것은 어린아이의 마음이다. 마땅히 머무르는 바 없이 마음을 내라[5]는 『금강경金剛經』의 구절과 같다.

성인은 기필을 꼭 그런 것이 아니라고 여겨 다툼이 없지만 소인은 꼭 그런 것이 아닌 것을 기필함으로 다툼이 많다. 성인은 마땅히 자신에게 돌아올 복을 꼭 그런 것이 아니라고 여기고 우연히 만난 화를 올 것이 왔구나 하고 생각한다. 반면 사람들은 화는 우연이라고 생각하고 복은 필연이라고 생각한다.[6]

그렇다면 군자가 되기 위한 진정한 공부는 어떤 것일까?

> 공자께서 말씀하셨다. "옛날 배우는 사람들은 자신을 위해서
> 공부하더니 오늘날 배운다는 사람들은 남을 위해서 공부하는구나."[7]

그 유명한 위기지학爲己之學과 위인지학爲人之學의 차이는 이 구절에서 비롯되었다. 위기지학은 자신을 위한 공부이고 위인지학은 남에게 보이기 위한 공부이다. 그렇다면 남에게 보이기 위한 공부는 어떤 것인가? 대표적인 것이 자신이 많이 알고 있음을 과시하는 것이다. 그 때문인지 모르지만 공자는 자신이 박학다식하다는 평가를 받는 것을 무척이나

---

5. 應無所住而生其心.
6. 聖人以必不必, 故无兵., 衆人以不必必之, 故多兵(『莊子』).
7. 子曰 古之學者 爲己 今之學者 爲人.

싫어했다.[8]

공자께서 말씀하셨다. "사야, 너는 내가 많이 배우고 그것을 기억하는 자라고 여기느냐?" 자공이 대답했다. "그렇습니다. 아닙니까?" 공자께서 말씀하셨다. "아니다. 나는 하나의 이치로 모든 것을 꿰뚫었다."

물론 공자가 박학다식 그 자체를 부정적으로 본 것은 아니다. 공자는 제자들과 하나뿐인 아들에게 『시경詩經』을 읽을 것을 권하며, 그것을 읽는 이점 중의 하나로 박학다식을 들었다. 즉 『시경』을 읽음으로써 얻는 이점 중의 하나로 새나 짐승, 풀과 나무의 이름도 많이 알게 해준다고 하고 있다. 실제로 『시경』에는 식물 130여 종, 동물 약 200종의 이름이 나타나 있다.[9] 그러나 이러한 박학다식은 공부의 궁극적인 목적, 즉 인仁을 체득하는 것과는 무관한 것이며, 오히려 인을 해치는 것이 될 수도 있다. 그래서 양명은 "독서가 부강富强 공리功利 오패五霸의 사업을 이루는 수단이 되었다. 지금에 이르기까지 공리를 추구하는 독서가 사람의 마음속 깊이 스며들어 악습을 형성한 지 몇 천 년이나 되었다. 폭넓은 고전의 암송은 오만을 키워주기에 적합하고, 많은 지식은 악행을 저지르기에 적합하며, 넓은 견문은 변론을 늘어놓기에 적합하고, 풍부한 시문은 허위를 수식하기에 적합한 것이다"라고 하였던 것이다.[10] 그러나 위인지학은 단지 남에게 보이기 위한 공부만을 의미하는 것은 아니다. 정자는 "옛날의 학자들은 자신을 위한 공부를 하여 끝내는 남

---

8. 子曰 賜也 女以予爲多學而識之者與아 對曰 然. 非與 曰 非也 予는 一以貫之(「衛靈公」 2).
9. 박연호(2006), 「교사로서의 공자」, 박연호 엮음, 『논문으로 읽은 교육사』, 문음사, 75쪽.
10. 記誦之廣 適以長其傲也 智識之多 適以行其惡也 見聞之博 適以肆其辨也 辭章之富 適以飾其僞也(『傳習錄』 권 중 431쪽).

을 이루어주는 데 이르렀고至於成物, 지금의 학자들은 남을 위한 공부를
하여, 끝내는 자신을 상실하는 데 이른다至於喪己"고 하였다. 왜 자신을
위한 공부는 남을 이루어주고, 다른 사람을 위한 공부는 자신을 상실하
는 데 이르는가? 정자는 위인지학을 남에게 보이고자 하는 것이라고만
하였지만, 주자는 한 걸음 더 나아가 진정으로 남을 위한 공부도 위인지
학이라고 규정하였다.[11]

　　앞 단락의 낮은 단계의 위인爲人은 단지 남에게 보이고자 하는
것이지만 뒷 단락의 좋은 위인爲人은 오히려 진정으로 남을 위하려
는 것이다. 그러나 먼저 자기 자신에 대해서 공부를 해나가지 않으
면 단지 어느 누구를 위한 것도 할 수 없을 뿐만 아니라 마침내 연
이어 자기 자신마저도 상실하게 된다.

남에게 보이기 위한 공부가 자신을 상실하게 하는 것은 그렇다고 하
더라도 왜 진정으로 남을 위한 공부도 자신을 상실하기에 이르는 것일
까? 이 질문에 대한 한 가지 해석은 남을 위한 공부는 '이익의 관점'에
서 공부를 바라보게 하기 때문이라는 것이다. 우리가 공부를 할 때 이
것이 과연 남들에게 이익을 줄 수 있는가 하는 관점에서 보게 되면 공
부를 실용성의 관점에서만 파악하게 된다. 그리고 실용성이란 인仁과 의
義가 아니라 이익과 손해의 패러다임을 전제로 한다. 인간이 자아를 상
실하게 되는 최대의 이유는 물질적 이익의 지배를 받기 때문이다.[12]
　　그러나 이러한 해석은 적절하지 않다. 위인지학이 우리의 자아를 상
실하게 되는 것은 결국 공부의 궁극적인 목표, 즉 자아의 발견에 이르지

---

11. 朱子曰 前段是低底爲人 只欲見之於人而已 後段是好底爲人 却是眞箇要爲人 然不曾先去
　　自家身己上做得 非惟爲那人不得 末後連己也喪了(『憲問』24의 細註 중).
12. 김동인(2002), 「위인지학, 위기지학」, 『처음처럼』 제33~34권 합집, 내일을여는책, 126쪽.

못하기 때문이다. 위기지학이란 정자의 말과 같이 자신에게서 얻는 것이다. 자신에게서 무엇을 얻는가? 자신에게서 얻는다는 것에 대한 다양한 설명이 있지만 대부분 과녁에서 벗어나 있다. 오직 적중한 유학자가 있다면 바로 왕양명이다. 양명은 위기지학을 내 마음속에 있는 양지良知를 밝히는 것이라고 했다. 그래서 "배운다는 것은 이 마음을 배우는 것이요, 구한다는 것은 바로 이 마음을 구한다는 말이다"[13]라고 했다. 이는 맹자의 '구방심求放心', 즉 공부하는 길은 다른 것이 아니라 흩어지는 마음을 구하는 것[14]이라는 말과 같다. 우리의 마음은 시계추와 같이 끊임없이 양극단을 오간다. 흩어지는 마음이란 이처럼 양극단을 오가는 마음이다.

양명은 위기란 곧 극기이며 극기란 진정한 자기를 이루는 것이라고 했다.[15] 즉 위기爲己 = 극기克己 = 성기成己, 眞己라는 것이다. 그렇기 때문에 자기를 위한다는 것은 나는 누구인가를 끊임없이 되묻는 것이다. 그래서 위기란 지기知己와 같으며, 극기란 결국 그 나라고 믿었던 자아가 거짓임을 깨닫는 것이다. 우리가 '나'라고 생각하는 자아란 사회와 문화에 의해 만들어지는 것이다. 자아는 일종의 '사회제도'일 뿐이다. 만일 자신이 진정 누구인가를 알고자 한다면 먼저 자신의 자아를 부수는 근본적인 변화를 거쳐야만 한다. 왜냐하면 자아를 부수어 영혼을 발견하지 않는다면 결코 우주 삼라만상과 하나가 될 수 없기 때문이다.

우리는 자신이 누구인지를 알지 못하면서 자신이 누구라고 믿고 있다. 영어의 죄sin라는 단어는 잊는다는 뜻이다. 그 단어는 어떤 행위와 관련된 것이 아니라 잊어버린 우리의 실체와 관계가 있다. 그런 자아를

---

13. 學者 學此心也, 求者 求此心也(『傳習錄』 권 중, 407~408쪽).

14. 人有鷄犬放이면 則知求之하되 有放心而不知求하나니 學問之道는 無他라 求其放心而已矣니라(「告子章句」 상 11).

15. 人須有爲己之心 方能克己 能克己 方能成己(『傳習錄』 권 상, 327쪽).

버리게 되면 자연, 즉 천지의 절문節文과 하나가 될 수 있다. 그것이 자아를 이루는成己 것이며 진정한 자아眞我를 찾는 것이다. 진정한 자아는 자연의 생명원리生理에 따라 저절로 작동한다. 진정한 자아를 찾기 위해 노력할 필요는 전혀 없다. 지금 여기 있는 '나'가 바로 진정한 자아이다. 이처럼 위기지학은 결국 자신이 누구인지를 아는 공부知己之學이다.

우리는 죽기 전에 반드시 대답해야 할 질문을 가지고 태어났다. 그 질문은 바로 '나는 누구인가'라는 것이다. 이 질문을 어떻게 다른 사람에게 하겠는가? 우리가 알고 있는 지식은 우리 자신을 아는 데 얼마나 도움이 되는가? 다른 사람에게 내가 누구인가를 묻는 것은 비유컨대 밥을 먹고 내 배가 부른지를 다른 사람에게 물어보는 것과 같다.[16] 만약 누가 '당신은 누구인가?' 하고 물으면 당신은 무엇이라고 답변하겠는가?[17] 그런데 '나는 누구인가?'라는 질문에 대한 완벽한 답이 『성경』 「출애굽기」의 모세와 여호와와의 대화에 나와 있다.

모세가 유대인을 학대하는 감독관을 죽이고 미디안으로 탈출하여, 양을 치면서 생활하다가 어느 날 호렙산에 이르렀다. 그때 그는 불이 붙었지만 불에 타지 않는 떨기나무를 보았다. 하나님이 떨기나무 가운데서 모세를 불러 이스라엘 백성을 애굽 땅에서 구해내라고 하니, 모세가 하나님께 말하되 '그들이 내게 묻기를 그의 이름이 무엇이냐 하리니 내가 무엇이라고 그들에게 말하리이까?(3:13)'하였다. 이에 하나님이 모세

---

16. 이 말은 「學而篇」 細註의 신안 진씨의 말에서 빌려 온 것이다. "자신이 참으로 배운 바가 있다면 남이 알아주거나 몰라주거나 그것이 자신에게 무슨 손해나 이익이 있으리오. 주자가 말하는 위학이 위기라는 것은 당연한 것이니, 비유컨대 밥을 먹을 때 내 배가 부르면 그뿐 다른 사람에게 그것을 아는지 모르는지 물어볼 필요가 있겠는가?(己誠有所學 人之知不知 何加損於己 朱子云 爲學 是爲己當然之事 譬如喫飯 乃是要自家飽 旣飽 何必問外 人知不知)"(「學而」 細註).

17. '당신은 누구인가?'라는 질문에 먼저 생각나는 것은 나의 이름과 직업과 소속으로 답변하는 것이다. 이를 '사회적 관계로서의 나'라고 한다. 다음이 소위 '피부 밑 자아'라고 하여 내 몸을 나라고 주장하는 것이다. 그리고 마지막으로 내 생각이 나라고 답변하는 것이 있다. 그러나 이 세 가지는 모두 진정한 내가 아니다. 자세한 내용은 졸저 『삶의 완성을 위한 죽음교육』(방송대출판부, 2011)을 참고할 것.

에게 이르시되 '나는 스스로 있는 자니라((3:14)'라고 하였다. 이 구절은 영어로 'I AM WHO I AM'이라고 되어 있다. 우리말 성경에는 이 구절을 '나는 스스로 있는 자이니라'로 번역하고 있다. 카렌 암스트롱은 이 구절을 히브리어로 '에히에 아쉐르 에히에Ehyeh asher ehyeh'라고 하여 의도적 모호함을 가리키는 히브리어의 관용어로서, '내가 누구인지 알려고 하지 말라'라고 해석하고 있다.[18] 그러나 이 말의 정확한 의미는 "나는 '나는 누구인가'라고 묻는 자이다"라는 뜻이다.

자아는 외로운 섬이 아니라 바다 밑으로 모든 육지와 연결되어 있다. 우리는 전체와 근원적으로 연결되어 있는 진정한 자아, 즉 셀프를 깨닫기 위해 공부한다. 그리고 그러한 목표에 도달한 인간을 우리는 성인聖人이라고 부른다. 그래서 양명은 성인의 양지는 푸른 하늘의 태양과 같다고 했다.[19]

> 성인의 양지는 파란 하늘의 태양과 같고, 현명한 사람의 양지는 엷은 구름이 떠 있는 하늘의 태양과 같으며, 어리석은 사람의 양지는 먹구름이 뒤덮인 하늘의 태양과 같다. 비록 밝고 어두운 차이는 있지만 흑백을 구분할 수 있다는 점은 동일하다. 비록 어둡고 캄캄한 밤일지라도 어렴풋이 흑백을 살필 수 있는데, 이것은 태양의 남은 빛이 완전히 사라지지 않았다는 것을 보여준다. 곤고하게 배우고 공부하는 것도 역시 다만 이 한 점 밝은 곳을 좇아 정밀하게 살펴나가는 것일 뿐이다.

---

18. 배국원(1999), 『신의 역사 1』. 유치황 옮김, 동연, 57쪽. 그러나 그녀 역시 현재 주류적인 해석인 신의 자존적인 존재를 뜻하는 것은 확실히 아니라고 보고 있다.
19. 聖人之知 如青天之日 賢人如浮雲天日 愚人如陰霾天日 雖有昏明不同 其能辨黑白則一 雖昏黑夜裏 亦影影見得黑白 就是日之餘光未盡處 困學工夫 亦只從這點明處精察去耳(『傳習錄』권 하, 768쪽).

우리의 마음은 태양과 같아 본래 깨끗하고 맑아 조금도 물든 것이 없다. 다만 '나'라고 하는 구름이 우리 마음의 태양을 가리는 것이다.[20] 위기지학은 체득을 중시하지 효험을 중시하지 않는다. 위기지학을 통해 만물을 일체로 삼을 수 없는 것은 다만 '나'라는 생각을 아직 버리지 못했기 때문이다. '나'를 완전히 버려 인이 된다면 천하 사람이 모두 나의 '인'으로 돌아올 것이다.[21]

좀 더 단순화하자면 유학이라는 학문은 전체와 연결된 진정한 자기를 찾는 '참나 교육 프로그램'이라고 할 수 있다. 이理와 기氣, 천리天理와 인욕人欲, 인심人心과 도심道心, 망심妄心과 조심照心 등 자칫 이원성에 빠질 위험을 무릅쓰고서라도 인간의 마음을 둘로 구분한 것은 자신을 기와 인욕, 인심과 망심으로 동일시하지 않고 리와 천리, 도심과 조심으로 동일시하도록 하려는 것이다.

우리 마음의 본체는 항상 고요하고 평화롭다. 마치 망망대해와 같이 시작도 없고 끝도 없이 광활한 것이 우리의 마음이다. 그러나 우리는 자신을 파도와 동일시한다. 파도는 바람이 불면 일어나 끊임없이 백사장을 기어오르고 절벽을 친다. 우리 마음의 희로애락은 이러한 파도의 일어남이다. 자신을 파도와 동일시하는 사람은 평생을 희로애락 속에 휩쓸리며 살아간다. 그렇지만 우리 마음의 본체는 파도가 아니라 바다이다. 양명은 이를 '항상 비추는 존재恒照者'라고 했다.[22]

우리 마음에 망념이 발동하고 어둡게 막히더라도 그것이 우리 마음의 본체는 아니다. 우리 마음은 항상 밝게 존재한다. 참나 교육 프로그

---

20. 人心本是天然之理 精精明明 無纖介染着 只是一'無我'而已(『傳習錄』 권 하, 858쪽).

21. 聖賢只是爲己之學 重工夫不重效驗 仁者以萬物爲體 能不一體 只是己私未忘(『傳習錄』, 권 하, 761쪽).

22. "무릇 거짓된 마음은 움직이지만 비추는 마음은 움직이지 않는다. 항상 비추기 때문에 항상 움직이고 항상 고요하다(夫妄心則動也 照心非動也 恒照則恒動恒靜)"(『傳習錄』 권 중, 459쪽) 및 "양지란 마음의 본체로서 앞에서 말한 '항상 비추는 존재'이다(良知者心之本體 卽前所謂恒照者也)"(『傳習錄』 권 중, 462쪽).

램은 자신을 파도가 아니라 바다로, 망념이 아니라 양지良知로 동일시할 것을 권한다. 나의 마음이 온갖 상념에 휘둘리더라도 그것을 자아와 동일시하지 않을 수 있다면 참나 프로그램은 성공한 것이다. 우리에게 변화가 있는 한 그 변화를 지켜보는 불변의 무엇인가가 반드시 있다. 스크린이 없다면 그 위에서 움직이는 영상들이 있을 수 없다. 스크린은 변하지 않지만 영상은 늘 변한다. 어디에든 변화가 있다면 반드시 불변의 바탕이 있다. 이것이 우리의 본성이다. 이 본성 위에 우리가 '나'라고 생각하는 몸, 마음, 그리고 모든 현상이 투사된다. 위기지학의 참나 교육 프로그램은 우리에게 선택을 강요한다. 자신을 파도와 영상과 동일시할 것인지, 아니면 바다와 스크린과 동일시할 것인지를 선택하도록 강요한다.

'공부해서 남 주나'라는 말이 있다. 모름지기 공부는 자기를 위한 것이지 결코 남을 위한 것이 될 수 없다는 말이다. 남을 위한 공부란 이타적인 목적을 위한 공부라기보다는 남에게 보이기 위한, 혹은 다른 것을 위한 수단으로서의 공부라는 뜻이다. 이러한 위기지학과 위인지학의 본뜻을 몰라 '공부해서 남 주자'라는 어처구니없는 말을 하는 사람도 있다. 그 대표적인 인물이 바로 미 군정기에 교육장관을 역임한 오천석이다. 그는 과거의 전통교육은 오로지 자신과 가문의 영광을 위한 것이기에 위기지학이고, 우리나라 최초의 근대학교라고 그가 주장한 배재학당은 남을 위한 교육을 설립 목표로 삼았기에 위인지학이라고 주장하여, 전통교육을 폄훼하고 남을 위한 공부가 근대 교육의 특징이라는 엉뚱한 주장을 하였던 것이다.

그러면 위기지학, 즉 자신을 위한 공부란 어떤 것일까? 퇴계 선생은 이를 숲속의 난초에 비유해서 설명한 바 있다. 즉 숲속의 난초는 남이 봐주기를 기대하여 꽃과 향기를 피우는 것이 아니라 오직 자신이 가진 본성을 발현하기 위해 꽃을 피운다. 숲속의 난초처럼 다른 사람의 이목이나 다른 무엇을 위한 수단이 아니라 자신의 삶의 목표와 가치관을 한 단계 고양시키기 위해 공부하는 것이 자신을 위한 공부라는 말이다. 물론 유학의 삶의 목표는 자신의 본성을 완전히 실현하는 성인聖人이 되는 일이다.

퇴계 선생은 돌아가시기 2년 전 자신이 평생 동안 공부한 것을 총정리해서 『성학십도聖學十圖』라는 책을 썼다. 그리고 그것을 어린 선조 임금에게 보냈다. 이 책에서 퇴계 선생은 나를 위한 공부의 핵심은 '경敬'이라고 하였다. '경'이 『성학십도』의 제1도인 〈태극도太極圖〉에서 제10도인 〈숙흥야매잠도夙興夜寐箴圖〉를 관통하는 유일한 공부 방법이라는 것이다.

일어나는 마음을 깨어서 지켜보는 것을 '자각'이라고 한다. 그러나 자각만으로는 충분하지 않다. 자각과 함께 그 마음을 온전히 경험하는 것이 중요하다. 일어나는 마음을 온전히 경험하는 것을 '현존'이라고 한다. 예를 들어 내 마음에서 불안이 느껴진다면 그 불안이라는 느낌을 거부하거나 동일시하지 않고, 그 불안을 온전히 경험하는 것이 현존이다. 마음이 항상 '지금 여기에' 있다는 것은 자각과 현존이 동시에 일어난다는 뜻이다.

우리가 경험할 수 있는 것은 오직 지금 여기서 벌어지고 있는 사건과 그 사건에 대한 우리의 느낌과 생각과 행동뿐이다. 지금 일어나는 나의 경험은 이 순간 우주가 나에게 주는 유일한 것이다. 만일 그 경험을 온전히 받아들이고 이해한다면 나의 본성이 스스로 펼쳐져 발현될 수 있다. 우리가 겪는 경험과 그 경험을 통해 일어나는 마음을 깨어서 지켜보며, 동시에 그 일어나는 마음으로부터 도망치지 않고 그것을 온전히 경험하는 것, 그것이 바로 '나를 위한 공부爲己之學'의 비법이다.

그런 의미에서 오늘날 우리의 공부는 위기지학이 되기 어렵다. 왜냐하면 그 대상인 근대 학문은 객관성을 추구하는데, 이때의 객관성이란 연구자의 주관을 철저히 배제하는 것을 의미하기 때문이다. 근대 학문을 단순화시켜 말하면 연구 대상에 대한 관찰과 실험을 통해 입증된 주장들을 모아놓은 객관적 자료들이라고 할 수 있다. 학교에서 가르치는 교육 내용은 이러한 객관적인 자료들 중 중요한 것들을 선별하여 모아 놓은 것에 지나지 않는다. 이런 지식을 습득하는 것으로 학습자의 삶의 목표와 가치관을 변화시키리라고 기대하기는 어렵다. 나의 공부가 위기 지학인지 위인지학인지 구별하는 한 가지 방법이 있다. 그것은 공부를 한 뒤 나의 삶과 가치관이 변화했는지 확인하면 된다. 공부를 했는데도 나의 삶이나 가치관에 조금도 달라진 것이 없다면 그것은 위인지학일 뿐이다.

2. 무아지애無我之愛-내가 없는 사랑

공자께서 말씀하셨다. "증삼아, 나의 도는 한 가지로써 모든 것을 꿰뚫고 있느니라." 그러자 증자가 말했다 "예." 공자가 밖으로 나가자 제자들이 여쭈었다. "무슨 말씀이십니까?" 증자가 대답하였다. "스승의 도는 충忠과 서恕일 뿐이다."[23]

위의 글은 아마 공자 만년의 일화일 것이다. 상황을 재구성해보면 다음과 같다. 공자와 제자들이 한 방에 앉아서 토론하고 있다. 이때 공자가 증자를 불러 자신이 평생 공부하여 발견한 진리는 하나라고 말한다. 이 진리는 물론 '인仁'일 것이다. 이 말을 하고 공자는 밖으로 나간다. 이때 나머지 제자들이 궁금해서 물어본다. 증자는 제자들에게 선생님의 도는 충忠과 서恕라고 대답한다.

인은 무엇일까? 그리고 인과 충서忠恕는 어떤 관계에 있는 것일까? 단순하게 말하면 인은 사랑이라고 할 수 있다. 어리석은 제자 번지樊遲가 인을 묻자 공자는 "사람을 사랑하는 것이다"라고 하였다.[24] 그러나 인은 단순한 사랑은 아니다. 앞의 인용문으로 돌아가 충서의 의미부터 먼저 살펴보기로 하자. 증삼이 인을 충서로 요약할 때 서에 대한 이해는 비교적 쉽다. 형병邢昺은 충서를 '속마음을 다하는 것'과 '자기를 헤아려 다

---

23. 子曰 參乎 吾道 一以貫之 曾子曰 唯 子出 門人問曰 何謂也 曾子曰 夫子之道 忠恕而已矣 (「里仁」 제15).
24. 樊遲問仁 子曰 愛人(「顔淵」 제22).

른 사람의 마음을 헤아리는 것'이라고 하고, 주자는 '자신을 다하는 것盡己'과 '내 마음을 미루어 다른 사람의 마음에 미치는 것推己'로 주석했다. 정자程子도 충忠과 서恕를 파자破字하여 충은 중심中心이고 서는 여심如心이라고 하였다. 여기서 서는 내 마음을 살펴 다른 사람의 마음을 헤아리는 것이라고 할 수 있다. 그렇다면 내 마음을 살펴 다른 사람의 마음을 헤아리는 것은 인과 무슨 상관인가? 그리고 속마음을 다하는 것과 자신을 다하는 것, 혹은 중심이란 무엇일까?

증자가 인을 충과 서로 나눈 것에 대해 그것이 공자의 일이관지一以貫之를 이이관지二以貫之로 만든 것이라는 논란이 있다. 다른 곳에서 공자는 자공子貢이 '한 말씀으로 종신토록 행할 만한 것이 있습니까?'라고 묻자 '아마 서恕일 것이다. 자기가 하지 않는 것을 남에게 베풀지 말라는 것이다'라고 하였다.[25] 이런 점을 고려하여 다산茶山은 일이관지의 일一에 해당되는 것이 궁극적으로 서라고 주장하였다. 즉 다산은 서는 '다른 사람의 마음을 헤아리기를 내 마음같이 하는 것'이며 충은 '진심으로 남을 섬기는 것'으로서, 충은 결국 구체적인 인간관계에서 서를 행하는 방법에 불과하기 때문에 더 근본적인 것은 서라고 하였다.[26] 그러나 이는 공자의 인을 제대로 이해하지 못하고 자구에만 얽매여 해석한 결과이다. 다음의 글을 읽어보자.[27]

원래 사람들은 모두 똑같은 자연적인 욕망을 갖도록 되어 있는데, 이로 말미암아 사람들은 남을 사랑하는 일은 곧 그들 자신

---

25. 子貢問曰 有一言而可以終身行之者乎잇가 子曰 其恕乎인저 己所不欲을 勿施於人이니라 (「衛靈公」 제23).
26. 盡己之謂忠 推己之謂恕 然忠恕非對待之物 恕爲之本而所以行之者 忠也, 以人事人而後 有 忠之名 獨我無忠 雖欲先自盡己 無以着手 今人皆認吳道爲先忠而後恕 失之遠矣 方其忠時 恕已久矣(『論語古今註』 권2, 『與猶堂全書』 제5책, 제2집(서울 여강출판사 영인본, 150쪽).
27. 존 로크(1994), 『통치론/자유론』, 이극찬 옮김, 삼성출판사, 31~32쪽.

을 사랑하는 일과 마찬가지로 자신의 의무라는 것을 알게 되었다. 왜냐하면 서로 평등한 것들은 모두 똑같은 척도를 갖게 될 것이기 때문이다. 사람이라면 누구나 마음속에서 바라게 될 것과 같은 선한 것을 나도 반드시 다른 사람들로부터 받아들이기를 바라게 될 것이다. 우리들은 모두 똑같은 성질을 가지고 있는 존재이므로 분명히 다른 사람의 마음속에도 품어지기 마련인 똑같은 욕구를 만족시켜주도록 자기 자신도 유의하지 않는다면, 어떻게 자기 자신의 욕구가 조금이라도 만족되어지기를 기대할 수가 있을까? 만일 이와 같은 욕구에 어긋나는 것을 그들에게 제공하게 된다면 반드시 모든 점에서 그와 같은 경우가 나의 마음을 아프게 할 것과 마찬가지로, 그들의 마음도 아프게 할 것임에 틀림이 없다. 그러므로 만일 내가 남에게 어떤 해를 끼친다면, 나도 남으로부터 어떤 해를 받게 될 것을 예기하지 않으면 안 된다. 왜냐하면 다른 사람들이 내가 그들에게 표시한 것 이상의 사랑을 나에게 표시해야 할 이유는 없기 때문이다. 따라서 원래 자기와 평등한 사람들로부터 되도록 많은 사랑을 받고 싶으면, 당연히 그들에게 대해서도 전적으로 똑같은 사랑을 베풀어야 할 의무가 생겨나게 되는 것이다.

조금 장황하지만 위의 글은 유학자의 글이 아니다. 마치 『대학』의 혈구지도絜矩之道를 연상시키는 이 글은 근대를 설계한 대표적인 인물인 로크가 그의 『통치론』에서 '현명한 두뇌의 소유자'라고 칭찬한 후커 Hooker의 글을 인용한 것이다. 만약 우리가 다산茶山과 같이 인仁을 서恕로 이해하면—다산에서 근대성을 찾고자 하는 사람들은 기뻐할지도 모르지만—그의 주장은 로크의 자연법 주장과 거의 같아질 것이다. 그러나 인은 결코 서와 같은 것이 아니다.

우리가 『논어』를 해석할 때 가장 중요하게 고려해야 할 사항은 그 문답이 어떤 제자와 함께 이루어졌는가 하는 것이다. 공자가 평생 행할 만한 것이 서恕라고 말한 자공은 공자가 크게 신뢰하지 않은 제자였다. 공자는 자공에 대해 그 재주가 덕을 해치지 않을까 끊임없이 염려하였다.[28] 그래서 자신의 한계를 분명히 인식시키려고 했다. 다음의 대화를 살펴보자.[29]

　　　자공이 말했다. "저는 남이 나에게 가하지 않은 것을 또한 남에게 가하지 않으려고 합니다." 공자께서 말씀하셨다. "자공아, 그것은 네가 미칠 수 있는 경지가 아니니라."

남이 나에게 가하지 않은 것을 나도 남에게 가하지 않는다는 의미는 무엇일까? 단지 남이 나를 해치지 않으니 나도 남을 해치지 않는다는 의미일까? 왜 공자는 자공이 미칠 수 있는 경지가 아니라고 했을까? 주자가 말했듯이 인仁은 억지로 힘쓰지 않고 저절로 되는 것不待勉强이기 때문일까? 주자의 말과 같이 이 말이 인을 의미한다는 것은 분명하다. 그리고 이 말은 정말로 인이 되기 위해서는 나를 둘러싼 모든 것이 나에게 긍정적인 것만을 준다는, 존재계 전체가 나와 연결되어 나를 위해 존재한다는 매우 긍정적인 세계관이 전제되어야 한다. 『성경』에 "범사凡事에 감사하라"는 구절(「데살로니가전서」 5:18)과 같이 모든 일에 감사하면

---

28. 다음의 구절이 대표적인 것이다.
　　"공자께서 자공에게 말씀하셨다. '너와 안회를 견준다면 누가 더 나으냐.' 자공이 대답하였다. '제가 어찌 안회를 바라볼 수 있겠습니까? 안회는 하나를 들으면 열을 알고, 저는 하나를 들으면 둘밖에 모릅니다.' 스승께서 말씀하셨다. '그래 너는 안회만 못하느니라. 나와 너는 안회에게 미치지 못하느니라'(子謂子貢曰 女與回也 孰愈 對曰 賜也何敢望回 回也 聞一以知十 賜也 聞一以知二. 子曰 弗如也 吾與女 弗如也)"(「公冶長」 제8). 공자는 왜 자공의 자존심을 시험하려 했을까? 융의 분석심리학을 원용하면 안회는 공자의 페르소나이고 자공은 그림자이다. 안회는 공자 자신의 결점을 가려주는 가면과 같다. 반면 자공은 공자 자신의 결점을 밖으로 드러내 주는 그림자이다. 자신의 결점이 그대로 드러나는 제자를 본다는 것은 얼마나 괴로운 일일까?
29. 子貢曰 我不欲人之加諸我也 吾亦欲無加諸人 子曰 賜也 非爾所及也(「公冶長」 제11).

서 살아가는 삶이야말로 사랑에 충만한 삶이라고 할 수 있기 때문이다.

중심이란 정자의 말과 같이 마음이 가운데 있는 것이다. 이는 '인仁한 상태'를 나타내는 말이다.[30] 마음이 가운데 있다는 것은 시간적, 공간적으로 내 마음이 가운데에 있다는 말이다. 즉 내 마음이 지금, 여기에 존재하는 것이다.[31] 다른 곳에서 공자는 다른 제자들은 하루나 한 달에 한 번 인에 이를 뿐이지만, 안회는 그 마음이 3개월간 인에서 벗어나지 않았다고 칭찬하고 있다.[32] 이는 마음이 지금, 여기에 존재하기가 그만큼 어렵다는 것을 말하고 있는 것이다.

충의 의미를 이와 같이 해석할 때 서는 이러한 인한 상태가 구체적으로 적용되는 것에 지나지 않는다. 즉 내 마음이나 너의 마음이나 같다는 것이다. 내가 좋아하는 것이면 너도 좋아할 것이고 내가 싫어하는 것은 너도 싫어할 것이라는 것이 여심如心이다. 그래서 공자는 인을 묻는 다른 제자에게 내가 원하지 않는 것은 남에게도 시키지 않는 것이 인이라고 말하고 있다.[33] 이처럼 다산茶山의 생각과는 달리 인의 근본은 서가 아니라 충이다. 이를 추론해볼 수 있는 또 한 가지 사례가 있다.[34]

공자께서 시냇가에 계시면서 말씀하셨다. "가는 것이 이 물과 같구나. 밤낮을 그치지 않는도다."

---

30. 중심의 의미는 『莊子』「天道」편에 나와 있다. 즉 공자가 주나라 왕실의 도서관에 자신의 저서를 소장케 하기 위해 노자를 찾아가서 문답한 내용 중에 나온다. '인의가 무엇이냐'는 노자의 물음에 공자는 '마음이 지금 여기에 있어 만물이 기뻐서 널리 사랑하여 사심이 없는 것'이 인의의 정情이라고 대답한다. 이에 노자는 사심을 없애려는 노력이 바로 사심이라고 반박한다(老聃曰. "請問, 何謂仁義". 孔子曰. "中心物(易)愷, 兼愛无私, 此仁義之情也." 老聃曰. "意, 幾乎後言! 夫兼愛, 不亦迂乎! 无私焉, 乃私也." 안동림 역주, 357쪽).
31. 양명은 이를 "양지에는 과거도 없고 미래도 없다. 다만 현재의 기미를 알 뿐이다(良知無前後 只在得見在的幾)"라고 했다(정인재, 한정길 역주, 『傳習錄』 권 하, 청계, 2001, 754쪽).
32. 子曰 回也 其心三月不違仁 其餘則日月至焉而已矣(「雍也」 제5).
33. 仲弓問仁 子曰 出門則如見大賓 使民如承大祭 其所不欲 勿施於人…(「顏淵」 제2).
34. 子在川上曰 逝者如斯夫 不舍晝夜(「子罕」 제16).

이 구절에 대한 설명은 『논어』에는 없다. 다행히 『맹자』에 이에 대한 설명이 보인다.[35]

　　　　서자가 물었다. "중니(仲尼)께서 자주 물을 칭찬하시어 '물이여, 물이여!' 하셨으니 어찌하여 물을 취하셨습니까? 맹자께서 대답하셨다." 근원이 있는 샘이 혼혼(混混)히 흘러 밤낮을 그치지 아니하여 구멍(科)이 가득 찬 뒤 전진하여 사해에 이르나니 근본이 있는 자가 이와 같다. 이 때문에 취하신 것이다.

과는 벼를 뽑고 난 구멍을 말한다. 영과盈科라는 말은 좋은 말이다. 이는 유가의 인설仁說이 묵자의 겸애설兼愛說과 구별되는 지점이다. 근원이 있는 샘은 물론 우리 마음속에 있는 인, 즉 사랑의 샘을 말한다. 사랑의 샘에서 솟아난 물은 먼저 주위에 있는 구멍을 메우고 넘쳐야 흘러 나간다. 즉 사랑이란 나와 가장 가까이 있는 사람, 즉 부모 혹은 부부에서 시작되어 멀리 있는 사람에게 흘러넘친다는 것이다.

사랑의 샘의 출발이 부부간인가 부모 자식 간인가에 대해서는 논란이 있을 수 있다. 맹자는 부모 자식 간이라고 하고,[36] 『중용中庸』에서는 부부간이라고 하고 있다.[37] 이 논란은 닭과 달걀의 선후와 같이 결론지을 수 없는 것이다. 그렇지만 우리의 삶과 관련해서 생각해보면 연인 간의 사랑에서 부부간의 사랑을 거쳐 부모 자식 간의 사랑으로 그 배움의 과정이 이어진다고 보는 것이 좋을 것이다.

루이스C. S. Lewis는 사랑을 '필요에 의한 사랑'과 '선물로서의 사랑'으로, 매슬로우A. Maslow 는 '결핍의 사랑'과 '존재의 사랑'으로 나누었다. 앞서 로크의 글을 인용하였지만 필요에 의한 사랑과 결핍의 사랑은 진

---

35. 徐子曰 仲尼 稱於水曰 水哉水哉 何取於水也 孟子曰 原泉 混混 不舍晝夜 盈科而後進 放乎四海 有本者如是 是之取爾(『孟子』「離婁章句」下 18).

정한 사랑이 아니다. 그것은 거래이다. 성숙한 사랑은 맹자의 주장과 같이 흘러넘치고 나누게 된다. 성숙한 사랑은 빠지는 것이 아니라, 홀로 서 있는 것이다. 오직 미성숙한 사랑만이 빠진다. 존재의 사랑은 그 자신이 사랑이 되는爲仁 것이다. 그 사랑은 흘러넘친다. 그것은 선물이 된다.

그러나 우리의 마음속에는 커다란 바위가 그 사랑의 샘을 막고 있다. 그 바위의 이름은 '나我, 己, 身'이다. 인은 '행하는' 것이 아니라 '되는爲仁' 것이다. 안회와 같은 진정한 구도자는 진리를 배우려 하지 않는다. 그는 스스로 진리 자체가 되기를 원한다. 그는 알고 싶은 것이 아니라 되고 싶은 것이다. 사랑을 아는 것과 사랑이 되는 것은 엄청난 차이가 있다. 아는 것은 경전이나 고상한 책들로부터 얻을 수 있지만, 되는 것은 살아

---

36. 『맹자』에서 다음의 두 구절이 사랑이 부모 자식 간에서 비롯되는 것임을 분명히 보여주고 있다.

　　어려서 손을 잡고 가는 아이가 그 어버이를 사랑할 줄 모르는 이가 없으며, 그 장성함에 미쳐서는 그 兄을 공경할 줄 모르는 이가 없다. 어버이를 친애함은 仁이요, 어른을 공경함은 義이니, 이는 다름이 아니라, 온 천하에 공통되기 때문이다(孩提之童 無不知愛其親也 及其長也 無不知敬其兄也 親親 仁也 敬長 義也 無他 達之天下也. 『孟子』「盡心章句」上 15).

　　公孫丑가 말하였다. "君子가 〈직접〉 아들을 가르치지 않음은 어째서입니까?" 맹자께서 말씀하였다. "勢가 행해지지 않기 때문이다. 가르치는 자는 반드시 올바른 길로써 하는데, 올바른 길로써 가르쳐 행하지 않으면 노함이 뒤따르고, 노함이 뒤따르면 도리어 〈자식의 마음을〉 상하게 된다. 〈자식이 생각하기를〉'夫子(아버지)께서 나를 바른 길로써 가르치시지만 夫子도 〈행실이〉 바른길에서 나오지 못하신다.' 한다면 이는 부자간에 서로 〈의를〉 상하는 것이니, 부자간에 서로 상함은 나쁜 것이다. 옛날에는 아들을 서로 바꾸어 가르쳤다. 부자간에는 善으로 책하지 않는 것이니, 善으로 책하면 〈情이〉 떨어지게 된다. 情이 떨어지면 不祥(나쁨)함이 이보다 더 큼이 없는 것이다(公孫丑曰 君子之不敎子 何也. 孟子曰 勢不行也. 敎者 必以正 以正不行 繼之以怒 繼之以怒 則反夷矣 夫子敎我以正 夫子 未出於正也 則是父子相夷也 父子相夷 則惡矣. 古者 易子而敎之. 父子之間 不責善 責善則離 則不祥 莫大焉)"(『孟子』「離婁章句」上 18).

37. 『中庸』의 경우 다음의 구절이 '인'의 출발이 부부간임을 말하고 있다. 여기서 군자의 도는 곧 인을 말한다. "君子의 道는 費하고 隱하니라. 夫婦의 어리석음으로도 참여하여 알 수 있으되 그 지극함에 이르러는 비록 聖人이라도 또한 알지 못하는 바가 있으며, 부부의 不肖함으로도 능히 행할 수 있으되, 그 지극함에 이르러는 비록 聖人이라도 또한 능하지 못한 바가 있으되, 天地의 큼으로도 사람이 오히려 한하는 바가 있는 것이다. 그러므로 君子가 큰 것을 말할진댄 天下가 능히 싣지 못하며, 작은 것을 말할진댄 天下가 능히 깨뜨리지 못한다(君子之道 費而隱. 夫婦之愚 可以與知焉 及其至也 雖聖人 亦有所不知焉 夫婦之不肖 可以能行焉 及其至也 雖聖人 亦有所不能焉 天地之大也 人猶有所憾 故 君子語大 天下莫能載焉 語小 天下莫能破焉)"(『中庸』 제12장).

있는 그대로의 존재이며 그 자체로 성장하는 것이다. 인은 지식이 아니라 존재이다. 나의 의지와 관계없이 이루어지는 것이 사랑이다. 내가 사랑이 되면 세상 전체가 사랑 속에 있게 된다. 그래서 사랑이 되는 것은 자신으로 말미암는由己 것이지 다른 사람에게서 전하여 받는 것由人이 아니라고 한 것이다.

예禮란 무엇인가? 주자는 예禮를 천리天理의 절문節文이요 인사人事의 의칙儀則이라고 하였다. 절은 마디를 말한다. 절문이란 마디가 있는 무늬이다. 즉 천리는 마디 있는 무늬와 같이 질서가 있다는 뜻이다. 이러한 하늘의 이치가 인간관계에 질서 있게 그려져 있는 무늬가 곧 예인 것이다. 이러한 인을 가로막는 것이 바로 '나己'라고 하는 생각이다. 진정으로 자유로운 사람은 자유나 구속에 대한 생각조차도 없다. 자유는 그의 존재 자체가 된 것이다. 결론적으로 인은 사랑이되 '나'가 없는 사랑無我之愛이다.[38]

인은 열매, 즉 씨앗이다. 우리는 누구나 사랑이라는 씨앗을 가지고 있다. 누구나 적절한 조건이 주어지면 발아하는 씨앗인 것이다. 그래서 한의학에서는 은행씨, 복숭아씨를 행인杏仁, 도인桃仁이라고 한다. 그러나 인은 결코 딱딱한 껍질 속에 갇혀 있는 것은 아니다. 인은 외부에 대한 감수성이다. 한의학에서 불인不仁을 마비痲痺라고 규정하듯이 인은 마비되지 않은 민감한 마음이다.

서구 근대 이념에서의 자유는 욕망 추구의 자유이다. 로크J. Locke는 그의 『통치론』에서 인간은 자유롭고 평등하며 각자는 자신의 주인이며 재판관이라고 하였다. 이때 자유는 자신의 행복 추구의 자유이다. 밀J. S. Mill 또한 그의 『자유론』에서 "적어도 '자유'라고 불릴 만한 유일한 자유는, 우리들이 다른 사람들의 자유를 빼앗지 않는 한, 또는 자유를 얻으

---

38. 無我之愛이기 때문에 仁은 곧 公이 될 수 있는 것이다(蓋公則仁 仁則愛 孝悌其用也 而恕其施也 知覺乃知之事, 朱子의 「仁說圖」).

려고 하는 다른 사람들의 노력을 방해하지 않는 한, 우리들 자신이 좋아하는 방식으로 우리들 자신의 행복을 추구하는 자유이다"라고 주장하였다.[39] 물론 이러한 자유에 대한 규정은 인간의 욕망을 원죄로 규정한 기독교의 금욕주의에 대한 반동에서 비롯된 것이다. 그러나 이러한 욕망 추구의 자유로 인해 인간은 과연 얼마나 행복해졌을까?

근대 사회에서 행복이란 욕망의 충족을 말한다. 행복지수의 공식은 분모를 욕망으로 하고 분자를 욕망 충족으로 한다. 그러나 끊임없이 새로운 욕망을 창출하여 소비를 불러일으켜야 생존할 수 있는 자본주의의 운명은 인간의 욕망을 무한대로 팽창시키고 있다. 탈근대의 설계에서 근본이 되는 것은 따라서 새로운 기술의 개발에 의한 욕망의 충족이 아니라 욕망을 감소시킬 수 있는 방안이다.

욕망은 왜 생겨나는 것일까? 욕망은 결핍감에서 비롯되는 것이다. 무엇인가 충족되지 못한 결핍감이 욕망을 부른다. 이러한 결핍감을 충족시킬 수 있는 유일한 대안이 바로 사랑이다. 자기 자신이 그 근원을 알 수 없는 무한한 용량을 가진 사랑의 샘이라는 것을 깨닫는 것이 욕망의 갈증을 채울 수 있는 유일한 대안이다.

근대의 기획에서 자유는 개인이 갖는 권리이다. 개인은 데모크리토스의 원자에 대한 정의와 같이 더 이상 나눌 수 없는 단단한 고체 입자와 같이 분리된 존재이다. Individual이란 in이라는 부정어와 '나누다'라는 divide가 결합한 말이다. 이러한 개인은 융C. G. Jung의 말과 같이 망망대해에 점점이 떠 있는 외로운 섬과 같은 존재이다. 자유가 권리라고 할 때 권리는 타인에게 행사하는 배타적인 힘이다. 권리는 개인과 개인의 욕망 추구의 자유가 서로 충돌할 때 힘을 발한다. 우리가 인간관계에서 권리를 말할 때가 언제일까? 부부 사이에 사랑이 충만해 있을 때 그 누

---

39. 존 로크·존 스튜어트 밀(1994), 『통치론/자유론』, 이극찬 옮김, 삼성출판사. 228쪽.

구도 권리를 언급하지 않는다. 권리는 서로 간에 갈등이 발생할 때, 사랑이 깨졌을 때 그 힘을 발휘한다. 우리가 사랑 속에 있을 때 우리는 물 위에 떠 있는 섬을 버리고 물속으로 서로 연결되어 있다. 앞에서 공자가 안회에게 '자기를 이겨 예로 돌아가는 것이 인이 되는 것이다'라고 했듯이, 섬과 섬이 물속에서 서로 연결되어 있음을 깨닫는 것은, 물 위에 나와 있는 '나'라는 섬을 버려야 가능한 것이다.

이처럼 서구 근대의 자유와 인권은 필연적으로 대립관계에 있는 둘 이상의 개인이나 단체를 전제로 하여 성립된 것이다. 자유와 인권이 등장하게 되는 것은 부부간의 사랑이 깨졌을 때, 재산이나 자식의 양육을 둘러싸고 서로 대립할 때이다. 그래서 마르크스도 인간의 권리니 기본권이니 하는 논의는 인간과 인간을 적대관계로 만들고, 개인을 그가 속한 공동체로부터 이간질시켜 버린다고 지적하면서, 권리란 이기적인 부르주아들의 전유물이라고 비판한 바 있다.[40] 즉 자유와 인권은 인간과 인간을 서로 떼어놓으려는 고립성에 그 기반을 두고 있지, 인간과 인간을 결합시키려는 화합성에 그 기반을 두고 있지는 않다는 것이다.

서구 근대 자본주의 사회에서의 교육 목적은 자기 노동력의 가치―요즈음 말로는 몸값―를 높이는 것이다. 자본주의의 준거는 마르크스가 말한 대로 자유로운 임노동의 출현이다. 그래서 서구 근대 사회에서 교육이란 객관적 지식을 흡수하여 자신의 노동력의 가치를 높이는 활동이 되었다.[41] 교육 목적이 몸값을 높이는 것이 된 것은 서구 근대가 자유를 욕망의 자유로 이해했기 때문이다. 그리고 행복을 욕망의 충족으로 정의했기 때문이다. 그러나 인仁, 즉 내가 없는 사랑無我之愛은 욕망과는

40. Karl Marx, 'On the Jewish Question', Karl Marx and Frederick Engels, Collective Works, III(London, 1975), 162쪽; 이승환(1994), 「왜 유학에서는 권리존중의 윤리관이 형성되지 못했는가」, 중국철학연구회 편저, 『중국의 사회사상』, 형설출판사, 46쪽에서 재인용.
41. 자세한 내용은 정재걸(2002), 「전통교육, 근대 교육, 탈근대 교육」(『동양사회사상』 제6집)을 참조할 것.

다르다. 욕망은 맹목적이지만 사랑은 맹목적이지 않다. 사랑은 가장 분명한 통찰력, 신선한 눈을 준다. 삶이란 사랑 속에서 존재하고, 삶은 창조적인 일 속에 있으며, 또한 학생들이 자신의 내면의 존재를 이해하는 가운데에 있다. 아이는 부모를 통해 세상에 나왔지만, 부모는 단지 통로일 뿐이다. 칼릴 지브란이 말하듯이,[42] 아이들의 영혼은 내일의 집에 살고 있다. 부모들은 결코 찾아갈 수 없는, 꿈속에도 찾아갈 수 없는 내일의 집에. 그래서 부모는 활이요, 그 활에서 아이들은 살아 있는 화살처럼 미래로 날아간다.

자유, 그것은 외부 세계와는 아무런 관계가 없다. 진정한 자유는 정치적이거나 경제적인 것이 아니다. 정신적이고 영적인 문제이다. 정치적인 자유는 어느 순간이라도 빼앗길 수 있다. 경제적인 자유 또한 아침의 이슬이 증발하듯이 언제라도 사라질 수 있다. 그러나 진정한 자유는 다른 사람의 손에 달린 것이 아니다. 다른 사람의 손에 달린 것이라면 절대로 진정한 자유라고 할 수 없다. 진정한 자유는 과거로부터의 자유, 미래로부터의 자유이다. 과거와 미래의 짐을 벗고 현재에 사는, 지금 이 순간에 사는中心 사람은 자유의 맛을 안다.

---

42. 『또 하나의 여인이 나를 낳으리라(1)』, 류시화 옮김(2001), 정신세계사, 190쪽.

3. 성선性善의 이해와 탈현대

『맹자』에는 많은 논란을 일으키는 한 구절이 있다.

> 孟子께서 말씀하셨다. "大人이란 赤子의 마음을 잃지 않은 자
> 이다."[43]

대인이란 성인과 같다. 물론 엄격하게 말하면 맹자는 대인을 미인美人
과 성인聖人 사이에 있는 존재라고 했다.

> 浩生不害가 물었다. "樂正子는 어떠한 사람입니까?"
> 孟子께서 말씀하셨다. "善人이며, 信人이다."
> "무엇을 善人이라 이르며, 무엇을 信人이라 이릅니까?"
> "가욕스러움을 善人이라 이르고
> 善을 자기 몸에 소유함을 信人이라 이르고
> 充實함을 美人이라 이르고
> 充實하여 光輝함이 있음을 大人이라 이르고
> 大人이면서 변화시킴을 聖人이라 이르고,
> 성스러우며 알 수 없는 것을 神人이라 이른다.

---

43. 孟子曰 大人者 不失其赤子之心者也(『맹자』「離婁章句」下).

樂正子는 두 가지의 중간이요 네 가지의 아래이다."[44]

악정자는 노나라의 대부로서 일찍이 맹자를 평왕에게 추천한 바 있는 사람이다. 맹자는 악정자가 정사를 맡게 되자 매우 기뻐하였다. 가욕可欲스럽다는 것은 자신의 본성에 따라 행함을 말한다. 그리고 그러한 행위는 결국 사람들이 지향하는 것이자, 또한 사람들의 소망에 부합하는 것이다. 그러한 행함이 몸에 갖추어진 것이 신뢰로운 사람信人이다. 신뢰로운 사람은 외면의 가식이 아니라 그 덕성을 자신의 몸에 갖추고有諸己 있는 사람이다. 몸에 갖추어진 것이 오래 되면 그것이 밖으로 드러난다. 아름다움은 전면적인 것이다. 이상적 인격은 각 요소들이 통일되어야 함을 말한다. 그 모습이 빛이 난다는 것은 그 천진스러운 모습이 다른 사람의 주목을 끈다는 것이다. 안으로 충실하면 반드시 밖으로 드러나게 되어 있다. 다른 사람의 주목을 끌어 변화를 시킬 수 있는 사람이 성인이다. 그리고 성인의 모습이 세속을 떠난 듯이 보이지만 소리 없이 사물에 영향을 미치는 것을 일러 신인이라고 부른다.

대인은 유학자들이 지향하는, 공부를 하는 목적이다. 그렇다면 대인大人의 마음과 적자赤子의 마음은 완전히 동일한 것인가? 만약 그렇다면 적자赤子의 마음을 보존하는 것과 적자赤子의 마음을 회복하는 것復其初은 같은 것이라고 해야 하지 않는가? 모든 것을 잃었다가 다시 회복한 사람과 계속하여 그것을 가지고 있었던 사람은 어떤 차이가 있을까?

주자는 「학이편」의 주석에 학學이란 본받는다效는 뜻이라고 했다. 그리고 본받음의 목적은 그 시초를 회복함復其初이라고 했다. 그 시초는 무엇인가? 그 시초가 바로 적자지심이다. 그런데 왜 유학에서는 어린아이

44. 浩生不害問曰 樂正子 何人也 孟子曰 善人也 信人也 何謂善 何謂信 曰 可欲之謂善 有諸己之謂信 充實之謂美 充實而有光輝之謂大 大而化之之謂聖 聖而不可知之之謂神 樂正子二之中 四之下也(『맹자』「盡心章句」下).

의 마음을 '유지'하는 것을 말하지 않고 '회복'하는 것을 말했을까? 그 까닭은 유학에서는 어린아이의 순진한 마음은 세상을 살아가면서 필연적으로 잃을 수밖에 없다고 생각했기 때문이다. 유학이라는 학문이 춘추전국시대라는 혼란한 시기에 탄생했고, 또 그런 혼란을 극복하기 위해 태어난 것이라는 점을 고려할 때 이는 충분히 이해가 된다.

그런데 세상에는 그런 어린아이와 같은 순진한 마음을 잃지 않고 살아간 사람들도 있다. 아메리카 인디언이 그 대표적인 사람들이다. 그들은 부족 단위의 작은 집단을 이루어 살면서 나만의 이익을 추구하거나 남을 해치려는 마음이 생기면 혼자 부족을 멀리 떠나 산꼭대기나 바위위에 올라갔다. 그곳에서 위대한 어머니 대지와의 교감을 통해 다시 어린아이와 같은 마음을 회복한 뒤 마을로 돌아오곤 했던 것이다. 이런 까닭에 루소는 이들을 '현명한 야만인'이라고 불렀던 것이다.

맹자의 성선에 대한 해석은 두 가지가 있다. 그 한 가지는 본성은 본능과 같이 인간이 타고난 것이며, 본능과 마찬가지로 도덕적 판단이나 선의지에 앞서 발현된다는 것이다. 또 한 가지 입장은 본성은 타고난 것이지만 사려를 통해 본능과 본성 중에서 선택하는 것이라는 주장이다. 후자의 입장을 취하는 사람들이 즐겨 인용하는 구절은 다음과 같다.

귀와 눈과 같은 감각기관은 생각하지 않아서 사물에 가려지니 사물과 사물이 교제하면 끌어당길 뿐이다. 마음이라는 기관은 생각을 하니 생각하면 얻고 생각하지 않으면 얻지 못한다. 이것은 하늘이 나에게 내려준 것이다. 먼저 그 대체를 세우면 소체가 빼앗을 수 없으니 이것이 대인이다.
_「고자」 상 15장

맹자는 "물고기도 내가 원하는 것이요, 곰발바닥도 내가 원하는 것이지만 두 가지를 겸할 수 없다고 한다면 물고기를 버리고 곰발바닥을 취할 것이다(「고자」상 10장)"라고 하여 본능적인 욕구보다 도덕적 본성이 우위를 점하는 현상은 모든 사람에게 보편적인 것이라고 보았다. 이러한 입장에서 정용환은 다음과 같이 주장하였다.[45]

> 사려를 통해 자신의 마음을 다하는 것盡心이야말로 하늘 혹은 자연의 의도에 가장 잘 부합하는 것이다. 선천적 본성을 늘 사려한다면 후천적 행위들은 저절로 윤택해진다. 맹자의 호연지기야말로 마음의 사려가 원활하게 작동함으로써 본성의 힘이 생리적인 영역에 잘 발휘된 대표적인 경우이다. 맹자에 의하면 뜻은 기의 장수이다.

이런 주장에 근거하여 정용환은 "맹자가 말하는 마음의 사려가 잘 작동한다면 타락의 유혹이나 도덕적 나태를 극복하고 선의지를 잘 실천할 수 있다"고 말하고 있다.[46] 그러나 이런 주장이야말로 맹자를 오독하는 대표적인 주장이다. 만약 맹자의 주장이 도덕적 선의지를 잘 발현해야 한다는 것이라면 맹자는 근대 계몽주의자들의 주장, 특히 칸트의 실천이성과 다를 것이 없다. 앞의 인용문에서 맹자가 마음의 기능을 사려라고 한 것은 본성의 발현이 사려에 의한 것이라는 의미가 아니다. 마음이 사려를 통해 본성의 발현과 본능의 발현 중에서 본성의 발현이 더 가치가 있다는 것을 알아차릴 수 있다는 것이다.

맹자가 말하는 양지良知란 생각 이전에 발현되는 앎이고, 양능良能이란 학습 이전에 실천 가능한 행위능력을 말한다. 맹자의 주장이 근대 계몽주의자들이 주장하는 실천이성을 통한 도덕적 선의지와 같다면 왜

---

45. 정용환(2007), 「고자의 성무선악설과 맹자의 성선설」, 『동양철학연구』, 제51집, 2007, 135쪽.
46. 위의 논문, 같은 쪽.

구태여 맹자를 연구할 필요가 있을 것인가?

우리가 지금 이 시점에서 유교 교육을 새롭게 살펴보는 것은 과거 유교 교육의 모습을 있는 그대로 밝혀내고자 하는 것은 아니다. 유교 교육 속에는 문명사적 측면에서 다양한 모습이 함께 담겨 있다. 먼저 유교는 전근대적 사상이기 때문에 전근대적 요소가 많이 남아 있다. 임금과 신하의 관계를 중심으로 신하가 임금에게 일방적으로 복종하도록 강요하는 것과, 어른과 어린이, 남자와 여자 사이에 존재하는 존비와 차별이 바로 그것이다.

반면 유교 교육 속에는 현대적인 요소들도 많이 있다. 과거 한때 아시아의 네 마리 용이라고 불렸던 우리나라와 일본, 대만과 싱가포르의 발전이 바로 유교문화권의 영향 때문이라는 주장이 그것이다. 유교가 상정하는 합리적이고 근면한 인간상이 자본주의와 잘 맞는다는 것에 근거한 주장이다.

그렇지만 여기서 밝혀내고자 하는 요소는 유교 교육의 전근대적 요소도 아니고 근대적 요소도 아닌 유교의 탈현대적 요소이다. 유교 교육에는 현대 교육의 모순을 극복할 수 있는 대안적인 요소들이 많이 있다. 우리가 관심을 가지고 밝혀내고자 하는 부분이 바로 이것이다. 그렇기 때문에 이 책에서 유교 교육의 가치를 드러낸다고 해서 결코 과거 전현대 유교사회로 돌아가자는 것은 결코 아니라는 것을 말씀드리고 싶다.

유교 교육 속에서 탈현대적 요소를 밝혀내는 작업은 과거 현대 문명을 설계한 계몽주의자들이 그리스-로마 문명에서 현대 문명의 요소를 밝혀내고자 했던 작업과 상당히 유사하다. 뉴턴과 데카르트로 대표되는 계몽주의자들은 그리스-로마 문명 속에서 중세의 질곡 속에 갇혀 있던 인간의 가치를 새롭게 발견해냈다. 오늘날 현대 문명이 누리고 있는 천부 인권, 자유와 평등, 자연에 대한 과학적 접근 등은 모두 이들이 그리스-로마 문명에서 끌어왔던 요소들이다. 그렇다고 해서 이들이 과거 그리스-로마 시대로 돌아가고자 했던 것은 결코 아니었다.

유교 속에서 탈현대적 요소를 밝혀내고자 하는 시도에 대해 아직 우리나라는 현대화가 완성되지도 않았으며, 따라서 지금은 탈현대를 추구하는 것보다는 현대를 완성하는 것이 시급하다는 주장도 있다. 사실 우리나라는 서구가 300~400년에 걸쳐 이룬 정치적 민주화와 경제 발전을 불과 40~50년이라는 짧은 시기에 달성하였다. 그렇기 때문에 현대 서구 문명에 비해 여러 가지 현대화에 미비한 측면들이 많이 있다. 대표적인 사례가 사회적 약자에 대한 사회적 안전망의 미흡이라고 할 수 있다.

우리나라의 정치적 민주화와 경제적 발전을 흔히 압축성장이라고 부른다. 이런 압축성장으로 인해 서구가 300~400년간 경험한 각종 현대화의 모순 역시 압축적으로 나타나고 있다. 그 압축 모순이 바로 현대주의라는 이데올로기이다. 현대주의는 현대 문명을 맹목적으로 맹신하는 이념이다. 교육의 영역의 경우 현대주의는 맹목적인 직업교육으로 나타난다. 우리나라 교육은 어린이집부터 대학에 이르기까지 모든 교육목적이 좋은 일자리에 취업하는 것이다. 그래서 초등학교에 들어가면 아이들은 고등학교 내신 1~3등급은 치킨을 주문하고, 4~6등급은 치킨을 튀기며, 7~9등급은 치킨을 배달한다는 우스갯소리를 심각하게 받아들이는 것이다.

이 책에서 유교 교육 속에서 탈현대적 요소를 찾으려고 하는 것은 전현대적 사상 중에서 유교가 가진 독특성 때문이다. 동양의 전현대적 사상 속에는 많은 탈현대적 요소가 포함되어 있다. 불교사상 속에서는 현대의 개인주의를 극복할 수 있는 무아사상이 있고, 노장사상에는 현대의 환경문제를 극복할 수 있는 물아일체의 사상이 풍부하게 내장되어 있다. 그래서 탈현대 문명의 설계에 종사하는 많은 서구학자들은 불교와 노장사상에 많이 경도되어 있다.

그렇지만 유교가 가진 장점은 이 세상에 발을 딛고 세상 밖을 지향한다는 것이다. 불교와 노장사상의 경우 우리가 발을 딛고 있는 세상을 벗어나 새로운 세상을 추구한다. 그렇지만 유교는 지금 우리가 발을 딛고 있는 현실을 떠나서 새로운 세상을 추구하는 것은 무의미하다고 여긴다. 특히 유교의 중용사상은 선과 악, 세속과 탈속에 대한 기하학적 도식을 거부하고 주어진 상황에 가장 적합한 해결책을 찾아내는 것이 곧 선이고 탈속이라고 주장한다. 이런 측면에서 유교는 탈현대 교육을 설계하는 데 가장 적합한 사상이라고 할 수 있을 것이다.

4. 사물四勿 프로그램

안회가 인이 무엇인지 묻자 공자는 자기를 이겨 예로 돌아가면 인이 된다고 대답한다. 안회가 이어서 어떻게 자기를 이겨 예로 돌아갈 수 있는지 묻자 공자는 예가 아니면 보지도, 듣지도, 말하지도, 마음이 동하지도 말라고 하였다. 이를 흔히 사물이라고 한다. 그렇다면 사물은 구체적으로 어떻게 하라는 것일까?

만약 이 문답이 공자와 조금 모자라는 제자 번지 사이에서 일어난 것이라면 사물은 말 그대로 이해하면 될 것이다. 즉 예가 아닌 사건이나 상황을 목격하였을 경우 그것을 외면하고, 예가 아닌 말을 들었을 때에도 역시 외면하면 될 것이다. 그렇지만 공자가 자기보다 낫다고 말한 안회가 아닌가? 그런 안회에게 공자가 그런 의도로 말하지는 않았을 것이다. 그렇다면 예가 아니면 보지도 듣지도 말라는 것은 어떻게 하라는 것일까?

예란 앞에서도 언급했듯이 곧 자연을 말한다. 자연이라기보다는 자연으로 대표되는 셀프를 말한다. 따라서 예가 아니라는 것은 셀프에서 벗어난 에고의 움직임을 말한다. 그렇다면 예가 아니면 보지도 듣지도 말라는 것은 에고의 움직임을 외면하라는 뜻일까? 오히려 그 반대이다. 예가 아니면 보지도 듣지도 말라는 것은 '나'라는 에고의 작용을 깨어서 지켜보라는 뜻이다.

먼저 예가 아니면 보지도 말라는 것은 마음의 작용을 깨어서 지켜보라는 말이다. 우리의 마음은 지루해하고, 걱정하고, 불안해하고, 어떤 미래의 사건을 기대한다. 그런 마음의 작용에 빠져들지도 말고, 또 피하지도 말라. 그냥 지켜보라. 마음의 흐름은 일정한 경향성을 가진다. 그것은 비가 내리면 땅에 골이 패이는 것과 같다. 처음에는 작은 골이 패였다가 계속해서 그 골로 물이 흘러내리면 깊은 골이 패이는 것과 같다. 예가 아니면 보지도 말라는 것은 마음의 조건화를 자각하라는 뜻이다.

예가 아니면 듣지도 말라는 말은 자신의 마음속에서 자신이 말하는 것을 들으라는 것이다. 자신이 스스로의 말을 들으면 자신이 '지금 바로' 자연, 즉 예와 어떻게 연결되어 있는지 알게 될 것이다. 자신 앞에 다른 사람이 있다고 해도 구애받을 것은 없다. 당신이 게으른 직원을 나무라고 있다면 당신은 자연을 나무라고 있는 것이고, 만약 당신이 상대방에게 강한 인상을 심어주려고 노력하고 있다면, 우주에게 강한 인상을 심어주려고 노력하는 것이다. 지금 이 순간은 오직 하나의 관계만이 존재한다. 예가 아니면 듣지도 말라는 것은 지금 이 순간 그 관계가 어떻게 진행되고 있는지 듣는 것을 뜻한다.

예가 아니면 말하지도 말라는 것은 자신의 반응을 살펴보라는 것이다. 모든 관계는 쌍방향이니 무슨 말을 하건 자연은 대답해줄 것이다. 말하지도 말라는 것은 그 대답을 지켜보라는 것이다.

예가 아니면 마음이 동하지도 말라는 것은 사소한 일에 얽매이지 말고 가능한 한 효율적으로 그것을 처리하되 결코 심각해질 필요는 없다. 당신은 에고와 싸울 수 없다. 아무리 싸워 봤자 더 깊이 빠져들 뿐이기 때문이다. 자신의 반응을 살펴보고 스스로에게 질문하라. '나는 왜 이 일을 하는가?', '나는 왜 반사적으로 반응하는가?', '나는 왜 과거에 했던 것과 비슷한 일을 습관적으로 반복하는가?'

사물프로그램을 꾸준히 수행하다 보면 당신은 다음과 같은 경험을 하게 될 것이다.[47] 첫째 과거와 미래는 단지 상상 속에서만 존재한다. 당신이 이전에 행한 모든 것은 실체가 아니다. 당신이 행할 모든 것도 실체가 아니다. 오직 지금 당신이 하고 있는 것만이 실체이다. 둘째, 당신이 당신 자신이라고 불렸던 육체는 더 이상 당신 자신이 아니다. 당신이 당신 자신이라고 불렀던 마음도 더 이상 당신 자신이 아니다. 당신은 애쓰지 않고도 그곳에서 빠져나올 수 있다. 그것들은 우주가 움직이기 위해 일시적으로 취하는 모양일 뿐이다. 셋째, 당신의 진짜 자아는 이 순간 앎이라는 스크린에 생각, 감정과 감각을 지나가게 함으로써 발현될 뿐이다. 당신은 변화와 무한성 사이의 타협점으로서 그것들을 인식한다. 당신 역시 자신을 그런 방식으로 본다.

---

47. 디팩 초프라(2008), 『완전한 삶』, 구승준 옮김, 한문화, 286~287쪽.

제5장

『주역』과 마음교육

몸을 침범하는 벌레를
중심을 어지럽히는 곰팡이를
속을 갉아먹는 나무좀을
그 속에 둥지 트는 다람쥐나 새를
용서하니
동공이 생기는구나
바람을 저항할 힘을 선사하는

_양선희, 「늙은 신갈나무처럼」

1. 마음의 본성

『주역』은 마음교육의 보고(寶庫)이기 전에 새로운 문명 설계에 대한 보고이다. 『주역』은 새로운 문명의 구성 원리인 통일체적 세계관 중 음양대대의 원리, 시중의 원리가 가장 잘 나타나 있는 책이기 때문이다. 또한 『주역』은 고도의 상징체계를 갖고 있기 때문에 시공을 넘어 어떤 질문에도 적합한 대답을 줄 수 있기 때문이다.

두 번째 이유로 인해 『주역』은 동양 고전 중에서 가장 많이 그리고 지속적으로 재해석되어왔다. 그러나 대부분의 해석서들은 미래에 대한 점을 치는 책으로 혹은 도덕적 원리를 추출하기 위한 목적이라는 두 가지 목표로 집필되었다. 그러나 주역을 탈현대 문명의 보고라고 여길 때 우리는 『주역』을 통해 탈현대 문명 속의 탈현대 가족과 탈현대 교육, 탈현대적 삶을 유추해낼 수 있다.

그렇다면 『주역』을 마음교육의 보고라고 할 때 『주역』은 어떻게 해석할 수 있을까? 마음교육으로서의 주역은 먼저 64괘와 384효를 모두 우리 마음속에서 이루어지는 것으로 이해한다. 그렇게 이해할 때 우리는 행복은 자신의 마음과 별도로 존재하지 않으며, 자신의 마음의 문제를 해결하지 않고는 결코 행복해질 수 없음을 깨닫게 된다. 또한 주역의 64괘와 384효가 모두 마음속의 문제임을 이해할 때 우리는 『주역』이 마음의 본성이 무엇이며, 그 마음의 본성은 어떻게 왜곡될 수 있고, 또 어떻게 되찾을 수 있는지를 매우 친절하게 말해주고 있음을 발견할 수 있다. 그래서 『주역』 「설괘전」에서는 성인들이 역을 지은 까닭을 '천명에 도달

하기 위해 이치를 궁구하고 본성을 다함에 있다'고 하였다. 또한 공자
는 「계사전」에서 다음과 같이 말했다.²

　　　역은 생각함도 없고, 하는 것도 없으며, 고요하여 움직이지 않
　　다가 (홀연히) 천하의 이치에 느끼어 통하게 된다. 천하의 지극히 신
　　령스러운 사람이 아니면 그 누가 능히 여기에 참여하리오?

　『주역』의 첫 번째 괘인 중천건重天乾괘는 우리 마음의 본성이 어떤 것
인지 잘 보여준다. 한마디로 우리 마음의 본성은 하늘과 같다는 것이다.
우리는 하늘을 보지만 그것이 어떤 것인지 알 수 없다. 하늘은 텅 비어
있는 것이기 때문이다. 우리는 하늘에 떠 있는 해와 달, 별, 그리고 구름
을 통해 하늘의 존재를 알 수 있다. 우리 마음의 본성도 이와 같다. 우
리는 우리 마음의 본성을 알 수 없지만 우리 마음에서 일어나는 생각이
나 감정을 통해 그 마음의 존재를 짐작할 수 있을 뿐이다.
　하늘은 텅 비어 있기에 모든 것을 받아들이고 또 아무런 집착 없이
그 모든 것들을 떠나보낸다. 우리 마음의 본성 역시 텅 비어 있는 것이
기에 모든 생각과 감정들이 일어날 수 있다. 우리는 텅 빈 본성을 알 수
없기에 마음의 본성에서 일어나는 생각과 감정을 나와 동일시한다. 그러
나 생각과 감정은 결코 내가 아니다. 생각은 태어나서부터 지금까지 부
모나 친구, 교사나 책, 매스컴을 통해 주워 모은 것에 지나지 않는다. 감
정 역시 그러한 생각의 주체를 '나'라고 간주하여, 그 주체에게 이익이
되고 손해가 되는 것을 평가하여 일어나는 정서적 반응에 지나지 않는
다. 그렇게 때문에 중요한 것은 우리 마음의 본성에서 일어나는 생각과
감정에 대한 동일시에서 벗어나는 것이다.

---

1. 窮理盡性以至於命(「설괘전」).
2. 易 無思也 無爲也 寂然不動 感而遂通天下之故 非天下之至神 其孰能與於此(「계사전」).

생각이나 감정을 '나'라고 동일시하는 것은 푸른 하늘이 아니라 그 하늘에서 일어나는 구름과 자신을 동일시하는 것이다. 푸른 하늘에 희고 아름다운 구름이 나타나면 즐거워하고 검고 사나운 구름이 나타나면 괴로워하는 것은 어리석은 짓이다. 우리는 자신을 그 넓이와 깊이를 알 수 없는 텅 빈 하늘과 동일시해야 한다.

마음의 본성을 나타내는 또 하나의 대표적인 괘는 수풍정水風井괘다. 정井은 우리 마음의 본성이 곧 사랑임을 나타내는 괘이다. 단전에서 '기르되 다함이 없다養而不窮'라는 구절은 우물이 사랑의 근원임을 나타내고 있다. 이는 맹자의 '인仁의 샘물론'과 닮았다. 맹자는 인간은 누구나 마음속에 무한한 용량을 가진 사랑의 샘이 있다고 주장하였다. 그 사랑의 샘에서 한 번 물이 솟아나기 시작하면 그침이 없다. 그 샘물은 주변에 있는 구덩이를 채우고盈科, 들판을 적시고 사해四海로 흘러들어간다.[3] 정괘의 괘사에서 '우물을 옮길 수 없다'[4]고 했듯이 우리 마음의 본성이 사랑임은 영원불변한 진리이다. 그렇기 때문에 본성으로서의 사랑은 잃을 수도 없고 새롭게 얻을 수도 없다. 그러나 이와 같은 사랑의 샘물을 막고 있는 바위가 있으니 바로 '나'라고 하는 바위이다. 이를 초육 효사에서는 '우물에 진흙이 덮혀 먹을 수 없다'[5]고 말하고 있다. 즉 누구에게나 샘물이 있지만 분리된 자아로서의 진흙이 우물을 덮고 있으면 먹을 수 없다는 것이다.

그러나 마지막 상구의 효사에서 '우물에 뚜껑을 덮지 않으니 믿음이 있고 크게 길하다'[6]고 하였다. 이것은 마음의 본성이 사랑임을 자각한 사람은 누구에게나 그 물을 나누어 주고 싶어 한다는 뜻이다. 그래

---

3. 徐子曰 仲尼亟稱於水曰 水哉水哉 何取於水也 孟子曰 原泉 混混 不舍晝夜 盈科而後進 放乎四海 有本者如是 是之取爾.
4. 井 改邑 不改井.
5. 初六 井泥不食 舊井 无禽.
6. 上九 井收 勿幕 有孚 元吉.

서 예수는 목마른 사람은 모두 나에게 오라고 했으며, 그 물을 마시면 영원히 목마르지 않을 것이라고 하였던 것이다. 그렇지만 '나'라는 피부 밑 자아skin-capsuled ego'에 갇힌 사람들은 결코 자신의 갈증을 깨닫지 못한다.

부처는 『수타니파타』 146~151장에서 다음과 같이 말했다.

> 온 우주 구석구석까지
> 그 높은 곳, 깊은 곳, 넓은 곳 끝까지
> 모두 감싸는 사랑의 마음을 키워라.
> 증오도 적의도 넘어선
> 마음이 어지러워지지 않는 사랑을

2. 마음의 속성

　이러한 마음의 본성과 달리 '나'라는 피부 밑 자아에 갇힌 사람들은 분리 독립된 몸과 마음을 '나'로 동일시한다. 주역은 이러한 에고로서의 마음의 속성 또한 잘 드러내주고 있다. 여기서 에고란 생각하고 느끼는 내 마음과 몸을 분리 독립된 하나의 개체로 동일시하는 의식이다. 에고는 생각이나 감정들의 다툼을 통해 자신의 존재를 입증하려 한다. 이런 에고의 책략에 휘둘리면 끊임없는 생각과 감정들의 다툼 속에서 자신의 삶을 낭비하게 된다.

　먼저 천수송괘에서는 마음의 속성이 다툼에 있다고 본다. 그리고 이런 다툼의 도를 통해 마음속에서 일어나는 생각이나 감정들의 다툼을 어떻게 해결할 것인지를 제시한다. 송괘에서는 이런 다툼을 해결하기 위한 방법으로 작사모시作事謀始를 제시한다. 즉 일이 생기면 그 시작을 돌이켜보라는 뜻이다. 모든 어지러운 생각과 감정은 아주 사소한 일에서 발생한다. 에고의 책략에 의해 생각과 감정이 이어지면서 눈덩이처럼 커진다. 작사모시는 중용에서 말하는 그 기미를 살피라는 말과도 같다.

　이어지는 지수사地水師괘 역시 에고의 속성으로서의 내면의 전쟁을 어떻게 처리할지를 보여준다. 사師는 군중이 바르게 되는衆正 도를 말한다. 여기서 군중이란 내면에서 일어나는 무수한 소리를 지칭한다. 이 소리들이 모여 에고를 형성한다. 나의 집안, 학벌, 직장, 교제 범위, 종교 등 수많은 것들이 모여 에고를 이룬다. 지수사괘는 이런 내면의 군중들 간에 벌어지는 전쟁을 뜻한다. 물론 내면의 군중들은 모두 조건화의 결과들이다. 우리는 나의 생각, 취향, 감정, 정치적 입장, 종교에 대한 관점 등을 모두 자신의 것이라고 생각한다. 그러나 이런 것들은 모두 부모나 친구, 학교, 매스컴 그리고 내가 읽은 책에 의해 만들어진 것이다.

산화비山火賁괘는 에고의 속성으로서의 꾸밈의 도를 나타내는 괘이다. 우리는 자신의 외모, 학력, 직업, 건강, 재산, 지식 등으로 자신을 꾸민다. 그러나 이는 몸과 마음을 자신과 동일시하여 공허함을 메우기 위한 수단에 불과하다. 아무리 자신의 외모에 자신이 있는 사람도 자기보다 더 잘생긴 사람을 만나면 위축되기 마련이다. 학력이나 직업, 건강, 재산도 마찬가지이다. 이런 것들과 동일시해서는 결코 완전한 충만감을 맛볼 수 없다.

융은 이와 같은 방식으로 자신을 꾸미는 것을 페르소나라고 불렀다. 페르소나는 가면을 말한다. 융에 따르면 자신을 더 화려하게 꾸미면 꾸밀수록 더 많고 강한 그림자를 만들게 된다. 가면이 남에게 과시하고 싶은 자신의 모습이라면 그림자는 남에게 보이고 싶지 않은 자신의 부정적인 모습이다. 이런 공허한 꾸밈에 대해 비괘에서는 그 해결책으로 백비白賁를 제시한다. 즉 상구효에서 '희게 꾸미면 허물이 없을 것이다'[7]라고 하여 진정한 꾸밈은 자신의 본성을 있는 그대로 드러내는 것이라고 하였다. 즉 꾸미려는 노력이 모두 사라질 때 충만한 자신의 본성이 그대로 드러난다는 것이다.

지화명이地火明夷괘는 특히 부정적인 감정, 즉 분노, 짜증, 괴로움, 두려움, 슬픔 등의 감정이 올라올 때 어떻게 대처할 것인지를 잘 보여주는 괘이다. 명이괘는 어둠의 도를 말한다. 즉 자신이 경험하기 싫은 부정적 감정이 올라올 때 이를 어떻게 처리할 것인지를 보여주고 있다. 명이괘

---

7. 上九 白賁 无咎.

의 교훈은 괘사에 나오는 '용회이명用晦而明'이다. 용회이명이란 어둠을 이용해서 밝아지는 것을 말한다. 즉 자신의 부정적인 모습과 감정을 인정하고 수용함으로써 이를 밝은 곳으로 끌어내는 것이다. 이는 융이 말하는 무의식의 의식화와 같은 원리이다. 융은 의식을 통해 자신의 내면에 있는 그림자와 아니마, 아니무스를 의식화함으로써 진정한 자기를 실현할 수 있다고 주장하였다.

그렇다면 이러한 에고는 어떻게 소멸시킬 수 있을까? 먼저 서합괘는 괘상에서 보여주듯 음식을 잘게 씹는 모습을 나타낸다. 즉 아상我相을 없애는 도를 뜻한다. 아상이란 '나'라는 개체 의식을 말한다. 서합괘는 이런 아상을 잘게 부수는 방법을 보여주는 괘이다. 괘사에서 '서합은 형통하니 감옥을 씀이 이롭다'[8]고 하였다. 감옥을 사용한다는 것은 없애는 것이 그만큼 어렵고 따라서 그 과정이 감옥에 가두는 것과 같이 엄격해야 함을 나타낸다.

아상이란 자신을 존재계와 분리된 독립된 개체로 인식하는 것이다. 그렇게 인식할 때 우리는 자신이 만든 '나'라는 생각에 갇히게 된다. '나'라는 개체의식은 삶과 죽음을 만들어내고 '나'의 존재가 사라지는 것을 두려워하여 항상 에고를 견고하게 만드는 일에 모든 에너지를 쏟아붓게 만든다. 이를 '에고의 자아확장투쟁'이라고 부른다.[9] 서합괘와 같이 에고가 무참히 짓밟히는 경험을 할 때 이것은 너무나도 중요한 기회이다. 따라서 그 기회를 잘 살려 결코 저항하지 않고 그것을 받아들일 때 아상을 없애는 좋은 공부가 된다.

산지박괘 또한 서합괘와 마찬가지로 에고로부터의 탈출 방법을 제시한다. 박괘는 벗겨냄의 도이다. 본래의 자기가 아닌 것을 벗겨내는 것이다. 나의 이름부터, 나이, 건강, 외모 등 나와 동일시하는 모든 것을 깎아

---

8. 噬嗑 亨 利用獄.
9. 에리히 프롬은 이를 '자아팽창(ego-inflation)'이라고 불렀다.

내는 것이 박괘의 뜻이다. 육삼 효사에서 '아상을 없애면 허물이 없다'[10]고 하였듯이 당신이 지금 누구이건 자신이 아닌 것이 무엇인지 바로 알아, 자신의 본성만이 남을 때까지 깎아내야 함을 뜻한다.

천뢰무망괘는 거짓 없음의 도를 뜻한다. 거짓 없음이란 우리의 본래 모습인 지극히 성실하고 진실됨眞實无妄을 말한다. 만약 우리의 본성에 무엇인가 덧붙여진 것이 있다면 그것은 진실한 것이 아니다. 진실하면 무엇을 해도 도가 아닌 것이 없다. 사물을 비교하지 않고 있는 그대로 바라보면 거짓이 사라진다. 물론 있는 그대로 바라보면 갑갑함과 두려움이 몰려든다. 육삼 효사에서는 이를 '무망의 재앙无妄之災'이라고 하였다. 그러나 무망의 재앙은 사실 재앙이 아니다. 왜냐하면 진실함에는 재앙이 있을 수 없기 때문이다. 진정으로 갑갑함과 두려움을 경험하면 그것이 재앙이 아니라 삶의 큰 배움으로 여기게 된다.

뇌수해괘의 의미는 해방의 도이다. 물론 해방이란 에고로부터의 해방을 뜻한다. 곧 자기 자신의 '생각으로부터의' 자유인 것이다. 자신이 어리석다는 생각, 부족하다는 생각, 못났다는 생각으로부터의 벗어남인 것이다. 물론 자신이 잘났다는 생각, 뛰어나다는 생각, 훌륭하다는 생각으로부터의 해방인 것이다.

괘사에서 "해는 서남쪽이 이로우니 갈 바가 없다. 그 돌아와 회복함이 길하다. 갈 바가 있거든 일찍 하면 길하다"[11]라고 하였다. 건괘가 간방이라면 해괘는 곤방이다. 높은 산이 험난하게 서 있는 모습은 에고의 산을 나타낸다. 괘사에서 갈 바가 없다는 것은 에고를 벗어나는 것이 그 무엇을 추구하여 노력함이 아님을 말한 것이다. 오히려 그런 노력을 쉬는 것이 에고를 버리는 지름길임을 말하고 있다. 그래서 갈 바가 없고 돌아와 회복함이 길하다고 한 것이다. 무엇을 회복하는가? 물론 에고의

10. 六三 剝之 無咎.
11. 解 利西南 無所往 其來復 吉 有攸往 夙吉.

껍질을 벗어버린 자신의 본성이다.

산택손괘는 덜어냄의 도를 나타낸다. 덜어낸다는 것은 '나'라는 아상을 덜어냄이요, 욕망에 집착하는 마음을 덜어내는 것이다. 이와 동시에 '나는 중생이고 불완전한 존재이며, 도나 부처는 이루어야 할 무엇'이라는 생각을 내려놓는 것이다. 나는 이미 부처이고 완전하며, 모든 것이 도와 부처가 아님이 없다는 확고한 믿음이 올바른 마음공부법이다.

마지막으로 풍수환괘는 흩뿌림의 도를 뜻한다. 이는 우리가 자신과 동일시하던 모든 것들을 흩뿌림으로써 본성을 회복함을 뜻한다. 본성의 회복이란 무엇을 발견하려고 노력하는 것이 아니라 그것이 아닌 것들을 제거할 때 저절로 드러나는 것이라는 뜻이다. 환괘의 각 효사에서는 우리가 흩뿌려야 할 것을 구체적으로 제시하고 있다.

먼저 구이효에서는 지위机를 흩뿌려야 한다고 말하고 있다. 즉 사회에서 갖고 있는 직위나 위치를 버려야 한다는 것이다. 육삼에서는 우리의 몸躬을 흩뿌려야 한다고 말한다. 몸은 우리의 육체를 말한다. 대부분의 사람들은 몸을 자신과 동일시한다. 육사에서는 무리群를 흩뿌려야 한다고 말한다. 무리란 내가 속한 집단을 말한다. '나는 교수다'라는 생각에서 벗어나야 함을 말한다. 예수는 자신을 따르는 자는 가족과 친척을 버려야 한다고 했다. 어리석은 예수의 제자들은 그럼에도 불구하고 천국에서 누가 예수의 옆자리에 앉을 것인지 물었듯이 끊임없이 '나'와 '나의 것'이라는 생각에서 벗어나지 못하면 남는 것은 항상 괴로움뿐이다. 구오에서는 마음王居을 흩뿌려야 한다고 한다. 마음이란 결국 과거에 대한 기억의 잔재이고 그 기억의 잔재에 기초한 미래에 대한 두려움일 뿐이다.

마지막으로 상구효에서는 본성을 알기 위한 모든 노력血을 흩뿌려야 한다고 말한다. 우리는 본성을 찾기 위해 많은 노력을 기울인다. 이는 본래의 나에 대한 이해가 없기 때문이다. 그러나 자유로워지기 위해 벗어나려고 노력하는 것이 본래의 나이다. 그래서 모든 마음공부의 끝은 모든 노력을 내려놓는 것이다. 이처럼 나 아닌 것들을 철저히 흩뿌린다면 본래 자기는 저절로 드러날 것이다.

3. 멈춤과 바라봄의 도

에고를 소멸시키는 가장 좋은 방법은 마음속에서 일어나는 생각이나 감정을 멈추게 하는 것이다. 그리고 생각이나 감정을 멈추게 하기 위해서는 그것이 일어나는 것을 수용하고 있는 그대로 바라보아야 한다.

중산간重山艮괘는 멈춤의 도를 나타낸다. 즉 마음속에서 일어나는 생각과 감정을 바라볼 때 생각과 감정이 멈추게 된다. 괘사에서 "그 등에 멈추면 그 몸을 얻지 못하며, 그 뜰에 들어가도 그 사람을 보지 못하니 허물이 없을 것이다"[12]라고 하였다. '그 등에 멈춘다'는 것은 오감五感에 의한 욕망을 등진다는 뜻이며, '그 몸을 얻지 못한다'는 것은 자신을 잊는 것忘我이니 멈춤의 지극한 모습이다. 그 뜰에 들어가도 그 사람을 보지 못한다는 것은 밖의 사물과 접하지 않아 안의 욕망이 일어나지 않음外物不接 內欲不萌을 말하니 멈춤의 도가 지극한 모양을 나타내고 있다. 대상전에서는 이를 보완하여 "상에 이르기를 산이 겹쳐 있는 것이 간이니 군자가 본받아서 생각이 그 위치를 벗어나지 않는다"[13]라고 말하고 있다. 생각이 위치를 벗어나지 않는다는 것은 시간적 공간적으로 생각이 지금, 여기를 벗어나지 않는 것을 말한다. 이처럼 간괘는 우리에게 멈춤의 도를 가르치고 있다. 현대 교육은 오직 나아가는 방법만을 가르치고 있다. 좋은 성적과 좋은 학교와 좋은 직장을 향해 나아가도록 끊임없이 욕망을 부채질하는 것이다. 이것이 현대 교육의 모든 것이라고 해도 과

---

12. 艮有背 不獲其身 行其庭 不見其人 无咎.
13. 象曰 兼山 艮 君子以 思不出其位.

언이 아니다. 현대 교육은 이런 나아감의 길에서 벗어난 사람들을 부적응자라고 부른다. 그러나 과연 그러한 나아감의 끝은 어디일까? 자신의 무덤이 아닐까? 넓은 묘지와 아름다운 조경과 좋은 석물로 자신의 무덤을 치장하고 싶어 그렇게 열심히 나아가는 것일까? 우리는 가끔씩 멈추고 자신을 돌아보아야 한다. '나는 어디서 왔다가 어디로 가는가?' 하고 물어야 한다.

멈춤을 가르친다는 것은 생각의 흐름을 지켜보도록 한다는 뜻이다. 인도의 신비가인 메헤르 바바Meher Baba는 빠르게 흘러가는 마음이 병을 가져온다고 했다. 큰 비가 오기 전에 구름이 순간순간 모양을 바꾸며 빠르게 흘러간다. 그와 같이 예상치 못한 큰일을 당했거나 갑자기 두려움이 엄습하면 마음속에는 온갖 상념들이 거칠고 빠르게 일어난다. 이럴 때 빨리 펜과 백지를 마련하여 일어나는 마음을 기록해본다. 그러면 점차 마음의 속도가 느려진다. 천천히 흐르는 마음은 항상 건강하다.

내 마음속에 조건화된 것들이 서로 대립하고 갈등할 때 이를 처리하는 가장 좋은 방법은 지켜보는 것이다. 지켜봄의 대표적인 괘는 풍지관風地觀괘이다. 관괘는 바라봄의 도를 나타낸다. 괘사에서 "관은 손을 씻고 제사를 올리지 않은 듯하니 믿음이 있고 우러러볼 것이다"[14]라고 하였다. 정자전程子傳에서 말하고 있듯이 관은 제사 지내는 처음에 손을 씻고 향술을 땅에 붓는 것이며, 천薦은 날것과 익은 것을 올리는 때를 말한다. 제사를 올리지 않은 듯한다는 것은, 제사를 다 마치고 긴장을 푼 것이 아니라 아직 제사 중임을 말한 것이다. 제사에서 술잔을 올리는 것은 나의 동작 하나하나에 나의 마음을 두는 대표적인 사례이다. 이처럼 깨어서 자신의 생각과 감정을 있는 그대로 지켜보는 것이 관괘의 뜻이다.

---

14. 觀 盥而不薦 有孚 顒若.

바라봄의 구체적인 방법을 제시하고 있는 것이 뇌지예雷地豫괘와 풍화가인風火家人괘와 풍뢰익風雷益괘이다. 먼저 기미의 도를 나타내는 예豫괘를 살펴보기로 하자. 괘사에서 "예는 제후를 세우고 군사를 행함이 이롭다"[15]라고 하였다. 즉 기미를 살펴 미리 준비를 해야 한다는 뜻이다. 여기서 기미란 우리 마음의 미발未發과 이발已發의 경계를 말한다. 미발일 때는 아직 알 수 없고, 이발일 때에는 이미 늦다. 그래서 기미를 알아차리는 것이 중요하다. 제후를 세우고 군사를 행한다는 것은 이처럼 기미를 알아차리기 위해 미리 준비를 한다는 뜻이다.

초육의 효사에서 "초육은 공명共鳴하는 예이니 흉하다"[16]라고 하였다. 공명이란 마음이 일어남을 보고 그것에 따라가는 것을 말한다. 이것은 결코 기미를 알아차리는 것이 아니라, 그냥 마음에 휩쓸려 가는 것에 지나지 않는다. 그렇다면 공명이 아니라면 어떻게 지켜볼 수 있을까? 지켜봄의 시작은 격한 감정을 지켜보는 것이다. 그래서 육이효에서는 "돌보다 단단하나 하루를 넘기지 못하니 계속하여 길하다"[17]라고 말하고 있다. 여기서 개介는 단단하다는 뜻이니 곧 격하게 일어난 마음을 말한다. 노자가 '강풍은 아침나절 동안 줄곧 불 수가 없고 폭우도 하루 종일 지속되지 못한다飄風不終朝 暴雨不終日'고 했듯이, 격하게 일어난 마음도 지켜보면 곧 사라진다. 그렇기 때문에 지켜볼 수 있으면 계속하여 길하다고 말한 것이다.

가인괘에서 가家란 우리의 내면을 가리킨다. 그리고 인人이란 감정과 생각을 말한다. 내면의 감정을 가인괘는 우리 마음속에서 일어나는 감정을 어떻게 다스릴 것인지를 잘 보여준다. 내면을 다스리는 데 가장 중요한 것은 모든 것을 허용하고 있는 그대로 바라볼 수 있는 여성성이다.

---

15. 豫 利建侯行師.
16. 初六 鳴豫 凶.
17. 六二 介于石 不終日 貞吉.

그래서 괘사에서는 '내면의 감정을 다스림에 여성성으로 바르게 하니 이롭다'고 말하고 있다.

풍뢰익風雷益괘는 더함의 도를 나타낸다. 더함이란 부정적 감정에 애정과 사랑을 더한다는 뜻이다. 단전에서 익은 '위를 덜어 아래에 더하니 백성의 기뻐함이 경계가 없다'[18]고 말하고 있다. 즉 나에게 일어나는 모든 감정에 애정과 사랑을 더하게 되면 감정 중에서 어느 하나 제거됨이 없이 매 순간 생기를 얻게 되어 감정들(백성)이 기뻐함이 끝이 없다는 뜻이다.

---

18. 益 損上益下 民說無疆.

4. 수용성의 도

　중지곤重地坤괘는 수용성의 도를 말하고 있다. 땅은 모든 것을 차별 없이 받아들인다. 더럽다고 여겨지는 쓰레기와 똥, 오줌이라고 해서 땅이 거절하는 경우는 없다. 단전에서 '곤은 만물을 두텁게 실으니 그 덕은 끝없음에 합치한다'고 하고 또 '그 받아들임은 넓고 그 빛은 크니 만물이 모두 형통함을 얻는다'고 하였다. 상전에서도 '후덕재물厚德載物'이라고 하여 두터운 덕으로 만물을 실으라고 하였다.

　수용성의 도를 마음공부와 관련하여 해석하면 마음에서 일어나는 모든 생각과 감정을 저항하지 말고 있는 그대로 받아들이라는 것이다. 모든 고통은 저항에서 비롯된다. 그러나 부정적인 생각이나 감정은 오직 저항을 통해 그 에너지를 얻는다. 저항이 아니라 그 생각이나 감정을 있는 그대로 받아들일 때, 즉 사랑과 포용과 용서로 받아들일 때 그 부정적인 생각이나 감정은 저절로 사라진다.

　받아들임을 잘 보여주는 괘는 천화동인天火同人괘이다. 동인은 문명의 도를 나타낸다. 그렇다면 나의 마음에서 문명이란 무엇일까? 그것은 머리로 헤아리던 삶을 멀리하고 매 순간의 삶을 온전히 감응하며 살아가는 것이다. 또 자신을 다른 무엇으로 동일시하는 것이 아니라 있는 그대로를 사랑하고 경험하는 것이다. 괘사에서 '들에서 사람들과 함께하면 형통하다'[19]고 하였다. 여기서 들野이란 스스로 찾지 않고 돌아보지 않

---

19. 同人于野 亨.

은 자신의 내면을 말한다. 그리고 사람들과 함께한다는 것은 그 들, 즉 자신의 내면에서 일어나는 감정들을 거부감 없이 받아들이고 경험한다는 뜻이다.

누구나 자신의 불만족스러운 면을 없애려고 노력해왔을 것이다. 그러나 과연 그 노력을 통해 불만스러운 면들이 사라졌을까? 너무나 받아들이기 싫은 자신의 모습에 미움과 핍박을 가하여 그 모습이 사라진 적이 있는가? 스스로를 핍박하는 방식으로는 결코 자신을 변화시킬 수 없다. 자신을 변화시키는 유일한 방법은 한없이 부드럽게 자신의 모습을 받아들이는 것이다. 어느 한 구석 잘난 것이 없고 만족스러운 면이 조금도 없는 자신일지라도 지금 이 순간만큼은 따뜻하게 대해보라. 그리고 있는 그대로 자신을 사랑해보라. 우리는 항상 내면의 그들과 함께해야 한다. 그들과의 만남이 고통스러울지라도 바로 이런 만남을 통해 우리는 자신의 본성을 발견할 수 있다.

이어지는 화천대유火天大有괘는 소유의 도를 나타낸다. 대유괘는 그 괘상이 불이 하늘 위에 높이 솟아 있는 모습이니 이는 마치 태양이 만물을 골고루 비추고 있는 것과 같다. 태양이 모든 존재를 골고루 비추고 있다고 해서 그것을 자신의 소유라고 생각하지 않듯이 큰 소유는 아무것도 소유하지 않는 것을 말한다. 마음공부와 관련하여 대유괘를 해석하면 삶에 대한 분별과 집착을 버리면 삶이 풍요로워짐을 뜻한다. 우리를 힘들게 하는 것은 그 일의 무게가 아니라 그 일을 다루는 마음가짐의 무게이다. 모든 일을 있는 그대로 받아들일 때 분별에 따른 갈등이 사라져 어느 것 하나 거부하지 않고 수용하여 삶을 온전히 살아갈 수 있게 된다는 뜻이다.

지산겸地山謙괘는 겸손의 도를 나타낸다. 겸괘의 괘상은 땅속에 산이 있는 형상이다. 땅은 만물을 포용하고 성장시키지만 가장 낮은 곳에 있다. 반면 산은 아주 높이 우뚝 솟아 있다. 괘사에서 '겸은 형통하니 공부하는 사람에게는 마침이 있다'[20]고 하였다. 마침이 있다는 말은 다 이루었다는 뜻이다. 그리고 다 이루었다는 말은 본래의 자기가 되기 위해서, 즉 자신의 본성을 실현하기 위해서 어떠한 노력도 필요하지 않다는 것을 알았다는 뜻이다. 이는 매 순간의 삶을 차별하지 않고 순종하며 산다는 말이며, 자신에게 일어나는 모든 경계나 감정을 온전히 경험한다는 뜻이다.

생각과 감정을 기대 없이 맞이하고 미련 없이 보내는 것, 삶의 경계를 어느 것에도 집착하지 않으면서도 그 일에 성실히 감응하는 일, 그래서 삶을 생각만으로 살아가지 않는 일, 이것이 바로 매 순간 '다 이루는 일有終'이다. 지금 이 순간 다 이루지 않으면 다음 순간 역시 온전하게 경험할 수 없다. 지금의 생각과 감정에 집착해 있으면 다음의 생각과 감정을 맞이할 수 없기 때문이다. 그래서 『금강경金剛經』에서는 '머무는 바 없이 마음을 내라應無所住 而生其心'라고 하였던 것이다.

마지막으로 수택절水澤節괘를 살펴보자. 절은 절제의 도를 나타낸다. 일반적으로 절제는 자신을 억압하거나 통제하는 것을 뜻한다. 그러나 주역에서 말하는 절제는 결코 억압이나 통제를 의미하지 않는다. 괘사에서 '절은 형통하니 고통스러운 절제는 지킬 수 없다'[21]고 하였듯이 자신을 억압하거나 통제하는 방식을 통해서는 결코 자신의 본성을 만날 수 없음을 말하고 있다. 진정한 절제는 육사효의 편안한 절제安節와 구오효의 달콤한 절제甘節이다. 편안한 절제는 단죄하는 방식이 아닌 관대함으로 끊임없이 자신을 있는 그대로 만나는 것을 뜻한다. 그리고 달콤한 절제란 생각이나 감정을 분별없이 맞이하다 보면 어느 순간 삶에 대한 거부감이 사라지고 지금-여기를 온전하게 살아감으로써 모든 상황에 적절히 행위를 하는 것을 말한다.

---

20. 謙 亨 君子有終.
21. 節 亨 苦節 不可貞.

5. 위기의 도

『주역』은 위기가 곧 기회라고 말한다. 현대 문명에서 많은 사람들은 큰 위기에 처했을 때, 예컨대 암에 걸리거나, 직장을 잃거나, 배우자를 잃거나, 사업이 실패했을 때 좌절하고 만다. 그러나 우리가 살아가면서 이러한 위기에 처했을 때가 사실은 신을 만나기 위한 가장 좋은 기회이다. 왜냐하면 신은 오직 에고가 사라진 마음에만 방문하기 때문이다. 오직 가난한 마음에만 신이 깃들 수 있기 때문이다. 『주역』에서 위기가 곧 기회라는 것을 말해주는 대표적인 괘는 중수감重水坎괘, 수산건水山蹇괘, 택지곤澤地困괘이다. 이제 각 괘를 통해 왜 위기가 곧 기회인지 살펴보기로 하자.

먼저 감坎괘는 괘사에서 "거듭 빠지는 경우에는 믿음을 가지고 오직 마음의 형통함으로 행하면 가상함이 있을 것이다"[22]라고 말한다. 습감習坎은 거듭 빠지는 것이다. 전후 상하가 모두 험난하여 활로가 좀처럼 보이지 않는 상황을 말하고 있다. 그러나 군자는 위험을 회피하지 않으니, 성실함이 안에 있으면 위험이 밖에 있어도 마음이 제약을 받지 않기 때문이다. 그래서 단전에서는 험난한 때의 쓰임이 크다고 말하고 있다.[23]

위험에 빠지면 대부분의 사람들은 허겁지겁하며 지푸라기라도 붙잡으려고 한다. 이를 효사에서는 먼저 위기에 처해 요행을 구하거나 경거망동하는 어리석음이라고 지적하고 있다. 초육의 효사에서 "초육은 습감

---

22. 習坎 有孚 維心亨 行 有尙.
23. 險之時用 大矣哉.

에 거듭 구덩이로 빠져 들어감이니 흉할 것이다"[24]라고 말하고 있다. 또한 위험에 처해 자포자기하는 것도 잘못된 것임을 지적하고 있다. 이를 육삼효에서 "육삼은 오고 감에 빠지고 빠지며 위험에 또한 기대어 깊은 구덩이에 들어가니 쓰지 말아야 한다"[25]라고 말하고 있다.

그렇다면 위기에 처했을 때 어떻게 처신해야 할까? 위험에 처하면 중요한 것은 자기 자신을 최대한 낮추는 것이다. 육사의 효사에서 "육사는 통술과 대나무 제기에 담은 음식 두 그릇을 질장구를 써서 검약한 것을 창문으로 드리면 마침내 허물이 없다"[26]라고 한 것이 그것이다. 여기서 통술과 두 접시의 음식은 소박한 것을 말한다.[27] 이는 모두 위기의 상황에 다 갖추지는 못하지만 정성을 다하는 모습을 뜻한다. 중요한 것은 이렇게 정성을 다하는 자신의 모습을 떳떳이 드러내지 말고 창문으로 전달하라는 것이다. 이는 위기의 때에 최대한 자신을 낮추라는 경구이다. 위험할 때 자신을 낮추는 것은 결코 비굴이 아닌 것이다.[28]

위험이란 무엇인가? 위험은 내가 극복할 수 없다고 생각하는 마음의 상태를 말한다. 그러나 극복할 수 없는 위험은 없다. 다만 자포자기하는 마음만이 있을 뿐이다. 따라서 감괘에는 원형리정元亨利貞도 없고, 길吉함도 없다. 장자는 위험이 닥치면 '올 것이 왔구나'라고 생각하라고 말했다. 위험은 우연이 아니고 필연이라는 것이다. 위험은 외부에서 주어지는 것이 아니라 스스로 자초한 것이라는 뜻이다. 위험의 시기는 중요하다. 우리는 위험을 통해 새롭게 태어날 수 있기 때문이다.

---

24. 初六 習坎 入于坎窞凶.
25. 六三 來之 坎坎 險 且枕 入于坎窞勿用.
26. 六四 樽酒 簋貳 用缶 納約自牖終无咎.
27. 부는 질박한 그릇이고 약은 박례(薄禮)를 말한다.
28. 그래서 육사의 상전에서 "상에 이르기를 통술과 대나무 제기에 담은 음식 두 그릇은 굳센 것과 부드러운 것이 서로 만남이다(象曰 樽酒 簋貳는 剛柔際也)"라고 부연하고 있다. 여기서 강(剛)은 구오를 말하고 유(柔)는 육사를 말한다. 겉으로는 부드럽지만 내면의 의지는 강한 겸손의 도를 나타낸 것이다.

우리 주변에는 사랑하는 사람을 잃고, 큰 사고를 당해 불구자가 되고, 사업에 실패하는 등의 위험을 겪고 나서 오히려 새롭게 태어난 사람들이 많다. 이런 사람들의 공통된 특징은 돈과 권력과 명예를 추구하는 것이 아니라 인생의 새로운 가치를 발견했다는 데에 있다. 그래서 위험을 회피하려고 하지 말고 정면으로 대응하라고 감괘는 말하고 있는 것이다. 위험을 전체적으로 받아들일 때, 위험에 자신의 전체를 내맡길 때 과거의 나는 죽고 새로운 내가 태어난다. 그러니 위험이 내 삶에 얼마나 중요한 기회인가?

다음은 수산건水山蹇괘를 살펴보자. 먼저 괘사에서는 "건蹇은 서남쪽이 이롭고 동북쪽이 불리하니 대인을 보면 이롭고 계속하여 길할 것이다"[29]라고 말하고 있다. 건은 어려움의 도를 말한다. 앞에는 거친 강물이 가로막고 뒤로는 높은 산이 버티고 서 있는 괘상이기 때문이다. 어려움은 이처럼 내 밖에서 닥치는 것처럼 보인다. 그러나 어려움은 사실 내 안에 있다. 그래서 어려움이 닥치면 본래의 나를 자각할 수 있는 좋은 기회가 되는 것이다. 후천 팔괘에서 서남은 곤방坤方을 말하고 동북은 간방艮方을 말한다. 건蹇괘는 지금 내가 간방에 있음을 말하고 있다. 이때 간방의 험준한 산은 어려움을 해결해야 할 문제로 생각하는 것이고, 광활한 평야라는 것은 본래 어려움이라는 것은 없었음을 자각하는 것을 말한다. 즉 건蹇괘는 우리가 대인의 도움을 받아 우리가 어려움이라고 생각한 것이 어려움이 아니고 본래부터 어려움이 존재하지 않았음을 자각할 때, 우리는 새로운 존재로 다시 태어날 수 있음을 지적한 괘라고 할 수 있다. 그래서 대상전에서 "상에 이르기를 산 위에 물이 있음이 건蹇이니 군자가 본받아서 자신을 돌이켜 덕을 닦는다"[30]라고 말하고 있는 것이다. 『맹자』에는 "행하고도 얻지 못함이 있거든 모두 돌이켜 자기 자

---

29. 蹇 利西南 不利東北 利見大人 貞吉.
30. 象曰 山上有水 蹇 君子以 反身修德.

신에게서 구한다行有不得者 皆反求諸己"라고 했다. 어려움의 근원을 내 밖이 아니라 자기 자신에게서 찾아야 함을 말하고 있는 것이다.

효사의 경우도 마찬가지이다. 초육에서 "초육은 가면 절룩거리고 오면 명예롭다"[31]라고 한 것은 간다는 것은 어려움의 원인을 찾아 밖으로 나간다는 뜻이고, 온다는 것은 자기 자신에게로 돌아온다는 것이다. 즉 상전에서 말하는 반신수덕反身修德한다는 뜻이다. 구삼효에 대한 설명도 마찬가지이다. "구삼은 가서 절룩거리고 돌아오니 반대가 된다."[32] 즉 초육과 같이 어려움의 원인을 밖에서 찾다가 다시 자기 자신에게서 찾는 모습을 나타낸다. 어려움의 원인을 자기 자신에게서 찾을 때 우리는 비로소 마음이 편안해질 수 있다. 왜냐하면 밖에서 찾을 때 그 원인에 대한 원망과 적개심이 동반되기 때문이다. 반신수덕은 내면의 기쁨을 수반한다.[33]

건蹇괘의 주효는 상육이다. "상육은 가면 절룩거리고 돌아오면 크게 길하니 대인을 봄이 이로울 것이다.[34] 즉 이제 어려움은 밖에 있는 것이 아니라 내 안에 있는 것임을 깨달은 것이다. 여기서 대인이란 곧 스승이나 자기 자신의 본성을 가리킨다.[35] 여기서 귀함을 따른다는 것은 안과 밖, 마음과 물질, 영성과 이성에서 전자를 따름을 말한다. 내 안의 마음, 특히 영성을 따를 때 스스로 대인이 될 수 있는 것이다.

이처럼 건蹇괘는 우리가 살아가면서 겪는 모든 어려움이 사실은 내 안에서 비롯된 것임을 말하고 있다. 험한 산과 거친 강물은 사실은 내가 만들어낸 것에 지나지 않는다. 그렇지만 처음부터 그것이 내 안에서

---

31. 初六 往蹇 來譽.

32. 九三 往蹇 來反.

33. 그래서 상전에서는 "왕건래반(往蹇來反)은 내면에 기쁨이 있다(象曰 往蹇來反 內喜之也)"고 말하고 있는 것이다.

34. 上六 往蹇 來碩吉 利見大人.

35. 이를 상전에서는 "'왕건래석(往蹇來碩)'은 뜻이 안에 있음이요, '이견대인(利見大人)'은 귀함을 따르기 때문이다(象曰 往蹇來碩 志在內也, 利見大人 以從貴也)"라고 말하고 있다.

비롯되었음을 알기는 어렵다. 그래서 우리는 어려움을 벗어나기 위해 절룩거리는 걸음으로 이리저리 헤치고 나아가게 된다. 그리고 마침내 그 모든 어려움이 사실은 내가 만든 것임을 깨닫게 된다.

그때 비로소 자신이 극복하고자 하는 온갖 어려움이 사실은 자기 자신에게로 돌아오기 위한 것임을, 그리고 그토록 소망하고 갈구하던 대인大人이 바로 자기 자신임을 깨닫게 되는 것이다. 시드로우 백스터는 장애물과 기회의 차이가 그것에 대한 우리의 태도의 차이라고 말한 바 있다. 즉 모든 기회에는 어려움이 있으며 모든 어려움에는 기회가 있다. 어려운 환경에 닥쳤을 때, 뛰어난 태도를 지닌 사람은 최악의 상황을 최대한으로 이용한다고 한다.

오늘날 우리는 어려움에 봉착하면 그 원인을 항상 밖에서 찾는다. 배우지 못한 사람은 '나쁜 사람들이 나를 괴롭히기 때문'이라고 하고, 배운 사람들은 '구조적으로 권력과 부를 가진 사람들이 나를 착취하기 때문'이라고 한다. 이렇게 어려움의 원인을 밖에서 찾을 때 어려움을 극복하기 위한 에너지는 증오심과 적대감이 될 수밖에 없다. 그러나 괴물과 싸우는 왕자는 필연적으로 괴물이 될 수밖에 없다. 또한 증오심과 적대감이라는 에너지로 비록 어려움을 극복하였다고 하더라도 그 과정에서 필연적으로 또다시 증오심으로 무장한 적대 세력이 나타날 수밖에 없다.

진정한 변화는 증오심과 적대감이 아니라 사랑을 통해 이루어진다. 오늘날의 학교는 아이들에게 논리적으로 따지는 법만 가르치지 사랑을 가르치지는 않는다. 아이들에게 닥친 어려움을 해결하는 방법만을 가르치지, 어려움을 기회로 삼아 존재의 비약을 이루는 방법을 가르치지는 않는다. 소위 '문제 해결식 수업'이라고 하는 수업방법에는 사랑이 없다.

마지막으로 택수곤澤水困괘를 살펴보자. 곤困괘의 효사에서 "곤은 형통하다. 바르게 하면 대인은 길하고 허물이 없을 것이다. 말이 있어도 믿지 않는다"[36]라고 말하고 있다. 곤은 곤궁의 도이다. 곤궁에 무슨 도가 있을까 하고 생각할 수도 있지만 곤궁에도 도가 있다. 그래서 곤궁의 도를 따르면 막힘없이 통한다고 말하고 있는 것이다.

곤궁함에도 불구하고 대인이 길하고 허물이 없는 것은 자득自得하기 때문이다. 자득이란 스스로 얻는 바가 있다는 뜻이다. 즉 수행을 통한 존재의 상승을 이룰 수 있는 가장 빠른 길은 곤궁에 처하는 것임을 곤괘는 말하고 있다. 곤란함이 닥칠 때 온통 강력한 힘이 엄습하는 것처럼 보인다. 그러나 곤란함 속에서도 그 형통한 바를 잃지 않아야 진정한 군자라고 할 수 있다. 『중용』에서 "군자는 현재의 처지에 따라 행하고 그 밖의 것은 바라지 않는다. 군자는 부귀한 자리에 있으면 부귀한 사람으로서의 도리를 행하고 빈천한 자리에 있으면 빈천한 사람으로서의 도리를 행하며 환난을 당했으면 환난을 당한 사람으로서의 도리를 행하나니 군자는 어디를 가더라도 자득하지 않음이 없다"라고 하였다. 여기서 자득이란 충실함과 평화로움으로 말미암아 가지게 되는 정신의 자기 만족감을 말한다. 그래서 단전에서 "곤은 강이 덮은 것이다. 험하나 기뻐하여 곤함에도 그 형통한 바를 잃지 않는다면 오직 군자일 것이다. '정대인길貞大人吉'은 강으로써 함이요, '유언불신有言不信'은 말을 숭상하여 궁해지는 것이다"[37]라고 말하고 있는 것이다.

그러나 곤궁이란 결국 나의 현상에 대한 잘못된 이해에 불과한 것이다. 대상전에서 "못에 물이 없는 것이 곤이니, 군자가 본받아서 명을 다해 뜻을 완수해야 한다"[38]라고 한 것은 못 아래 물이 있지만 물이 없는 듯이 보이는 것이 곤이니, 즉 곤란함이란 현상에 대한 잘못된 이해에서

---

36. 困 亨 貞 大人 吉 无咎 有言 不信.
37. 象曰 困 剛揜也 險以說 困而不失其所亨 其唯君子乎 貞 大人吉 以剛中也 有言不信 尙口 乃窮也.
38. 象曰 澤无水 困 君子以 致命遂志.

비롯되는 것임을 지적하고 있다. 이런 잘못된 이해를 벗어나려면 조건화된 나에게서 벗어나 본래의 나, 즉 나의 본성에서 사물을 볼 수 있어야 한다. 상전에서 명命이란 곧 천명이니 나의 본성을 다해 뜻을 완수해야 함을 나타낸다.

이후 초육부터 주어지는 효사는 작은 곤궁부터 큰 곤궁에 이르기까지 여러 가지 사례를 통해 보여주고 있다. 그래서 마침내 곤궁의 극치인 구오효에서는 "구오는 코를 베이고 발뒤꿈치를 베임이니 붉은 무릎 깔개에도 곤란함을 겪는다. 그러나 서서히 기쁨이 있으리니 제사를 지내면 이로울 것이다"[39]라고 말하고 있다. 여기서 코를 베인다는 것은 사회적으로 매장당한다는 뜻이고 발뒤꿈치를 베인다는 것은 행동이 자유롭지 못하게 된다는 뜻이니 곤란함의 극치를 말하고 있다. 자기 허물을 반성하기 위한 붉은 무릎 깔개에서도 곤란함을 겪는다는 것은 심리적으로도 막다른 궁지에 몰려 있음을 표현한 것이다. 그러나 이런 곤란함의 극이 바로 깨달음을 위한 결정적인 기회이니 어찌 기쁨이 아니겠는가? 이런 시기를 당해 제사를 지내듯 정성을 다하면 마침내 곤궁함에서 벗어날 수 있을 뿐만 아니라 더 큰 깨달음을 얻을 것임을 말하고 있다.

그렇다면 곤궁의 극은 무엇일까? 상육에서는 "칡넝쿨에 얽혀 위태롭게 매달려 있으니 후회가 일어난다고 말한다. 후회가 있으면 가서 길할 것이다"[40]라고 한다. 상육의 곤란함은 불교 설화에 나오는 코끼리에 쫓긴 나그네가 칡넝쿨을 타고 우물로 대피한 모습과 그 표현이 매우 유사하다. 이를 상전에서 해설하기를 "상에 이르기를 '곤우갈류困于葛藟'는 아직 감당할 수 없다는 뜻이요, '동회유회動悔有悔'는 길함으로 간다는 뜻이다"[41]라고 하였다. 여기서 아직 감당할 수 없다는 것은 삶과 죽음을 넘

---

39. 九五 劓刖 困于赤紱 乃徐有說 利用祭祀.
40. 上六 困于葛藟 于臲卼 曰動悔 有悔 征吉.
41. 象曰 困于葛藟 未當也 動悔有悔 吉行也.

지 못함이요, 후회가 일어나 회환이 있다는 것은 이제 그 원인을 알게 되었다는 뜻이다. 칼 힐티는 "고난은 미래의 행복을 뜻하며 그것을 준비해주는 것이다"라고 했고, 정신과 의사인 스코트 펙은 "우리는 오직 고난을 통해 정신적으로나 영적으로 성숙할 수 있다"라고 말했다. 이렇게 볼 때 고난이야말로 신이 우리에게 준 가장 귀중한 선물임을 알 수 있다.

수산건괘의 어려움과 택수곤괘의 곤란함의 차이는 전자는 극복해야 할 대상이지만 후자는 벗어날 출구가 없는 것처럼 보인다는 것이다. 말하자면 막다른 궁지에 몰려 있는 것이 곤괘의 의미이다. 상육 효사에 나오듯이 우리의 삶은 『불설비유경佛說譬喩經』에 나오는 '안수정등岸樹井藤'과 같다.

어떤 나그네가 벌판을 걷고 있었다. 그때 갑자기 미친 코끼리 한 마리가 나그네를 향해 돌진해 왔다. 나그네는 코끼리를 피해 달아나다가 마침 우물이 있어 우물 옆에 있는 등나무를 잡고 우물 속으로 내려갔다. 위를 쳐다보니 코끼리가 나그네를 내려다보고 있었다. 그런데 나그네가 잡고 있는 등나무를 검은 쥐 한 마리와 흰 쥐 한 마리가 번갈아 가며 쏠고 있었다. 바닥을 내려다보니 독사가 우글거리며 혀를 낼름거리고 있었다. 그때 어디선가 벌 다섯 마리가 날아와 등나무에 집을 지었는데 그 벌집에서 꿀이 한 방울씩 떨어졌다. 나그네는 그 꿀을 받아먹으면서 자신의 위급한 상황을 잊은 채 더 많은 꿀이 떨어지기를 바라고 있었다.

이 비유에서 코끼리는 무상한 세월을, 등나무는 생명줄을, 흰 쥐와 검은 쥐는 낮과 밤을, 바닥의 독사는 죽음을, 그리고 벌 다섯 마리는 인간의 오욕락五欲樂을 가리킨다. 오욕락은 식욕, 성욕, 수면욕, 재물욕, 명예욕을 말한다. 이 비유가 의미하는 바는 무엇일까? 그것은 바로 내가 궁지에 몰려 있다는 것을 자각하라는 뜻이다.

궁지야말로 교육적으로 보면 새로운 존재로 다시 태어날 수 있는 절호의 기회이다. 불교의 수많은 선사들이 아끼는 제자를 가르친 방식이 바로 제자를 궁지에 몰아넣는 것이었다. 결코 풀 수 없는 화두를 주어 그에 집중하도록 하는 것이 그 대표적인 사례이다. 막다른 궁지에 몰린 제자는 마치 백척간두에 선 것과 같은 느낌을 받게 된다. 이제는 선택을 해야 한다. 그 자리에 그냥 서서 죽음을 기다릴 것인가, 아니면 한 발 내디디어 새로운 세상을 볼 것인가를 선택해야 한다.

6. 깨달음의 도

주역은 수화기제水火旣濟괘와 화수미제火水未濟괘로 마무리된다. 기제는 깨달음의 도를 뜻한다. 기제는 '이미 건넜다'는 뜻으로 마음공부에서는 자신을 하나의 독립된 개체로 여기던 착각에서 벗어나 자신을 다른 존재와 차별 없는不二 존재임을 자각한 것을 말한다. 마음공부에서는 깨달음을 무척 중요시한다. 왜냐하면 한 번의 깨달음이 지금까지와는 다른 삶에 대한 눈을 뜨게 하기 때문이다. 기제괘가 깨달음을 나타내는 것이라면 괘사도 그렇게 표현되어야 한다. 그러나 기제괘의 괘사는 부정적이다. 괘사에서 "기제는 형통함이 적으니 바르게 함이 이롭다. 처음에는 길하나 마지막에는 어지러울 것이다"[42]라고 하였다. 그리고 64개의 괘 중에서 기제괘만 유일하게 각 효들이 제자리를 차지하고 있는데 왜 기제의 괘사는 부정적일까?

깨달음이란 곧 깨달음이 없다는 것을 깨닫는 것이다. '내가 이미 깨달았다'고 생각을 하는 사람은 진정으로 깨달은 사람이 아니다. 처음 깨달음의 경험을 하는 사람들은 『화엄경華嚴經』의 「십지품十地品」 중 환희지歡喜地와 같은 기쁨을 맛본다. 갑자기 온 세계가 화엄세계로 인식되는 것이다. 그러나 이러한 깨달음의 기쁨에만 머물다가는 결국 깨달음의 이상에 사로잡히고 만다. 김태완은 이를 걸핏하면 삼매로 도피하려는 마음이라고 했다.[43] 기제의 모든 효가 제자리에 있다는 것이 곧 함정이라는

---

42. 旣濟 亨小 利貞 初吉 終亂.
43. 김태완(2011), 『간화선 창시자의 선』, 침묵의향기, 434쪽.

것이 바로 깨달음의 아상을 말한다.

한 번의 깨달음으로 인해 생겨나는 상황들은 다른 경험과 마찬가지로 시간이 지남에 따라 사라진다. 이를 육이효에서는 '부인이 머리 장식을 잃는다婦喪其'고 하였다. 그러므로 깨달음에 집착해서는 안 된다勿逐. 중요한 것은 깨달음을 경험했는가가 아니라 바로 '지금-여기'에 깨어 있는가 하는 것이다.

주역의 마지막 괘인 화수미제괘는 내맡김의 도를 뜻한다. 마음공부에서 '건너지 못했다未濟'는 것은 깨닫고 보니 깨달음이 없음을 말한다. 강 건너편彼岸은 애초부터 존재하지 않았던 것이다. 깨닫고 나서 보면 건너야 할 강도 없고, 건너기 위한 배도 없다. 달도 없고 달을 가리키는 손가락도 애초부터 없었던 것이다. 본성을 회복한다는 것은 회복해야 할 본성이 애초부터 존재하지 않음을 아는 것이다. 찾아야 할 깨달음도 없고, 자유도 없고, 평화로움도 없다. 우리는 본래부터 완전하고, 자유롭고, 평화로운 존재였던 것이다.

삶은 우리의 가장 큰 스승이다. 삶은 어떨 때는 우리에게 아름다움과 행복과 기쁨을 주기도 하지만 어떨 때는 질병과 고통과 좌절을 안겨주기도 한다. 그러나 그 모든 일들이 모두 우리를 성장시키기 위한 과정일 뿐이다. 우리가 겪는 모든 삶이 존재계가 우리에게 주는 선물인 것이다. 마음공부의 완성은 마음공부로부터 자유로워지는 것이다. 그래서 단순하고 평범한 삶 속으로 돌아오는 것이다. 예수의 말처럼 우리는 세상에 살되 세상에 속하지 않는 존재이기 때문이다.

제6장

『노자』와 무위無爲교육

그 물가에는 차빛귀룽나무 한 그루 서 있었네
햇귀를 끌어당겨 푸른 머리핀을 꽂고
심심해지면 고요 밖에서
한눈팔 듯이 제 몸을 비춰보기도 한다네
그리고 나면 어찌 눈치채고 빈 데마다
쓸데없는 구름 그늘끼리 몇 평씩 떠 흐르네
낮결 내내 부젓가락처럼 아궁이를 뒤지던
부레옥잠도 어리연도 마냥 엎질러져
정강이째 찔으며 물살을 나르네

한나절 봄빛을 덖어낸 차빛귀룽나무
조붓하고 어린 나비잠을 스치며
희디흰 산그늘 한 마리
드문드문 허기져서 느린 봄날을 건너네

_박수현, 「봄曜日, 차빛귀룽나무」

1. 수레를 헤아리는 교육

『노자』39장에는 "수레를 헤아리면 수레가 없어지니 아름답고 매끈한 옥처럼 되려고 하지 말고 거칠거칠한 돌처럼 되어야 한다"라고 하였다.[1] 수레를 헤아리면 수레가 없어진다는 것은 무슨 뜻일까? 여기서 수레는 하나를 말하고 수레를 헤아린다는 것은 그 수레를 조각조각 분해해서 살펴본다는 뜻이다. 즉 수레를 분해해서 각각의 구성물 속에서는 결코 수레를 발견할 수 없다는 것이다. 수레바퀴로는 결코 수레를 얻을 수 없다. 수레만 그런 것일까? 그렇지 않다. 생명도 마찬가지이다. 모든 존재는 낱생명이 아니고 온생명이다. 스스로를 낱생명이라고 생각한다면 그는 결코 전체를 알지 못할 것이다.

깊숙이 들여다보면 우리의 감정적인 자아의 느낌을 감싸고도는 주범은 바로 두려움이다. 왜 우리는 그토록 두려워하는가? 그것은 우리 스스로가 자신을 한정된 존재, 분리된 존재로 여기고 있기 때문이다. 실로 우리는 온생명 그 자체이다. 우리 자신이 바로 생명의 모든 것임을 깨달으면 우리는 그런 위협을 더 이상 두려워하지 않게 된다.[2]

오직 부분만이 고통받을 뿐, 전체는 고통받지 않는다. 고통은 우리가 스스로에게 경계를 설정하여 나와 나 아닌 것을 분리하기 때문에 발생한다. 나와 나 아닌 것 사이의 경계를 설정하는 것은 곧 전선을 구축하

---

1. 故 致數輿 無輿 不欲琭琭如玉 落落如石.
2. 아디야 샨티(2015), 『깨어남에서 깨달음까지-영적 여정의 굴곡을 지혜롭게 넘어가기』, 정성채 옮김, 정신세계사, 174쪽.

여 전쟁을 벌이는 것과 같다. 경계가 없음에도 불구하고 경계를 설정하여, 그 경계 안쪽만을 취하고 바깥쪽과 전쟁을 벌이는 일만큼 어리석은 일은 없다. 그런데도 우리 삶의 대부분은 이런 전쟁으로 점철되어 있다. 고통을 피하고 쾌락을 추구하는 것, 불행을 떠나 행복해지려는 것이 우리의 삶이기 때문이다. 켄 윌버는 『무경계』라는 책에서 이런 노력이 성취되기는 불가능하다고 말한다.[3] 고통과 불행 없이는 쾌락과 행복도 없기 때문이다. 인간이 성장한다는 것은 이런 경계를 점진적으로 없애는 과정과 다름없다.

　경계선을 긋는 것이 자아정체성의 핵심이다. 윌버가 말하듯이 우리가 긋는 가장 일반적인 경계선은 '피부경계선'이다. 이는 앨런 와츠의 '피부 밑 자아skin-encapsuled ego'와 같은 개념이다.[4] 피부경계선은 나의 몸과 마음을 나와 동일시하여 나의 몸과 마음의 밖에 있는 것을 세계라고 부른다. 더 나아가 몸과 마음 사이에 경계선을 그어 몸을 '나의 몸'이라고 하여 나 자신이 아닌 나의 소유인 것으로 구별한다. 그리고 마침내 마음 중에서 내가 좋아하지 않는 것을 다시 나의 경계선 밖으로 밀어낸다. 이렇게 밀려난 것이 결국 융이 말하는 그림자가 되는 것이다.[5]

　　　그는 자기 정신의 내용들 중 어떤 것을 소외, 억압, 분리, 투사하기 시작한다. 즉 나/나 아님의 경계를 에고의 경향성 중 일부분에만 국한시킴으로써 동일시 영역을 더욱 좁힌다는 것이다 이렇게 한 번 더 협소해진 자아상을 우리는 페르소나라고 부른다.

---

3. 켄 윌버(2015), 『무경계』, 김철수 옮김, 정신세계사, 29쪽.
4. 와츠(Alan Watts)(2001), 『자신이 누구인지를 아는 것을 막는 터부에 관한 책』, 진우기·신진욱 옮김, 부디스트웹닷컴.
5. 켄 윌버, 앞의 책, 33쪽.

이와 같이 전개되는 경계의 축소는 '성장'에 따라 이루어진다. 어린아이가 막 엄마의 뱃속에서 나왔을 때는 아이와 엄마 사이에 경계는 없다. 그러나 아이가 배가 고프고 대소변으로 인해 불편한 느낌을 갖게 되면서 아이는 자신과 엄마 사이의 경계를 만들게 된다. 즉 경계는 평화로움과 풍요함이 아니라 불편함과 결핍감에 의해 형성되는 것이다.

마침내 페르소나로까지 협소해진 '나'에서 거꾸로 그림자를 통합하고, 몸을 통합하는 것은 융에 따르면 중년기 이후이다. 이처럼 경계선을 허무는 것으로써 자신의 범위를 확장하는 것이 진정한 성장이라면 그 궁극적인 지점은 어디일까? 모든 경계가 사라진 지점을 유학자들은 물아일체物我一體, 혹은 무외지심無外之心이라고 불렀다. 나와 세계가 하나가 되고 '나'라는 것밖에는 아무것도 존재하지 않는다는 마음이 바로 무경계의 경지인 것이다.

자연에는 경계가 없다. 자연은 우리가 살고 있는 이 경계의 세계에 대해 전혀 알지 못한다. 그것은 자연이 인간보다 어리석기 때문에 그런 것이 아니다. 물론 자연에도 선이 있다. 지평선과 호수의 가장자리 등이 그것이다. 그러나 선은 경계와 다르다. 앨런 왓츠는 자연의 선은 나누는 동시에 만나는 지점을 나타낸다고 하였다. 즉 자연의 선들은 '나누고 구분하는' 것만큼이나 '결합하고 통일'시킨다. 그러나 우리 인간의 삶은 모두 경계선 긋기에 기초해 있다. 노자는 다음과 같이 말한다.[6]

세상 사람들이 모두 이것이 아름답다고 알아 아름답다고 하는데 그것이 추함이요. 이것이 선하다고 알아 선하다고 하는데 그것이 선하지 아니함이다. 그러므로 있음과 없음은 서로 말미암아 있고 없으며, 쉬움과 어려움은 서로 말미암아 쉽고 어려우며, 길고 짧

---

6. 天下皆知美之爲美 斯惡已 皆知善之爲善 斯不善已. 故 有無 相生 難易 相成 長短 相形 高下相傾 音聲相和 前後相隨(제2장).

음은 서로 말미암아 길고 짧으며, 높음과 낮음은 서로 말미암아 높
고 낮으며, 내는 소리와 들리는 소리는 서로 말미암아 내고 들리며,
앞과 뒤는 서로 말미암아 앞서고 뒤선다.

아름다움과 추함은 무엇일까? 많은 사람들이 아름답다고 하는 것이
아름다움이요, 많은 사람들이 추하다고 하는 것이 추함일까? 그렇지 않
다. 이것은 아름답고 저것은 더럽다고 생각하여 한쪽을 고집하는 것이
추함이요, 두 가지를 구별하지 않는 것이 아름다움이다. 악은 무엇일까?
선이 선을 고집하고 나머지를 모두 악으로 몰아버리면 그것이 곧 악이
다. 어느 한쪽을 잡는다는 것은 곧 다른 쪽을 버리는 것이고 한쪽을 버
리는 것은 곧 양쪽을 다 버리는 것과 같기 때문이다.

우리가 만든 양극의 세계 속에서 천국은 모든 양극을 초월한 것이 아
니라 한 쌍의 극 중에서 좋은 쪽만을 전부 모아놓은 곳을 의미하고, 지
옥은 고통, 고뇌, 불안, 질병 등 모든 부정적인 쪽을 모아놓은 곳을 의미
하게 되었다.[7] 그렇지만 니콜라스 쿠자노스의 '양극의 일치'나 화이트헤
드의 '진동적 존재'라는 주장처럼 우리가 흔히 화해할 수 없다고 생각
하는 원인과 결과, 과거와 미래, 주체와 객체와 같은 양극은 실제로는
단일한 진동, 단일한 파도의 마루와 골에 해당된다. 내가 실제로 보고
있는 것은 분리된 별이 아니라 시야 전체 혹은 '밝은 별+어두운 배경'
이다.[8]

마찬가지로 지금 이 순간 내가 아주 편안하고 즐겁게 느끼더라도 불
편함과 고통이라는 배경이 없다면 결코 그것을 알 수 없다. 따라서 대립
하는 양극을 떼어놓으려고 하는 노력은 풀기 어려운 문제가 아니라 성
립되지 않는 난센스 문제에 지나지 않는다. 그러므로 경계를 없애는 일

---

7. 켄 윌버, 앞의 책, 53쪽.
8. 켄 윌버, 위의 책, 58쪽.

은 문제를 해결solved하는 것이 아니라 그 문제가 이미 문제가 아니었음을 밝히는 즉 해소dissolved의 과정인 것이다. 양극을 초월한다는 것은 양극을 떼어놓는 것이 아니라 경계를 없애는 일이다. 이를 『바가바드 기타』에서는 다음과 같이 말하고 있다.[9]

이원성의 분별을 완전히 제거하여
자신에게 죄와 허물이 없다는 것을 깨달은 사람,
마음을 제어하여 참 자아에 안주하며
모든 존재와 행복을 기뻐하는 지혜로운 사람은
브라만 안에서 영원한 평화에 이른다.

『도마복음』에도 다음과 같은 말이 있다.[10]

그들이 예수에게 말하였다.
'어린아이처럼 되면 그 왕국에 들어가는 겁니까?'
예수가 그들에게 말하였다.
'너희가 둘을 하나로 만들 때
안을 밖처럼, 밖을 안처럼, 위를 아래처럼 만들 때
그리고 남자와 여자를 하나로 만들 때
너희는 그 왕국에 들어가리라.'

모든 경계가 사라진 상태, 즉 둘을 하나로 만들고, 안과 밖, 위와 아래, 남자와 여자를 하나로 만든 상태를 불교 화엄에서는 사사무애법계 事事無碍法界라고 부른다. 사사무애법계란 우주의 모든 사물과 사건 사이

---

9. 뱌사하(2015), 『바가바드 기타』, 정창영 옮김, 물병자리, 125~126쪽.
10. 『도마복음』.

에는 아무런 경계가 없다는 말이다. 사사무애법계가 곧 물아일체요 합일의식이다. 사사무애법계와 물아일체의 합일의식이란 진정한 실재에는 경계가 없다는 단순한 자각이다. 그렇지만 이를 설명하기는 대단히 어렵다. 왜냐하면 우리의 언어 자체가 '경계의 언어'이기 때문이다. '실재는 무경계다'라는 말조차 여전히 경계와 무경계의 구분을 만들어내기 때문이다.[11] 그래서 노자는 도덕경 첫머리에서 "도를 말로 하면 도 그 자체는 아니다. 이름을 붙이면 곧 이름의 주인이 아니다"[12]라고 하였던 것이다.

우리는 밤마다 도를 품고 잠에 들고 아침마다 도와 함께 일어난다. 도가 어디 있는지 알려면 말을 하거나 말을 하지 않거나, 행동을 하거나 행동을 하지 않거나 바로 그 자리를 보아야 한다. 노자는 이제부터 도에 대해 이야기를 하려고 하거니와 내 말에 얽매이지 말라는 뜻으로 이 말을 했다. 부처는 임종에 이르러 내 말에 얽매이지 말라고 했지만, 노자는 첫머리에서부터 아예 못을 박는 것이다. 이름을 붙이면 곧 이름의 주인이 아니라는 말은 앞으로 도에 대해 이러저러한 말을 할 것인데 그 이름에 얽매이지 말라는 뜻이다.

사람이 보려고 하는 마음을 가지고 보면 차별상, 즉 현상계를 보고 보려는 마음 없이 보면 공空의 세계, 무無의 세계를 볼 수 있다. 그러나 따지고 보면 이것 역시 둘이 아니다. 그래서 노자는 이것이 둘이 아니라 같은 것임同을 아는 것을 신비롭다玄고 하는 것이다.[13]

'교육을 받는 것은 어디에 어떻게 경계를 그을 것인지, 그런 다음에 경계를 그은 측면들로부터 어떤 일을 해야 할지를 배우는 일'에 지나지 않는다.[14] 오늘날 학교에서 가르치는 지식은 대부분 현대 과학의 산물이

---

11. 켄 윌버, 앞의 책, 89쪽.
12. 道可道非常道 名可名非常名(제1장).
13. 同謂之玄 玄之又玄 衆妙之門(제1장).
14. 켄 윌버, 앞의 책, 49쪽.

다. 현대 과학은 물리학을 전범으로 삼아 모든 것을 분할하여 최소 단위에서 연구한다. 이를 환원주의 교육과정이라고 부른다. 이렇게 잘게 쪼개져 분할된 지식을 엮어 학교 교육과정으로 편성된다. 국어와 수학, 사회, 과학 등의 교과는 이런 현대 과학적 지식의 결과물들이다.

그렇지만 아이들의 삶은 총체적이다. 아이들의 일상생활은 국어와 수학으로 나누어지지 않는다. 이렇게 삶과 무관한 교육을 하게 됨에 따라 학교는 점점 아이들의 삶과 괴리된다. 아니 아이들의 일상생활에 이은 또 다른 삶을 형성하는 것이다. 이것이 바로 노자가 말하는 수레를 헤아리는 교육이 아닐까?

2. 경계의 해체

와서 나와 함께 키 큰 풀 사이로 걸읍시다.
그대의 피부를 간질이는 부드러운 바람을 느껴보세요.
그대 얼굴에 내리비추는 따뜻한 햇살을 느껴보세요.
그대를 꺼안는 여름비의 부드러움을 느껴보세요.
들판에서 자라는 야생화의 내음을 맡으세요.
새들의 노래를 귀 기울여 들으세요.
왜냐하면 나는 그 모든 것들이기 때문입니다.
바람은 그대를 만지는 내 손가락이고
햇빛은 내 따뜻한 입맞춤이며
여름비는 나의 애무이며
야생화는 내 머릿결의 내음입니다.
그리고 새들의 지저귐은 그대에게
와서 나와 함께 키 큰 풀들 사이로 걸으라고 말하는
나의 감미로운 목소리이기 때문입니다.

_한 인디언 시인의 노래

경계는 어떻게 만들어지는 것일까? 우리가 구축한 모든 경계 중에 나와 나 아닌 것 사이의 경계야말로 가장 원초적이다. 우리는 '보는 자'와 '보는 것'을 구분한다. 그러나 우리의 지각 과정에서 '보는 자', '보는 행위', '보여진 대상'은 따로 분리되어 있지 않다. 이 세 가지는 모두 한 과

정의 세 가지 측면에 지나지 않는다. 만약 세 가지를 구별한다면 단일한 물의 흐름을 '흘러가는 물이 흘러가는 행위를 하면서 흐른다'라고 표현하는 것과 같다.[15] 그러나 사실 보는 자는 존재하지 않는다. 우리는 보는 자를 결코 볼 수 없기 때문이다. 듣는 자도 존재하지 않는다. 우리는 듣는 자를 들을 수 없기 때문이다. 실제로 존재하는 것은 보는 경험과 듣는 경험뿐이다. 그래서 앨런 왓츠는 '단지 경험만이 존재한다. 경험을 경험하는 누군가란 없다'고 말한다. 결론적으로 나는 나의 경험이고 또한 내가 경험한 세계이기도 하다. '나'라고 부르는 내적 감각과 '세계'라고 부르는 외적 감각은 하나의 동일한 감각이다. 내적 주체와 외적 객체는 하나의 느낌에 대한 두 개의 이름일 뿐이다. 이 말은 내가 깨닫고 있든 아니든 지금 이 순간의 의식 상태가 곧 합일의식이라는 의미이다. 지금 이 순간 나는 이미 우주이며 이미 현재 경험의 총체인 것이다.

그렇다면 어떻게 경계를 허물 수 있을까? 노자는 다음과 같이 말한다.[16]

잘난 사람을 떠받들지 않음으로써 백성으로 하여금 다투지 않게 하라. 얻기 힘든 것을 귀하게 여기지 않음으로써 백성으로 하여금 도둑질을 하지 않게 하라. 욕심낼 만한 것을 보이지 않음으로써 마음을 어지럽히지 말라. 이로써 성인의 다스림은 그 마음을 비우고 그 배를 채우며 그 뜻을 약하게 하고 그 뼈를 강하게 하며 언제나 백성으로 하여금 아는 바가 따로 없어 욕심이 없게 하고 무릇 안다는 자로 하여금 감히 나서서 일을 하지 못하게 한다. 무위로써 하면 다스려지지 않는 것이 없다.

---

15. 켄 윌버, 앞의 책, 95쪽.
16. 不尙賢 使民不爭. 不貴難得之貨 使民不爲盜. 不見可欲 使民心不亂 是以 聖人之治 虛其心 實其腹 弱其志 强其骨 常使民無知無欲 使夫智者不敢爲也 爲無爲則無不治(제3장).

불상현不尚賢이란 현賢과 우愚가 서로 떨어져 있지 않은데 그중 하나만 추켜세우는 것을 말한다. 욕심낼 만한 것을 보이지 않음으로써 마음을 어지럽히지 말라는 것은 무엇을 보여주지 말라는 것이 아니라 제대로 보여주라는 뜻이다. 제대로 보여준다는 것은 그것이 결코 욕심낼 만한 것이 아님을 깨닫게 해주는 것이다. 허기심虛其心은 차별하는 마음을 갖게 하지 말라는 뜻이고, 실기복實其腹은 자연의 순환에 따르는 삶을 살아야 한다는 뜻이다. 뜻을 약하게 하라는 말은 일을 하되 욕심 없이 하라는 것이고, 뼈를 강하게 하라는 것은 자연의 순리에 따라 사는 것이 건강의 비결이라는 것이다.

현과 우란 현대 심리학의 용어로 번역하면 페르소나와 그림자를 말한다. 최초의 근원적 경계선인 피부경계선에서 한 걸음 더 나아가 내 몸을 '나의 것'으로 간주하는 데에서 몸과 마음이 분리된다. 여기서 또 한 걸음 더 나가면 마음 중에서 자신이 좋아하는 부분과 싫어하는 부분을 나누어 경계선을 긋게 된다. 존재하기와는 대조적으로 동일시는 하나의 행위이다. 동일시는 나 자신을 뭔가와 연결시키기 위해 내가 취하는 정신적인 행동이다. 만일 본래 나의 모습과 동일시한다면 우선 동일시를 일으키기 위해서 나의 본래 모습에서 내가 분리되어 있다고 믿어야 한다. 동일시는 영적인 길에서 핵심적인 위험들 중 하나이다.[17]

또 노자는 까치발로는 오래 서지 못하고 큰 걸음으로는 멀리 가지 못한다고 하였다. 까치발이나 큰 걸음을 하는 까닭은 남보다 높아지려 하고 남보다 빨리 가려고 하기 때문이다. 스스로 자기를 드러내는 자, 스스로 자기가 옳다고 여기는 자, 스스로 뽐내는 자, 스스로 자랑하는 자는 오래 설 수도 없고 멀리 갈 수도 없다. 따라서 스스로 자기를 드러내는 자는 드러나지 않고 스스로 자기가 옳다 하는 자는 인정받지 못하

---

17. 알마스(2015), 『늘 펼쳐지는 지금』, 박인수 옮김, 김영사, 307쪽.

며, 스스로 뽐내는 자는 공이 없고, 스스로 자랑하는 자는 우두머리가 되지 못한다. 이런 것들을 도에서는 일컬어 찌꺼기 음식이요 군더더기 행동이라 하여 도는 언제나 이것들을 싫어한다. 그러므로 도를 지닌 사람은 이런 짓을 하지 않는다.[18]

윌버는 삶에 대한 고통이 그 경계 허물기의 출발이라고 한다. 고통이야말로 '최초의 은총'이라는 말처럼 고통은 창조적인 통찰력이 탄생하는 기점이기 때문이다. 다툼이란 내 삶이 도에 합당하지 않다는 것을 가르쳐주는 중요한 지표이다. 그러니 다툼이 일어나면 얼른 자신의 삶을 되돌아보아야 한다. 화가 나거나 원망하는 마음은 내 삶에서 꼭 필요한 장치이다. 그것이 없으면 삶에 대한 자각이 일어나지 않고 삶에 대한 자각이 일어나지 않으면 도가 무엇인지 결코 알 수 없기 때문이다.[19]

모든 고통은 그 고통에 합당한 깨달음을 내포하고 있다. 슬픈 일이지만 깨달음은 오직 고통을 온몸으로 껴안은 사람들만 가질 수 있다. 고통 속으로 들어가 보지 않은 사람이 말하는 깨달음은 결코 들을 만한 것이 없다.

경계 허물기는 페르소나 수준에서부터 시작된다. 자신이 아니라고 억압한 부분이 그림자가 되어 그 그림자를 다른 사람에게 투사하는 것에서 고통이 시작된다. 그러나 모든 사람이 자신을 거부한다고 느끼는 사람은 실제로는 다른 사람을 거부하고 비판하는 자신의 성향을 철저히 모르고 있는 사람이다. 페르소나 수준에서의 치료의 첫 단계는 지금까지 혐오해왔던 불쾌감과 친해지는 것이다. 그러기 위해서는 의식적으로 증상과 접촉해야 하고 그 증상을 수용해야 한다.[20] 그러면 자신과 다른

---

18. 企者 不立 跨者 不行 自見者 不明 自是者 不彰 自伐者 無功 自矜者 不長. 其在道也 曰餘食 贅行 物或惡之 故 有道者 不處(제24장).
19. 善爲士者 不武 善戰者 不怒 善勝敵者 不與 善用人者 爲之下. 是謂不爭之德 是謂用人之力 是謂配天 古之極(제68장).
20. 켄 윌버, 앞의 책, 169쪽.

사람들 사이에서 일어나는 투쟁이 사실은 자신과 자신의 투사와의 투쟁이라는 점을 알게 된다. 당신은 사람이나 사건들 자체가 당신을 흥분시키는 것이 아니며, 그것들은 당신을 '스스로' 흥분하게끔 만드는 계기를 제공할 뿐임을 깨닫는 것이다. 이 부분은 아들러의 목적론과 비슷하다.

페르소나와 그림자 사이의 경계를 허물고 나면 몸과 마음의 경계를 허물어야 한다. 노자는 현명함과 어리석음의 경계를 허물고 난 뒤 나아가 몸과 마음의 경계를 허물라고 말한다. "혼과 백을 싣고 둘을 하나로 아울러 다시 둘로 나뉘지 않게 할 수 있는가?"[21] 여기서 혼과 백은 인간을 이루는 두 가지 요소로서, 백은 물질적 요소이고 혼은 정신적 요소이다. 물질적 요소를 추구하는 사람들은 오직 정신을 욕망의 추구에만 소진하고, 정신적 요소만을 추구하는 사람들은 육체를 괴롭히고 학대한다. 그러나 두 요소는 분리되어 있지 않다. 육체의 가장 깊은 곳에 있는 섬세한 부분이 마음이고, 마음의 밖에 그것을 둘러싸고 있는 껍질이 곧 육체이기 때문이다.

우리는 자신이 육신에 속박되어 있다고 느낀다. 그래서 육신에서 벗어난 영혼을 추구한다. 많은 사람들이 육신과 죄를 동의어로 사용하는 것은 이 때문이다. 윌버는 육신과 마음의 경계를 허문 경지를 켄타우로스라고 부른다. 켄타우로스는 그리스 신화에서 상체는 인간이고 하체는 말인 존재인데, 켄타우로스로 돌아온다는 것은 정신-신체적 유기체 내부 전체에 심리적, 신체적 건강이 이미 순환하고 있음을 알아차리는 것이다. 윌버는 자아와 신체의 경계를 허물게 되면 자아는 자신의 기반이자 지원처인 지상으로 내려갈 수 있고, 신체는 자신의 빛이자 공간인 천상으로 올라갈 수 있다고 한다.[22] 이 시점에서 처음으로 우리는 자신의

---

21. 載營魄抱一 能無離乎(제10장).
22. 켄 윌버, 위의 책, 203쪽.

마음에 신체를 구현시키고, 신체에 마음을 불어넣을 수 있게 된다. 켄타우로스적 삶의 의미, 즉 근본적인 삶의 의미를 발견한다는 것은 바로 삶 자체의 과정이 기쁨을 만들어낸다는 사실을 발견하는 것이다. 의미는 외적인 행위나 소유에 의해서가 아니라, 자기 존재의 빛을 발하는 내적인 흐름에서 발견된다는 것이다.

마음과 몸의 통합 다음 단계는 초개아 수준이다. 초개아 수준은 켄타우로스와 완전한 합일 의식 사이에 있는 것으로 자신을 '보는 자'와 동일시하는 단계이다. 이런 지켜봄을 노자는 '현람玄覽'이라고 부른다.[23]

> 혼과 백을 싣고 둘을 하나로 아울러 다시 둘로 나뉘지 않게 할 수 있는가? 기를 제어하여 부드럽게 함으로써 기운을 어린아이처럼 할 수 있는가? 현묘한 이치를 본 것마저도 씻어내 아무런 허물이 없을 수 있는가?

기氣를 제어한다는 것은 마음의 에너지가 일어나는 것을 지켜본다는 뜻이다. 지켜봄에 의해 부정적인 에너지는 사라지고 긍정적인 에너지는 강화된다. 조滌는 씻어낸다는 뜻이다. 지켜본다는 생각조차도 씻어내 버려야 진정으로 도와 하나가 될 수 있다는 뜻이다.

어떤 상태를 주시한다는 것은 이미 그 상태를 초월한 것이다. 파탄잘리가 말했듯이 '무지란 보는 자와 보는 도구의 동일시'[24]인 것이다. 주시란 아무 선택 없이 현재의 감정이나 생각을 자각하는 '무선택적 자각'이다. 괴로움을 해결하려는 시도는 그것이 어떤 것이든 자신이 바로 괴로움 그 자체라는 환상을 강화시킬 뿐이다. 나는 마음과 몸과 감정을 가지고 있지만 나는 몸과 마음과 감정이 아니라 그것을 주시하는 자이다.

---

23. 載營魄抱一 能無離乎 專氣致柔 能嬰兒乎 滌除玄覽 能無疵乎(제10장).
24. 마하리쉬 파탄잘리(2012), 『요가 수트라』, 박지명·이서경 주해, 동문선. 제24장 참조.

아디야 샨티는 다음과 같이 말한다.[25]

　　우리의 본래 모습은 '지켜보는 그것'이다. 동떨어진 하나의 개
인인 양 이런저런 몸짓을 해대는 우리 자신을 '지켜보고 있는' 의식
인 것이다. 우리의 본성은 끊임없이 모든 경험을 함께하면서 매 순
간 일어나는 모든 일에 깨어 있다.

자신의 마음을 지켜보는 것이 탈현대 교육의 가장 기초적인 부분이
다. 자신의 생각이나 느낌, 감정을 지켜볼 수 있을 때 우리는 그 생각이
나 느낌, 감정을 자신과 동일시하는 것에서 벗어날 수 있다. 내 몸이 내
가 아니듯이 내 마음도 내가 아니라는 것을 깨닫게 하기 위한 가장 초
보적인 교육이 바로 지켜봄이다. 물론 생각하는 나도 내가 아니지만, 지
켜보는 나도 진정한 내가 아니다. 본문에서 '현람玄覽을 씻어내고 제거
한다'고 한 것처럼 지켜보는 자를 지켜보는 자가 진정한 나이다. 지켜보
는 나를 자각하는 순간 그것은 진정한 내가 아니고 또 하나의 상념에
불과하기 때문이다. 불교에서는 이를 '공에 빠진다'고 표현한다. 공에 빠
진다는 것은 초월적 상태에 묶이는 것이며 목격자의 자리에 묶이는 것
이다. 라마나 마하리쉬는 "우주는 환영이다. 오직 브라만만이 실재한다.
우주는 브라만이다"라고 하였다. '우주는 브라만이다'라는 진술은 저 바
깥에 있는 목격자의 자리를 무너뜨린다. 목격자의 자리는 총체성 속으
로 무너져 내리고 별안간 우리는 더 이상 바깥쪽에서 목격하고 있지 않
다. 그 대신 목격은 모든 곳에서 동시에 일어난다. 안쪽에서, 바깥쪽에
서, 주변에서, 위쪽, 아래쪽 등등 어디서든 말이다.[26]
　　우리는 모든 정신적, 감정적, 육체적인 대상과 탈동일시함으로써 즉

25. 아디야 샨티, 앞의 책, 19쪽.
26. 아디야 샨티, 위의 책, 118쪽.

그 모든 것을 초월함으로써 이 초개아적 주시자를 발견하게 된다. 예컨 대 '내 불안은 내가 아니다'라는 깨달음이 강해질수록 그 불안에 위협 당하지 않게 될 것이다. 이와 같이 자신을 혼란시키는 감정이나 감각, 생 각, 기억 경험이란 모두 자신이 배타적으로 동일시해왔던 것에 불과하 다. 그렇다면 그런 혼란의 궁극적인 해소는 단순히 그것들로부터 탈동일 시disidentification일 것이다. 보는 자, 혹은 자각하는 자는 볼 수 없다. 우 리가 볼 수 있는 것은 무엇이든 보는 자일 수 없기 때문이다. 속박이란 보는 자를 보여질 수 있는 것으로 동일시한 데서 비롯된 것이다.

발돋움하는 자는 오래 서 있을 수 없다. 자기가 아닌 다른 사람이 되 려고 하기 때문이다. 우리는 아무리 노력을 해도 자기 자신을 변화시킬 수 없다. 그래서 세 살 버릇 여든까지 간다고 한다. 그럼에도 불구하고 오늘날의 교육은 학습자를 변화시키는 것을 목표로 하고 있다. 현대 교 육에서는 변화가 일어나지 않으면 교육이라고 여기지 않는다. 그래서 모 든 교육에서 아이들에게 변화를 위한 동기를 불어넣기 위해 다양한 방 법을 활용하고 있다. 그런데 이러한 학습 동기는 결국 자신의 현재 모습 에 대한 불만과 더 훌륭한 자신의 모습에 대한 동경으로 구성되어 있다.

한마디로 불가능한 것을 시도하고 있는 것이 오늘날의 교육이다. 그러 나 우리가 유일하게 아이들에게 가르쳐야 할 것이 있다면 외부에서 강 요되고 내부에서 반응하는 그런 인위적인 노력을 중지하기 위한 방법이 다. 그것은 자신의 마음을 끊임없이 자각하는 것이다. 그리고 그러한 자 각을 통해 고요해진 자신의 마음속에서 편안히 휴식하는 것이다.

3. 본성의 발현

지금 이 순간 '내가 없다'는 사실을 깨달을 때 우리는 자신의 진정한 정체는 언제나 지고至高의 본성임을 알게 된다. 보는 자만이 진정한 나이다. 나의 마음, 나의 몸, 나의 생각, 나의 욕망들은 내 밖에 있는 나무, 별, 구름, 산과 마찬가지로 '진정한 나'가 아니다. 왜냐하면 나는 별다른 어려움 없이 그것들을 객체로 주시할 수 있기 때문이다. 지금 나의 경험은 이 순간 우주가 나에게 주는 유일한 것이다. 그리고 사실 그것은 나에게 백퍼센트 꼭 맞는 일이다. 만일 그 경험을 정말로 받아들이고 이해한다면 나를 알기 위해 나에게 필요한 모든 것이 주어질 것이다.[27]

시간이라는 경계 또한 존재하지 않는 것이다. 우리의 모든 문제는 시간에서 비롯된 시간 속의 문제이다. 영원이란 '끝없이 이어지는 시간'이 아니라 '시간 밖에 존재하는 자각'이다. 에크하르트는 '우리에게서 빛을 가로막는 것은 시간이다. 시간만큼 하나님을 가로막는 장애물은 없다'고 하였다.[28] 이 말은 무슨 뜻일까? 빛에게는 시간이 흐르지 않는다. 공간 속에서의 속도는 빛의 속도이고 빛의 속도가 최고 속도이므로 시간 속에서의 속도는 제로이다. 따라서 빛에게는 늘 영원한 지금인 것이다. 오직 지금밖에는 아무것도 없다. 우리가 지금 이 순간 경험하는 것은 자신의 의식이며 흐르는 빛이다.[29]

---

27. 알마스, 앞의 책, 195쪽.
28. 길희성, 『마이스터 엑카르트의 영성사상』, 분도출판사. 253쪽.
29. 알마스, 앞의 책, 326~333쪽.

합일의식은 파도가 아니라 바다 그 자체이다. 그렇기 때문에 있는 사실은 그대로의 현재 경험이 곧 합일의식이다. 우리가 경험할 수 있는 것은 현재 경험밖에는 없기 때문이다. 따라서 합일의식은 획득할 수 있는 것이 아니다. 그렇다면 수행은 무엇일까? 마조 선사는 다음과 같이 말했다. "도에 있어서는 자신을 수행해야 할 아무것도 없다. 만일 거기에 수행할 것이 있다면, 그 수행의 완성은 도의 파괴를 의미할 것이다. 그러나 도에 아무런 수행이 없다면 그 사람은 무명 상태로 머물게 될 것이다."[30]

수행이란 그것이 깨달음을 얻으려고 노력하는 것처럼 보일지라도 실제로는 단지 깨달음을 표현하는 것에 지나지 않는다. 그러므로 우리가 하는 모든 것이 곧 수행이자 본래 깨달음의 표현이다. 모든 행동은 영원으로부터, 무경계로부터 일어나기 때문에 그것은 그 자체로 모든 것의 완벽한 표현이자 자발적인 표현이다. 이를 김기태는 '지금 이대로 완전하다'고 말하는 것이다.[31]

현재 경험이 곧 합일의식인데 왜 우리는 그것을 깨닫지 못하는 것일까? 그 까닭은 지금 모든 것을 있는 그대로 보는 것에 대한 저항이 있기 때문이다. 우리는 현재의식에서 달아나면서 합일의식을 찾는다. 우리는 현재는 완전한 것이 아니라고 생각하여 이 현재에 오롯이 머무는 대신 더 나은 현재라고 생각하는 것을 좇아 현재로부터 달아나기 시작한다. 현재 경험에서 달아난다는 것은 자신과 현재 경험이 별개의 것이라는 전제가 깔려 있다. '저 밖에' 있는 객관적 세계에 대한 자각이란 현재 경험에 대한 저항이다. 저항은 내면의 분리를 암시한다. 그것은 일어나는 모든 것이 의식과 자각의 현현임을 모른다는 것을 보여준다. 예를 들면 증오나 두려움이 일어난다면 그것은 아마도 우리가 아직 잘 모르는

---

30. 켄 윌버, 위의 책, 237쪽.
31. 김기태(2013), 『지금 이대로 완전하다』, 침묵의향기.

어떤 이유로 우리의 영혼, 의식이 그 시점에서 취한 모습일 것이다.[32] 그리고 이 현재 경험으로부터 달아남이 시간을 창조해낸다. 무시간적인 현재 경험으로부터 달아나기 때문에 우리는 경험 자체도 마찬가지로 우리를 스쳐 지나간다는 환상을 만들어낸다. 영원하고 총체적인 현재에 대한 우리의 저항으로 인해, 그것은 그저 스쳐 지나가는 현재로 전락하고 마는 것이다. 그렇게 해서 경험들이 하나씩 직선으로 우리 곁을 스쳐 지나가는 것처럼 보이게 된다.

왜 우리는 현재로부터 달아나려고 할까? 그것은 우리가 현재에 저항하기 때문이다. 분리된 정체감과 저항은 하나이자 동일한 것이다. 나 자신을 느낄 때, 그 느낌 전부가 바로 저항인 것이다. '나'가 곧 저항이며 따라서 '나'를 가지고는 저항을 멈출 수가 없다. 그래서 아디야 샨티는 우리의 삶 자체가 저항이라고 말한다.[33]

우리가 자신과 세상에 대해 가지는 모든 관념들은 결국 있는 그대로의 사물에 대한 저항일 뿐이다. 우리가 에고라 부르는 것은 그저 우리 마음이 있는 그대로의 삶에 저항하는 데에 쓰고 있는 장치에 지나지 않는다. 그런 관점에서 에고는 어떤 '것'이라기보다는 하나의 동사이다. 그것은 존재하는 것에 대한 저항이다. 그것은 밀어내기 아니면 끌어당기기이다.

데이비드 호킨스는 『놓아버림』이라는 책에서 감정을 놓아버리면 그와 결부된 모든 생각에서 해방된다고 하였다.[34] 생각이 감정을 만드는 것

---

32. 알마스, 앞의 책, 115쪽.
33. 아디야 샨티(2015), 『깨어남에서 깨달음까지-영적 여정의 굴곡을 지혜롭게 넘어가기』, 정성채 옮김, 정신세계사, 17쪽.
34. 데이비드 호킨스(2013), 『놓아버림』, 박찬준 옮김, 판미동, 358쪽.

이 아니라 감정이 생각을 만들어내는 주체이기 때문이다. 또 호킨스는 '생각이란 감정이 생긴 까닭을 설명하려는 마음의 합리화에 불과하다'고 말하고 있다.[35] 따라서 감정을 놓아버리면 당연히 생각으로부터도 벗어날 수가 있는 것이다. 놓아버림에는 어떤 감정이 일어나는지 알아차리기, 감정이 일어나도록 놓아두기, 감정과 함께 있기, 감정을 바꾸거나 어떻게 하려는 바람 없이 감정 스스로 제 갈 길을 가도록 놓아두기가 포함된다.

놓아버림이라는 것이 능동적인 노력이 아니라 그저 수용적으로 지켜보고 일어나도록 내버려두는 것이라는 점이 중요하다. 그중의 한 가지가 '감각에 이름이나 꼬리표를 붙이지 않고, 생각하거나 말하는 대신 감각과 경련, 통증과 하나가 됨을 느끼는 것'이다. 감정이 그냥 올라오도록 내버려두는 것은 그 감정과 하나가 되는 것이다. 물론 그것은 감정에 휩싸이는 것과는 전혀 다르다. 감정과 하나가 된다는 것은 감정이 올라오는 것을 허용하되 그것을 지켜본다는 뜻이다.

노자는 수용성의 궁극적 모습을 곡신谷神이라고 부른다.[36]

곡신은 죽지 않는다. 이를 현묘한 암컷이라고 부른다. 현묘한 암컷의 문을 천지의 뿌리라고 이름한다. 면면하게 이어져 존재하는 듯하여 아무리 작용해도 번거롭게 여기지 않는다.

곡신谷神이란 텅 비어 무엇이든지 수용할 수 있는 사람이다. 피부 밑 자아가 아니라 나는 내가 아닌 모든 것으로 구성되어 있다는 우주적 자아를 말한다. 무엇이든 수용할 수 있는 것이 여성성이다. 무엇이든 수용할 수 있기 때문에 또 그곳에서 모든 것이 만들어지기도 한다. 현빈玄牝

---

35. 위의 책, 49쪽.
36. 谷神不死 是謂玄牝 玄牝之門 是謂天地根 綿綿若存 用之不勤(제6장).

의 문이란 여성의 생식기와 같이 새로운 생명을 창조하는 곳을 비유적
으로 말한 것이다. 모든 것을 수용하고 또 모든 것을 창조하는 생명의
순환은 끊임없이 이어진다. 억지로 노력하여 그렇게 되는 것이 아니라
스스로 그러하기 때문이다.

노자가 말하는 소박이란 곧 우리의 궁극의 의식 상태인 합일의식이
다. 노자는 다음과 말한다.[37]

그러므로 모름지기 속해야 할 곳이 있으니 바탕의 순수함을
드러내고 타고난 질박함을 지켜 자기를 줄이고 욕심을 줄이는 것이
그것이다.

본바탕의 순수함과 타고난 질박함이 곧 자연이 준 본성이다. 그 본성
을 회복하는 방법은 다른 것이 없다. '나'라는 생각을 줄이고 '나'라는
생각에서 비롯된 욕심을 줄이는 것이다.

---

37. 故 令有所屬 見素抱樸 少私寡欲(제19장).

4. 무위無爲의 교육

배우기를 그만두면 근심이 없다.[38] 절학絕學이란 사람들에게서 배우는 것을 끊는다는 것이다. 곧 사람이 아니라 자연에서 배우는 것을 뜻한다. 사람들에게 배우는 것이란 공손한 대답인 '예唯'와 무례한 대답인 '응阿'의 차이를 배우는 것처럼 무익하고 번차하다. 세상 사람들은 날로 지혜를 넓히고 물욕에 치달려 희희낙락하지만 이런 세속의 즐거움은 일시적인 것이다. 한순간 깔깔거리고 즐거워하지만 노자는 아직 웃을 조짐도 보이지 않는 어린아이처럼 순박하다. 노자가 세상 사람들과 다른 것은 어머니 즉 자연으로부터 양육되는 것을 귀하게 여기기 때문이다.

이성의 활동이 쉬면 근심이 사라진다. 도덕적 선의지를 버리면 선악의 구별이 사라지고 자기중심성에서 벗어나게 된다. 이성의 판단에 의한 폐해는 이루 말할 수 없을 만큼 크다. 그러나 도덕적 선의지를 버린다고 바로 본성을 회복할 수는 없다. 본성의 회복을 위해서는 밖으로 향하는 마음을 안으로 돌려야 한다. 일상생활을 질박하게 하고 사사로움과 욕심을 줄여야 한다. 본성교육은 결국 적자지심을 회복하는 것이다. 무언가 거창한 것을 배우는 것이 아니라 이미 내 안에 있고, 내가 경험했던 그 무엇을 다시 의식의 세계로 불러오는 것이다.

잠시 생각의 흐름을 지켜보면 분명히 알 수 있다. 이성을 통해 발견할 수 있는 선과 악의 차이는 '예'와 '응'의 차이밖에는 없다. 실상은 그러한

---

38. 絕學 無憂(제20장).

사소한 차이 때문에 사람들은 서로 죽일 듯이 싸우는 것이다. 이성을 통한 분별이 사라지면 선을 좇고 악을 멀리하는 분주함에서 벗어날 수 있다. 그러니 교육에서 중요한 것은 아이들에게 어떻게 하면 이성의 활동을 쉽게 할 수 있는지 분명하게 가르쳐주는 것이다.

사람은 하늘로부터 두 가지 능력을 품부 받는다. 그 한 가지는 사람마다 다른 재능이요, 또 한 가지는 모든 사람이 공통적으로 가지고 있는 본성이다. 현대 교육은 오직 전자만을 교육의 대상으로 삼아, 아이들이 가진 재능을 최대한 발현시키려고 애를 쓴다. 그런데 모든 아이들이 서로 다른 재능을 가지고 있음에도 불구하고, 사회에서 실제로 필요로 하는 재능은 극히 일부분에 한정되어 있다. 그렇기 때문에 능력의 차이가 발생하고 아이들이 서로 경쟁하게 된다.

탈현대 교육에서는 본성의 발현을 최우선의 과제로 삼기 때문에 차별과 경쟁이 발생하지 않는다. 모든 존재의 본성은 사랑이다. 그리고 사랑 속에서는 모두가 하나가 될 수 있다. 그렇지만 사람의 하늘이라는 관점에서 보면 본성의 발현은 다양한 모습을 가지게 된다. 즉 사랑이라는 측면에서는 모두가 같지만 그 사랑의 색깔과 향기는 사람마다 서로 다르기 때문이다.

아이들은 통나무와 같이 질박하다. 박樸이란 다듬어지지 않은 통나무를 말한다. 통나무가 잘려지고 다듬어져 물건이 만들어지는 것은 원초적인 혼돈의 세계에서 의식적인 분별의 세계로 나아가게 된다는 뜻이다. 이런 분별의 세계는 도로부터 소외된 상태이므로 언제나 인위적인 조작이 있게 되고, 이로 인한 대립과 투쟁이 생기게 된다. 무언가 있다고 하는 것은 이런 대립과 투쟁이 나타나게 된다는 뜻이다. 따라서 이런 의식적인 분별의 세계에서는 머물 데를 아는 것이 중요하다. 머물 데를 안다는 것은 자신의 한계를 안다는 것이요, 그 한계를 벗어나려는 무모한 시도를 하지 않는 것이다. 예수가 내 말은 내 말이 아니고 나를 보내신분의 말이라고 말하는 것과 같다. 이렇게 할 때 우리는 다시 도로 돌아가 도와 하나가 될 수 있다. 이는 모든 골짜기의 물이 바다에서 하나가 되는 것과 같다.

장엄한 붉은 노을, 갑자기 들려오는 새소리, 햇살에 반짝이는 나뭇잎, 문득 눈에 들어오는 시리도록 푸른 하늘, 눈처럼 날리는 벚꽃 잎을 보면서 오로지 눈에 보이는 대상만이 존재했던 순간이 있다. 이 순간 나는 사라지고 내가 보는 대상만이 우주에 가득 찬다. 시간도 공간도 정지한 순간이다. 살다 보면 이런 경험을 하는 순간이 있다. 그 순간 나는 사라지는 것이 아니라 그 대상과 하나가 되었다고 할 수 있다.

바람에 물결이 이는 호수를 바라보면 뒷 물결이 앞 물결을 미는 것처럼 보인다. 그러나 그 앞 물결을 바라보면 그 앞 물결은 다시 그 앞에 있는 물결을 밀고 있다. 과거, 현재, 미래라고 하는 것도 이 물결과 같다. 앞 물결이 밀고 있는 앞을 보면 미래를 보는 것이고 앞 물결을 밀고 있는 뒤를 보면 과거를 보는 것이다. 사실은 앞 물결과 뒷 물결은 동시에 존재하고 있다. 이것을 공시성이라고 한다. 시간이 흐른다고 생각하는 것은 사실은 우리 머릿속에 시간을 공간화시켜 상상하기 때문이다. 탈현대 교육에서 아이들에게 공시성을 가르치는 것은 매우 중요하다. 궁극적인 진리는 찰나의 영원성 속에 있기 때문이다. 그렇게 하려면 아이들을 가급적 아름답고 장엄한 풍경 속으로 데리고 가야 한다.

아이들은 다듬어지지 않았지만 도道 그 자체이다. 아이들은 가르쳐주지 않아도 새들과 대화하는 법을 알고 있고, 꽃을 보고 어떻게 주위를 돌며 춤추어야 하는지 잘 알고 있다. 아이들은 무한한 상상력으로 작은 개울에서 악어를 보고, 작은 풀숲 안에서 사자를 발견할 수 있다. 오늘날의 교육은 이런 아이들의 타고난 능력과 상상력을 죽이는 일을 하고 있다. 교육을 많이 받으면 받을수록 아이들은 점점 더 생기를 잃고 규격화된 상품으로 만들어진다. '아이들은 어른의 아버지'라는 말을 그대로 실천하는 교육은 불가능한 것일까?

교육은 나를 극대화하는 것이 아니라 그 반대이다. 나를 낮추고 나를 내려놓는 것이 되어야 한다. 왜냐하면 내가 '나'라고 생각하는 나는 진정한 내가 아니고 만들어진 것이기 때문이다. 부모와 사회와 학교에 의해 조건화된 것이기 때문이다. 만들어진 나, 조건화된 나를 낮추고 내려놓아 티끌과 같이 만들 수 있을 때 비로소 우리는 평화롭고 행복해질 수 있다.

현대 교육은 아이들의 본성이 발현되는 것을 철저히 막는다. 아이들의 본성은 사랑이고 그 사랑은 연대를 낳기 때문이다. 사랑으로 연대하는 백성은 국가와 자본의 적이 될 수밖에 없다. 그렇기 때문에 현대 문명의 극복 또한 교육에서 출발할 수밖에 없다. 교육을 통해 무엇이 본성의 발현을 가로막는지, 무엇 때문에 우리가 이렇게 먼지처럼 흩어져 비참한 삶을 살아야 하는지 깨달을 수 있기 때문이다.

노자는 성인은 시시한 일이라고 해도 어렵게 여기고 신중을 기하니 어려움이 없다고 하였다.[39] 교육과정이란 아이들이 학교에서 배워야 할 것 중에서 가장 중요한 것을 선별해서 편성한 지침이다. 그런데 정작 중요한 것은 교육과정 안에 들어 있지 않다. 예컨대 교육과정이나 교과서 속에는 아름다운 꽃을 어떻게 바라보아야 하는지가 들어 있지 않다. 아름다운 꽃을 바라보는 방법은 먼저 꽃과 눈을 맞추고, 코를 살며시 들이대고 향기를 맡고, 손바닥으로 부드럽게 꽃잎을 만져 꽃의 떨림을 감지할 수 있어야 한다. 그리고 마침내 손뼉을 치면서 꽃 주위를 돌며 노래를 불러야 한다.

왜 교육과정에는 꽃을 바라보는 방법이 들어 있지 않을까? 그것은 꽃을 바라보는 것을 시시하게 여기기 때문이다. 그런데 정작 우리 삶에서

---

39. 是以 聖人 猶難之. 故 終無難矣(제63장).

중요한 것은 이런 시시한 것 속에 있다. 하늘과 구름을 바라보고 그 새로움에 감탄하는 것, 바람이 볼을 스칠 때 그 상쾌한 감각을 느끼는 것, 귀여운 어린아이에게 눈짓을 하고 말을 거는 것, 사랑하는 사람의 눈을 그윽하게 바라보는 것, 연인의 손을 잡고 주머니 속에 넣고 가만히 조물락거리는 것, 화장실 비데에서 내뿜는 물줄기에 따라 엉덩이를 들썩이는 것 등등. 이런 시시한 것들은 어디서 배울 수 있을까?

노자는 이를 '배우지 않음을 배움學不學'이라고 하였다.[40] 사람이 고달프게 사는 까닭은 결국 스스로 자신을 고달프게 하는 것이다. 스스로 대상에 얽매이기 때문이다. 무엇을 움켜잡는다는 것은 결국 그 대상에 움켜잡히는 것과 같다. 지식을 움켜잡는 순간 지식의 노예가 되고, 권력을 움켜잡는 순간 권력의 시녀가 되는 것이다. 잃을 것이 없다는 것은 곧 얻은 것이 없다는 뜻이기 때문이다. 「마태복음」(7:13~14)에 '좁은 문으로 들어가라'는 예수의 말이 있다. 예수는 "멸망으로 인도하는 문은 크고 그 길이 넓어 그리로 들어가는 자가 많고, 생명으로 인도하는 문은 좁고 길이 협착하여 찾는 자가 적음이라"고 하였다. 예수는 왜 좁은 문으로 들어가는 것이 생명으로 인도하는 문이라고 했을까?

넓은 문은 에고가 찾는 문이다. 에고가 추구하는 돈과 명예, 권력이 있는 문이다. 사람들은 평생을 넓은 문을 찾아다니다가 늙은 몸을 부여잡고 후회를 하곤 한다. 교육도 마찬가지이다. 사람들은 에고가 추구하는 것을 얻기 위해 지식과 정보와 노하우를 배우려 기를 쓴다. 그러나 그러한 지식과 정보는 결코 생명으로 인도하지 못한다. 생명으로 인도하는 길을 찾으려 하면 가장 쉬운 방법은 사람들이 찾지 않는 길로 가는 것이다. 사람들이 배우려 하지 않는 것을 배우는 것이다.

가장 높은 지혜는 내가 아무것도 아니라는 것을 깨닫는 것이다. 그리

---

40. 是以 聖人 欲不欲 不貴難得之貨 學不學 復衆人之所過 以輔萬物之自然 而不敢爲(제64장).

고 가장 깊은 사랑은 내가 무한한 우주에 가득 차 있음을 느끼는 것이다. 우리의 삶은 이런 지혜와 사랑의 양 둑 사이로 흐른다. 내가 아무것도 아니라는 지혜와 내가 우주에 충만해 있음을 느끼는 사랑은 동전의 양면과 같은 것이다. '나'라고 하는 생각이 티끌만큼이라도 남아 있으면 상대방을 온전히 사랑할 수 없다. 내가 사라지고 사랑하는 상대방도 사라질 때 그때 두 사람은 온전히 하나가 될 수 있는 것이다. 진정한 교육은 이런 지혜와 사랑을 가르치는 것 외에 다른 것이 아니다.

학생들에게 자유가 없다는 것은 학생들의 머릿속에 프로그램된 대로 생각하고 살아가기 때문이다. 누가 컴퓨터에게 자유가 있다고 말할 수 있는가? 학생들의 머릿속에는 부모가, 학교가, 그리고 사회가 심어놓은 프로그램들이 수레바퀴가 굴러가듯 요란한 소리를 내며 작동하고 있다. 그 소음으로 인해 나는 오늘도 아름다운 하늘을 한 번도 바라보지 못했다. 히브리 출신 시인 사울 체르니코프스키는 다음과 같은 시를 썼다.[41]

인간은 자기가 태어난 땅을 비추는 이미지에 지나지 않는다.
어릴 때 그의 귀가 빨아들인 것들에 지나지 않는다.
보기에 지치기 전까지
그의 눈이 붙잡아 새겨둔 것에 지나지 않는다.
인간은 아침 이슬로 뒤덮인 길에서 만나는 모든 것이다.

머릿속의 수레바퀴를 잠시라도 멈추려면 어떻게 해야 할까? 한 가지 방법은 잠시 생각을 멈추고 아름다운 푸른 하늘을 바라보는 것이다. 작은 풀꽃을 뚫어지게 바라보는 것이다. 숭고함은 숨이 턱 막힐 정도로 아

---

41. 다니엘 밀로(2017), 『미래중독자』, 양영란 옮김, 청림출판, 258쪽.

름다운 것이다. 그리고 바로 그 순간 수레바퀴가 잠시 멈추게 된다. 장엄한 낙조, 밤하늘에 반짝이는 별, 이름 모를 새의 지저귐, 어디선가 들려오는 희미한 바이올린 소리. 학생들에게 이런 것들에 귀 기울이게 하라.

5. 무지無知에 이르는 교육

인공지능 알파고가 이세돌 9단을 이겼다. 언론은 알파고와 이세돌의 대국을 인공지능과 인류의 대결이라고 불렀다. 그러나 이를 인공지능과 인류의 대결이라고 부르는 것은 옳지 않다. 그냥 생각하는 기계와 생각하는 사람의 대결이라고 해야 맞다.

알파고의 등장으로 인공지능에 대한 관심이 커지고 이에 따라 인공지능에 대한 두려움도 증가하고 있다. 영화 〈터미네이터〉 시리즈로 본 인공지능에 의한 지배와 이에 저항하는 인류의 처절한 투쟁이 현실화될 것이라고 믿는 사람들도 늘었다. 〈매트릭스〉 시리즈와 같이 인류를 오직 지구를 오염시키는 바이러스에 불과하다고 생각하는 인공지능이 인류를 지구상에서 사라지게 할 것이라고 생각하는 사람들도 증가하였다.

인공지능을 중심으로 하는 기술의 발전이 인류의 삶에 큰 영향을 줄 것임은 분명하다. 그렇기 때문에 그러한 기술의 발전에 따른 사회 변화를 예측하지 못한 채 정책을 입안하거나, 아이들이 살게 될 미래 사회를 고려하지 않고 아이들을 가르치는 것은 거의 범죄에 가까운 행위라고 보아야 한다. 그렇지만 이러한 기술의 발전을 현대 문명이라는 지극히 작은 틀로만 바라보는 것 역시 위험한 일이다.

앞에서 알파고와 이세돌의 대국을 생각하는 기계와 생각하는 인간의 대결이라고 했듯이 현대 문명은 '생각하는 나'를 나의 주인으로 간주하는 문명이다. 생각하는 나를 나의 주인으로 여기기에 나를 뛰어넘는 생각하는 기계는 무척 두려운 존재이다. 실제로 『유엔보고서 2045』에서는

2045년을 인공지능이 인간의 지능을 능가하는 시기로 보고 있다. 이를 미래학자들은 싱귤래리티singularity라고 부른다. 즉 기술 발전의 속도가 인간이 인지하고 이해할 수 있는 범위를 넘어서기 때문에 더 이상 변화를 예측할 수 없는 시점이라는 것이다. 인공지능이 인간의 지능을 능가하면 어떤 일이 벌어질까? 생각하는 나를 나의 주인으로 여기는 사람들은 이 이후 인간이 인공지능을 이해하는 것은 크로마뇽인이 셰익스피어의 로미오와 줄리엣을 이해하는 것처럼 불가능한 일이라고 주장한다.

노자는 생각하는 나를 나의 주인으로 여기지 않는다. 생각하는 나는 필연적으로 피부경계선을 중심으로 그 경계선 안쪽 부분만 '나'라고 간주하기 때문이다. 노자는 생각하는 나가 아니라 '사랑하는 나'가 나의 온전한 주인이라고 생각한다. 생각하는 것은 온전한 나의 한 가지 기능에 지나지 않는다. 융C. J. Jung은 이런 온전한 나를 셀프Self라고 불렀다. 셀프란 자신을 분리 독립된 개체로 여기는 에고ego에 대비되는 개념이다. 융은 에고와 셀프를 섬에 비유하여 설명하였다. 즉 자신을 분리 독립된 개체로 여기는 사람은 바다 위에 점점이 떠 있는 섬처럼 외롭고 고독한 존재이지만, 만약 물 위에 나와 있는 에고를 버릴 때 모든 섬들은 물 아래에서 거대한 대륙으로 서로 연결되어 있다는 것이다.

정현종 시인은 사람들 '사이'에 섬이 있다고 하였다. 그 사이라는 것이 바로 융이 말하는 물속에서 서로 연결된 셀프인 것이다. 계명대 홍승표 교수 역시 탈현대 문명의 셀프가 주인이 되는 시각에서 볼 때 알파고는 하나의 포클레인에 지나지 않는다고 말하였다. 기술의 발전이 두려운 것은 그 발전에 걸맞은 새로운 인간이 출현하지 않기 때문이다. 현 시대를 살아가는 우리들은 새로운 인간의 출현으로 인류가 새로운 문명과 삶을 건설하는 아름다운 모습을 보게 될지, 아니면 스스로 만든 기술에 압도되어 모든 생명과 함께 장렬한 최후를 맞을지 직접 볼 수 있을 것이다.

만물은 도道를 떠날 수 없다. 떠날 수 있으면 도가 아니다. 도는 만물을 기르지만 간택하지 않는다. 그래서 『신심명信心銘』에서는 "지극한 도는 어렵지 않으니 오직 간택함을 멀리하라. 미워하고 사랑하는 것을 끊으면 돌연 분명해지리라"고 하였다.[42] 도는 어디에나 존재하기에 봄이 되면 죽었던 땅이 라일락을 키우는 것이다. 라일락뿐만 아니라 도는 모든 생명을 움터 자라게 하고 다시 여름과 가을을 거쳐 겨울이 되면 모든 생명은 도의 품으로 돌아간다. 도는 작은 미물에까지 그 기운이 미치지 않는 곳이 없이 미세하게 작용하므로 작다고 할 수 있지만, 모든 만물을 품고 있기에 크다고도 할 수 있다. 성인은 자신을 티끌과 같이 여겨 도와 하나가 될 수 있다. 티끌은 온 우주를 다 포함하기 때문이다.

노자의 소국과민은 탈현대 사회의 모습이다.[43]

> 나라는 작고 백성은 적어서 열 사람 백 사람 몫을 할 만한 그릇이 있어도 쓸 데가 없고, 백성으로 하여금 죽음을 무겁게 여겨 먼 데로 옮겨 다니지 않게 한다. 배나 수레가 있어도 탈 일이 없고, 갑옷 입은 군대가 있어도 진을 벌일 일이 없다. 백성으로 하여금 노끈을 매듭지어 쓰게 하고, 그 음식을 달게 먹으며, 그 옷을 아름답게 입으며, 그 거하는 곳에서 평안하며 그 풍속을 즐기게 한다. 이웃 나라가 서로 바라보고 닭과 개 울음소리가 서로 들리지만 백성은 늙어서 죽도록 서로 오가지를 않는다.

노끈을 매듭지어 사용하게 한다는 말은 인간의 지혜가 출현하여 인위人爲가 생기기 이전, 즉 대도大道가 폐폐弊하여 인의仁義가 생기기 전으로 돌아가자는 말이다. 소국과민이란 결국 작은 공동체를 말한다. 모든

---

42. 至道無難 唯嫌揀擇 但莫憎愛 洞然明白(『신심명』).
43. 小國寡民 使有什佰之器而不用 使民重死而不遠徙. 雖有舟輿 無所乘之 雖有甲兵 無所陳之. 使人復結繩而用之 甘其食 美其服 安其居 樂其俗. 隣國 相望 鷄犬之聲 相聞 民至老死 不相往來(제80장).

공동체의 구성원들이 서로를 알 수 있는 규모의 작은 공동체는 어느 정도를 말하는 것일까? 구석기 시대를 찬양하여 구석기 식단을 고집하는 사람들이나 역사학자 유발 하라리가 '뒷담화'로 결속할 수 있는 집단의 자연적 규모라고 하는 약 150명[44] 정도 규모일까?

많은 미래학자들이 탈현대 사회의 모습을 거미줄처럼 엮인 작은 공동체로 상정한다. 향후 현대를 상징하는 국가와 국경이 사라지고 그것을 대신해서 작은 공동체들이 인드라망과 같이 서로 소통하며 지내게 될 것으로 보는 것이다. 정보화의 진전으로 이런 전망은 설득력을 갖는다. 그렇다면 그 공동체는 어떻게 운영되며 탈현대 사회의 교육은 어떤 모습일까? 탈현대 사회에서 교육의 가장 중요한 목적은 자아확장투쟁을 멈추도록 하는 것이다. 노자는 마지막 장에서 "아는 사람은 아는 게 많지 않고 아는 게 많은 사람은 알지 못한다"[45]라고 하였다. 앎이 알지 못함에 이르면至于無知 이것이 앎이다.

노자의 무지와 반대되는 뜻이기는 하지만 알마스는 인간에게 두 가지 무지無知가 있다고 말한다.[46] 먼저 후천적 무지가 있다. 그것은 발달된 무지, 혹은 축적된 무지라고도 부를 수 있는데 이는 지식으로서 발달한다. 인류가 축적한 우리 자신과 세상에 대한 지식의 대부분은 실제로 후천적 무지이다. 선천적 무지는 원초적 무지라고도 불리며 우리가 모든 동물들과 공유하는 무지이며, 습득된 무지가 아니라 세상에 나올 때부터 우리와 함께 있던 것이다. 동물들은 도 그 자체이면서 스스로는 그것을 알지 못한다. 갓난아이 역시 순수한 도 그 자체이지만 역시 그것을 모른다. 불교에서는 이를 무명無明이라고 부른다. 만일 처음부터 자신이

---

44. 유발 하라리(2015), 『사피엔스』, 조현욱 옮김, 김영사, 52쪽.
45. 知者 不博 博者 不知(제81장).
46. 알마스의 무지는 말 그대로 어리석음이다. 그럼에도 노자의 무지와 대비시킨 것은 말은 반대지만 뜻은 같기 때문이다. 알마스, 앞의 책, 253~256쪽.

누구인지를 알았다면 우리는 자아 감각을 발달시킬 필요가 없었을 것이다. 그러나 우리는 자신이 누구인지를 몰라서 자아 감각을 발달시키고 그것을 믿으며 선천적 무지 때문에 그것이 진리라고 여긴다.

도의 중요성을 알기 위해서, 깊은 통찰로 도를 식별하기 위해서는 후천적 무지를 발달시켜야 한다. '이것이 나다. 이것이 세상의 본질이다. 이것이 바로 진리다'라고 인식하기 위해서 우리는 먼저 후천적 무지를 발달시켜야만 한다.[47] 결국 모든 공부의 끝은 나는 모른다는 자각이다. 하느님이 만든 세계를 내가 다 이해한다고, 그리고 이해할 수 있다고 생각했던 자신의 어리석은 자만심을 깨닫는 것이다. 이것이 알지 못함에 이르는 앎이다.

47. 알마스, 위의 책, 257쪽.

제7장

『금강경』과 무아無我 교육

쓸쓸할 때는
왜 마음이
이다지도 맑아지는가

눈도 없는
저 석불의 적막한 귀에
홀연히 때까치 울음소리 들리듯

내 사랑 하나
사뭇 멀리서도 아른거려
이 가을 햇빛으로 믿고자 하네.

_강정중, 「이 가을 햇빛을」

1. 『금강경』의 구성

『금강경』은 우리 불교문화를 대표하는 고전이다. 금강경의 완전한 이름은 『금강반야바라밀경』 또는 『능단반야바라밀경』이다. 600권의 『대반야경』 가운데 제9회 제577권 『능단금강분』과 같은 것으로, 별도의 번역본들이 독자적인 경전으로 고려 팔만대장경에 실려 있기도 하다. 『반야심경』과 함께 널리 독송되고 있는 『금강경』은 교종이나 선종을 막론하고 매우 중요하게 여겨져, 지금까지 강원에서 교육할 때 고등 교과인 사교과四教科의 주요 경전으로 사용되고 있다.

『금강경』의 금강金剛은 금강석 곧 다이아몬드를 말한다. 세상에서 가장 단단하기에 무엇이라도 부술 수 있고, 세상에서 가장 예리하기에 무엇이라도 자를 수 있으며, 세상에서 가장 반짝이기에 어둠을 밝게 비출 수 있다는 금강석을 부처님의 가르침, 반야의 지혜로 비유한 것이다. 금강석처럼 단단하고 예리하고 반짝이는 완전한 반야의 공지空智로 보살행을 수행하면 열반을 성취하여 성불할 수 있다는 가르침을 설한 경전이다.

『금강경』은 분량이 약 300송쯤 되기 때문에 『삼백송반야경』이라고도 부르는데, 전부 여섯 번 번역되었다. 그중 가장 널리 독송되고 있는 것은 402년에 번역된 구마라집의 『금강반야바라밀경』이다. 경의 구성을 살펴보면 부처님의 제자 가운데 공의 이치를 가장 잘 터득하고 있었다는 수보리와 부처님이 문답식의 대화를 전개해가는 것으로 되어 있으며, 「법회인유분」 제1에서 시작하여 「응화비진분」 제32로 끝나고 있다. 그 사상의 골자는 철저한 공사상에 입각한 윤리적 실천에 있다.

　부처님이 사위국에서 수보리 등을 위하여 처음에 경계가 공空함을 말하고, 다음에 혜慧가 공함을 보이고, 뒤에 보살공菩薩空을 밝혀 공혜空慧로서 체體를 삼고 일체법 무아無我의 이치를 말한 것을 요지로 하고 있다. 『금강경』은 반야부 계통 경전의 핵심 사상이라고 할 수 있는 공사상空思想을 설하고 있지만 공空이란 글자를 전혀 사용치 않으면서도 공의 이치를 유감없이 설명하고 있다. 이는 아마도 이 경이 대승불교의 최초기에 성립된 것으로서 아직 공이라는 술어가 확립되지 않았기 때문으로 생각된다.

　이 경의 전편에 흐르는 사상은 다른 반야부 계통의 경전과 같이 공사상空思想이다. 철저한 공사상에 의해 번뇌와 분별심을 끊음으로써 반야지혜를 얻어 대각을 증득할 수 있다는 것이다. 특히 이 경에서 주인공으로 등장하는 인물이 바로 부처님의 십대제자 중 공사상에 가장 밝은 해공제일解空第一 수보리 존자라는 점은 이 경의 내용을 대변하고 있다. 즉 수보리는 부처님께 "세존이시여, 최고의 진리를 배우고 닦으려는 마음을 낸 선남선녀는 마음 자세가 어떠해야 하며(어떻게 수행해야 하며), 뜻대로 되지 않을 때는 어떻게 마음을 다스려야 합니까?"라고 질문하였다. 부처님은 이에 답하시게 되니 이 경의 주요 내용은 수보리의 질문에 대한 답으로 엮어지게 되는 것이다.

2. 무아無我와 공空

『금강경』은 다음과 같은 장면으로 시작된다.[1]

> 이와 같이 나는 들었다.
> 한때 부처님께서는 사위국 기수급고독원에서
> 천이백오십 명의 제자들과 함께 계셨다.
> 그때 세존께서는 공양하실 때가 되었으므로
> 가사를 입고 발우를 들고 사위대성에 들어가서 걸식하셨다.
> 성안에 있는 집들을 차례로 다니시며 밥 받기를 마치고
> 다시 본래 계신 곳으로 돌아와 공양을 끝내신 다음
> 가사와 발우를 거두시고 발을 씻으신 뒤
> 자리를 펴고 앉으셨다.

대부분의 불교 경전이 그러하듯 『금강경』 역시 하나의 교육이 이루어지는 장면과 붓다의 교육 내용이 담겨 있다. '나는 이렇게 들었다'는 '붓다가 이렇게 말했다'와는 다르다. 제자가 스승의 말을 기록할 때는 반드시 '나는 이렇게 들었다'라고 적어야 한다. 그것이 제자 된 자세이다.

사위성은 스라바스티, 즉 영광의 도시라는 뜻이다. 붓다는 45년간 가

---

1. 如是我聞 一時 佛在舍衛國 祇樹給孤獨園 與大比丘衆千二百五十人俱 爾時 世尊食時 着衣
   持鉢 入舍衛大城乞食 於其城中 次第乞已 還至本處 飯食訖 收衣鉢 洗足已 敷座而坐(제1분
   「法會因由分」).

르침을 폈는데 그중 25년을 이 도시에 머물렀다. 경전의 도입부에서 "붓다가 탁발에서 돌아와 공양을 마친 다음 의발을 치우시고 발을 씻으시고" 등과 같은 자질구레한 내용이 기록된 이유는 무엇일까? 이것은 제자들에게 스승의 모든 행동이 깨어 있는 상태에서 이루어진 것을 말하기 위함이다. 붓다는 매 순간 각성된 의식으로 산다. 어떤 몸짓을 할 때 붓다는 그 몸짓 자체가 된다. 미소 지을 때 붓다는 미소가 된다. 따라서 붓다의 걸음, 앉음, 몸짓 하나하나를 지켜보는 것은 커다란 은총이다.

붓다는 설법을 하기 전에 삼매에 든다. 이때 삼마사마디, 즉 바른 삼매正定는 전적으로 홀로 존재하는 경지이다. 홀로alone라는 말은 모두가 하나all one라는 의미이다. 홀로 있음 안에서 우리는 우주 만물과 하나가 된다. 바른 삼매는 삼매하는 자가 사라짐으로써 안과 밖의 경계가 사라짐을 의미한다. 금강경은 벼락처럼 단번에 자르는 지혜의 완성이라는 뜻이다. 붓다는 당신을 죽이고 다시 태어나게 하기 위해 이 설법을 했다.[2]

그때 장로 수보리가 대중 속에서 일어나 오른쪽 어깨에 옷을 걸어올리고 오른쪽 무릎을 땅에 꿇고 합장하여 공경을 표시하면서 부처님께 말씀드렸다. "희유한 세존이시여, 여래께서는 모든 보살들을 잘 호념護念하시고 모든 보살들에게 불법을 잘 부촉하십니다. 세존이시여, 어진 남자善男子와 어진 여인善女人으로서 아뇩다라삼먁삼보리의 마음을 일으킨 이는 마땅히 무엇에 머물러야 하며 어떻게 그 마음을 항복받아야 합니까?"

아뇩다라삼먁삼보리는 무상정등각無上正等覺, 즉 최고의 깨달음을 말

---

2. 時 長老須菩提在大衆中 卽從座起 偏袒右肩 右膝着地 合掌恭敬而白佛言 希有世尊 如來善護念諸菩薩 善付囑諸菩薩 世尊 善男子善女人 發阿 多羅三 三菩提心 應云何住 云何降伏其心(제2분 「善現起請分」).

한다. 수보리의 질문은 두 가지처럼 보이지만 사실은 한 가지이다. 보살이 되기로 결심한 사람은 어떤 마음가짐으로 살아야 하는가 하는 질문이다. 보살은 대승불교를 특징짓는 존재이다. 보살은 99% 깨달은 사람이다. 그는 이미 저쪽 기슭彼岸에 거의 도달하였다. 그렇지만 보살은 이쪽 기슭에 남으려고 하는 사람이다.

여래라는 말은 두 가지 의미가 있다. 산스크리트 원어 tathagata를 tath-agata로 읽을 때는 '그와 같이 왔다'라는 뜻이고, tatha-gata로 읽을 때는 '그와 같이 갔다'라는 뜻이다. '그렇게 왔다'라는 의미는 자기의 의지로 오지 않은 사람, 이 세상에 올 동기를 갖고 있지 않은 사람을 말한다. 붓다가 이 세상에 온 것은 자기가 원해서가 아니고 존재계가 그의 몸을 빌려 온 것이다. '그렇게 갔다'라는 의미는 이미 이 세상에서 사라진 자라는 뜻이다. 그의 몸은 이 세상에 남아 있지만 그는 더 이상 육체 안에 존재하지 않는다. 그는 비어 있는 공간이 되었다. 타타가타는 그런 맥락에서 그렇게 오고 그렇게 가는 자라는 뜻이다. 바람처럼 오고 바람처럼 가는 자, 아무런 목적도 없이 아무런 집착도 없이 오고 가는 자라는 뜻이다.

이제 질문은 주어졌다. 붓다는 수보리의 질문에 대해 어떻게 답변했을까? 먼저 붓다는 체청諦聽하라고 했다.[3] 체청이라는 말은 자세히 들으라는 뜻이다. 잘 듣는다는 것은 수용성 안에서 듣는다는 뜻이다. 올바르게 듣는다는 것은 복종하는 자세로 듣는 것을 의미한다. 복종 obedience이라는 말은 철저하게 듣는다는 'obedire'에서 온 말이다. 수보리에게는 보시하는 보살에게는 큰 공덕이 있을 것이라는 생각이 무의식 중에 있었을 것이다. 붓다는 수보리의 무의식에서 그와 같은 상념이 숨겨져 있음을 발견했던 것이다.

---

3. 汝今諦聽 當爲汝說.

다음에 부처는 그 마음을 항복시켜야 한다고 했다.[4]

부처님께서 수보리에게 말씀하셨다. "모든 보살마하살은 마땅히 이와 같이 그 마음을 항복 받아야 한다. 존재하는 일체의 중생의 종류인 알에서 태어난 것, 모태에서 태어난 것, 물에서 태어난 것, 갑자기 태어난 것, 형태가 있는 것, 형태가 없는 것, 지각이 있는 것, 지각이 없는 것, 지각이 있는 것도 아니고 지각이 없는 것도 아닌 것, 이것들을 내가 다 남김없이 열반으로 들게 하여 멸도하리라. 이와 같이 헤아릴 수도 없고, 가없는 중생을 멸도한다 하였으나 실로 멸도를 얻은 중생은 아무도 없느니라. 어찌하여 그러한가? 수보리야. 만약 보살이 아상, 인상, 중생상, 수자상이 있으면 곧 보살이 아니기 때문이다."

'그 마음을 항복시켜야 한다'라는 말은 산스크리트어 치토파드이다. 치토파드는 위대한 결정을 말한다. 즉 '다음과 같은 위대한 결정을 내려야 한다'라는 뜻이다. 그 위대한 결정이란 보살은 모든 중생을 무여열반無餘涅槃의 세계로 인도하되, 자신이 인도했다는 생각을 내서는 안 된다는 것이다. 「대승정종분」이라는 이름이 가리키듯이 이 부분이 금강경의 핵심이라고 한다. 왜 핵심일까? 사상四相이라고 하는 아, 인, 중생, 수자는 산스크리트어로 atman, pudgala, sattva, jiva이다. 아트만은 진아가 존재한다는 생각이다. 너와 다른 내가 따로 있다는 생각이다. 푸드갈라는 내가 인간이라는 생각이다. 짐승이나 식물, 벌레 따위와 다른 사람이 따로 있다는 생각이다. 사트바는 내가 살아 있다는 생각이다. 무생물

---

4. 佛告須菩提 諸菩薩/摩訶薩 應如是降伏其心 所有一切衆生之類 若卵生若胎生 若濕生若化生 若有色若無色 若有想若無想 若非有想非無想 我皆令入無餘涅槃而滅度之 如是滅度無量數無邊衆生 實無衆生得滅度者 何以故 須菩提 若菩薩有我相人相衆生相壽者相 則非菩薩(제3분 「大乘正宗分」).

과 다른 생물이 따로 있다는 생각이다. 지바는 내가 시간의 존속을 가지는 존재라는 생각이다. 태어나서 죽을 때까지 수명이라는 것이 따로 있다는 생각이다. 이 네 가지는 분별심의 열매이다. 모두는 나라는 외연의 확대이다. 결국 '나'라는 생각, 즉 아상을 버리는 것이 마음을 항복시키는 방법이라는 것이다.

그렇다면 아상을 버리는 방법은 무엇인가? 어떻게 '나'라는 생각을 버릴 수 있을까? '나'라고 하는 생각이 잘못되었다는 것을 어떻게 믿을 수 있을까? 믿음은 사드하shaddha이다. 사드하는 산스크리트어 쉬라드하이다. 이 말은 믿음이라기보다는 자기 확신, 자신에 대한 신뢰를 뜻한다. 자신의 고유한 존재에 대한 신뢰는 완전히 내맡김을 가능하게 한다. 두려움에 떠는 자는 결코 자신을 내맡기지 못한다. 자신을 신뢰하는 자야말로 마치 강물의 흐름에 몸을 맡기듯이 붓다에게 내맡길 수 있다. 그래서 믿음이란 믿는 나도 없고, 믿는 대상도 없고, 믿는 일도 없는, 믿음만 있고 아무것도 없는 것을 말한다. 이것이 제6분에서 말하는 '바른 믿음正信'인 것이다.

'금강경독송회'라는 모임이 있다. 이 모임이 이루어지는 곳에서는 불상이 있어야 할 곳에 금강경 경전을 모시고 있다. 언젠가 나도 이런 모임에 참석하여 불상 대신 경전에 대해 3배를 한 적이 있다. 이들이 근거로 삼는 것은 금강경의 '제12분'이다.[5]

이제 다음으로 수보리야, 어디서나 이 경을 설하되 사구게 등으로 하면 마땅히 알라. 이곳이 일체 세간의 천, 인, 아수라가 모두 부처님의 탑묘와 같이 마땅히 공양하는 곳이니, 하물며 어떤 사람

---

5. 復次須菩提 隨說是經 乃至四句偈等 當知此處 一切世間天人阿修羅皆應供養 如佛塔廟 何況有人 盡能受持讀誦 須菩提 當知是人 成就最上第一希有之法 若是經典所在之處 則爲有佛若尊重弟子(제12분「尊重正教分」).

이 있어 이 경 전체를 수지 독송함에 있어서랴. 수보리야 마땅히 알라. 이 사람은 최상이며 제일인 희유한 법을 성취하리라는 것을. 그리고 이 경전이 있는 곳이 바로 부처님과 그의 존중하는 제자들이 계신 곳이 된다는 것을.

그러나 불토는 깨달음의 땅이다. 깨달음의 땅은 우리 안에 잠들어 있는 부처를 깨울 수 있는 장소를 뜻한다. 이곳에서는 세상사로 인해 산만해지고 미혹되는 일이 없으며, 세상 사람들로부터 방해를 받지 않으며, 일상적인 일이나 금기 사항이 면제되고 깨달음을 위한 모든 시도가 이루어지는 곳이다. 이곳에서는 오직 '어떻게 하면 부처가 되는가?' 하는 문제만이 유일한 문제가 된다. 이러한 깨달음의 땅이 필요하다. 인류는 지금 문턱에 서 있다. 멸망하여 사라지거나 아니면 크게 도약하여 새로운 존재로 다시 태어날 문턱에 서 있다. 수백만 년 전 원숭이들이 나무에서 내려오면서 인간이라는 새로운 존재의 역사가 시작되었듯이 우리는 새로운 존재로 다시 태어나야 한다.

장엄에는 세 가지가 있으니 첫째는 세간世間불토를 장엄하게 하는 것으로 절을 짓고 경을 베끼고 보시공양을 베푸는 것이요, 둘째는 신身불토를 장엄하게 하는 것으로 모든 사람을 공경하는 것이요, 셋째는 심心불토를 장엄하게 하는 것으로 마음을 맑고 깨끗하게 하는 것이다. 물론 세 번째의 장엄이 가장 중요하다. 유마경에는 "마음을 깨끗이 하면 곧 부처님 땅을 깨끗하게 하는 것인데 어찌하여 거죽을 꾸미랴"고 하였다.

물결이 물이듯이 나는 사람이다. 내가 물결로서 나를 인식하면(역사적 차원) 나는 나다. 그러나 내가 사람 속에 흡수되면, 다시 말해 내가 나로서 행세하지 않고 사람으로서 행세한다면 나의 참 실상實相이 드러난다. 그러나 그렇게 드러난 참 실상도 실은 고정된 실체가 아니다. 노자는 나에게 몸이 없다면 어떻게 병을 앓겠는가 하고 말하였다. 암이나 결핵이 병이 아니다. 독립된 나個我가 따로 있다는 미숙한 의식이 병이다.

깨달음으로 가는 길은 멀고도 험한 것일까? 금강경에서 말하는 성자의 단계를 보면 그렇다고도 말할 수 있다. 즉 수다원은 스로타 아파나srota-apanna라고 해서 인간세의 미혹함을 끊고 성자의 영원한 평안함에 들어간 자라는 뜻으로 입류入流라고 한다. 사다함은 사크르다가민sakrdagamin으로 한 번 오는 자一來라는 뜻이다. 즉 한 번만 더 이 세상에 환생하면 깨달음을 얻을 수 있다는 것이다. 아나함은 아나가민anagamin으로 불래不來 또는 불환不還이라고 한다. 즉 더 이상 환생하지 않는다는 것이다. 그러나 아직 몸이 남아 있기 때문에 무여열반을 성취하지는 못한 단계이다. 아라한arhat은 무쟁無諍 또는 응공應供이라고 하여 영원한 열반에 든 자를 말한다.

그러나 육조 스님은 성자의 단계를 다르게 해석한다. 혜능은 성자의 단계를 지켜보는 마음의 작동 시간으로 이해한다. 즉 수다원은 지켜보는 마음이 비로소 작동하기 시작한 단계를 말한다. 일어나는 마음이 있으면 곧 지켜보는 마음이 작동하기 시작하는 단계라는 것이다. 사다함은 앞생각이 망을 일으키면 뒷생각이 곧 그치고 앞생각이 집착이 있으면 곧 집착을 그쳐 실로 왕래가 없음을 말한다. 즉 상념과 그것을 보는 것이 동시이기 때문이다. 아나함은 일어나는 마음과 지켜보는 마음이 동시에 일어나기 때문에 불래라고 부르는 것이다. 아라한은 오직 지켜보는 자만이 존재한다. 그렇게 때문에 다툼이 없다. 무쟁은 끊어야 할 번뇌가 없고 여의어야 할 탐진이 없으며, 어기거나 쫓을 정이 없어 마음과 경계가 공하고 안팎이 언제나 고요한 사람을 말한다.

아라한은 오직 지켜보는 자만이 존재한다. 그러나 어떻게 지켜보는 자만이 존재할 수 있을까? 다툼은 여기 내가 있고 저기 네가 있어 생겨나는 것이다. 모두가 하나로 연결되어 있을 때 어찌 다툼이 생기겠는가? 내 손과 내 발이 다툴 수 있겠는가?

이 네 가지 단계는 같은 것을 4번 반복한 것이다. 구태여 아나함과 아라한을 구별한다면 아나함은 색계나 무색계로 돌아올 수 있어 공부를 계속해야 한다면, 아라한은 더 이상 공부할 것이 없는 무학위無學位에 이른 사람이다.

육조 스님이 한 번 듣고 깨달음을 냈다는 아무 데도 머물지 않고 마음을 낸다應無所住 而生其心는 말은 아무것에도 사로잡히지 않고 마음을 낸다는 말이다. 눈으로 보면서 그 모양에 잡히지 않고, 귀로 들으면서 그 소리에 잡히지 않고, 몸으로 느끼면서 그 느낌에 사로잡히지 말라는 것이다. 우리 눈은 보이는 사물의 상을 망막에 비치는 순간 지워버린다. 그래서 우리는 눈으로 사물을 볼 수 있는 것이다. 한 번 비친 상을 망막에 붙잡아둔다면 우리는 아무것도 볼 수 없을 것이다. 귀의 고막도 마찬가지이다. 그렇지만 우리의 마음은 그렇지 못하다.

육조 스님은 이 구절을 해석하여 "자기 마음自心으로 이 경을 송득誦得하고 자기 마음으로 경의 뜻을 해득하고 자기 마음으로 집착하지 않고 모양을 짓지 않는 이치無着無相之理를 체득한다. 있는 자리에서 언제나 부처님의 행을 닦으니 곧 자기 마음이 부처인 것이다自心是佛. 그래서 그 있는 자리가 곧 부처님이 있는 자리라고 하는 것이다"라고 하였다.

어두워서 중생이요 깨달으면 곧 부처迷卽衆生 惡卽是佛라고 하였다. 이는 곧 주먹으로 손바닥을 만들고 손바닥으로 주먹을 만드는 것과 같다. 무엇이 부처냐? 하는 질문에 소를 타고 소를 찾는구나騎牛討牛라고 하거나 무엇이 부처가 아니냐如何不是佛고 하거나 지금 그대가 곧 부처다只汝便是라고 대답하는 것은 다 같은 말이다.

에고는 세상의 씨앗이다. 하나의 작은 씨앗이 세상 전체를 담고 있다. 단지 '나는 존재한다'는 생각 하나만 일어나도 즉시 온 세상이 뒤따라 일어난다. 아무것도 하지 말고 조용히 앉아 보라. 그냥 방안에, 나무 곁에, 풀밭에 누워 있어 보라. 그냥 그 자리에 존재하라. 그러면 순간적으로 어떤 느낌이 우리에게 밀려오기 시작할 것이다. 우리는 분명히 그 자리에 존재한다. 그렇지만 우리는 존재하지 않는다. 우리는 존재하지 않음과 동시에 난생 처음으로 존재한다. 깨달음은 죽음인 동시에 부활이다.

　나는 존재한다고 생각해서는 안 된다. 나는 존재한다고 생각하는 순간부터 삶은 권태로워진다. 아이들은 싫증을 느끼지 않는다. 그것은 아이들이 존재하지 않거나 존재의 초보적인 단계에 있기 때문이다. 아이들의 에고는 아직 발달되지 않았다. 우리들의 에고가 권태를 만드는 요인이다. 동물들은 권태를 느끼지 않는다. 나무들도 그렇다. 장미 넝쿨은 해마다 같은 장미꽃을 피우고, 새들은 매일 똑같은 노래를 부르지만 싫증을 느끼는 존재는 하나도 없다. 자연은 에고가 없기 때문이다.

3. 슬픈 눈물

이때에 수보리가 부처님이 이 경을 설하시는 것을 듣고 그 뜻을 깨달아 슬픈 눈물을 흘리며 부처께 말하였다. 희유하신 세존이시여, 부처께서 이처럼 깊은 경전을 설하시는 것은 저는 예로부터 얻은 혜안으로도 이와 같은 경을 얻어들을 수 없었습니다.[6]

수보리가 드디어 부처님의 말씀을 듣고 그 뜻을 깊이 깨닫는다. 그 결과 슬픈 눈물이 흐른다. 그의 머리知가 아니라 가슴感이 법에 공명하기 시작한 것이다. 바울의 고백대로 "이제는 내가 사는 것이 아니라 그리스도가 내 안에 살게 된"것이다. 그런데 왜 슬픈 눈물悲泣일까? 눈물을 두려워해서는 안 된다. 소위 문명이라고 하는 것이 우리로 하여금 눈물을 두려워하게 만들었다. 문명은 우리에게 일종의 죄책감을 심어놓았다. 그러나 눈물은 우리가 가진 그 무엇보다도 아름답다. 눈물이 반드시 슬픔의 표현인 것은 아니다. 무엇인가 우리의 가슴을 걷잡을 수 없이 휘저어놓을 때, 무엇인가 감당할 수 없을 정도로 너무 많이 담고 있어서 마구 흘러넘치기 시작할 때, 바로 그때 눈물이 흘러나오는 것이다. 눈물로 가득 찬 눈은 진리를 볼 수 있다. 눈물이 가득 고인 눈은 이 삶의 아름다움과 축복을 볼 수 있다.

부처가 살아 있을 당대에는 그의 설법을 듣고 수많은 사람들이 한꺼

---

6. 爾時 須菩提聞說是經 深解義趣 涕淚悲泣 而白佛言 希有世尊 佛說如是甚深經典 我從昔來所得慧眼 未曾得聞如是之經(14분 「離相寂滅分」).

번에 깨달음을 얻었다. 그리고 깨달음을 얻은 제자들은 모두 슬픈 눈물을 흘렸다. 슬픈 눈물이 흐르는 것은 제자의 내면 가장 깊은 곳에서 무언가가 일어나기 때문이다. 연등불과 석가모니 부처 역시 스승과 제자의 관계에 있다. 연등불은 석가모니 부처에게 등불을 전했다傳燈. 깨달음의 등불을 전했다. 그러나 사실은 연등불은 석가모니 부처에게 아무것도 전달한 것이 없다. 다만 스승의 현존에 힘입어 제자의 내면 가장 깊은 곳에서 무언가가 일어난다. 그것은 전달되는 것이 아니다. 다만 스승의 현존, 그 자체로 인해 제자의 깊은 곳에 있는 무엇인가를 표면으로 불러내는 것이다. 스승의 현존이 제자의 존재를 앞으로 불러내는 것이다. 진정한 스승은 결코 아무것도 하지 않는다. 그가 하는 일이란 제자 앞에 현존하는 것이다. 제자가 이용할 수 있도록 바로 거기에 존재하는 것이 스승이 하는 일의 전부이다. 해바라기는 제자의 상징이다. 태양이 어디로 움직이건 해바라기는 그 방향을 따라 움직인다. 해바라기는 제자도의 상징이며 은유이다.

부처는 밖에서 구하는 것이 아니다. 다만 마음으로 향해 찾을 것이니, 만약 부처를 보고자 하면 오직 모름지기 자신의 마음을 살펴보아야 한다. 이를 육조 스님은 자심경自心經이라 했다. 여러 부처를 받들어 모시는 것은 밖을 향해 어지럽게 구함을 면치 못하는 것이다.

소법을 지키는 자는 법상法相을 가진 자이다. 그는 법에 대한 하나의 고정관념을 가지고 있을 뿐이다. 무엇을 행복이라고 규정하는 사람은 법상에 사로잡혀 있는 것이다. 진정으로 행복한 사람은 행복에 대해 아무것도 모른다. 행복에 대해 들어본 적도 없는 사람, 아무 조건 없이 무조건적으로 행복한 사람, 이것이 진정으로 행복한 사람의 정의이다. 물을 마실 때는 그 물이 포도주가 될 정도로 즐겁게 마시는 사람, 장미꽃을 바라보는 것만으로 취할 수 있는 사람이 진정으로 행복한 사람이다. 행복을 미루지 말라. 그렇지 않으면 우리는 결코 행복하지 못할 것이다. 지금 여기에서 행복해야 한다. 지금 여기가 아니면 어디에도 행복은 없다. 헤르만 헤세는 「행복」이라는 시에서 다음과 같이 말했다.[7]

> 행복을 추구하는 한 너는
> 행복할 만큼 성숙해 있지 않다.
> 가장 사랑스러운 것들이 모두 너의 것일지라도
>
> 잃어버린 것을 애석해하고
> 목표를 가지고 초조해하는 한
> 평화가 어떤 것인지 너는 모른다.
>
> 모든 소망을 단념하고
> 목표와 욕망을 잊어버리고
> 행복을 입 밖에 내지 않을 때
>
> 그때 비로소 세상일의 물결은
> 네 마음을 괴롭히지 않고
> 너희 영혼은 마침내 평화를 찾는다.

사람이 구원을 받는다는 것은 지금 여기서 다른 어디로 가는 것이 아니다. 다른 때 다른 곳에 있다가 유일한 현실인 지금 여기로 돌아오는 것이다. 내가 무엇을 깨달았다고 하면 아직 온전한 깨달음이 아니다. 깨달은 자가 없어야 온전한 깨달음이다. 여래는 존재하는 모든 것의 바탕이다. 바탕이니 그게 다 그것이고 그래서 여여如如라고 한다.

---

7. 박웅현(2016), 『다시, 책은 도끼다』, 북하우스, 111쪽에서 재인용.

사람이 존재계를 영광스럽게 할 수 있는가? 아무리 횃불을 밝게 해도 그 빛으로 태양을 더욱 밝게 할 수는 없다.

부처에게 다섯 가지 눈이 있다는 것은 중생에게도 다섯 가지 눈이 있다는 것이다. 먼저 눈으로 무엇을 본다는 것은 보는 자와 보이는 것 사이에 아무것도 없어 "하나"를 이룬다는 것이다. 눈이 맑다는 것은 눈에 다른 것이 섞여 있지 않다는 것이다. 야타 부탐(있는 그대로)! 사물을 있는 그대로 볼 수 있는 것은 바로 이런 것이다.

천안은 하늘의 눈이다. 육안은 한쪽으로만 볼 수 있지만 천안은 앞뒤 위아래를 동시에 본다. 혜안은 지혜의 눈이다. 대상과 하나가 되어 꿰뚫어 보는 눈이다. 법안은 진리의 눈이다. 개구리를 보면 개구리의 눈을 통해 세상을 본다. 불안은 부처의 눈이다. 성을 밝게 꿰뚫어 보아 보는 자와 보이는 것을 영원히 없애는 것見性明徹 能所永除이다. 내가 꽃을 볼 때 나도 없고 꽃도 없고 다만 봄seeing이라는 의식만 있는 것이다. 여래의 지견知見이란 이처럼 이원성을 벗어난 바라봄을 말한다. 사랑과 증오는 한 단어이다. 사랑증오, 낮밤, 삶죽음, 불행행복, 고통쾌락, 물질마음이 모두 한 단어이다. 우리는 두 개의 눈을 가지고 있기 때문에 모든 것을 두 개로 분리해서 본다. 화가가 꽃을 볼 때 그는 과학자와 다르다. 그는 꽃의 신비에 참여한다. 그는 분리되어 있지 않다. 잠시 동안이지만 그는 꽃과 하나가 된다. 시인이 꽃이 되고 관찰자가 관찰되는 순간이 있다. 시인이 꽃을 볼 뿐만 아니라 꽃을 통해서 보는 순간, 즉 꽃의 눈이 되는 순간이 있다.[8] 우리가 그림을 즐기는 것은 화가가 꽃의 눈이 된 모습을 즐기는 것이다.

깨달은 자에게는 죄가 없다. 그것을 지은 자가 없기 때문이다. 죄를 지은 자에게도 죄가 없다. 다만 그 흔적과 죄책감만이 있을 뿐이다. 이

---

8. 오쇼 라즈니쉬(2001), 『법구경(1~6)』, 노호상 옮김, 황금꽃, 251쪽.

것이 과거심, 현재심, 미래심의 의미이다. 야보冶父 스님은 마음을 찾는 것은 각주구검刻舟求劍과 같다고 했다. 공간이나 시간이나 하나이거니와 무슨 과거 현재 미래를 분별할 수 있다는 말인가?

4. 관종

요즈음 SNS에는 '관종'이라는 말이 유행하고 있다. 관종은 '관심 종자'를 줄인 말이다. 관종이란 다른 사람들의 관심을 끌기 위해 무슨 짓이든 하는 사람을 말한다. SNS에서 '좋아요'를 얻기 위해 어떤 위험한 일도 감수하는 사람들이다. 어떤 이들은 위험한 악어를 집 안에서 키우기도 하고, 또 어떤 이들은 목숨을 걸고 위험한 곳에서 사진을 찍어 올리곤 한다. 왜 이들은 이렇게 타인의 관심에 목을 매는 것일까?

우리가 다른 사람들의 관심을 끌기 위해 노력하는 것은, 다른 사람에게 '특별한 존재'가 되기를 바라는 것은, 내면에 무엇인가 결핍되어 있기 때문이다. 우리는 우리 자신이 누구인지 모른다. 우리는 오직 다른 사람의 눈을 통해서만 자신을 안다. 우리는 직접 우리 자신의 존재에 다가설 수 있는 길을 모른다. 그래서 우리는 항상 다른 사람을 통해서 자신에게 간다.

무엇이 결핍되어 있는가? 바로 사랑이다. 사람들이 우리에게 관심을 기울일 때 우리는 자신이 사랑받고 있다고 느낀다. 왜냐하면 사랑 안에서 우리는 서로에게 주의를 쏟기 때문이다. 두 사람이 깊이 사랑할 때 그들은 온 세상을 잊는다. 그들은 서로의 존재에 완전히 몰입해 있다. 서로의 눈을 들여다볼 때에는 그 밖의 모든 것이 사라진다. 마치 세상이 존재하지 않는 것 같다. 그 몰입의 순간 그들은 이 세상에 있지 않다. 이러한 사랑의 빈자리를 손쉽게 메꾸는 방법이 다른 사람들의 관심을 끄는 것이다.

코카콜라의 전 사장인 더글라스 대프트는 2000년 신년사에서 다음과 같이 말했다.[9]

찾을 수 없다는 말로 당신의 삶에서 사랑을 지우지 마십시오. 사랑을 얻는 가장 빠른 길은 사랑을 주는 것이며, 사랑을 잃은 가장 빠른 길은 사랑을 꽉 쥐고 놓지 않는 것이며, 사랑을 유지하는 최선의 방법은 그 사랑에 날개를 달아주는 것입니다.

'사랑에 날개를 달아주는 것'은 어떻게 하는 것일까? 상대방을 자유롭게 날아가도록 하는 것일까?

범부와 부처의 차이는 범부는 부처의 씨앗이요, 부처는 범부의 열매라는 것이다凡是佛因 佛是凡果. 부처가 범부라고 하고 다시 범부가 있는 것이 아니고, 허명으로 범부라 부른 것이라고 하는 것은 "금방 들어 보이고 금방 지워버리는" 수거수소隨擧隨掃의 설법이다. 무엇을 지우려면 들어올려야 하지 않겠는가?

여래는 진여眞如에서 왔다는 뜻이다. 눈앞의 바위를 본다. 저 바위를 쪼개고 쪼개면 빛의 속도로 회전하는 전자를 만날 수 있다. 그렇다면 저 바위는 움직이고 있는가? 진여란 사물을 있는 그대로 보는 것, 아무 의견도 갖지 않고 보는 것, 판단이나 비난 없이 있는 그대로 보는 것을 뜻한다. 즉 무심의 상태를 진여라고 한다.

이상離相과 합상合相은 3차원적 공간과 일직선적 시간에 사로잡힌 사람이 갖는 어리석음의 하나이다. 아인슈타인의 상대성이론에서는 시간은 4차원의 시공연속체의 네 번째 요소에 지나지 않는다. 모든 것은 구부러진 4차원의 시공 속에 있다. 3차원의 틀 안에 갇힌 사람이 깨달음

9. 박웅현, 앞의 책, 113쪽에서 재인용.

을 얻겠다는 것은 부분이 전체를 얻겠다는 것과 같이 어리석은 일이다. 그 사람이 하나님을 보겠다는 것은 열매가 나무를 보겠다는 것과 같다. 눈에 보이고 귀에 들리는 것에 나의 눈과 귀가 붙들려 있는 한 나는 전체를 볼 수 없다.

법상法相이란 '이것이 법이다'라고 정해놓은 것이다. 우리는 이러저러한 조건이 충족되면 행복이라고 규정한다. 천국은 이러저러한 곳이라고 규정한다. 그러나 행복과 천국은 규정될 수 없는 것이다. 행복과 천국은 자기 자신이 그것이 되는 것이다. 자기 자신 안에 천국을 갖고 있지 않다면 어디서도 천국을 발견할 수 없다.[10]

상을 취하지 말아라. 있는 그대로 마음을 일으키지 말아라. 어째서 그러한가? 일체의 유위법은 꿈과 같고 환영과 같고, 거품과 같고, 그림자 같네. 이슬과 같고 또 번개와 같아라. 마땅히 이와 같이 볼지어다.

부처는 우리 마음을 별처럼 여기라고 한다. 별은 캄캄할 때만 존재한다. 의식의 태양이 떠오르면 마음은 자취를 감춘다. 마음은 가물거리는 눈이다. 가물거리는 눈으로는 사물을 있는 그대로 볼 수 없다. 마음은 등불이다. 등불은 욕망이라는 연료가 있어야만 타오른다. 마음은 환영이다. 마술이라는 말은 마야에서 왔다. 마음은 이슬방울이다. 우리는 마음을 진주나 다이아몬드와 같이 아름답게 여기지만 아침 해가 떠오르면 없어지는 순간적인 현상이다. 마음은 물거품과 같다. 마음이 가진 모든 경험은 물거품처럼 터져서 사라지고 아무것도 남지 않는다. 마음은 꿈이다. 마음은 우리 자신이 감독이며 배우며 관객인 주관적인 상상

---

10. 不取於相 如如不動 何以故 一切有爲法 如夢幻泡影 如露亦如電 應作如是觀(제32분 「應化非眞分」).

이다. 마음은 번갯불과 같다. 한순간 번쩍했다 사라진다. 마음은 구름과 같다. 마음은 하늘인 의식 주위에 일어나는 구름과 같다.

마음이 없는 상태를 자유라고 한다. 자유라는 말은 자아로부터 자유로워진다는 뜻이다. 모든 자아를 형상이라고 하면, 바위도 자아가 있고 영혼이 있다. 나무도 자아가 있고 동물들도 자아가 있다. 그러나 부처는 자아가 없다. 그는 완전한 자유이다. 자유는 모든 사람의 본성이다. 자유는 이미 주어져 있다. 새삼 자유를 가져와야 할 이유가 없다. 자유가 거기 있다는 것을 깨닫기만 하면 된다.

5. 영성의 개발

　본성으로서의 자유를 깨닫는 교육은 어떤 것일까? 나의 본성이 곧 자유라는 것은 나의 본성이 곧 무아이고 공임을 체험하는 것과 다르지 않다. 그렇다면 무아와 공을 체험하는 교육은 또 어떤 것일까? 무아와 공의 체험은 우리의 이성이 아니라 영성을 통해 가능하다. 그리고 영성의 계발을 위한 교육은 먼저 우리를 둘러싸고 있는 위대한 신비를 체험하는 것에서 시작된다. 그렇다면 위대한 신비는 어떻게 체험될 수 있을까? 위대한 신비는 침묵과 홀로 있음을 통해 체험될 수 있다. 톨레는 침묵의 순간보다 더 특별히 더 깊이 당신 자신일 수는 없다고 하였다.[11] 침묵은 언어가 활동할 수 없는 공간이다. 침묵은 글자가 아니라 글자가 쓰인 여백이다.

　위대한 신비의 체험을 아메리카 인디언들은 '함베데이'라고 불렀다. 함베데이는 다음과 같은 절차로 이루어진다.[12] 대략 12살의 나이가 되면 인디언 아이는 땀 천막에서 뜨거운 수증기로 자신의 몸을 정화한다. 이것은 모든 인간적인 욕구나 육체적인 욕망을 벗어나기 위한 상징적인 과정이다. 그 후 아이는 그 지역에서 가장 높은 산꼭대기에 홀로 올라간다. 이때 어떤 제물이나 희생양도 필요하지 않다. 아이에게 필요한 것은 다만 겸허한 마음뿐이다. 겸허한 마음으로 위대한 정령을 마주하기 위

---

11. 에크하르트 톨레(2008), 『나우』, 류시화 옮김, 조화로운삶, 299쪽.
12. 류시화(2003), 『나는 왜 너가 아니고 나인가-인디언의 방식으로 세상을 사는 법』, 김영사, 78~79쪽.

해서이다. 해가 뜨고 지는 장엄한 시간에 아이는 산꼭대기에 서서 드넓은 대지를 바라보며 위대한 신비와 마주한다. 벌거벗은 채로 미동도 하지 않고 침묵 속에서 위대한 정령에게 자신을 온전히 내맡긴다. 대개 사흘 정도 절대적인 고요 속에서 아이는 자기 존재의 최고의 행복과 근원이 되는 생명력을 발견하게 된다. 마을로 돌아오면 아이는 바로 사람들과 접촉하지 않고 다시 땀 천막에서 몸을 정화하는 의식을 치른다.

이러한 함베데이는 인디언 아이의 삶의 주기에서 스스로 자신이 이기적 욕구나 육체적 욕망에 지나치게 사로잡혀 있다고 판단될 때마다 반복해서 이루어졌다. 인디언들은 사람이 오랫동안 물을 마시지 못하면 입술이 하얗게 되고 걸음을 제대로 걷지 못하듯이 홀로 자기 자신을 만나는 시간을 갖지 못한 사람은 그 영혼의 중심을 잃고 비틀거리게 된다고 말한다. 그래서 아메리카 인디언들은 하루 이틀이 아니라 적어도 열흘 정도 최소한의 먹을 것을 가지고 사람들과 멀리 떨어진 장소로 가서 자신의 목소리에 귀를 기울이는 것이다.

인디언들은 인간은 몸과 마음과 영혼으로 구성되어 있으며, 영혼에 가 닿기 위해서는 음식과 물을 일정 기간 끊어야 한다고 한다. 아메리카 인디언들에게 기도란 자신의 영혼을 자각하는 일이다. 기도란 자신의 영혼 안으로 들어가는 길이다. 우리가 영혼 안으로 들어갈 때 이기적 욕구나 육체적 욕망에서 벗어나 자신의 본성인 사랑과 자비를 느낄 수 있다. 이처럼 함베데이 교육의 목적은 위대한 신비를 사랑하고, 자연을 사랑하고, 사람들과 대지를 사랑하는 데 있다.

함베데이 교육을 통해 그들은 자신이 얼마나 외형적인 것에 매달렸으며, 자신의 자의식이 그 외형적인 것에 의하여 얼마나 좌지우지되었는지 깨닫게 된다. 그런 깨달음을 통해 그들은 자신이 단순한 육체나 기억의 총체 이상의 무엇이라는 사실을 알게 된다. 그 순간 그들은 내면에 존재하는, 마치 신과도 같은 불멸의 그 무엇과 만날 수 있게 되는 것이다.[13]

봄밤에 목련이 터지는 소리를 듣고, 여름에 맨몸으로 소나기를 맞으며 그 감촉을 느끼는 것, 장엄한 붉은 낙조를 바라보는 것, 가을에 갈대 숲 사이에서 낚시를 하며 물고기의 활발발活潑潑을 온몸으로 느끼는 것이 바로 낙도樂道, 즉 도를 즐기는 것이다. 우리는 존재의 경이로움을 느끼는 법을 배워야 한다. 우리는 꽃 주위에서 춤추는 법을 배워야 한다. 우리는 산과 교감하는 법을 배워야 한다. 벌과 교감하고, 나무와 교감하는 법, 존재와 조율되는 법을 배워야 한다.

진리는 인간의 이성이 아니라 그보다 높은 능력, 즉 영성에 의해 드러난다. 영성은 특정한 교리를 따름으로써 얻어지는 것이 아니고, 존재와 직접적이고 즉각적인 관계를 가짐으로써 얻을 수 있다. 전체와 조화를 이루고 여기 존재함으로써 생기는 기쁨, 순수한 축복의 느낌이 바로 영성이다. 나와 존재 사이에 직접적인 교감이 있을 때, 내가 갑자기 전체에 의해 소유될 때, 분리 독립된 개체로서 내가 사라지는 곳에서, 전체는 나를 통해 말하기 시작한다. 그것이 영성의 체험이다.

동서양을 막론하고 현대 이전 시기 교육의 궁극적인 목표는 영성의 계발이었다. 그리고 이성은 영성을 보좌하는 하인에 불과했다. 존재와의 직접적인 교감을 이성을 통해 접근하려는 것은 어리석은 일이다. 이성 역시 인간 본성의 한 가지 표현에 불과하다. 쇼펜하우어를 빌리자면 의지가 시간과 공간 밖에서 존재하는 근원적인 것이라면, 표상이란 단지 의지가 드러나는 현상일 뿐이다. 즉 이성은 본능이라는 주인의 노예에 불과한 것이다. 유한한 시공간 속에서 일하는 노예에 불과한 이성이 무한한 세계 속에 있는 주인으로서의 본능의 활동 전체를 파악할 수 없다. 우리가 세계 속에서 고통을 느끼는 이유는 우리의 이성이 개별화의 원리에 의해 드러나는 현상세계를 인식하여 이것을 세계 전체라고 잘못

---

13. 도리스 이딩(2005), 『오늘이 마지막이라면: 삶과 죽음에 대한 지혜의 서』, 심원진 옮김, 문화사랑, 92쪽.

이해하는 데서 야기되는 것이다.[14]

그러나 계몽주의자들이 영성을 내버린 이후, 주제넘게 왕좌를 차지한 이성은 영성과 관련된 모든 것들을 신비주의적인 것으로 몰아 우리의 세속적 삶에서 제거하였다. 그러나 이성만으로는 결코 우주적인 나, 진정한 나를 발견할 수 없다. 현대 교육에서 어린아이들의 영성은 이성 중심의 교육과정 속에서 점차 시들어간다. 이성의 비대화는 필연적으로 영성의 쇠약을 부르기 때문이다. 그러나 시체를 해부해서는 결코 영혼을 발견할 수 없다. 우주적인 존재로서의 자신을 발견하기 위해서는 반드시 영성을 계발해야 한다.

콘스탄티노플의 성 마크라스의 작은 수도원장이었던 시므온Symeon(949~1052)은 『신의 사랑에 대한 찬가(Hymns of Divine Love)』에서 다음과 같이 노래하였다.

오 빛이시여, 당신은 어떤 이름도 어울리지 않기에 아무도 무어라 이름 지을 수 없습니다.

오 빛이시여, 당신은 만물 속에 계심으로 무수한 이름을 가지고 있습니다.

당신은 어떻게 당신 스스로를 들판의 풀잎과 하나가 되십니까?

언제나 변화하지 않고 전적으로 가까이할 수 없는 당신인데 어떻게 풀잎의 참 모습을 온전하게 보존하고 계십니까?

이제 인류가 탐욕과 물질문명의 길로 계속 나아갈 것인가, 아니면 영적인 삶을 향해 나아갈 것인가를 선택해야 하는 시기가 목전에 도래하였다. 현대의 과학문명은 우리 앞에 놓여 있는 물질적 세계에만 관심을

---

14. 정동호외(2004), 『철학 죽음을 말하다』, 산해. 135쪽.

가지도록 하였으며, 한편으로 세계를 보는 이러한 관점은 위대한 성과를 이룩하였다. 그러나 그 결과 우리는 '영적인 것'이라고 부르는 능력을 상실하게 되었다. 그 능력은 현대 문명 이전의 모든 사람들의 삶에 배어 있었고, 세계에 대한 인간의 경험 중에서 가장 본질적인 것이었다.

우리는 생각을 통해서는 결코 영성을 계발할 수 없다. 영성은 오히려 생각이 멈춘 그 자리에 있다. 우리의 머릿속에서는 끊임없이 이야기를 하는 자가 있다. 이 자는 호수에서 헤엄을 치는 물고기와 같다. 그러나 영성은 물고기가 아니라 그 물고기가 헤엄치는 물이다. '나는 누구인가?'라는 물음은 물고기가 물을 의식할 때 나타나는 질문이다. '나는 누구인가?'라는 질문 자체는 물고기, 즉 생각이 하는 것이지만 그 연원은 생각 밖에 있다는 뜻이다.

신화myth, 신비주의mysticism, 신비mystery라는 말은 모두 '눈을 감거나 입을 닫다'라는 그리스어 동사 무스테이온musteion에서 나왔다. 영적인 것은 눈으로 보거나 입으로 설명할 수 없는 것이라는 뜻이다. 그러나 현대를 설계한 계몽주의자들은 신비라는 말을 명확하게 정리될 필요가 있는 어떤 것, 뒤죽박죽된 생각과 연관된 것으로 보았다. 즉 신비라는 말을 매우 부정적으로 보았으며, 신비주의라는 낱말을 사기꾼이나 돌팔이 의사, 어쭙잖은 떠돌이 유랑인을 가리키는 데 사용하였다.[15]

계몽주의자들의 객관적 지식은 계량하고, 비교하고, 추론한 결과물이다. 그러나 영성을 통해 발견한 진리는 결코 대상화할 수 없다. 진리가 대상이 된다는 것은 나는 그 진리 밖에 있다는 뜻이기 때문이다. 그러나 그것이 만약 진리라면 나는 결코 진리 밖으로 벗어날 수 없다. 힌두교의 우화에 한 물고기가 철학적인 물음을 갖게 되었다는 내용이 있다. 그 물음이란 "바다는 어디에 있는 것일까?"하는 것이다. 아마 자기들이

---

15. 카렌 암스트롱(2000), 『신의 역사 2』, 배국원, 유지황 옮김, 동연, 395쪽.

바다에서 태어났으며 바다로 사라진다는 것을, 바다는 자기들의 원천이며 목적이라는 것을, 바다는 곧 신이라는 것을 어디선가 들었기 때문일 것이다. 이 물고기와 같이 인간은 신을 대상으로는 결코 파악할 수 없다. 신을 벗어난 공간은 존재하지 않기 때문이다. 아우구스티누스는『고백록』에서 신의 체험을 다음과 같이 말했다.[16]

그러므로 우리는 말했다. 만일 사납게 소용돌이치던 육신의 격정이 가라앉는다면, 만일 지구와 물과 공기의 모든 표상이 침묵을 지킨다면, 만일 하늘이 스스로 문을 닫고 영혼마저 소리를 멈춰 스스로 더 이상 아무것도 생각할 수 없게 된다면, 그리고 모든 꿈과 환상이 인간 상상의 세계로부터 배제된다면, 또 모든 언어와 일시적 존재가 말을 잃게 된다면, 그때 인간이 들을 수 있는 말은 오직 이것이다. "우리는 아무것도 스스로 만들지 못하였나니 그것은 우리가 영원히 거하시는 그에 의해 만들어졌기 때문이라." … 그것이 바로 인간이 순간적인 영적 에너지를 통해 모든 사물을 초월하는 영원한 지혜를 깨닫는 찰나의 현상이다.

나는 현대 교육의 두 가지 모형, 즉 주물모형과 도토리모형에 대비하여 인간의 영성을 계발하는 교육을 만두모형이라고 불렀다. 만두모형이란 학습자의 마음속에 우리가 발견해야 할 모든 진리가 들어 있음을 만두피 속에 온갖 다양한 내용물이 완성된 형태로 존재하는 것에 비유하여 만든 말이다. '마음은 허령하여 온갖 진리를 갖추고 있다'는 유학의 주장이나, '마음 밖에서 부처를 찾지 말라'는 불교의 주장은 모두 전형적인 만두모형의 교육관이라고 할 수 있다.[17]

---

16. 위의 책, 406쪽.
17. 자세한 내용은 정재걸(2001), 『만두모형의 교육관』, 교육신문사를 참조할 것.

영성을 계발하기 위해서는 종교교육을 다시 교육에 도입할 필요가 있다. 물론 이때의 종교교육은 각 종교기관의 제도화된 교리나 의례를 배우는 것과는 아무 관련이 없다. 또한 교회나 사찰과도 아무 관련이 없다. 오늘날의 사찰과 교회는 사후 세계에서의 안락을 위한 보험과 같은 것이기 때문이다. 제도화된 종교기관의 보험으로서의 종교는 오직 자신의 신앙, 자신의 종교만이 진리라고 주장한다. 그러나 이렇게 주장하는 사람들은 결코 종교에 대해 알 수 없다. 종교란 배타성과 분노와 정의를 넘어선 곳에 있기 때문이다. 여기서 말하는 영성 교육은 오늘날 제도화된 종교와는 구별되는 것이지만 그 종교의 창시자들이 주장하는 것과는 완전히 동일한 것이다. 제도화된 종교에서는 다른 종교의 주장에 배타적이지만 창시자들이 과연 그러할까? 만약 예수와 부처가 만난다면 서로 이단이라고 비판할까?

영성 계발을 위한 종교교육에서는 각 종교에서 활용되고 있는 경전 가운데서 가장 중요한 구절을 모아 하나의 교재로 엮을 필요는 있을 것이다. 예컨대 성경 중에서 가장 중요한 구절이라고 생각되는 『산상수훈』과 『논어論語』에서 공자가 70세 이후에 제자들과 나누었을 것으로 짐작되는 구절만을 발췌하여 넣고,[18] 『금강경金剛經』의 제3분인 「대승정종분大乘正宗分」을 넣어 하나의 교재로 엮으면 좋은 교재가 될 것으로 생각된다. 이렇게 만들어진 교재로 가르치는 것은 영성 교육이 아니라 종교학 교육이 될 것이라는 우려도 있다. 그러나 종교학 교육은 각 종교의 차이점을 중심으로 가르치는 것이라면 영성 교육은 각 종교의 공통성을 중심으로 가르친다는 점에서 구별될 수 있을 것으로 생각한다.

---

18. 대표적인 것이 從心所欲不踰矩와 絶四論 등일 것이다.

제3부

미래교육의 교육과정

제8장

미래교육 교육과정의 원리

바람이 혼자 산다
바람처럼 드나드는 그녀는 발소리도 말소리도 없다
바람을 먹고 사는 바람꽃이 찾아오는 날은
그녀를 떠나 있던 물 긷는 소리도 오고
밥그릇 달그락거리는 소리도 온다
헌 집은 소리들, 미세한 소리들로 차고 기운다
후박나무 그림자가 더욱 길어지고
그녀는 후박나무 아래서
바람을 더듬는다 바람의 여린 뼈가 만져진다
그녀는 주름투성이의 입술을 문다
후박나무 잎새들이 검게 변한다
헌 집이 조금씩 산기슭으로 옮겨 간다

_김윤배, 「헌집」

1. 무아교육의 두 가지 길

 제1부에서는 문명론에 대한 검토를 통해 에고 중심의 현대 문명이 미래에는 셀프 중심의 탈현대 문명으로 전환될 것이며, 그 전환의 중심에 교육이 있다는 주장을 펼쳤다. 그리고 제2부에서는 『논어』, 『주역』, 『도덕경』, 『금강경』 등 동양의 주요 고전을 통해 미래교육의 주요 원리들을 살펴보았다. 이 네 가지 고전에서 공통적으로 주장하는 것은 무엇일까? 그것은 분리 독립된 개체로서의 에고를 극복해야 한다는 것이었다. 따라서 미래교육의 교육과정에서 가장 중요한 것은 바로 '무아無我교육'이라고 할 수 있다. 3부에서 구체적으로 다룰 인성교육이나 죽음교육, 평화교육 등의 주제별 교육과정도 모두 무아교육을 기본 토대로 삼고 있다.

 에고 중심의 현대 문명에서 중요시하는 것은 사회에서 필요로 하는 인적 자원이고, 그 인적 자원은 사회에서 필요로 하는 지적 능력을 획득하는 정도에 따라 분류되고 만들어졌다. 교육과정은 그러한 분류에 따라 구성되었으며, 그 구성에는 소위 말하는 학자들의 학문 분류가 커다란 영향을 미쳤다. 즉 교육과정이란 학문 분야별로 잘게 쪼개놓은 교과의 추상적 개념을 모든 학생들이 배워야 할 내용과 순서에 따라 정해놓은 것에 지나지 않는다. 그러나 셀프 중심의 탈현대 문명에서는 더 이상 학문 분류에 따른 교과별 교육과정은 의미가 없다. 모든 학생들이 어느 때 어느 곳에서나 원하는 지식과 정보를 얻을 수 있는 인공지능 시대를 맞이하여 교과의 지식을 가르치는 것은 말 그대로 미래의 아이들에게 과거를 주입하는 것에 지나지 않기 때문이다.

3부에서 다루고 있는 것은 셀프 중심의 미래교육에서 다루어질 주제별 교육과정이다. 여기서 다루는 인성교육이나 죽음교육, 그리고 평화교육은 물론 예시적인 것이다. 그 밖에도 인간과 환경의 분리 불가능을 다룰 환경교육이나, 모든 국가와 국경이 사라져 말 그대로 모든 지구상의 사람들이 형제가 되는 세계시민교육, 나아가 인공지능과 인간의 상호 침윤과 평화적 공존을 모색하는 인공지능교육 등 주제별 교육과정의 주제는 얼마든지 늘어날 수 있다.

주제별 교육과정을 하나씩 살펴보기에 앞서 먼저 이 장에서는 무아교육의 두 가지 접근 방법을 살펴보기로 한다. 그 두 가지 접근 방법이란 진리의 길과 사랑의 길이다. 정신분석학자인 칼 융은 근대 인도의 정신사에서 쌍벽을 이루는 라마나 마하리쉬와 라마크리슈나를 다음과 같이 비교하였다.[1]

스리 라마나는 영적 수행의 진정한 목표는 '나'의 소멸에 있다고 분명하게 밝히지만 라마크리슈나는 이 점에 있어서 약간 망설이는 듯한 태도를 보인다. 물론 그도 "'나'라는 인식'이 남아 있는 한 전정한 지혜와 자유는 불가능하다"라고 말하고 있기는 하지만, 그 헤어나기 어려운 '나'라는 세계'의 본성을 시인하지 않을 수 없었다. 그는 이렇게 말한다. "오직 극소수의 사람만이 그 결합(삼매)에 이를 수 있으며 스스로를 '나'로부터 자유롭게 할 수 있다. 이는 너무나도 어려운 일이다. 이에 대해 아무리 많이 의논을 해보고 끊임없이 자신을 분리시키려 해도 이 '나'는 언제나 다시 나타나곤 한다. 오늘 포플러를 잘라도 내일이면 다시 새 가지가 나오는 것과 같다.

1. 라마나 마하리쉬(2011), 『나는 누구인가』, 이호준 옮김, 청하, 6쪽.

따라서 이 '나'를 도저히 없애버릴 수 없다고 판단하거든 '나'로 하여금 종servant으로서 남도록 하라."

무아의 깨달음에는 두 가지 길이 있다. 그 한 가지는 마하리쉬가 말하는 진리의 길이다. 이 길은 붓다의 길과 같다. 붓다는 진리로써 많은 사람들을 깨우쳤다. 붓다의 제자들은 학식이 높고, 고결하고, 세련된 사람들이었다. 그렇기 때문에 그들은 붓다의 설법을 아주 쉽게 이해할 수 있었다. 그러나 학식 있는 사람들이 붓다의 말을 쉽게 이해했다고 해서, 그 이해가 아인슈타인의 상대성이론을 이해하는 것과 같은 것은 아니다. 붓다는 아인슈타인의 지식을 모른다. 그렇지만 붓다는 한 사람의 '아는 자'이다. 그는 자신의 존재를 알았고, 그 존재가 온 우주에 편재한다는 것을 알았다. 붓다가 발견한 이러한 진리는 아인슈타인의 과학보다 심오하다. 붓다의 실험은 외부의 대상이 아니라 '실험자 자신에 대한 실험'이기 때문이다. 붓다의 실험에서는 자신과 분리된 어떤 도구도 없다. 붓다 스스로 실험 도구이며 대상이며 방법이다. 그리고 실험은 곧 체험이다. 이 실험을 통과하고 나면 누구든 새롭게 태어날 수 있다.

붓다의 진리는 교과서 속에 있는 객관적 지식과 다르다. 객관적 지식은 계량하고, 비교하고, 추론한 결과물이다. 객관적 지식은 대상화할 수 있지만 진리는 결코 대상화할 수 없다. 진리가 대상이 된다는 것은 그 진리를 발견한 나는 그 진리 밖에 있다는 뜻이기 때문이다. 그러나 그것이 만약 진리라면 나는 결코 진리 밖으로 벗어날 수 없다.

한 물고기가 철학적인 물음을 갖게 되었다는 유명한 힌두교의 우화가 있다. "바다는 어디에 있는 것일까?" 그 물고기는 자기들이 바다에서 태어났으며 바다로 사라진다는 것을, 바다는 자기들의 원천이며 목적이라는 것을, 바다는 곧 신이라는 것을 어디선가 들었을 것이다. 그러나 그 물고기와 같이 우리는 생각을 통해서는 결코 깨달음을 얻을 수 없다. 깨달음은 오히려 생각이 멈춘 그 자리에 있다. 그렇지만 우리의 머릿속에서는 끊임없이 이야기를 하는 자가 있다. 그는 호수에서 헤엄을 치는 물고기와 같이 쉬지 않고 이리저리 움직인다. 그러나 깨달음은 물고기가 아니라 그 물고기가 헤엄치는 물이다. '나는 누구인가?'라는 물음은 물고기가 물을 의식할 때 나타나는 질문이다. '나는 누구인가?'라는 질문 자체는 물고기, 즉 생각이 하는 것이지만 그 연원은 생각 밖에 있다는 뜻이다.

물고기가 물을 파악할 수 없듯이 인간은 신을 파악할 수 없다. 신을 벗어난 공간은 없기 때문이다. 진리도 마찬가지이다. 우리가 진리에 들어가게 되면 그 이전에 미美라고 불렀던 것은 다만 정욕에 불과했던 것을 알 수 있다. 그리고 선善이라고 불렀던 것은 통제된 도덕이었으며, 진리라고 불렀던 것은 말과 사물이 일치하는 것에 불과했다는 것을 깨닫게 된다. 『중용』에서 진리는 잠시도 떠날 수 없는 것이니 떠날 수 있으면 진리가 아니라고 했듯이[2], 진리는 나무와 산들 바람과 시냇물 등 모든 것들 안에 숨겨져 있다. 우리가 진리에 다가가면 아니 우리가 진리가 되면 그 숨겨져 있는 것이 저절로 드러나게 된다.

진리는 결코 이성을 통해 드러나지 않는다. 진리는 이성보다 높은 능력, 즉 영성靈性에 의해서만 드러날 수 있다. 근대 계몽주의자들이 근대를 설계할 때 저지른 가장 큰 실수는 이성보다 높은 능력인 영성을 비이성적이고 불합리한 것으로 간주하여 사상捨象시켜버린 것이었다. 그러나 영성은 이성이 쉬는 곳에서 발현된다. 이성이 쉴 때 우리는 분리된 개체가 아니라 우주적 존재로서의 자신을 발견하고 만날 수 있다. 이러한 만남은 특별한 수행을 하거나 특정한 교리를 따름으로써 얻어지는 것이 아니라, 존재와 직접적이고 즉각적인 관계를 가짐으로써 얻을 수

---

2. 道也者 不可須臾離也 可離 非道(『중용』 제1장).

있다. 전체와 조화를 이루고, 지금 여기에 현존함으로써 생기는 기쁨, 순수한 축복의 느낌이 바로 영성인 것이다. 이처럼 나와 존재 사이에 직접적인 교감이 있을 때, 내가 갑자기 전체에 의해 소유될 때, 분리 독립된 개체로서 내가 사라지는 곳, 바로 그곳에서 전체는 나를 통해 말하기 시작한다. 그것이 영성이다.

동서양을 막론하고 전현대 시대 교육의 궁극적인 목표는 영성의 계발이었다. 그리고 이성은 영성을 보좌하는 하인에 지나지 않았다. 그러나 근대 계몽주의자들이 종교라는 목욕물을 버리다가 영성이라는 아이까지 하수구에 내버린 이후, 이성은 영성과 관련된 모든 것들을 종교적인 것, 신비주의적인 것으로 몰아 인간의 세속적 삶에서 제거하였다. 그러나 이성을 통해서는 결코 우주적인 나, 진정한 나를 발견할 수 없다. '교육의 세속화'[3]라는 이름으로 행해지는 오늘날의 공교육에서는 결코 영성을 계발할 수 없다. 어린아이들의 영성은 이성 중심의 교육과정 속에서 점차 시들어간다. 이성의 비대화는 필연적으로 영성의 쇠약을 초래하기 때문이다.

새로운 존재로 태어나기 위한 두 번째 길은 라마크리슈나가 말하는 헌신과 사랑의 길이다. 헌신과 사랑의 길은 예수의 길이다. 예수는 평범하고 교육받지 못한 가난한 사람들 사이에서 살았다. 가난한 사람들은 부자들보다 많은 헌신과 사랑을 가지고 있다. 왜냐하면 돈과 사랑은 함께할 수 없기 때문이다. 또한 가난한 사람들은 머리, 즉 이성을 성장시키지 않아 그 에너지가 가슴에 있기 때문이다. 사랑은 자신의 전 존재를 내어맡기는 것이다. 곧 사랑이 헌신인 것이다.

마하리쉬는 내어맡김을 신에게 완전히 던져버리는 것이라고 말했다.

---

3. 교육의 세속화란 근대 교육의 세 가지 준거 중의 한 가지이다. 전근대 시기의 교육은 종교교육 중심의 보편교육이었다. 여기서 보편이란 어느 지역을 막론하고 공통의 문자를 중심으로 공통의 교육 내용을 학습했다는 의미이다. 그러나 근대 공교육의 도입 이후 종교교육은 공교육에서 배제되고 그 자리를 직업교육이 차지하게 되었다.

신에게 던져버리지 못하는 것은 비유하자면 기차를 타고 짐을 머리에 이고 있는 것과 같이 어리석은 짓이라고 하였다.[4]

> 짐이 되는 것은 모두 신에게 맡겨라. 그가 모든 것을 책임질 것이다. 지고한 신의 힘이 모든 것을 관장하고 있는데, 왜 우리들은 그에게 모든 것을 맡기지 못하고 무엇을 어떻게 해야 할지 몰라 끊임없이 망설이고 있는가? 기차를 타면 기차가 모든 짐을 다 운반해준다. 그런데 무엇 때문에 계속 짐을 머리에 이고서 불편을 감수한단 말인가? 왜 짐을 기차에 내려놓고 편히 쉬지 못하는가?

사랑은 사랑할 대상을 따로 두지 않는다. 참된 사랑은 사랑하는 대상과 하나가 된 까닭이다. 이러한 사랑을 통해 우리는 창조자와 하나가 될 수 있다. 왜냐하면 참된 사랑을 통해 '자아'가 사라지고 그 사라진 자리를 성령이 채우기 때문이다. 성령이 가득 찬 사람은 비로소 창조자가 곧 창조물이라는 것을 깨닫게 된다.

진리의 길은 사랑으로 통하고 사랑의 길은 진리로 통한다. 서로 반대되는 것은 반드시 서로 연결되어 있다. 그것은 음양陰陽과 같이 양극을 이루고 있다. 진리 자체가 최상의 선이며, 진리 그 자체가 가장 위대한 사랑의 표현이자 나타남이다. 궁극에 있어 사랑과 진리는 같은 것이다. 사랑 없이는 진실할 수 없고, 진실 없이는 사랑할 수 없다.

진리의 길을 통해 깨달음을 얻게 되면 온통 자비심으로 가득 찬 세상을 보게 되고, 사랑의 길을 통해 깨달음을 얻게 되면 존재계 전체가 진리임을 알게 된다. 그래서 사랑을 '궁극적인 봄seeing'이라고 한다. 그것은 사랑의 순간에 보는 자와 보이는 것이 하나가 되기 때문이다. 사랑을

---

4. 라마나 마하리쉬, 앞의 책, 28쪽.

할 때 우리는 사랑하는 사람을 동떨어진 누군가가 아니라 자신의 확장으로 여긴다. 나의 심장이 그녀와 함께 고동치고, 나의 숨과 그녀의 숨이 같은 리듬으로 움직이고, 나의 존재와 그녀의 존재 사이에는 아무런 벽이 없다. 꽃을 볼 때도 마찬가지이다. 나는 한 송이 꽃을 본다. 꽃은 거기에 있고 나는 여기에 있다. 서서히 둘 다 사라져서 마침내 꽃을 보는 경험만이 남게 된다. 이것이 궁극적인 봄이다.

2. 나는 누구인가?

무아란 말 그대로 내가 없다는 뜻이다. 우리는 누구나 자신의 몸과 자신의 마음이 곧 자기 자신이라고 생각한다. 그렇기 때문에 무아 교육에서 학습자에게 가장 먼저 극복하도록 해야 할 것은 바로 몸과 마음을 자신과 동일시하는 것이다. 마하리쉬는 다음과 같이 말했다.[5]

> 뼈와 살로 이루어진 이 몸은 내가 아니다. 시각, 청각, 후각, 미각, 촉각 등의 다섯 가지 감각기관은 내가 아니다. 말하고, 움직이고, 붙잡고, 배설하고, 생식하는 다섯 가지 운동기관은 내가 아니다. 호흡 등의 다섯 가지 기능을 수행하는 프라나 등의 다섯 가지 기(氣)는 내가 아니다. 생각하는 마음도 내가 아니다. 내면에 잠재되어 있는 무의식도 내가 아니다.

먼저 내 몸이 내가 아니라는 것을 어떻게 가르칠 수 있을까? 우리 몸의 세포는 3개월이 지나면 모두 다른 세포로 대체된다. 지금 이 순간에도 내 몸은 끊임없이 새로운 세포들이 생겨나고 또 오래된 세포들이 소멸하는 생멸의 과정에 있다. 실상은 생멸하는 신체가 있는 것이고, 그 신체가 갖는 유사성이나 연속성을 통해 '나'라는 존재의 동일성을 부여하는 것이다.[6]

---

5. 위의 책, 21쪽.
6. 이진경(2016), 『불교를 철학하다』, 한겨레출판, 347쪽.

그럼에도 불구하고 우리는 피부경계선을 중심으로 나와 내가 아닌 것을 구별한다. 실제로 인체의 면역반응은 신체의 내부와 외부를 구별하여 외부적인 것을 배제하는 반응으로 정의된다. 그래서 피부경계선 안을 보호하려는 반응이 과해지면 신체의 일부조차 밖에서 온 것으로 간주하여 공격하는 면역성 질환이 발생하기도 한다. 류머티즘이 그 대표적인 사례이다. 이를 이진경은 "자아가 강하면 자기를 잡아먹는 것이다"라고 재치 있게 표현하였다.[7]

내 몸이 내가 아니라면 '나'라는 존재의 동일성은 어떻게 형성되는 것일까? 발달심리학에서는 어린아이들이 피부경계선을 기준으로 안과 밖을 구별하는 시기는 생후 18~24개월경이라고 한다. 거울에 비친 자신의 모습을 알아보고 좋아하는 시기라고 하여 라캉은 이 시기를 '거울 단계'라고 부른다. 이때까지 뇌의 신경세포는 1,000조 개 정도의 시냅스로 연결된다. '나'라는 존재의 동일성, 즉 자아가 형성된다는 것은 행동이나 사고에 일정한 패턴이 만들어짐을 뜻하는데, 아이들의 뇌 안에서는 연결되어 있던 시냅스 가운데 사용하지 않는 것을 단절시키는데 이때 3분의 2정도의 시냅스가 단절된다. 즉 자아의 형성이란 아이들의 뇌 안에 모든 방향으로 열려 있던 잠재력이 '자아'라는 말로 요약되는 반복적 선택지만 남겨두고 축소되고 소멸되는 것이다. 그래서 12개월 이전에는 어린아이들이 모든 소리를 구별할 수 있지만, 거울 단계를 지나면서 모국어에서 아무 역할도 하지 않는 소리는 구별하는 능력을 상실하게 된다고 한다.[8]

이처럼 뇌과학의 측면에서 보면 자아란 결국 뉴런들의 연결망이 일정한 패턴을 가지게 되었음을 뜻하는 것에 지나지 않는다. 자아가 확고하게 된다는 것은 이미 형성된 뉴런들의 패턴 속에서 벗어나지 않고 생각

---

7. 위의 책, 127쪽.
8. 위의 책, 81쪽.

하고 행동한다는 뜻이다. 그래서 자아가 강한 사람들은 남의 이야기를 잘 듣지 않고 남의 입장에서 생각하지 않으며, 이해하기 어려운 것은 공부할 필요가 없다고 생각하고, 실패나 불화에서 배우려 하지 않는다. 그저 자신이 아는 것으로 세상 모든 일을 분별하고 판단한다. 거기에 맞지 않는 것에 대해서는 싫어하고 화를 내기도 한다. 세상이 모두 자기 생각에 맞춰 움직여야 한다고 믿는 셈이다. 그러나 실제로 그렇게 되지 않으니 그들의 삶은 항상 힘들고 피곤한 것이다.[9]

미치오 카쿠는 『마음의 미래』에서 리타 카터를 인용하여 "나라는 감정은 느낌이 아니라 육체에 기반을 둔 생존 본능으로, 즉각적인 위험을 피하고 자신에게 이익이 되도록 움직이게 하는 원동력이다"라고 했다.[10] 우리는 위험에 처하면 생존을 위해 모든 결정을 연속적으로 내리는 '나'라는 것을 느끼게 되는데, 이때 '나'라는 존재감은 잠재의식이 만들어낸 환영에 지나지 않는다는 것이다. 이를 하버드대학교 심리학자 스티븐 핀커는 "의식이란 뇌 안에서 휘몰아치는 폭풍과 비슷하다"고 설명하고 있다. 즉 한 개인의 마음은 하나가 아니라 다양한 하부구조를 가진 여러 마음의 집합체에 가까운데, 각 구조가 서로 주도권을 잡으려고 치열하게 경쟁하고 있다는 것이다. 그는 "사람들은 '나'라는 존재가 두뇌의 통제실에 앉아 모든 장면을 스캔하면서 근육의 움직임을 통제하고 있다고 생각한다. 그러나 이 모든 느낌은 환상에 불과하다. 인간의 의식은 뇌전체에 퍼져 있는 수많은 사건들의 소용돌이이며, 이 사건들은 CEO의 관심을 끌기 위해 치열한 경쟁을 벌이고 있다"라고 하였다.

미치오 카쿠는 '나'라는 인식을 만들어내는 부위는 인간의 두뇌에서 전전두피질의 일부인 내측 전전두피질일 것으로 추정하고 있다. 해마가 기억을 관장하는 것처럼 내측 전전두피질은 '나'라는 인식을 관장하는

---

9. 위의 책, 85쪽.
10. 미치오 카쿠(2015), 『마음의 미래』, 박병철 옮김, 김영사, 62쪽.

데, '나'와 관련된 감각들은 이 부위에서 끊임없이 하나로 합쳐진다는 것이다.[11] 그는 인간의 의식은 CEO가 만들어진다는 점에서 동물의 의식과 확연하게 구분된다고 하고, CEO가 상주하는 배외측 전전두피질에서는 과거의 기억이 주요한 자료로 사용된다고 하였다. 즉 자아인식이란 이런 과거의 기억을 토대로 자신이 등장하는 미래모형을 만들어 시뮬레이션하는 행위라는 것이다.[12]

이처럼 '나'라는 변하지 않는 실체는 존재하지 않는다. 그럼에도 불구하고 인간은 자신에게 일어나는 모든 생각과 감정을 '나'의 것이라고 생각한다. 데카르트는 "나는 생각한다. 고로 나는 존재한다"는 말을 통해 생각을 존재와 동일시하는 오류를 범하였다. 그렇지만 그는 그가 발견하려고 한 궁극적인 진리 대신, '나'라고 하는 것이 바로 생각이라는 '에고의 뿌리'를 발견하였음에도 그것을 알아차리지 못했다.

'나'라는 것은 생각에 지나지 않는다. 그리고 그 '생각'을 일으키는 것은 마음이다. 물론 마음 역시 참나 안에서 나타나는 미묘한 힘이지만 이 문제는 뒤에서 자세히 언급하기로 하고 여기서는 마음과 생각의 관계를 더 깊이 살펴보자. 우리 마음은 모든 생각을 일으킨다. 생각과는 별개의 독립된 마음이란 존재하지 않는다. 따라서 생각이 바로 마음의 본질이다. 그렇다면 생각을 하는 주체는 누구인가? 데카르트는 그 주체가 나라고 주장하였다. 그러나 데카르트의 '나는 생각한다'는 말은 '나는 소화한다'거나 '나는 혈액을 순환시킨다'는 말과 같이 참이 아니다. 소화나 혈액의 순환이 몸에 의해 저절로 일어나는 것과 같이 생각 또한 저절로 일어나는 것이기 때문이다.[13] 톨레가 말하고 있듯이 생각은 의식 전체, 본래의 우리 전체의 작은 측면에 지나지 않는다.

---

11. 위의 책, 98쪽.
12. 위의 책, 83쪽.
13. 에크하르트 톨레(2008), 『나우』, 류시화 옮김, 조화로운삶, 155~156쪽.

그렇다면 생각이 곧 에고일까? 생각은 에고가 아니다. 생각은 소화나 혈액 순환과 같이 그냥 일어나는 것이다. 우리가 그것과 동일시할 때만, 그래서 그것이 우리를 완전히 지배할 때만 생각은 에고로 변한다. 에고가 나를 지배한다고 말하는 이유는 나의 모든 생각, 즉 모든 기억, 모든 해석, 의견, 관점, 반응, 감정 속에 '나'라는 자아의식이 있기 때문이다. 에고는 기억의 덩어리들, 부지불식간에 드러나는 습관적인 역할들로 구성되어 있다. 이러한 습관적인 역할에는 국적, 종교, 인종, 사회적 지위, 정치적 충성 같은 집단적 동일화도 포함된다.[14] 또 나의 생각, 다시 말해 내 마음속 내용물은 성장 배경, 문화, 가족 배경 등에 의해 조건 지워져 있다.

무아의 궁극은 에고의 완전한 소멸일까? 개체로서의 생명이 붙어 있는 한 완전한 에고의 소멸은 불가능하다. 소멸하는 것은 에고와의 동일시일 뿐이다. 6조 혜능은 "나는 번뇌가 죽 끓듯 한다"라고 했다. 에고는 항상 투쟁 속에 존재한다. 세상과 투쟁하면 사회적 에고가 생겨난다. 나는 훌륭한 사람이다. 나는 잘났다는 생각이 그것이다. 내면과 투쟁하면 주체의 에고가 생겨난다. '나는 깨달았다, 나는 성인이다'라는 생각이 그것이다. 그러나 혜능에게는 더 이상 에고와의 동일시가 없다. 그렇기 때문에 번뇌는 일어나는 즉시 사라진다.

『금강경』에는 깨달음의 단계를 수다원과 사다함, 아나함, 아라한의 단계로 설명한다. 그러나 6조 혜능은 수다원을 지켜봄의 경지에 들어간 자入流로 해석하고, 사다함은 앞 생각이 일어나면 곧바로 지켜보는 마음이 일어나 상념이 한 번 일어남에 그치는 자一來로, 아나함은 상념과 그것을 보는 것이 동시이기 때문에 불래不來 혹은 불환不還이라고 하며, 마지막으로 아라한은 마음과 경계가 고요하여 다툼과 투쟁이 없는 자無諍로

---

14. 에크하르트 톨레(2013), 『삶으로 다시 떠오르기』, 류시화 옮김, 연금술사, 93쪽.

해석하였다. 혜능은 아라한은 오직 지켜보는 자만이 존재한다고 하였다. 그러나 어떻게 지켜보는 자만이 존재할 수 있을까? 다툼은 여기 내가 있고 저기 네가 있어 생겨나는 것이다. 모두가 하나로 연결되어 있을 때 어찌 다툼이 생기겠는가? 내 손과 내 발이 다툴 수 있겠는가?

몸과 마음이 내가 아니라면 나는 누구일까? 조건화된 마음의 방식, 하나의 생각에 불과한 그 에고의 목소리를 알아차릴 수 있으면 우리는 그 목소리가 아니라 그 목소리를 알아차리는 자가 곧 나라는 것을 깨달을 수 있다. 그 목소리를 알아차리는 그 '알아차림'이 곧 우리 자신인 것이다. 자기 안의 에고를 알아차리는 순간, 그것은 엄밀히 말하면 더 이상 에고가 아니라, 단지 오랫동안 조건 지어진 마음의 방식일 뿐이다. 따라서 에고는 알아차림이 없는 상태를 의미한다. 알아차림이 없을 때 동일시와 분리가 일어난다. 에고는 동일시와 분리를 먹고 산다.

그것들을 지켜보는 순수한 알아차림만이 남을 때 나도 사라지고 현상계도 사라진다. 생각과는 별개의 독립된 나와 현상계는 존재하지 않기 때문이다. 마하리쉬는 생각과 현상계의 관계를 거미와 거미줄의 관계로 설명하였다.[15]

거미가 몸 밖으로 거미줄을 뽑아냈다가 다시 거두어들이듯이 마음도 바깥으로 현상계를 투사했다가 다시 안으로 거두어들인다. 마음이 진아(참나) 밖으로 나올 때 현상계가 나타난다. 따라서 현상계가 나타날 때 진아는 나타나지 않으며 진아가 나타날 때 현상계는 나타나지 않는다. 마음의 본질을 끝까지 파고 들어가면 마음은 진아를 떠나서 사라져버린다.

---

15. 라마나 마하리쉬, 앞의 책, 260쪽.

마하리쉬는 마음을 사라지게 하는 유일한 방법은 '나는 누구인가?' 라는 의문을 가지고 탐구해 들어가는 것이라고 했다. '나는 누구인가?' 라는 생각을 계속하면 다른 생각들은 모두 사라진다. 그리고 맨 마지막으로 '나는 누구인가?'라는 생각마저 마치 다른 장작들을 다 태운 뒤 스스로 타버리는 불쏘시개 장작처럼 사라지는 때가 온다. 바로 그때 깨달음이 드러난다.

진정한 나는 끊임없이 '나는 누구인가'라고 묻고 있다. 그렇게 묻는 자를 제외하고 그 밖에 '나'라고 인식되는 모든 것은 진정한 내가 아니다. '나는 누구인가'라는 끝없는 질문은 결국 내가 나라고 생각하는 것을 소멸시키기 위한 것이다. 나를 소멸시킨 자리에 세계와 나의 괴리감은 존재하지 않는다. 존재감이 사라진 자리에는 흐리멍덩함, 불투명함, 그리고 혼돈이 대신한다. 우리는 나와 어머니가 구별되지 않았던 어린아이의 상태로 다시 돌아가게 된다.

3. 명상과 알아차림

흔히 마음의 집중이 한 대상에 연속적으로 모인 것을 명상이라고 한다. 명상에 대한 사전적인 정의는 "마음을 자연스럽게 안으로 몰입시켜 내면의 자아를 확립하거나 종교 수행을 위한 정신집중을 널리 일컫는 말"이다. 여기서는 명상을 '집중이 이어지는 것'을 말한다. 한 가지 생각에 골똘하게 몰두하는 것, 그것이 2분 30초 이상 이어지면 명상이라고 할 수 있다. 불교에서는 위빠사나와 참선, 도가에서는 선도, 유가에서는 경 수행, 기독교에서는 관상 명상이나 묵상, 이슬람에서는 수피 명상, 유대교에서는 카발라 명상이 모두 이에 해당된다. 데이비드 호킨스는 명상을 다음과 같이 말했다.[16]

조용히 앉아서 눈을 감고 호흡을 주시할 때 그 흐름을 지켜보는 자가 누구인지에 초점을 맞추라. 그때 지켜보는 자로 여겨지던 것은 그저 바라봄으로 변하고, 다시 이것이 의식의 특성을 체험하는 자의 앎으로 이어진다. 이것이 의식의 비인격적 특성이다. 거기에는 지켜보고 주시하고 바라보는 일을 하는 개인적인 실체는 존재하지 않는다.

그러나 아디야 샨티는 『참된 명상』에서 깨달음이란 결국 존재의 자연

---

16. 데이비드 호킨스(2014), 『나의 눈』, 문진희 옮김, 한문화, 320쪽.

스러운 상태일 뿐이라고 하였다. 복잡한 용어들을 모두 벗겨내고 보면, 깨달음이란 그저 우리 존재의 자연스러운 상태로 돌아가는 것이며, 자연스러운 상태란 당연히 꾸며내지 않은 상태, 몸이나 마음을 어떤 식으로 조작한다 해도 더 나아질 것이 없는 존재 상태를 뜻한다. 따라서 그는 깨달음이란 완전히 자연스럽고 완전히 자발적인 상태 외에 다른 것이 아니라고 보는 것이다.[17] 그렇기 때문에 깨달음은 어떤 특별한 마음 상태에 도달하는 것이 아니라 의식이 본래의 자연스러운 상태를 회복하는 것이라고 할 수 있다. 마하리쉬 역시 수행을 통해 깨달음에 이르는 것이 아니라 본래의 상태에 머무르는 것이 깨달음이라고 했다.[18]

사람들은 매우 열심히 수행을 함으로써 어느 날엔가 진아가 그들 머리 위에서 거대하고 크나큰 영광으로 내려와서 소위 깨달음을 얻게 될 것으로 생각한다. 그러나 진아는 매우 직접적임에도 그것에 대해 할 수 있는 것은 아무것도 없다. 어떠한 행위를 함으로써가 아니라 자신의 있는 상태 그대로 그냥 머무름으로써 진아가 드러나는 것이다.

물론 깨달음에 이르렀다고 해서 에고가 사라지는 것은 아니다. 꿈에서 깨어났을 때도 여전히 몸이 존재하듯이 에고와 개성은 깨달음을 얻은 후에도 여전히 남아 있다. 이것이 잠에서 깨어나는 것과 영적 깨어남의 차이이다. 잠에서 깨어남은 깨어나기 전의 꿈과 완전히 단절되지만, 영적으로 깨어나면 여전히 에고와 연속적인 상태에 있게 된다. 즉 깨어남을 통해 알아차림이 참나임을 깨닫게 되면 에고, 개성, 몸, 생각, 느낌 등 에고에 속한 모든 것들 역시 모두 참나의 표현임을 알게 된다. 깨닫

---

17. 아디야 샨티(2016), 『아디야 샨티의 참된 명상』, 심성일 옮김, 침묵의향기, 24쪽.
18. 라마나 마하리쉬, 앞의 책, 42쪽.

기 이전에 나와 동일시하던 몸과 생각, 그리고 느낌은 깨닫고 난 후 그 것들 모두 참나가 시간과 공간 속으로 들어온 것임을 알게 된다는 뜻이 다. 물론 진정한 깨달음과 함께 이들 모두와의 동일시와 모든 분리된 구 조는 발아래서 녹아내리기 시작한다. 그런데 동일시가 사라지고 나서도 거기에 아직도 '인간'이 남아 있다. 깨달음과 함께 우리는 한 모금의 연 기처럼 사라지는 것이 아니다. 깨닫고 나서도 우리의 몸과 마음은 여전 히 건재하며 우리의 개성 역시 고스란히 남아 있다. 예수는 개성을 지니 고 있었다. 부처도 개성이 있었다.

그렇다면 깨닫기 전과 깨달은 후 몸과 마음은 어떻게 달라지는가? 영 적 깨어남을 통해 에고에 속한 우리의 몸과 마음, 개성, 느낌 등은 비로 소 조화를 이루게 된다. 아디야 샨티는 이를 다음과 같이 말한다.[19]

> 진정한 우리 자신은 그 근원에서 편히 쉰다. 우리가 우리의 근 원에서 편히 쉬고 있을 때, 우리의 몸과 마음, 개성, 느낌은 조화를 이루게 된다. … 우리는 실제 우리 자신일 수 없는 어떤 사람이 되 기를 원한다. 우리는 실제 생각할 수 없는 생각들을 생각하기를 원 한다. 우리는 우리의 실제 보이는 모습과 다르게 보이기를 원한다. 우리는 실제 우리 자신보다 더 나은 사람이기를 원한다. 우리의 정 체성이 에고-개성에 사로잡혀 있을 때 우리는 이 모든 상충하는 관 념들과 느낌들, 감정들을 갖게 된다. … 그런데 신비롭게도 우리가 우리의 정체성을 에고-개성으로부터 빼내게 되면 에고-개성이 조 화를 이루게 된다.

깨닫기 전에 우리는 지금 있는 그대로의 나에 결코 만족하지 못했다.

---

19. 위의 책, 99쪽.

끊임없이 지금의 내가 아닌 보다 나은 내가 되기를 원했다. 그러나 그러한 바람은 결코 이루어질 수 없다. 에고는 바로 그 '이루어질 수 없음'을 이용하여 존재한다. 에고는 스스로를 삶을 주도하는 운전자로 여긴다. 자신이 운전석에서 내리면 삶이 어디로 갈지, 엉망진창이 될 수도 있을 것이라고 생각한다. 그러나 에고에 삶에 대한 간섭은 오히려 삶을 더욱더 어렵게 만든다. 우리가 자신과 세상에 대해 가지는 모든 관념들은 결국 있는 그대로의 사물에 대한 저항일 뿐이다. 우리가 에고라 부르는 것은 그저 우리 마음이 있는 그대로의 삶에 저항하는 데에 쓰고 있는 장치에 지나지 않는다. 그런 관점에서 에고는 어떤 '것'이라기보다는 하나의 동사이다. 그것은 존재하는 것에 대한 저항이다. 그것은 밀어내기 아니면 끌어당기기이다.[20]

깨달은 뒤 사람들은 자신이 삶의 운전석에서 내리고 나서 삶이 마치 자율운행 자동차와 같이 스스로 운전해가고 있음을 발견하게 된다. 아니, 처음부터 삶은 스스로 운전해갔음을, 에고가 그 운전을 방해해왔음을 깨닫게 된다.[21] 에고가 운전석에서 내리면 삶은 훨씬 더 쉽게 스스로를 운전해갈 수 있다.

깨달음 이전의 꿈꾸는 상태, 즉 에고의 분리 상태는 그 자체가 엄청난 에너지를 필요로 한다. 이것은 오직 깨달은 후에야 비로소 이해할 수 있는 것이다. 에고가 용해되기 시작하고서야 우리는 그동안 우리가 껴안고 살아온 분리된 인식을 지탱하기 위해 얼마나 큰 에너지를 소모해왔는지 깨닫게 된다. "저 사람들을 용서하소서. 저들은 스스로가 하는 일을 모르고 있나이다." 하던 예수의 기도와 같이, 꿈속 상태에 있을 때 우리는 자신이 무슨 짓을 하고 있는지 모른다. 우리는 뿌리 깊이 프로그

---

20. 아디야 샨티(2015), 『깨어남에서 깨달음까지-영적 여정의 굴곡을 지혜롭게 넘어가기』, 정성채 옮김, 정신세계사, 17쪽.
21. 위의 책, 145쪽.

램된 바대로 행동하고 있었던 것이다. 진정한 깨어남의 순간에 '영' 또는 의식은 이 프로그램으로부터 자유로워진다.

꿈에서 깨어나면서 우리는 삶의 의미를 발견하려는 에고의 욕망으로부터도 벗어날 수 있다. 오직 삶으로부터 분리된 사람만이 의미를 찾아 헤맨다. 삶에서 분리된 사람만이 목표를 찾아다닌다. 이처럼 삶의 의미나 존재의 목표를 찾으려는 열망은 궁극적으로 꿈꾸는 상태, 즉 내가 누구인지에 대한 진정한 앎도 없고, 자신의 진정한 본성을 알지 못하는 상태로부터 비롯된다. 꿈에서 깨어나면 에고의 풍선은 쪼그라들어 이제 남은 것이라고는 흐느적거리는 고무 조각뿐이 된다. 하지만 풍선 자체는 아직도 남아서 이렇게 묻고 있다. "어찌 된 일이야? 삶의 의미에 무슨 일이 생긴 거지? 내 목적은 다 어떻게 된 것이야?"[22]

깨달은 사람은 '세상에 살되 세상에 속하지 않은' 사람이다. 깨달음은 깨어남의 산꼭대기에서 다시 삶이라는 일상 속으로 들어가는 것이다. 다시 삶 속으로 들어가면 정말 놀랍게도 삶은 지극히 단순하고 평범해진다. 우리는 더 이상 비범한 순간이나 초월적인 경험을 맛보고자 하는 갈망을 느끼지 않게 된다. 아침 식탁에 앉아 한 잔의 차를 마시는 것만으로 너무나 감사하고 만족스럽게 된다.[23]

---

22. 위의 책, 117쪽.
23. 위의 책, 199쪽.

4. 위탁받은 삶

『장자』「지북유」편에서 순임금은 스승인 승(丞)에게 묻는다. 도를 가히 얻어 가질 수 있겠느냐고. 이에 승은 "너의 몸도 네가 가지지 못하는데 너는 어떻게 도를 얻어 가질 수 있겠는가?"라고 답한다. 순임금이 다시 "내 몸이 내 것이 아니면 누구의 것이란 말입니까?"라고 묻자 승은 다음과 같이 말한다.[24]

> 이것(몸)은 천지가 그 형을 위탁한 것이다. 삶은 네 것이 아니고 천지가 그 조화로움을 위탁한 것이다. 성명도 네 것이 아니고 천지가 그 순종함을 위탁한 것이다. 자손도 너의 것이 아니고 천지가 그 허물 벗음을 위탁한 것이다. 따라서 네가 어디를 가도 어디를 가는지 모르고 어디에 처해도 지킬 바를 모르고 먹어도 그 맛을 모른다. 이것은 천지의 운동하는 기운이다. 또 어찌 얻어 가질 수 있겠는가?

마기창馬其昶은 『장자고莊子故』에서 "사람의 지각은 모두 음양의 기와 운동에 의해 일어나며 결코 자기 개인에 의해 생기는 것이 아니다"라고 했다. 자식은 본래 내 것이 아니고 내가 잠시 위탁받아 양육하는 것인

---

24. 舜問乎丞曰.「道可得而有乎?」曰.「汝身非汝有也, 汝何得有夫道?」舜曰.「吾身非吾有也, 孰有之哉?」曰.「是天地之委形也., 生非汝有, 是天地之委和也., 性命非汝有, 是天地之委順也., 子孫非汝有, 是天地之委蛻也. 故行不知所往, 處不知所持, 食不知所味. 天地之强陽氣也, 又胡可得而有邪!

것처럼, 사실 내 몸과 마음, 나의 사고, 느낌, 감정, 자존심, 무의식까지 모두 내가 위탁받아 잠시 관리하고 있는 데 불과하다. 『논어』에도 이와 비슷한 구절이 있다.[25]

> 자공이 말했다. 저는 남이 나에게 가하기를 원하지 않는 일을 남에게 가하지 않으려고 합니다. 공자가 말했다. 사야, 그것은 네가 미칠 바가 아니다.

자공은 매우 열성적인 제자였다. 머리도 좋았다. 공자는 여러 차례 자공을 칭찬하고 함께 시와 예를 논할 수 있겠다고 하였다. 그런 자공이 내가 원하는 것을 남에게 베풀고 싶다고 하자 공자는 말했다. "그것은 네가 할 수 있는 일이 아니다." 이 말은 두 번째로 자공의 열성을 꺾는 말이었다. 지난번 공자는 자공을 불러 자신을 안회와 비교하라고 하였다. 자공은 자신을 하나를 들으면 둘을 아는 聞一知二 정도이지만 안회는 하나를 들으면 열을 아는 聞一知十 경지라 감히 비교할 수 없다고 하였다. 자공의 대답에 공자는 고개를 끄덕이며 나와 너는 안회만 못하다고 하였다. 자공은 이러한 스승의 지적이 스스로 자신의 능력만 믿고 너무 앞서나가는 것을 막으려는 교육적 처사라고 인정하였다. 그런데 이번에 공자가 한 말은 자공을 좌절시키기에 충분했다. 공자는 자공을 사랑하지 않았던 것은 아닐까?

공자는 자공을 사랑했다. 이 말은 자공을 좌절시키려는 것이 아니라 좌절로부터 구하기 위한 말이었다. "너무 애쓰지 마라." 이것이 공자가 자공에게 해주고 싶은 말이었다. 살면서 우리가 할 수 있는 일이 있고 할 수 없는 일이 있다. 그럼에도 우리는 대부분 우리가 할 수 있는 일이

---

25. 子貢曰 我不欲人之加諸我也 吳亦欲無加諸人 子曰 賜也 非爾所及也.

라고 생각하고 살아간다. 그러면서 많은 시련과 좌절을 겪는다. 그러나 공자는 그것이 부질없는 일임을 깨달았다. 공자는 내가 살아가는 것이 아니라 삶이 나를 살아가는 것임을 깨달았던 것이다.

물론 살아가면서 내가 노력해야 할 일도 있다. 아침에 출근하다가 가스 불을 끄지 않고 왔다는 것을 알아차리는 순간 얼른 버스에서 내려 택시를 타고 집으로 돌아가 가스 불을 꺼야 한다. 그렇지만 내가 출근한 사이에 집에 도둑이 든 것은 내가 어쩔 수 없는 일이다. 이런 일은 내가 애써서 될 일이 아니다. 그것은 삶에 맡겨야 한다.

내가 걸어가는 것이 아니라 삶이 걸어가는 것이다. 삶에게 모든 것을 내어맡기는 것은 물론 나의 에고이다. 내어맡기는 것이 많을수록 에고는 작아진다. 에고가 점점 작아져 그 '기능'만 남았을 때 우리는 그 사람을 성인이라고 부른다. 그 기능이란 최소한의 생명을 유지하기 위한 노력을 말한다. 아디야 샨티는 삶에 내어맡기는 것을 운전석에서 내리는 일이라고 하였다.[26]

여러분이 운전석에서 내리기만 하면 삶이 저 혼자서도 자신을 운전해갈 수 있다는 것을 알게 되고, 또 삶은 언제나 스스로 운전해가고 있음을 깨닫게 된다. 여러분이 운전석에서 내리면 삶은 훨씬 더 쉽게 자신을 운전해갈 수 있다.

자신이 할 수 있는 일은 아무것도 없다는 앎이야말로 우리가 얻을 수 있는 가장 중요한 깨달음이라고 할 수 있다. 아마도 모두가 내려놓으려고, 내맡기려고 애써본 경험이 있을 것이다. 하지만 애씀과 내맡김은 서로 배타적인 개념이다. 애쓰고 있는 한 내려놓을 수 없는 법이다. 그 무

---

26. 아디야 샨티, 앞의 책, 185쪽.

언가를 없애려고 애씀으로써 우리는 무의식적으로 거기에 현실성을 보태주는 셈이다. 톨레는 『나우』에서 다음과 같이 말했다.[27]

> 삶의 기술에 관한 비밀, 모든 성공과 행복의 비밀을 담고 있는 두 개의 단어가 있다. '삶과 하나 됨'이 그것이다. 삶과 하나가 되는 것은 지금 이 순간과 하나가 되는 것이다. 그때 당신은 깨닫는다. 자신이 삶을 사는 것이 아니라, 삶이 당신을 살고 있음을. 삶은 춤추는 자이고 당신은 그 춤이다.

우리가 자신과 세상에 대해 가지는 모든 관념들은 결국 있는 그대로의 자기 자신과 세상에 대한 저항일 뿐이다. 우리가 에고라 부르는 것도 그저 우리 마음이 있는 그대로의 삶에 저항하는 데에 사용하고 있는 장치에 지나지 않는다. 실재를 보는 눈이 열리면서 우리는 삶의 의미를 발견하려는 에고의 욕망으로부터 자유롭게 된다. 삶의 의미나 존재의 목표를 찾으려는 열망은 궁극적으로 꿈꾸는 상태, 즉 내가 누구인지에 대한 진정한 앎도 없고 자신의 진정한 본성을 알지 못하는 상태로부터 비롯된다.

장자는 삶의 본질에 능통한 자는 삶이 어쩔 수 없는 것에 힘쓰지 않고 운명의 본질에 능통한 자는 운명이 어쩔 수 없는 것에 힘쓰지 않는다고 했다.[28] 장자는 공연히 몸을 보양한다고 애쓰는 대신 세속적인 일에서 벗어나는 것이 좋다고 하였다. 세속적인 일을 내버리면 번거로움이 없어지고 번거로움이 없어지면 마음이 평안해지며 마음이 평안해지면 조화의 자연과 더불어 무한한 삶을 얻을 수 있다고 하였다. 그러나 인간

---

27. 에크하르트 톨레(2008), 『나우』, 류시화 옮김, 조화로운삶, 138쪽.
28. 達生之情者, 不務生之所无以爲, 達命之情者, 不務命之所无奈何(『장자』「달생」, 안동림 역주, 463쪽).

은 어리석게도 세속적인 일에 매달리고 그로 인해 마음의 평안을 잃어버린다. 진정한 본성을 찾으려면 안과 밖에 얽매인 마음을 단속해야 한다. 장자는 이를 다음과 같이 말했다.[29]

대저 바깥일에 얽매인 자는 마음이 무성하여 잡을 수가 없다. 장차 안을 닫아야 한다. 안에 얽매인 자는 얽혀서 잡을 수가 없다. 장차 밖을 닫아야 한다. 안팎으로 얽매인 자는 도덕을 지닐 수 없으니 황차 도에 맡겨 행할 수가 있겠는가?

밖에 얽매인 것은 돈, 여자, 명예와 같은 것들이다. 안에 얽매인 것은 죄의식, 열등감, 두려움 등이다. 안을 닫는다는 것은 욕망을 단속하는 것이다. 밖을 단속하는 것은 감각을 차단하는 것이다.

유학의 공부 역시 에고의 욕망으로부터 벗어나는 것을 목표로 삼는다. 양명은 자신을 위한 공부는 반드시 극기를 필요로 하며 자신을 이겨내는 것이야말로 진정으로 자신을 위하는 것이라고 하였다. 그는 "인자는 천지를 일체로 삼으므로 자기가 아닌 것이 없다. … 군자의 공부는 자기완성을 위한 공부이다. 자기를 위하기 때문에 자기를 이겨야 하는 것이고 자기를 이길 수 있으면 자기가 없어진다"[30]라고 하였다. 유학에서 성현은 단지 자기완성을 위해 공부한다. 공부 자체를 중시하지 공부가 가져올 효과를 중시하지 않는다. 인자는 만물을 자신의 몸으로 삼는다. 한 몸으로 여기지 못하는 것은 단지 자기를 내세우고 싶은 마음己私을 잊지 못했기 때문이다.[31]

---

29. 『장자』「지북유」, 안동림 역주, 571쪽. 夫外韄者不可繁而捉, 將內揵. 內韄者不可繆而捉, 將外揵. 外內韄者, 道德不能持, 而況放道而行者乎!
30. 『전서』권8, 139쪽. 書王嘉秀請益券.
31. 『전습록』하, 『전서』권3, 80쪽.

니코스 카잔차키스는 '나는 성급함과 초조함과 서두름을 극복했다'고 하였다. 또 그는 '희망의 극복'이라는 말도 했는데 이는 『영국 기행』에서 셰익스피어에 대한 평가에서 나오는 말이다.[32]

그 오랜 세월의 몸부림과 분투 끝에 셰익스피어는 마침내 모든 희망으로부터 해방되었다. (중략) 그렇게 그는 자유로워졌다.

성급함과 초조함과 서두름을 극복하는 것이 곧 희망을 극복하는 것이다. 두 가지 다 미래를 극복하는 것이고 지금, 여기로 돌아오는 길이기 때문이다.

---

32. 박웅현, 『다시, 책은 도끼다』, 211쪽에서 재인용.

5. 무아교육 프로그램

타라 브랙은 『삶에서 깨어나기』에서 마하리쉬와 같이 '나는 누구인 가?'라는 질문이 그 답을 찾는 자를 소멸시키는 가장 좋은 질문이라고 했다.[33] 그녀는 스스로에게 나는 누구인가라는 질문을 하는 방법을 다 음과 같이 소개하고 있다.[34]

(1) 눈가의 근육과 미간의 긴장을 풀어준다.

(2) 긴장을 풀고 주변 소리에 잠시 귀를 기울인다. 그 소리들이 저 절로 생겨나고 있는지 알아차린다.

(3) 소리가 생겼다가 사라지는 것과 같이 감각과 감정이 일어났다 소멸하는 것을 알아차린다.

(4) 흘러가는 구름처럼 오고 가는 생각들을 알아차린다.

(5) 수시로 바뀌는 소리, 감각, 감정, 생각을 알아차리고 받아들 인다.

(6) 그때 스스로에게 묻는다. "지금 자각하고 있는 자는 누구인 가?"

(7) 자각을 돌아보며 가볍게 알아차린다. 그냥 슬쩍 한 번 돌아보 며 알아차리는 자가 누구인지 본다.

(8) 삶이 자각 속에서 자연스럽게 펼쳐지도록 둔다.

---

33. 타라 브랙(2014), 『삶에서 깨어나기』, 윤서인 옮김, 불광출판사, 436쪽.
34. 위의 책, 441쪽.

이처럼 우리가 내면을 관찰하고 현재에 항복하는 순간, 자각에 드넓은 침묵이 깃든다. 이 침묵은 소리에, 생각에 귀를 기울인다. 거대한 고요는 살아 있음을 경험하고 받아들인다. 깨어 있고 열려 있는 공간 속에서 모든 것이 일어나고 있다. 이 열린 자각의 공간 속에서 그냥 쉬면서 삶의 소리와 감정과 감각이 자유롭게 흐르도록 허락한다.

> 자각은 형체도 없고 중심도, 경계도, 주인도, 자아도 없다.
> 자각의 두 번째 특징은 깨어 있음 혹은 인지이다.
> 자각의 세 번째 특징은 조건 없는 사랑이나 연민이다.[35]

열린 자각의 공간은 침묵이다. 라즈니쉬는『베샤카의 아침』에서 열린 자각의 공간을 다음과 같이 말했다.[36]

> 새들은 나무 위에서 노래 부른다. 다만 들어라. 생각하지 말고. 나의 마음속에 다음에 일어날 장면을 만들어내지 마라. 다만 모든 일이 일어나도록 내버려두라. 그러면 머지않아 내 마음이 사라지고 침묵이 내게 찾아온 것처럼 느낄 것이다. 나는 그것이 나에게 내려온 것처럼 느낄 것이다. 그것은 몸의 구멍 하나하나에 모두 스며들어 더욱 깊은 곳으로 나를 안내한다. 이렇게 되기 어려운 것은 생각에 중독되어 있기 때문이다.

우리가 열린 자각의 공간에 머무를 수 없는 것은 생각에 중독되어 있기 때문이다. 우리가 생각을 하는 것은 마음을 여는 것이 아니라 마음을 닫는 것이다. 거꾸로 생각을 하지 않는 것이 마음을 여는 것이다. 마

---

35. 위의 책, 448쪽.
36. 오쇼 라즈니쉬(1983).『베샤카의 아침』, 한상영·류시화 옮김, 제일출판사, 302쪽.

음은 잠시도 침묵할 수 없다. 침묵은 에고가 아닌 내 내면의 존재가 하는 일이다. 침묵은 항상 그곳에 있지만 끊임없이 지껄이는 마음의 소음에 의해 나는 그 침묵의 소리를 들을 수 없었던 것이다.

'나는 누구인가?'라는 질문과 함께 에고를 소멸시키는 또 한 가지 구체적인 방법은 에고의 반응에 대응하지 않는 것이다. 물론 에고의 반응은 자신의 에고에 대한 반응과 다른 사람의 에고에 대한 반응을 모두 포함한다. 먼저 자신의 에고에 대응하지 않으려면 먼저 그것이 에고의 반응임을 알아차려야 한다. 어떤 반응이 에고에서 나왔음을 알아차릴 수 있는 한 가지는 바로 우월감이다. 우월감은 에고가 커질 수 있는 토대이고 자신이 옳다고 여기는 것만큼 에고를 더 강화시켜주는 것은 없다. 옳다는 것은 하나의 관점, 의견, 판단, 이야기 등과 같은 정신적 입장을 자기와 동일시하는 것이다. 우리가 동일시하는 대상은 무엇이든 에고로 바뀐다.

톨레는 다른 사람의 에고에 대응하지 않는 것이 자신의 에고를 뛰어넘을 뿐만 아니라 인간의 집단적 에고를 소멸시키는 가장 효과적인 방법이라고 했다.[37] 하지만 에고에 대응하지 않으려면 역시 누군가의 행동이 에고에서 나온 것이며 인간의 집단적 기능장애의 표현임을 알아차릴 수 있어야 한다. 그것이 에고의 반응임을 알아차릴 수 있을 때만 그것에 대해 대응하지 않는 것이 가능하기 때문이다.

극도의 감정적 고통도 에고를 벗어나는 계기가 될 수 있다. 즉 그 고통을 통해 불행한 자신을 만드는 마음의 내용물과 정신적 감정적 구조로부터 자신을 분리시킬 수 있는 것이다. 우리는 그때 비로소 자신의 불행한 이야기도 감정도 사실은 진정한 자기 자신이 아님을, 그 앎이 자신이지, 그 앎의 내용물이 자신이 아님을 깨닫는다. 고통이 자신을 무의식

---

37. 에크하르트 톨레(2013), 『삶으로 다시 떠오르기』, 류시화 옮김, 96쪽.

속으로 끌어당기는 대신 잠을 깨우고 '현존'의 상태로 들어가게 만드는 결정적인 요소가 된다.

원수를 사랑하라는 예수의 가르침은 인간의 마음속에 존재하는 에고가 지배하는 마음의 구조를 해체하라는 뜻이다. 만약 마음에 병이 들었다면 그 병은 고쳐질 수 있다. 그러나 마음 자체가 하나의 병이라면 그 병을 고치는 방법은 오직 마음을 초월하는 길밖에 없다. 이것이 서양의 심리학과 동양의 심리학이 다른 점이다.[38] 동양은 마음이라는 방 내부에 대해서는 별 흥미가 없다. 어떻게 해서든지 그 방 밖으로 빠져나가는 것에 대해서만 관심이 있다. 따라서 마음을 정리한다는 것은 모래성을 쌓는 것과 같다. 언제 그 평안의 상태가 무너질지 모른다.

내가 육체 속에 있다고 느껴지는 것은 마음 때문이다. 마음이 사라지고 없다면 나는 자신이 육체 속에 있다거나 육체 밖에 있다는 말은 하지 않는다. 단지 나는 하나의 지켜봄이 되어야 한다. 이것이 초월이다. 엑스터시는 바로 '밖에 서 있다'는 뜻이다. 이처럼 마음은 육체와 내 내면에 있는 비육체 사이의 연결고리이다. 그것은 물질과 비물질 사이를 연결하는 가장 신비한 다리이다. 또한 마음은 하나의 과정이며 흐름이지 물체가 아니다.

마음은 형태를 갖고 있는 고정된 것이 아니다. 마음은 명사가 아니라 동사, 즉 마음작용minding이다. 그래서 불교의 유식학에서는 마음을 폭포와 같다고 하였다. 그리고 모든 인간은 태어날 때 마음 없이 태어난다. 사람은 단지 마음작용을 일으킬 수 있는 능력만 갖고서 태어난다. 그래서 어린아이가 사회 속에서 자라지 않으면 그는 단지 육체만 갖게 된다. 인도에서 발견된 카마라와 아마라와 같이 늑대의 손에 길러진 아이는 결코 마음이 형성되지 않았던 것이다.

---

38. 오쇼 라즈니쉬(1993), 『탄트라비전 1』, 이연화 옮김, 태일출판사, 400쪽.

길버트 라일은 『마음의 개념』에서 노잉 댓knowing that과 노잉 하우 knowing how를 구별하여, 노잉 댓이란 댓 이하를 아는 것 즉 명제적 지식을 아는 것이고, 노잉 하우는 어떻게 하는지를 아는 것 즉 자전거나 수영을 배우는 것과 같다고 하였다.[39] 지식과 지혜의 차이가 바로 노잉 댓과 노잉 하우의 차이와 비슷하다. 지식은 머리가 배우는 것이고 지혜는 몸이 배우는 것이기 때문이다. 즉 지식은 에고가 배우는 것이고 지혜는 셀프가 배우는 것이라고도 할 수 있다. 지식은 보거나 듣는 것을 통해 배울 수 있다. 그러니까 남의 도움을 쉽게 받을 수 있다. 학교교육에서 사교육이 힘을 많이 쓰는 것은 학교에서 배우는 것이 대부분 명제적 지식이기 때문이다.

그렇지만 지혜는 자기가 직접 터득해야 한다. 수영을 배우는 것이나 깨달음과 같은 것은 남이 아무리 자세히 설명해주어도 소용이 없다. 물론 그 설명이 전혀 도움이 되지 않는 것은 아니지만, 자신이 그것을 직접 터득하지 못하면 그 설명은 그냥 지적질에 불과한 것이다. 그래서 많은 선사들이 깨달음을 머리로 터득하려는 제자들에 대해 '남의 돈을 세는 어리석음'이라고 말했던 것이다. 학교교육이 지식이 아니라 지혜를 중심으로 재편되면 사교육이 없어질까?

지혜는 평가하기도 쉽다. 자전거를 탈 줄 아는가 하는 것은 직접 자전거를 타게 하면 되고, 수영을 할 줄 아는가 역시 수영을 시켜보면 된다. 마찬가지로 깨달았는지 여부는 깨달은 사람이 몇 마디 물어보면 바로 알 수 있다. 흔히 선문답이라고 하는 것이 그것이다.

지식이 에고의 앎이고 지혜가 셀프의 앎이라는 것은 마음과 몸의 관계를 역전시키는 발상이다. 현대 문명은 마음이 몸을 지배하는 것이라고 생각했지만 탈현대 문명은 몸이 마음을 지배하는 것이 좋다고 말한

---

39. 길버트 라일(1994), 『마음의 개념』, 이한우 옮김, 문예출판사.

다. 몸의 움직임은 마음으로는 결코 조절할 수 없는 지혜를 내포하고 있기 때문이다. 머리로 하나하나 명령해서 음식물을 소화시킬 수 있을까? 심장의 박동을 머리로 조절해서 온몸에 적절하게 산소를 공급할 수 있을까? 몸은 전혀 생각하지 않지만 지혜롭게 모든 것을 잘 처리해내고 있다. 그런데도 우리는 머리에 따라 소금을 너무 많이 섭취하면 안 되느니, 식단에 단백질이 부족하다느니 하는 식으로 몸의 지혜를 침범하고 있다.

제9장

인성교육-무아지애 無我之愛

철새들이 줄을 맞추어 날아가는 것
길을 잃지 않으려 해서가 아닙니다
이미 한 몸이어서입니다
티끌 속에 섞여 한 계절 펄럭이다 보면
그렇게 되지 않겠습니까

앞서거니 뒤서거니 하다가
어느새 어깨를 나란히 하여 걷고 있는
저 두 사람
그 말없음의 거리가 그러하지 않겠습니까

새떼가 날아간 하늘 끝
또는 두 사람이 지나간 자리, 그 온기에 젖어
나는 오늘도 두리번거리다 돌아갑니다

몸마다 새겨진 어떤 거리와 속도
새들은 지우지 못할 것입니다

그들 혹시 길을 잃었다 해도
한 시절이 그들의 가슴 위로 날아갔다 해도

_나희덕, 「새떼가 날아간 하늘 끝」

1. 두 가지 마음

인성교육은 자신의 마음속에서 궁극적인 진리, 즉 사랑을 발견하는 교육이다. 요즈음은 인성교육을 도덕교육과 같은 의미로 사용하고 있으나, 사실 인성교육은 도덕교육과 다르다. 우리나라는 세계 최초로 2015년부터 '인성교육진흥법'을 제정하여 모든 초중등교육에서 의무적으로 시행하도록 하고 있다. 이 법은 건전하고 올바른 인성을 갖춘 시민을 육성하는 것을 목적으로 제정되었는데, 인성교육을 '내면을 바르고 건전하게 가꾸고, 타인, 공동체, 자연과 더불어 사는 데 필요한 인간다운 성품과 역량을 기르는 교육'으로 정의하고 있다. 구체적으로는 예절, 효도, 정직, 책임, 존중, 배려, 소통, 협동의 여덟 가지 덕목을 제시하고 있다. 이 여덟 가지 덕목의 실현이 곧 인성교육이라는 것이다.[1]

인성교육은 여러 종류의 덕목을 학생들에게 주입하는 것이 아니다. 인성교육은 말 그대로 자신의 본성을 발견하는 교육이다. 인성이란 인간이라면 누구나 가지는 공통적인 본연지성과 기질에 따라 다른 자기만의 고유한 기질지성을 말한다. 그리고 유학에서는 그것을 사랑仁이라고 한다. 맹자가 말했듯이 우리는 누구나 자신의 마음속에 무한한 용량을

---

1. 인성교육진흥법은 세월호 참사의 책임을 학교교육에 전가하기 위해 제정되었다는 등 많은 비판을 받고 있다. 메리 캐스윈 리커 미국교사연맹 상임 부대표는 '미국에서 효도와 예절 등과 같은 덕목을 국가 차원에서 지도하도록 한다면 당연히 교사들이 반대할 것'이라고 하였다. 즉 교육의 내용을 정형화하여 인성의 가치를 정해놓고 국가가 한쪽으로 몰아가는 것은 위험한 발상이라는 것이다. 『오마이뉴스』, 윤근혁, 「학생에게 인성교육? 미국에선 상상도 못해」, 2015년 7월 27일.

가진 사랑의 샘을 가지고 있다.[2] 그런데 그 샘을 막고 있는 바위가 있다. 그 바위 이름은 '나'이다. 따라서 인성교육이란 사랑의 샘을 막고 있는 바위를 치우는 일이다. 어떻게 바위를 치울 수 있을까? "자기를 이겨 예로 돌아가면 인이 된다克己復禮爲仁"라는 것이 바로 그것이다. 곧 무아교육이 인성교육이라는 것이다. 양명은 "성인이 되기 위한 공부는 무아를 근본으로 삼는다聖人之學以無我爲本"라고 하여[3] 다음과 같이 말했다.[4]

제군은 항상 이것을 체득해야 한다. 사람의 마음은 본래 천연天然의 리이기 때문에 정명精明하기 그지없어 솜털만큼의 물듦도 없으니 단지 하나의 '무아'일 뿐이다. 가슴속에 절대 어떠한 것도 두어서는 안 되니, 어떤 것이라도 두게 되면 오만하게 된다. 옛 성인들이 여러 훌륭한 점을 가지게 된 것은 단지 '나라는 생각을 없애는' 공부가 뛰어났기 때문이다.

안회가 공자에게 극기복례의 구체적인 방법을 물었을 때 공자가 "예가 아니면 보지도 말고, 듣지도 말고, 말하지도 말고, 마음이 동하지도 말라"고 한 것이 말하자면 '나'라는 바위를 치우는 핵심적인 방법이 된다. 즉 보고, 듣고, 말하고, 마음이 동하는 모든 상황 속에서 '나'라고 하는 에고가 어떻게 작동하는지 지켜보는 것이 바로 바위를 치우는 방법이라는 것이다. 우리의 모든 경험에는 세 가지 구성 요소가 있는데, 감각기관에 의한 인식, 생각 또는 정신적 이미지, 그리고 감정이 그것이다.[5]

---

2. 徐子曰 仲尼亟稱於水曰 水哉水哉 何取於水也 孟子曰 原泉 混混 不舍晝夜 盈科而後進 放乎四海 有本者如是 是之取爾(『孟子』「離婁章句」下 18)
3. 『왕양명전서』 권7, 124쪽. 진래(2003), 『陽明哲學』, 전병욱 옮김, 예문서원, 417쪽에서 재인용.
4. 『전습록 하』, 『전서』 권3, 86쪽. 위의 책, 같은 쪽.
5. 에크하르트 톨레, 『삶으로 다시 떠오르기』, 305쪽.

공자가 말하는 보고, 듣고, 말하고, 마음이 동하는 상황은 인식과 이미지와 감정이라는 경험의 세 가지 구성요소를 모두 포함하는 것이다.

물론 지켜보는 마음이라고 했을 때 그것을 하나의 주체로 여겨서는 안 된다. 지켜보는 것이 누구인가에 초점을 맞추면 그때 지켜보는 자로 여겨지던 것은 그저 바라봄으로 변하고, 다시 이것이 의식의 특성을 체험하는 자의 앎으로 이어지기 때문이다. 이것이 의식의 비인격적 특성이다. 거기에는 지켜보고 주시하고 바라보는 일을 하는 개인적인 실체는 존재하지 않는다. 즉 자신이 생각을 하고 있다는 것을 지켜볼 때, 그 지켜봄은 생각의 일부가 아니라 의식의 다른 차원인 것이다. 예컨대 내가 공간을 알아차릴 때 나는 실제로는 아무것도 알아차리지 않지만 알아차림 그 자체를 알아차리는 것이다. 즉 내면의 의식 공간을 알아차리는 것이다. 톨레는 이를 다음과 같이 말하고 있다.[6]

눈이 아무것도 볼 것이 없을 때, 그 '아무것도 없음'이 공간으로 지각된다. 귀가 아무것도 들을 것이 없을 때, 그 아무것도 없음이 고요로 인식된다. 형상을 인식하도록 만들어진 감각들이 형상의 부재를 만났을 때, 감각적 인식 뒤에서 모든 인식과 경험을 가능하게 하는 형상 없는 의식은 더 이상 형상에 의해 흐려지지 않는다. 깊이를 가늠할 수 없는 우주 공간을 명상 속에 응시하거나 태양이 떠오르기 직전 이른 새벽의 고요에 귀를 기울일 때, 당신 안에는 무엇인가가 서로를 알아본 것처럼 그것과 공명한다. 그러면 당신은 공간의 무한한 깊이를 자신의 깊이로 감지하고, 형상 없는 소중한 고요가 당신 삶의 내용물을 채우고 있는 그 어떤 사물이나 사건들보다 훨씬 더 자기 자신임을 알게 된다.

---

6. 에크하르트 톨레, 위의 책, 279쪽.

알아차림은 메타인지와는 다르다. 메타인지는 내가 인지하고 있는 것에 대한 인지이지만 알아차림은 내가 알아차림을 자각하는 동시에 알아차림이 아니라는 생각, 즉 메타인지가 된다. 즉 메타인지는 시간적 선후가 있는 것이지만 알아차림은 시간적 선후가 없다. 또한 메타인지는 주체가 있지만 알아차림은 주체가 없다. 그렇기 때문에 내가 내면의 의식 공간을 알아차릴 때 거꾸로 우주는 나를 통해 자기 자신을 알아차리는 것이다. 『우파니샤드』에서는 이를 다음과 같이 말한다.[7]

> 눈에는 보이지 않지만 눈이 보는 것을 가능하게 하는 것, 그것만이 우주 원리 브라흐마이고 인간들이 이 세상에서 숭배하고 있는 것은 그것이 아님을 알라. 귀로는 들을 수 없으나 귀가 듣는 것을 가능하게 하는 것, 그것만이 우주 원리 브라흐마이며 인간들이 이 세상에서 숭배하고 있는 것은 그것이 아님을 알라. 마음으로 생각할 수 없으나 마음으로 생각하는 것을 가능하게 하는 것, 그것만이 우주 원리 브라흐마이며 인간들이 이 세상에서 숭배하고 있는 것은 그것이 아님을 알라.

사도 바울은 "모든 것은 빛을 받으면 드러나고, 빛을 받아 드러난 것은 빛의 세계에 속하게 된다"라고 하였다. 여기서 빛을 받는다는 것이 바로 지켜본다는 뜻이다. 지켜본다는 것은 그 순간에 모든 것을 '있는 그대로'를 받아들인다는 뜻이다. 즉 고통을 지켜보면서 그 고통을 회피하거나 저항하지 않고 그대로 경험하는 것이다. 그때 고통은 연료가 되어 우리의 의식을 밝게 타오르게 한다. 예를 들어 자신이 슬프다면 그 경험을 거부하는 대신 거기에 동일시되지 않고서 그 느낌을 환영하고

---

7. 위의 책, 279쪽에서 재인용.

슬픔의 직접적인 온전함을 경험할 수 있다.

이처럼 완벽하게 슬픔을 감싸안을 수 있는 유일한 것은 알아차림과 함께 그것을 있는 그대로 경험하는 현존 그 자체이다. 슬픔을 있는 그대로 경험할 때 슬픔은 우리의 의식을 밝게 타오르게 한다. 슬픔뿐만이 아니라 다른 모든 경험−즐거운 것이나 고통스러운 것이거나−도 마찬가지이다. 그래서 엘리자베스 퀴블러 로스는 고통을 겪는 것만이 고통에서 벗어날 수 있는 유일한 길이라고 했다.[8] 현존, 즉 주어진 경험을 있는 그대로 받아들이는 것을 통해 우리는 상실 너머에 존재하는 초월적인 부분을 발견할 수 있다. 즉 결코 사라지지 않는 자기 자신의 진정한 부분, 사랑하는 이들의 진정한 부분을 발견할 수 있다. 이것이 연금술의 진정한 의미이다.

지켜보는 마음이 곧 빛이다. 양명은 우리 마음속에 있는 지켜보는 마음을 항조심恒照心이라고 불렀다. 항상 비추는 마음이라는 뜻이다. 양명의 항조심은 곧 맹자가 말하는 양지良知이고 곧 마음의 본체이다.[9]

마음의 본체는 일어남도 없고 일어나지 않음도 없다. 망념이 발생했을 때라도 양지는 그 속에 존재하지 않은 적이 없다. 단지 사람이 그것을 보존할 줄 모르기 때문에 가끔 놓치기도 하는 것일 뿐이다. 어둠과 막힘의 극단적인 단계에서도 양지는 밝지 않은 적이 없다. 단지 사람이 살필 줄 몰라서 가끔 가려지기도 할 뿐이다.

구름이 밝은 태양을 가려도 태양이 사라지지 않는 것과 같이 항상 비추는 마음은 결코 사라지지 않는다. 사도 바울이나 양명과 같이 많은 사람들은 지켜보는 마음을 빛에 비유하여 설명하고 있다. 왜 그들은 지

---

8. 엘리자베스 퀴블러 로스, 『인생수업』, 103쪽.
9. 『전서』 권2, 61쪽. 진래, 앞의 책, 138쪽에서 재인용.

켜보는 마음을 빛이라고 했을까? 두 가지 이유가 있다. 한 가지는 지켜봄으로써 대상이 밝아지는 것을 나타내기 위함이다. 우리가 생각이나 감정과 동일시하여 그 속에 있을 때는 그 실체를 정확하게 파악할 수 없다. 지켜봄을 통해 그 생각이나 감정에 빛을 비춤으로써 그것이 한갓 영화의 한 장면에 지나지 않음을 깨닫게 되는 것이다.

또 한 가지 이유는 빛에게는 시간이 흐르지 않음을 나타내기 위함이다. 빛에게는 과거와 미래가 없고 늘 영원한 지금인 것이다. 오직 지금 밖에는 아무것도 없다. 물론 빛은 특정한 속도로 공간을 여행하지만 나이가 든다는 경험을 갖지 않는다. 몇 광년 떨어진 별에서 발사된 빛은 내 눈에 도달하기까지 몇 년이 걸렸지만, 그 빛 자체는 항상 지금인 것이다. 우리의 생각과 감정은 항상 과거와 미래 속에 살고 있지만 항상 비추는 마음은 항상 지금 여기에 있다. 생각과 감정에 빛을 비추는 순간 즉시 우리는 영원한 현재로 돌아오게 된다. 과거와 미래라는 시간은 빛이 우리에게 도달하는 것을 가로막는다. 그래서 에크하르트는 신에게 이르는 데 시간보다 더 큰 장애물은 없다고 하였다.

2. 지켜봄의 방법

이처럼 인성교육의 핵심은 결국 매 순간 나의 생각과 느낌, 그리고 감정에서 '나'라고 하는 에고가 어떻게 작동하는지를 살피는 것에 있다. '나'라는 에고가 작동하는 방식을 살피는 구체적인 방법을 알아보기 전에 먼저 학생들에게 가르쳐야 할 것은 우리 마음속에서 일어나는 마음과 그 일어나는 마음을 지켜보는 마음이 있다는 것을 직접 체험을 통해 알려주는 것이다. '일어나는 마음'과 '지켜보는 마음'을 직접 체험하기 위한 구체적인 방법은 다음과 같다.

(1) 학생들에게 빈 공책과 펜을 준비하게 한다.

(2) 손에 펜을 쥐고 눈을 감게 한다.

(3) 마음에 떠오르는 생각을 공책에 적게 한다.(*여기서 중요한 것은 떠오르는 생각을 문장으로 적어서는 안 된다는 것이다. 문장으로 적으면 일어나는 생각의 연결이 끊어지기 때문이다. 반드시 짧은 단어로 기록하도록 한다. 또 글씨를 잘 쓸 필요도 없다는 것을 말해준다. 나중에 본인만 알아보면 될 수 있게 쓰도록 한다.)

(4) 1분 정도의 시간을 주고 '그만'이라는 말로 적는 것을 멈추게 한다.

(5) 자신이 쓴 단어를 중심으로 1분간 어떤 생각이 떠올랐는지 설명하도록 한다. 생각이 연결고리가 없이 점프할 경우 그 고리

를 찾도록 한다.(＊모든 생각의 일어남은 반드시 연결고리가 있다. 두 생각 사이에 연결고리가 없다면 적을 때 빠뜨린 생각이 무엇인지 떠올리도록 한다.)

(6) 몇 사람에게 떠올랐던 생각을 발표시키고 난 뒤, 어떻게 일어나는 생각을 적을 수 있었는지 생각해보도록 한다.

(7) 떠올랐던 생각과 함께 그 생각을 지켜보는 마음이 있었기에 그것을 적을 수 있었다는 것을 깨닫게 한다.

(8) 내 마음에는 두 가지 마음이 있는데 그중 일어나는 마음이 아니라 지켜보는 마음이 본래 마음의 본성임을 말한다.

이와 같은 과정 이전에 지켜봄이라는 것이 구체적으로 어떤 것인지 알게 하기 위해서는 자신의 호흡을 지켜보는 과정이 필요하다. 호흡을 지켜보는 과정은 다음과 같은 방식으로 진행된다.

(1) 자신의 호흡을 의식해보도록 한다.

(2) 특히 호흡의 감촉에 주목하도록 한다.

(3) 공기가 움직이면서 몸 안으로 들어가고 나가는 것을 느껴보도록 한다.

(4) 들숨과 날숨과 더불어 가슴과 배가 조금 팽창했다가 수축하는 것을 느낄 수 있도록 한다.

호흡을 지켜보는 연습 다음에는 생각을 지켜보는 연습이 필요하다. 생각을 지켜보는 연습은 다음과 같은 절차로 진행한다.[10]

---

10. 에크하르트 톨레(2008), 『지금 이 순간을 살아라』, 노혜숙·유영일 옮김, 양문, 137~140쪽.

(1) 눈을 감고 자신에게 말한다. '다음에 내가 무슨 생각을 하게 될까?'
(2) 그런 후 주의력을 집중하고 다음에 올 생각을 기다린다.
(3) 쥐구멍을 지켜보는 고양이처럼, 그곳에서 어떤 생각이 나오는지 지켜본다.
(4) 의식적인 주의력이 어떤 수준 밑으로 내려가는 순간 생각이 파도처럼 밀려드는 것을 알아차린다.

내 마음속 무한한 용량을 가진 사랑의 샘을 막고 있는 바위를 치우는 유일한 방법은 에고가 어떻게 작동하는지 철저히 지켜보는 것이다. 어떤 비난도 하지 말고 에고를 지켜보아야 한다. 순수하게 에고의 속으로 들어가 에고의 방식을 지켜보아야 한다. 우리가 에고 속으로 들어가 에고의 작동 방식을 지켜보면 에고의 작동 방식이 매우 기계적이라는 것을 알 수 있다. 이것은 에고가 유기체적 전체가 아니라 죽은 과거로 이루어졌기 때문이다. 물론 에고도 가끔 미래에 대해 생각하기도 하지만, 그것은 결국 단지 과거의 투사일 뿐이다. 우리가 에고를 처음 만났을 때 가장 먼저 알아차릴 수 있는 것은 에고가 우리의 과거라는 것, 우리의 현재가 아니라는 것이다. 과거는 날이 갈수록 커지고 있다. 매 순간이 과거가 되어버리기 때문이다. 그러므로 에고도 점점 커져 간다. 어린아이는 작은 에고를 가지지만 늙은이들은 큰 에고를 가진다.

시계가 가리키는 시간을 자신도 모르게 심리적인 시간으로 변화시키지 않기 위해서 우리는 항상 예민하게 깨어 있어야 한다. 예수는 '주인이 돌아오기를 기다리는 하인처럼 되라'고 말했다. 하인은 주인이 몇 시에 돌아올지 모른다. 그래서 방심하지 않고 주인이 도착하기를 기다리며 침착하고 고요하게 깨어 있어야 한다. 또 다른 비유에서 예수는 다섯 명의 부주의한 여인들이 등불을 켤 수 있는 충분한 기름을 준비하지 않았다가 신랑을 놓치고 결혼 피로연에 참석하지 못하는 이야기를 하였다. 이 이야기에서 부주의한 여인들은 우리의 무의식을 뜻하고, 등불은 곧 현존, 깨어 있음을 말한다. 등불을 켤 수 있는 충분한 기름은 우리의 의식을 뜻하고, 신랑은 현재를 말한다. 결혼 피로연이란 곧 깨달음이다. 깨달음을 통해 사랑의 존재로 거듭나는 것이다.

호흡이나 생각을 지켜보는 것을 통해 그 전까지 생각에서 생각으로 방해받지 않은 연속적인 흐름이 이어지던 자리에 약간의 공간이 만들어진다. 현존 즉 '이 순간에 존재함'은 이처럼 내면에 공간이 있는 상태이다. 이러한 내면의 공간을 부처는 『안반수의경』에서 생각과 생각 사이의 빈틈이라고 했다. 호흡과 생각을 지켜봄으로써 이 빈 공간이 점차 넓어진다. 다음에는 이 빈 공간을 넓히기 위해 타라 브랙이 말하는 '잠깐 멈춰서 현존하기'를 연습해본다.[11]

(1) 적당한 장소를 찾아 편안하게 앉아서 눈을 감는다.
(2) 숨을 깊이 들이쉬고 내쉰다.
(3) 온몸을 천천히 느낀다.
(4) 숨을 들이쉬고 내쉴 때 콧구멍으로 드나드는 공기의 움직임, 배의 움직임을 느낀다.
(5) 주변 공간을 느껴본다.
(6) 귀로만 듣지 말고 감각을 총동원하여 주위의 다양한 소리를 듣는다.
(7) 눈을 감은 채 감은 눈꺼풀에서 반짝이는 빛을 지켜본다.
(8) 주변 공간을 느끼면서 허공에 떠도는 모든 냄새와 향기를 맡아본다.

---

11. 타라 브랙, 앞의 책, 47쪽. 현존이란 지금 이 순간의 자신의 경험을 온전히 자각하고 있는 그대로 체감할 때 일어나는 깨어 있고 열려 있고 다정한 느낌을 말한다.

(9) 오감을 활짝 열고 삶이 온몸을 자연스럽게 흐르게 한다.

(10) 매 순간 일어나는 감각을 느끼고 알아차린다. 그리고 그 감각의 배경 공간도 알아차린다.

모든 창조성은 생각으로부터 나오는 것이 아니고 생각이 끊어진 빈 공간으로부터 나온다. 아르키메데스가 금관에 불순물이 섞였는지를 알아보기 위해 아무리 생각을 해도 알 수 없었지만, 뜨거운 목욕탕 물에 들어가면서 생각을 멈추는 순간 그 방법이 떠올랐다. 따라서 일단 창조 행위가 일어나고 무엇인가가 형상으로 나타나면 '나' 또는 '나의 것'이라는 개념이 일어나지 않도록 방심하지 말아야 한다. 만약 자신이 성취한 것을 자신의 공으로 돌리려 한다면 에고가 되돌아온 것이고, 모처럼 얻은 넓은 내적 공간은 가려져버리고 말 것이다.

지켜봄이란 곧 에고의 방식을 지켜보고 알아야 한다는 것이다. 길을 걸으면서도 에고가 어떻게 작동하는지 지켜보아야 한다. 누군가 우리를 모욕할 때 그 기회를 놓쳐서는 안 된다. 그 순간 에고가 어떻게 머리를 쳐들며 어떻게 커져 가는지를 지켜보아야 한다. 또 누군가 우리를 칭찬할 때 자신이 점점 부풀어 오르는 풍선처럼 되는 것을 지켜보아야 한다. 공자가 안회에게 말한 것처럼 모든 상황들 속에서 우리의 에고에게 어떤 일이 일어나는가를 지켜보아야 한다. 결론을 지으려고 서두를 필요가 없다. 그렇게 에고를 살피면 놀랍게도 에고는 우리가 에고를 인식하지 못할 때만 우리를 조정할 수 있다는 것을 알 수 있다. 우리가 에고의 어떤 작용을 눈치 채는 순간 에고는 즉시 작동을 멈춘다. 아주 작은 각성으로도 에고는 제대로 기능할 수 없다.

우리의 지켜봄이 있는 곳에서 에고는 사라진다. 아니 에고가 사라지는 것이 아니고 에고와의 동일시가 사라진다. 존재하기와는 대조적으로 동일시는 하나의 행위이다. 동일시는 나 자신을 뭔가와 연결시키기 위해 내가 취하는 정신적인 행동이다. 만일 본래 나의 모습과 동일시한다면 우선 동일시를 일으키기 위해서 나의 본래 모습에서 내가 분리되어 있다고 믿어야 한다. 동일시는 영적인 길에서 핵심적인 위험들 중 하나이다. 그리고 에고와의 동일시가 사라지면 비교도 사라진다. 비교가 사라지면 경쟁심이 사라지고 위대한 평화가 생겨난다.

그렇지만 몸이 소화효소를 분비하듯이 우리 마음은 끊임없이 생각을 일으킨다. 한 생각이 떠오를 때마다 그 생각을 알아차리며 '그냥 생각이야'라고 말해야 한다. 자신을 마음과 동일시하면 보이지 않는 장막이 생겨나 고정관념에 사로잡히게 되고, 이런 생각의 장막으로 인해 서로 분리되어 있다는 착각을 하게 되는 것이다. 따라서 자유를 향한 첫걸음은 점령한 실체인 '생각하는 자'가 진정한 내가 아님을 깨닫는 데 있다.[12] 사실 우리들이 하는 생각 중에서 80~90퍼센트는 반복적이고 부질없는 잡념에 불과하다. 마음은 생각뿐 아니라 우리가 느끼는 감정과 무의식적인 반응까지도 포함한다. 감정은 마음과 몸이 만나는 곳에서 일어난다. 감정이란 생각에 대한 몸의 반응에 지나지 않는다.

생각은 현재에 존재하지 않는다. 생각은 늘 과거와 미래라는 시간을 창조한다. 시간의 전 공간은 다만 길게 늘어선 이 순간일 뿐이다. 전체 공간은 다만 확장된 여기일 뿐이다. 시간은 물질세계의 일부가 아니다. 그것은 우리 내면세계, 심리의 세계이며 정신의 세계이다. 시간은 에고가 발달하고 성장하기 위한 공간으로서 존재한다. 에고는 방이 필요하다. 시간이 바로 에고가 살 수 있는 방을 마련해주는 것이다.[13]

또한 마음은 이중성의 세계에서 산다. 마음은 양극단 사이에서 오고 간다. 마음은 행복하거나 불행하거나, 기분이 좋거나 나쁘거나, 승리에 도취하거나 패배로 낙담하거나 항상 둘 중의 하나이다. 시계추처럼 끊임

12. 에크하르트 톨레, 앞의 책, 34쪽.
13. 오쇼 라즈니쉬(1983), 『베샤카의 아침』, 한상영·류시화 옮김, 제일출판사, 108쪽.

없이 왔다 갔다 한다. 마음은 중앙에 멈추는 법을 결코 모른다. 시계추가 한가운데 정지하면 시계는 멈추듯이 우리가 한가운데 있으면 마음이라는 시계는 멈춘다. 그 순간부터 시간이 더 이상 존재하지 않게 된다. 그날부터 탄생과 죽음은 더 이상 존재하지 않게 된다. 중앙에 존재하는 것이 해방이요, 해탈이다. 이 길이 중도이다.[14]

호흡의 자각은 순식간에 생각을 멈추고 우리의 몸과 마음을 현재로 돌아오게 한다. 깨어나면 생각 속에서 자신을 잃어버리는 일이 없어진다. 그 대신 생각 뒤에 있는 알아차림이 자신임을 안다. 생각은 당신의 삶에 주역이 되는 대신 알아차림을 위해 봉사하게 된다. 알아차림은 우주 지성과의 의식적인 연결이다. 알아차림을 다른 말로 표현하면 '현존', 즉 사념 없는 의식이다.[15]

14. 오쇼 라즈니쉬(1999), 『소중한 비밀-까비르 강론』 손민규 옮김, 태일출판사, 96쪽.
15. 에크하르트 톨레(2008), 앞의 책, 326쪽.

3. 무아지애의 탄생

진정한 사랑은 내가 없는 사랑[無我之愛]이다. 진정한 사랑은 우리 자신이고 진정한 사랑은 행하는 것이 아니라 되는 것이다. 사랑은 행위가 아니며 따라서 행해질 수 있는 것도 아니다. 사랑은 너무나 드넓어서 우리가 어찌할 수 없는 것이다. '나'라고 하는 것이 사라지면 우리는 진정한 사랑이 될 수 있다. 거꾸로 우리가 사랑의 경험에 온전히 열리면 사랑은 우리가 '자기라고 생각하는 것'을 없앨 것이다. 사랑은 사랑 이외에는 아무것도 남기지 않기 때문이다.[16]

퀴블러 로스는 우리 마음속 깊은 곳에 있는 감정은 두 가지뿐이라고 하였다. 사랑과 두려움이 그것이다.[17] 그러므로 우리의 모든 긍정적인 감정은 사랑으로부터 나오고 모든 부정적인 감정은 두려움에서 나온다. 사랑으로부터는 행복, 만족, 평화, 기쁨이, 그리고 두려움으로부터는 분노, 미움, 걱정, 그리고 죄의식이 나온다.[18] 그런데 두려움이라는 감정은 무지에서 비롯된 것이다. 불교에서는 이를 무명無明, 즉 밝지 못함이라고 한다. 결국 두려움은 우리의 어리석음으로 인해 스스로 만들어낸 감정이다. 이렇게 우리가 만들어낸 두려움은 항상 과거나 미래 중 어느 하나와 관련되어 있다. 사랑만이 현재의 감정이다.

---

16. 바이런 케이티(2014), 『기쁨의 천 가지 이름』, 김윤 옮김, 침묵의향기, 108쪽.
17. 닐 도널드 월시 또한 "인간 체험의 핵심에는 단 두 가지 에너지, 즉 사랑과 두려움만이 있다. 두려움 자체 말고는 아무것도 두려워해야 할 것은 없다"고 하였다. 닐 도널드 월시(2000), 『신과 나눈 교감』 이현정·조경숙 옮김, 한문화, 117쪽.
18. 엘리자베스 퀴블러 로스·데이비드 케슬러(2006), 『인생수업』, 류시화 옮김, 이레, 159쪽.

공자가 극기복례위인이라고 했듯이 사랑은 행위가 아니라 일종의 존재 상태이다. 사랑은 외부에 있는 것이 아니라 우리 내면에 깊이 자리잡고 있다. 그렇기 때문에 우리는 사랑을 결코 잃을 수 없다. 모든 것을 이익과 손해의 눈으로 바라보는 에고의 문명 속에서 변화를 위한 가장 커다란 촉매는 어떤 식으로든 상대방을 판단하거나 변화시키려 하지 않고 있는 그대로 완전히 받아들이는 것이다. 우리가 상대방을 있는 그대로 받아들이게 될 때 나와 너의 관계는 '쓸모'의 관계가 아니라 사랑의 관계로 바뀌게 된다. 사랑의 관계란 곧 내가 만나는 모든 관계를 깊고 밀도 있게 만드는 것이다. 재미 명상가 김요훈은 다음과 같이 말했다.[19]

우리는 애정이나 자비 없이 소홀하고 인색하게 세상을 대했고, 그 결과로 받은 게 지금 우리의 삶이에요. 우리가 준 만큼 받았어요. 이제 그 원인 지점인 주는 것부터 바꿔야 해요. 특히 세상을 어떻게 대하는가 하는 나의 자세를요. 세상이 이 정도다 싶을 때 가슴이 아프지만 인정하세요. 그 정도밖에 관계 안 한 거예요. 세상과 우주, 더 관계 높이시고 밀도 높이세요. 진리가 뭐예요? 사랑의 관계라 얘기하든 온전한 관계라 얘기하든 완전한 관계라 얘기하든 결국은 각자가 결정할 문제예요. 진실이나 진리는 내가 얼마큼 임했냐 하는 데 있어요. (중략) 관계의 깊음이 기쁨입니다. 관계의 깊음이 행복이고, 그때 자유가 있는 거예요. 우리는 현실적으로 움직이지 않고 생각 속에서 깨달음, 천국을 구하고 있어요. 그러기 때문에 현실화되지 않는 거예요. 모든 접촉하는 것들 잊지 마세요. 밀도 있게 접촉할 때, 관심을 기울일 때 그게 사랑이에요.

---

19. 손인호(2001), 「이제 기쁘고 행복하세요」, 『정신세계』 제18호, 161쪽.

신이란 무엇일까? 신이란 모든 생명체의 밑바닥에 흐르는 영원한 '하나의 생명'이다. 사랑은 무엇일까? 나 자신과 삼라만상의 모든 곳에 깊이 내재한 '하나의 생명'의 현존을 느끼는 것이다. 그리고 그 생명으로 존재하는 것이다. 그러므로 모든 사랑은 신의 사랑이다.[20] 따라서 알아차린다는 것은 삼라만상이 있는 그대로 존재할 수 있도록 사랑의 공간을 창조하는 것 외에 다른 것이 아니다.

맹자는 '인의 샘물론'에서 끊임없이 솟아오르는 사랑의 샘을 막고 있는 바위를 치우게 되면 그 물은 주변에 있는 구덩이를 채우고 흘러넘쳐 들판을 적시고 광야를 흘러 넓은 바다로 흘러간다고 하였다. 우리가 사랑하는 사람들의 사랑을 느끼는 것은 우리 삶을 지탱하는 샘물이다. 그러나 우리가 모르는 낯선 사람들의 사랑을 느끼는 것은 더 위대하고 아름다운 일이다. 우리에게 알려지지 않은 사람들, 우리의 잠과 고독을 지켜보고 우리의 위험과 약함을 지켜주는 그런 사람들로부터 오는 사랑을 느끼는 것은, 그것은 우리 존재의 범위를 넓혀주고 모든 살아 있는 것들을 하나로 묶어준다.[21]

진리는 항상 지금 여기에 존재한다. 문제는 우리에게 이 진리를 알아볼 수 있는 눈이 없다는 것이다. 태양은 항상 빛나고 있지만 에고에 사로잡힌 나는 그 밝은 태양을 바라볼 수 있는 눈이 없다. 진정한 사랑, 내가 없는 사랑이 바로 눈을 만들고 또 눈을 뜨게 한다. 문제는 무엇을 보느냐가 아니라 그것을 보는 방식이다. 보는 것 자체가 중요한 것이 아니라 어떻게 보는가가 중요하다. 왜냐하면 바로 보는 방식이 우리의 존재를 결정하기 때문이다. 이를 공자는 다음과 같이 말했다.

인하지 못한 사람은 오랫동안 곤궁한 데 처할 수 없으며, 장기

---

20. 에크하르트 톨레(2008), 220쪽.
21. 류시화(2017), 앞의 책, 251쪽.

간 즐거움에도 처할 수 없다. 인한 사람은 인을 편안히 여기고 지혜
로운 사람은 인을 이롭게 여긴다. 인하지 못한 사람은 오랫동안 곤
궁하면 반드시 넘치고久約必濫, 오랫동안 즐거우면 반드시 빠지게 된
다久樂必淫.

넘친다는 것은 하지 말아야 할 금도를 넘는 것이며, 빠진다는 것은
중독이 되어 벗어날 수 없다는 뜻이다. 반면에 인한 사람은 마음에 안
과 밖이 없어心無內外 곤궁과 즐거움이 둘로 여겨지지 않아 어느 것이든
편안하게 여긴다.

수영을 처음 배우는 사람은 몸을 물에 뜨게 하려고 몸에 잔뜩 힘을
주고 버둥거리지만 그럴수록 오히려 몸이 물에 가라앉는다. 그러나 마침
내 수영을 배우고 나면 몸에 힘이 빠져 물과 하나가 되어 흘러갈 수 있
다. 이처럼 물과 하나가 되어 편안하게 흘러가게 되면 수영을 하는 것이
땅 위를 걷는 것처럼 자연스럽게 된다.

이 구절에서 우리가 관심을 가져야 하는 것은 지자知者가 인을 이롭
게 여긴다는 구절이다. 유가에서는 인의仁義와 이익利益을 상반된 것으로
가르친다. 그렇기 때문에 유가의 수양론은 어떻게 하면 이익을 버리고
인의를 추구하느냐에 집중되어 있다. 그러나 이익은 인간의 본능적 욕구
이다. 소인은 본능적 욕구에 따라 이익의 눈으로 세상을 보는 사람이다.
그러한 소인 중에서 지자知者는 부귀富貴의 이익보다는 공명功名의 이익
을, 공명의 이익보다는 인의仁義의 이익이 더 낫다는 것을 아는 사람이
다. 반면 인仁한 사람의 세계는 인의仁義의 세계이다. 이 세계에서는 이익
도 인의의 안목으로 바라보는 대상일 뿐이다.

몇 년 전 아까운 나이에 세상을 떠났지만 『논어』의 이 구절에 반한
친구가 한 사람 있었다. 그는 안인安仁의 세계는 보통사람이 도달하기
불가능한 경지라고 생각하여 우리와 같은 보통사람은 이인利仁의 경지

에 만족해야 한다고 생각하였다. 그리고 교육의 목적 역시 안인보다는 이인을 목표로 삼아야 한다고 주장하였다. 이인이란 어떤 것이 이익인지 따져보면 누구든지 잘 알 수 있는 것이기에, 분석하고 비교하는 것을 잘하는 현대 교육과도 잘 맞는다고 생각하였던 것이다.

그러나 이 구절에 대한 사씨의 주석에서 "안인은 하나요, 이인은 둘安仁則一 利仁則二"이라고 하였듯이 이인을 통해서는 결코 자신과 대상이 둘이 아니라는 것을 이해할 수 없다. 어떤 것이 이익인지 따져보는 것으로는 결코 인, 즉 사랑을 이해할 수 없다는 뜻이다. 이는 다시 바다로 돌아가기를 원하는 파도와 같다. 자신이 바다와 분리되어 있다는 생각이 다시 바다와 하나가 되고 싶다는 갈망을 만들어낸다. 하지만 그러한 갈망으로는 결코 바다와 하나가 될 수 없다. 오히려 바다와 하나가 되겠다는 갈망을 멈추었을 때, 비로소 자신이 한 번도 바다와 분리된 적이 없다는 것을 깨달을 수 있는 것이다.

우리는 언제나 전체에서 분리된 적이 없다. 단지 분리되어 있다는 꿈을 꾸고 있을 뿐이다. 분리 독립된 개체라는 꿈속에서 우리는 자유의지를 가지고 부귀와 명예 대신 인의를 선택할 수 있다. 제프 포스터는 『경이로운 부재』에서 이를 다음과 같이 묘사하고 있다.[22]

스스로 선택한다는 이야기, 자신이 분리되고 고정불변한 개인이라는 이야기, 자신을 중심으로 자신의 삶이 돌아가고 있다는 이야기, 자신이 이 모든 일을 하고 있다는 이야기가 떨어져 나가면, 당신은 이런 것들이 어떻게 존재하게 되었는지 진실로 알 길이 없습니다. 선택권이라는 것이 떨어져 나가면, 자신이 어떻게 여기에 있게 되었는지 알 길이 없습니다. 어떻게 이런 일이 벌어졌는지 알 수

---

22. 제프 포스터(2016), 『경이로운 부재』, 심성일 옮김, 43쪽.

가 없습니다.

이야기가 떨어져 나간다는 것은 꿈에서 깨어나는 것과 같다. 꿈에서 깨면 '나'는 더 이상 존재하지 않는다. 내가 삶을 사는 것이 아니라 그냥 삶이 살아지고 있을 뿐이다. 이것이 바로 공자가 말하는 안인安仁의 세계이다.

사랑을 궁극적인 봄이라고 한다. 그것은 사랑의 순간에 보는 자와 보이는 것이 하나가 되기 때문이다. 우리는 사랑하는 사람을 동떨어진 누군가가 아니라 자신의 확장으로 여긴다. 나의 심장이 함께 고동치고 나의 숨과 그녀의 숨이 같은 리듬으로 움직이고 나의 존재와 그녀의 존재 사이에는 아무런 벽이 없다. 나는 한 송이 꽃을 본다. 꽃은 거기에 있고 나는 여기에 있다. 서서히 둘 다 사라져서 마침내 꽃의 체험만이 남게 된다. 체험자도 꽃도 남아서는 안 된다. 오직 그들 사이의 체험의 흐름만이 남아야 한다.

4. 실천이성과 도덕적 선의지의 극복

현대 교육에서 인성교육이 중요한 까닭은 서구의 실천이성과 도덕적 선의지가 제대로 작동하지 못하는 현실 때문이다. 실천이성과 도덕적 선의지는 본능적 이기심과의 투쟁에서 항상 패배를 면치 못했다. 서두에서 메리 캐스윈 리커 미국교사연맹AFT 상임 부대표executive vice president가 우리의 인성교육진흥법을 비판하였다는 말을 소개했는데, 이처럼 미국의 인성교육, 즉 '캐릭터' 교육은 비판적 시민의식을 키우기 위한 것이지 어떤 가치를 학생에게 주입하기 위한 것은 아니다. 즉 캐릭터 교육은 어떤 상황에서도 합리적인 사고로 대처하도록 생각하는 힘을 키우게 하는 게 핵심이다. 캐릭터 교육에서 말하는 비판적 시민의식이 바로 칸트의 실천이성이고 도덕적 선의지이다.

반면 인성교육은 캐릭터에서 벗어나는 것을 목적으로 한다. 극기복례는 에고로부터의 해탈이기 때문이다. 즉 나로부터 벗어나는 것이 인성교육의 궁극적인 목적이다. 서구의 실천이성과 도덕적 선의지는 가슴이 아니라 머리에 있다. 에고가 머리에 있기 때문에 사람들은 목에 힘을 주고 머리를 빳빳하게 세우는 것이다. 반면 우리가 누군가에 복종할 때나 귀의할 때 그의 발아래 머리를 숙이는 것이다.

실천이성과 선의지는 그 대상이 무엇이든 냉정한 눈으로 바라보아야 한다. 그래야 정확한 상황을 판단할 수 있기 때문이다. 그러나 에고에서 벗어나면 우리는 비로소 사랑이 가득 찬 눈으로 세상을 볼 수 있다. 태양은 항상 빛나고 있지만 우리는 그것을 볼 수 있는 눈이 없다. 그렇지만 에고에서 벗어나면 눈을 뜨고 진리를 바라볼 수 있다. 사랑이 곧 진리를 보는 눈이기 때문이다.

우리는 자신을 가치 있게 만들기 위해서는 뭔가를 해야만 한다고 느낀다. 그 결과 우리는 노력하고 애써야 한다는 신념을 갖는다. 진정한 인생의 의미와 가치에 도달하기까지 우리는 많은 고통을 겪고 긴 여정을 밟아야 한다고 믿는다. 그러나 그것은 에고의 생존방식이다. 우리는 우리의 참 본성인 사랑이 드러나는 통로가 되어야 한다. 그러기 위해서는 모든 상황에서 그 경험을 받아들이고 그 경험에 자신을 허용하며 순간과 싸우지 않고 있는 그대로 인식할 수 있어야 한다.[23] 저항하지 않고(무저항), 판단하지 않고(무판단), 집착하지 않는 것(무집착), 이 세 가지가 에고에서 벗어난 자의 진정한 자유와 깨달음의 세 가지 측면인 것이다.

에고에서 벗어나면 경험도 사라질 것이라고 오해하는 사람들도 있다. 우리가 늘 마음과 동일시하기 때문에 마음이 사라지면 경험도 사라질 것이라고 생각하는 것이다. 그러나 사실은 정반대이다. 자각은 더욱더 강렬하고 명료하고 투명하게 지속된다. 색채는 더욱 생생해지고 형상은 훨씬 더 윤곽이 분명해진다. 모든 장막과 투사와 개념이 사라져서 모든 것이 더욱더 자기 자신으로 있게 되기 때문이다.

---

23. 알마스(2015), 『늘 펼쳐지는 지금』, 박인수 옮김, 김영사, 453쪽.

제10장

죽음교육

그렇게 좋아하시던 홍시를 떠 넣어
드려도
게간장을 떠 넣어 드려도
가만히 고개 가로저으실 뿐,

그렇게 며칠,
또 며칠,

어린아이 네댓이면 들 수 있을 만큼
비우고 비워 내시더니
구십 생애를 비로소 내려놓으셨다.

_윤효, 「완생」

1. 죽음교육의 두 가지 목표

하이데거가 말하고 있듯이 '죽음을 향해 미리 달려가 봄das Vorlaufen zum Tode'은 삶의 본질적 가치를 선택할 수 있는 가장 좋은 방법이다. 누구나 선택의 기로에 놓여 있을 때 자신이 지금 죽음의 병상에 누워 있다고 가정하고 선택을 결정한다면 결코 후회하지 않을 선택을 할 수 있다.

오규원 시인(1941~2007)은 「이 시대의 죽음 또는 우화」라는 시에서 다음과 같이 썼다.

죽음은 버스를 타러 가다가
걷기가 귀찮아서 택시를 탔다

(…)

죽음은 일을 하다가 일보다
우선 한잔하기로 했다

생각해보기 전에 우선 한잔하고
한잔하다가 취하면

내일 생각해보기로 했다

내가 무슨 충신이라고
죽음은 쉽게
내일 생각해보기로 한 이유를 찾았다

(…)

술이 약간 된 죽음은
집에 와서 TV를 켜놓고
내일은 주말여행을 가야겠다고 생각했다

건강이 제일이지–
죽음은 자기 말에 긍정의 뜻으로

고개를 두어 번 끄덕이고는
그래, 신문에도 그렇게 났었지
하고 중얼거렸다

김사인 시인은 이 시에 대해 다음과 같이 해설하였다.

김 대리나 이 과장이면 맞을 일상사의 주어 자리에 장난처럼
죽음이란 말을 슬쩍 들여앉힌다. 그러자 'X선'을 쏜 듯 안 보이던
것이 드러나고 만다. 내장이나 오물처럼 우리가 하나씩 속에 담고
있는 죽음과, 그럼에도 나는 아닌 듯 시치미를 떼며 지내는 초라함
과 무지와 우스움과 쓸쓸함이 일거에 또렷하다.

인도의 위대한 대서사시 가운데 하나인 『마하바라타Mahabharata』에

는 다섯 명의 빤다와Pandava 형제들이 물을 마시기 위해 한 명씩 호수에 가는 이야기가 나온다. 한 명씩 물을 마시기 위해 몸을 굽힐 때 마다 그들은 "잠깐 내 질문에 답하기 전에 물을 마시지 마라"는 목소리를 듣는다. 하지만 형제들은 심한 갈증으로 인해 그 목소리를 무시하고 호수의 물에 입술을 댄다. 그리고 그 순간 모두 땅에 쓰러져 죽고 만다. 네 명의 형들이 모두 죽고 나서 다섯 번째로 갔던 유디슈티라Yudhishthira만이 목소리의 질문에 대답한다. 그 목소리는 "사람이 살아가면서 겪는 모든 일 중 가장 이상한 것은 무엇인가?"라는 질문이었다. 이 질문에 유디슈티라는 다음과 같이 대답한다. "주변의 모든 사람들이 죽어가는 것을 보면서도 자신이 죽을 거라고는 생각하지 못하는 것이다."[1]

위의 이야기처럼 우리는 다른 사람의 죽음은 당연한 수학적 공리로 여기면서도, 자신의 죽음은 있을 수 없는 것처럼 여기는 '뻔뻔스러운' 삶을 살아간다. 설혹 죽음에 대해 생각하였다고 하더라도 우리는 아직도 시간이 많이 남아 있다고 착각하며 살아간다. 그러나 죽음이 삶의 한 부분이고, 우리의 삶에서 오로지 죽음만이 확실하다는 사실을 앞에 두고 우리는 반드시 커다란 방향 전환을 해야 한다. 삶의 초점을 외면적인 것에서 내면적인 것으로 방향을 바꾸고, 무언가 소유하는 대신 존재라는 새로운 가치영역을 발견해야 한다.

우리는 죽음교육을 통해 인간의 궁극적인 관심을 외부 세계로부터 내면세계로, 존재계를 계발하고 이용하는 것에서 존재계를 이해하고 사랑하는 것으로 바꿀 수 있다. 이것이 죽음교육을 통해 실현할 수 있는 탈현대의 세계관이다. 탈현대란 나와 존재계 간의 근원적인 통일성을 깨닫는 것을 통해 실현되는 세계이기 때문이다. 우리는 죽음교육을 통해 시공을 초월하여 자신과 우주만물이 하나임을 자각할 수 있다. 왜냐하면

---

1. 에크낫 이스워런(2005), 『죽음이 삶에게 보내는 편지』, 이명원 옮김, 예문, 342~343쪽.

죽음은 이러한 진리가 마지막으로 제시되는 순간이고, 우리가 마지막으로 자신과 정면으로 마주치는 시점이기 때문이다.

누구나 삶의 끝에 서면 자신이 했던 어떤 일도 그리 중요하지 않았다는 것을 깨닫게 된다. 엘리자베스 퀴블러 로스는 의학적으로 죽었다가 다시 살아난 사람들로부터도 다음과 같은 공통된 점을 배울 수 있다고 하였다.[2]

첫째 그들은 한결같이 더 이상 죽음이 두렵지 않다고 말한다는 것입니다. 둘째 그들은 이제 죽음이란 필요 없어진 옷을 벗는 것처럼 육체를 떠나는 것에 불과하다는 것을 알게 되었다고 말합니다. 셋째 그들은 죽음 속에서 온전한 자신을 느꼈고 자신이 모든 사물, 모든 존재와 연결되어 있음을 느꼈습니다. 더불어 어떤 상실감도 느끼지 못했다고 말합니다. 마지막으로 그들은 절대 외롭지 않았으며 누군가가 자신과 함께 있음을 느꼈다고 말합니다.

따라서 삶에서 정말로 중요한 것은 그 일을 하는 동안 자신이 어떤 사람이었는가 하는 것이다. 삶에서 무언가를 하면 무언가가 되는 것이 아니라 무언가가 되어 있으면 무언가를 하게 된다. 내가 책임감이 있는 일을 하면 책임감이 생기는 것이 아니고, 내가 책임감이 있는 사람이 되면 책임감이 있는 일을 하게 되는 것이다. 내가 행복한 사람이 되면 행복한 일을 할 수 있게 되는 것이다. 이처럼 삶은 우리 안에서 우리를 통해 완벽함 그 자체를 표현해줄 완벽한 도구이다. 삶이 우리의 완벽을 드러내주는 도구라는 것을 알게 되면 우리는 항상 삶에 대해 수용적이 된다. 삶을 완벽하게 수용하면 우리는 완벽한 삶을 살게 된다. 그래서

---

2. 엘리자베스 퀴블러 로스, 앞의 책, 91쪽.

류시화는 부자란 많이 가진 사람이 아니라 많이 감동하는 사람이라고 했다.[3]

　　부자는 누구인가? 많이 감동하는 사람이다. 감동할 줄 모르는 사람이 세상에서 가장 가난한 사람이다. 『지상의 양식』에서 앙드레 지드는 말한다. "저녁을 바라볼 때는 마치 하루가 거기서 죽어가듯이 바라보고, 아침을 바라볼 때는 마치 만물이 거기서 태어나듯이 바라보라. 그대의 눈에 비치는 것이 순간마다 새롭기를. 현자란 모든 것에 경탄하는 자이다."

시인 마야 안젤루는 "인생은 숨을 쉰 횟수가 아니라 숨 막힐 정도로 벅찬 순간을 얼마나 많이 가졌느냐로 평가된다"라고 말했다. 그리고 시인 메리 올리버는 "당신은 단지 조금 숨을 쉬면서 그것을 삶이라고 부르는가?"라고 했다.[4] 우리가 이 세상을 떠날 때 가져갈 수 있는 유일한 것들은 우리의 가슴에 담긴 것들이다.

엘리자베스 퀴블러 로스는 삶을 살아가면서 '왜 나에게 이런 일이 일어났는가?'라는 감정이 우리를 계속 불행에 붙들어둔다고 하였다. 그녀는 우리는 어떤 특정한 일이 일어나면 행복해질 것이라고 스스로에게 말하면서 항상 현재를 떠나 미래의 나라에서 살고 여행한다고 하였다.[5]

　　새 일을 시작하면, 나에게 꼭 맞는 짝을 찾게 되면, 아이가 다 크고 나면… 하지만 대개는 자신이 기다리던 일이 일어난 후에도

---

3. 류시화(2017), 앞의 책, 62쪽.
4. 위의 책, 265쪽.
5. 엘리자베스 퀴블러 로스, 앞의 책, 244쪽.

행복하지 않다는 것을 깨닫고 크게 실망합니다. 그래서 또 다른 새로운 미래들을 만들어냅니다. 승진을 하고 나면, 첫아이를 갖고 나면, 아이가 좋은 대학에 들어가고 나면… 하지만 이런 식으로 얻는 기쁨은 그다지 오래가지 않습니다. 미래보다는 지금의 행복을 선택해야 합니다. 우리가 행복할 때는 지금 이 시간입니다. 미래에 행복할 수 있는 것처럼 지금 이 순간의 상황에서도 행복할 수 있습니다.

작은 기다림이든 큰 기다림이든 모두가 다 낭비일 뿐이다. 우리 주변에 정말 잘 살아보겠다고 평생을 낭비하는 사람들이 얼마나 흔한가? 왜 우리는 오늘보다 내일이 더 행복하고 강해질 것이라고 생각하는 것일까?

죽음을 앞둔 사람은 내일이 없으므로 더 이상 미래로 미룰 수 없다. 더 많은 것을 추구하는 게임을 할 수 없다. 그들은 오늘 가진 것만으로도 충분하다는 것을 깨닫게 된다. 삶이 충분할 때 우리는 더 이상 아무것도 필요하지 않다. '이런 게 바로 삶이고 난 더 이상은 필요 없어'라고 말할 수 있다면 큰 힘과 행운을 손에 넣은 것이다.[6] 미래의 기대로부터 자유로울 때 지금 이 순간 일어나는 이 신성한 공간에서 살아갈 수 있다. 삶에서 일어나는 일들의 대부분은 걱정과 두려움의 전조 없이 찾아온다. 우리가 가진 두려움은 죽음을 막아주는 것이 아니라 삶을 가로막는다. 죽음은 우리를 최악의 두려움과 맞서게 한다. 그것은 가능한 또 다른 삶을 보여주고 그럼으로써 우리의 남은 두려움을 사라지게 한다.[7]

미켈란젤로는 '삶이 즐겁다면 죽음도 그래야 한다. 그것은 같은 주인

6. 위의 책, 117쪽.
7. 위의 책, 158쪽.

의 손에서 나오기 때문이다'라고 말했다. 삶은 불치병을 진단 받는 순간에 끝나지 않는다. 반대로 바로 그때 진정한 삶이 시작된다. 우리가 죽음의 실체를 인정하는 순간, 삶이라는 실체도 인정해야 하기 때문이다. 마찬가지로 눈을 뜨는 매일 아침 우리는 살아갈 수 있는 또 다른 하루를 선물 받은 것이다. 엘리자베스 퀴블러 로스는 우리에게 다음과 같이 당부한다.[8] "삶의 마지막 순간에 바다와 하늘과 별 또는 사랑하는 사람들을 마지막으로 한 번만 더 볼 수 있게 해달라고 기도하지 마십시오. 지금 그들을 보러 가십시오."

정유정의 『종의 기원』이라는 소설에는 죽음에 관한 다음과 같은 대화가 나온다.[9]

"어떤 책에서 본 얘긴데, 죽음에 대한 두려움에서 자신을 지키며 살아가는 데는 세 가지 방식이 있대. 하나는 억압이야. 죽음이 다가온다는 걸 잊어버리고 죽음이 존재하지 않는 양 행동하는 거지. 우리는 대부분 이렇게 살아. 두 번째는 항상 죽음을 마음에 새겨놓고 잊지 않는 거야. 오늘을 생의 마지막 날이라고 생각할 때 삶은 가장 큰 축복이라는 거지. 세 번째는 수용이래. 죽음을 진정으로 받아들이는 사람은 아무것도 두려워하지 않는대. 모든 것을 잃을 처지에 놓여도 초월적인 평정을 얻는다는 거야. 이 세 가지 전략의 공통점이 뭔 줄 알아?"

"모두 거짓말이라는 거야. 셋 다 치장된 두려움에 지나지 않아."

"그럼 뭐가 진실인데?"

"두려움이겠지. 그게 가장 정직한 감정이니까."

---

8. 위의 책, 261쪽.
9. 정유정(2016), 『종의 기원』, 은행나무.

정유정의 말처럼 죽음에 대한 우리의 대응 방식은 모두 자신을 속이는 것인지 모른다. 죽음교육은 그 거짓말을 통해 현재보다 더 좋은 삶을 추구하려는 것은 아닐까? 그러나 죽음교육의 목표는 결코 더 좋은 삶이 아니다. 죽음교육은 삶과 죽음은 결코 분리될 수 없고, 결국 삶도 없고 죽음도 없다는 사사무애事事無碍적 죽음을 터득하는 데까지 나아가야 한다. 죽음교육은 죽음이 없다는 것을 깨닫기 위한 교육이다. 에크하르트 톨레는 삶의 비밀은 '죽기 전에 죽는' 것이라고 했다. 미리 죽어봄으로써 죽음이란 존재하지 않는다는 것을 깨닫게 되는 것이다.[10]

죽음이란 현상적 자아, 즉 에고에게만 존재한다. 내가 나라고 생각하는 모든 것이 현상적 자아이다. 이런 현상적 자아를 버렸을 때 더 이상 '나'라고 부를 만한 실체는 존재하지 않는다. 그리고 남는 것은 있는 그대로의 자연, 우주의 모습이다. 현상적 나를 버렸을 때 나는 대자연과 동일시된다. 대자연은 죽지 않는다. 다만 끊임없이 변화할 뿐이다. 죽는 것은 '나'라고 생각하는 허상일 뿐이다. 또 대자연 속에서는 시간이 존재하지 않는다. 존재한다고 하더라도 시간은 대자연을 꾸미는 하나의 장식물일 뿐이다. 인간은 자연을 보고 시간의 흐름을 느끼지만 정작 대자연에게는 시간이 흐르지 않는다. 시간이 존재하지 않기 때문에 죽음도 존재하지 않는다. 아주 단순한 논리이다.

죽음은 모든 것을 포함한다. 죽음은 삶을 포함하고 사랑을 포함하고, 삶과 사랑이 포함할 수 없는 어떤 것을 포함한다. 죽음은 모든 것의 정점이고 가장 높은 봉우리이다. 그래서 죽음의 신비를 탐색하는 동안 우리는 피할 수 없이 삶이 무엇인지, 사랑이 무엇인지 알게 된다. 만약 죽음이 사라진다면 삶에는 어떤 신비도 없을 것이다. 죽은 것은 전혀 신비롭지 않다. 시체는 그 안에 신비를 가지고 있지 않다. 왜냐하면 그것은

---

10. 에크하르트 톨레, 『지금 이 순간을 살아라』, 76쪽.

더 이상 죽을 수 없기 때문이다. 삶은 단지 죽음의 표현방법 중의 하나이다. 죽음을 경험하는 것은 모든 것을 경험하는 것이다.

우리가 죽음교육에서 분명히 가르쳐야 할 것은 죽음은 삶의 일부분이라는 것이다. 죽음은 단절이 아닌 연속되는 과정이다. 미래로 향하는 과정이 아닌, 지금 여기에 존재한다. 우리에게 존재하는 가장 큰 신비는 세 가지이다. 그것은 삶, 죽음, 그리고 사랑이다. 삶과 죽음 사이로, 삶과 죽음이라는 두 개의 둑 사이로 사랑이라는 강이 흐른다.

따라서 죽음교육 교육과정에서 중요한 것은 '공시성의 체험'이다. 죽음이 확실하다고 느낄 때 과거는 존재하지 않는다. 그리고 일단 과거를 놓아버리면 미래도 스스로 떨어져 나간다. 미래는 다만 과거의 투사일 뿐이기 때문이다. 인도에서는 시간과 죽음이 같은 단어, 즉 칼kal이다. 시간이 곧 죽음인 것이다. 왜냐하면 시간 속에서 모든 것은 순간적이고 모든 것은 죽을 것이기 때문이다. 우리가 시간을 넘어서는 순간 우리는 죽음을 넘어선다. 내가 분리되어 있다고 믿는 것에서 두려움이 시작된다. 그것이 죽음에 대한 모든 것이다. 죽음은 부분을 되돌려 받기를 요구하는 전체이다. 어느 페르시아의 신비주의 시인은 다음과 같이 썼다.

> 나는 돌로 죽었다. 그리고 꽃이 되었다.
> 나는 꽃으로 죽었다. 그리고 짐승이 되었다.
> 나는 짐승으로 죽었다. 그리고 사람이 되었다.
> 그런데 왜 죽음을 두려워하나.
> 죽음을 통해 내가 더 보잘것없는 것으로 변한 적이 있는가.
> 죽음이 나에게 나쁜 짓을 한 적이 있는가?
> 내가 사람으로 죽을 때
> 그다음에 내가 될 것은 한 줄기 빛이나 천사이리라.
> 그리고 그 후는 어떻게 될까.

그 후에 존재하는 것은 신뿐이니 다른 일체는 사라진다.

나는 누구도 보지 못한 누구도 듣지 못한 것이 되리라.

나는 별 속의 별이 되리라.

삶과 죽음을 비추는 별이 되리라.

2. 죽음의 연습

죽음을 맞이하는 사람에게 우리가 반드시 해주어야 하는 네 가지가 있다. 그 첫 번째는 죽음을 분명하게 알려주는 것이다. 그리고 두 번째는 죽어가는 사람에게 자신의 사랑을 남김없이 보여주는 것이다. 그리고 세 번째는 용서하고 용서받을 수 있는 기회를 마련해주는 것이며, 마지막 네 번째는 죽음을 깨어서 지켜보도록 격려해주는 것이다.

가. 죽음 알려주기

톨스토이는 『이반 일리치의 죽음』을 통해 죽음을 제대로 알려주지 않는 것이 가장 환자를 괴롭히는 것임을 말하고 있다.[11]

> 이반 일리치를 가장 힘들게 한 것은 바로 거짓이었다. 거짓말, 어쩌된 연유인지는 몰라도 모든 이들이 받아들인 거짓말, 그는 죽어가는 게 아니라 조금 아플 뿐이라는 거짓말, 마음을 차분하게 먹고 치료를 받으면 좋은 결과를 얻게 될 것이라는 거짓말, 이것이 그를 가장 괴롭혔다.

많은 경우 사람들은 환자에게 죽음을 숨긴다. 죽을 것이 뻔한데도 힘을 내라고 격려를 한다. 아니면 죽음을 알려주면 환자가 가족들이 자신

---

11. 레프 톨스토이(2005), 『이반 일리치의 죽음』, 고일 옮김, 작가정신, 79~80쪽.

을 포기했다고 생각할까봐 겁을 낸다. 그러나 이러한 거짓된 관계에서는 환자와 진정한 교감을 할 수가 없다. 환자에게 그가 분명히 죽어가고 있음을 알려주고 준비를 하도록 해야 한다. 죽음을 숨기는 이유가 과연 환자를 위한 것인가 아니면 자신을 위한 것인가를 분명히 해야 한다. 다가올 죽음에 대해 말하는 것을 꺼려할 때, 우리는 끔찍한 육체적, 정신적 고통의 시기에 죽어가는 사람을 고립시키게 된다. '당신은 곧 죽을 것이다'라고 말하는 것이 그 사람을 죽게 하는 것이 결코 아니다. 오히려 자신이 죽는다는 소식을 가장 가까운 사람들에게 듣는 것은, 죽어가는 사람에게 이제 죽음의 길을 편히 갈 수 있다는 안도감을 주고, 가족들로부터 허락을 받은 것으로 여기게 한다.

환자 본인이 자신의 죽음이 얼마 남지 않았음을 아는 것은 결코 어렵지 않다. 의사와 간호사의 표정, 그리고 면회 온 사람들의 어색한 말과 표정을 보면 금방 눈치 챌 수 있다. 그러나 가족들이 이 말을 하지 않을 때 환자는 아직 가족들이 마음의 준비가 되어 있지 않다고 생각하게 된다. 다음의 이야기는 죽어가는 사람에게 마지막을 정리할 수 있는 시간을 주는 것이 얼마나 중요한지 잘 일깨워준다.[12]

초등학교 2학년이었던 소년이 소아암에 걸렸습니다. 의사에게 얼마 남지 않았다는 선고를 받은 부모는 마음을 정했습니다. 병원의 비좁고 답답한 방에서 효과도 없는 치료를 받느라고 얼마 남지 않는 시간을 낭비하느니 차라리 집으로 돌아가서 조금이라도 어린이다운 시간을 갖도록 해주고 싶다고 생각했습니다. 집으로 돌아온 후 소년의 친구들은 방과 후에 소년의 집으로 찾아와 그날 있었던 일을 얘기해주곤 했습니다. 병원에서는 친구들을 만날 수 없었기에

---

12. 조계화·이윤주·이현지(2006), 『더 좋은 삶-삶을 강화하는 죽음 이야기』, 양서원, 23~24쪽.

소년은 친구의 방문을 정말로 즐거워했습니다.

그렇게 2주가 지난 어느 날 밤, 부모는 아들이 살그머니 잠자리에서 일어나는 것을 알았습니다. 부모는 자는 척하며 소년의 행동을 지켜보았습니다. 소년은 제일 먼저 가장 어린 남동생 쪽으로 갔습니다. 그리고는 잠든 동생의 머리에 살짝 손을 얹더니 한동안 가만히 있었습니다. 한참 있다가 그는 조용히 누이동생 쪽으로 옮겨 갔습니다. 이번엔 누이동생의 오른손을 자기 손으로 감싸고 천천히 누이동생의 손을 문지르기 시작했습니다. 그리고는 어머니 곁에 앉았습니다. 살금살금 엄마 몸속으로 오른손을 집어넣고 엄마의 젖가슴 위에 손을 얹고는 작은 소리로 "엄마" 하고 불렀습니다. 소년의 어머니는 눈물이 쏟아지는 것을 간신히 참으며 꼼짝 않고 누워 있었습니다. 마지막으로 소년은 아버지 쪽을 다가가 아버지와 나란히 누워 아버지의 뺨에 자기 뺨을 맞대고 비볐습니다. 그러다가는 자신도 모르게 "아야 아빠 수염이 아프다"고 말했습니다.

소년은 그리고 나서 다시 자신의 잠자리로 돌아가 누웠습니다. 부모는 찢어질 듯이 가슴이 아팠습니다. 그렇지만 아들이 고른 숨을 내쉬며 다시 잠들 때까지 조용히 누워 있었습니다. 그리고는 전혀 잠을 이루지 못했습니다. 그 소년은 그날 아침에 숨을 거두었습니다.

나. 사랑 보여주기

두 번째는 죽어가는 사람에게 우리의 사랑을 남김없이 보여주어, 그가 남은 가족과 친구들에 대한 집착을 버리도록 하는 것이다. 사랑은 우리의 삶에서 유일한 진실이고, 삶의 본질이며, 행복의 근원이다. 사랑은 지식이나 학벌, 권력과는 아무런 관련이 없다. 그러나 우리가 삶에서 경험하는 사랑은 대부분 매우 조건적이다. 우리는 나에게 무엇을 해주기 때문에, 돈을 많이 벌어 오기 때문에, 아니면 살림을 잘하기 때문에 사랑한다. 그러나 죽어가는 사람에게 그러한 조건을 걸 수는 없다. 죽어가는 사람에 대한 사랑은 아무런 조건이나 기대가 없는 사랑이다.

만약 친한 친구가 죽음을 맞이하고 있다면 그의 손을 잡고 얼굴을 쓰다듬으면서 당신의 관심과 사랑을 보여주어야 한다. 죽어가는 친구에게 '너를 사랑한다'고 말해주는 것이 얼마나 중요한 일인지는 우리가 그 처지가 되어야 알 수 있다. 죽음을 앞둔 사람들은 위안과 안도감, 애정과 사랑을 누구보다도 절실히 원하고 있다. 그들은 가장 가까운 사람들과 깊고 의미 있는 교감을 원한다. 만약 부부라면 남아 있는 시간 동안 두 사람의 인연을 감사히 여기고, 서로 얼마나 사랑하는지 확인해주는 것이 필요하다. 그리고 이제는 모든 집착을 내려놓고 떠나도 괜찮다고 말해주어야 한다.

욕망과 집착은 사랑이 부족함을 느낄 때 더 강하게 일어난다. 집착은 결핍감으로부터 오는 것이기 때문이다. 그렇기 때문에 죽어가는 자를 열망, 집착, 분노의 괴로운 감정들로부터 자유롭게 해주기 위해서 우리가 얼마나 그를 사랑하는지 분명히 말해야 한다. 우리의 내면 깊숙이에는 사랑과 두려움이라는 두 가지 감정만이 있으며, 열망, 집착, 분노와 같은 감정은 근원적으로 두려움에서 비롯된다. 우리가 사랑 속에 있을 때 두려움과 함께 모든 부정적인 감정이 사라진다.

우리는 사랑한다는 말에 너무 인색하다. 특히 우리의 전통문화 속에서는 사랑한다는 말을 하지 않는 것을 남자답게 여기고 사랑한다고 말하는 사람을 비웃기도 한다. 그러나 이런 태도는 정말 어리석은 것이다. 사랑한다는 말을 못하는 것은 용기가 없다는 것, 비겁하다는 것을 나타내는 것 이외에 아무것도 아니다. 죽어가는 자가 평온한 마음으로 다가오는 죽음을 두려워하지 않을 수 있는 것은, 그가 결코 강하기 때문이거나 용기가 있기 때문이 아니다. 그것은 '나는 사랑하고 있다. 그리고

사랑받고 있다'라는 강한 확신이 그에게 있기 때문이다.[13]

다. 용서하고 받을 수 있는 기회 주기

세 번째는 죽어가는 사람에게 우리의 사랑을 남김없이 보여주는 것과 함께 환자가 죽기 전에 모든 사람과 모든 일을 용서할 수 있도록 배려해야 하는 것이다. 이미 죽은 사람을 포함해서 용서는 자신의 고통을 치유하는 강력한 수단이다. 용서를 하지 않는 것은 우리의 마음속에 있는 상처를 그대로 방치하는 것이며, 고통스러운 기억의 감옥에 우리 자신을 가두는 어리석은 일이다. 용서는 단순히 상대방의 나빴던 말이나 행위를 묵과하거나 수긍하는 것이 아니다. 용서는 우리의 상처로부터 고통의 가시를 빼내어 치유하는 것을 말한다. 죽어가는 사람이 모든 것을 용서하도록 하기 위해 우리는 죽어가는 사람의 말을 모든 선입견과 주관적 견해를 버리고 경청해야 한다. 경청이란 말은 상대방이 무슨 말을 할 때, 그 말에 자신의 생각을 덧붙이거나 아니면 그에 대꾸할 말을 찾는 것이 아니라, 상대방의 말 그대로 사물을 보고 그대로 받아들이는 것이다.

용서는 살아남은 자의 죄책감을 없애주기 위해서도 꼭 필요한 과정이다. 엘리자베스 퀴블로 로스 여사와 그의 제자 데이비드 케슬러의 공저인 『인생수업』에는 죽어가는 어머니와 캠핑을 못 가게 해서 화가 난 철없는 아들의 이야기가 있다.[14] 화가 난 아들은 엄마에게 "엄마가 차라리 죽어버렸으면 좋겠어"라고 말한다. 그 후 10개월이 지난 뒤 침대에 누워 죽음을 기다리는 엄마는 아들에게 말한다. "네가 나한테 무척 화가 났을 때 엄마가 죽어버렸으면 좋겠다는 말을 한 적이 있다는 것을 기억하니? 내가 죽고 나면 너는 그 일이 생각날 때마다 속상할 거야. 그렇지만

---

13. 스즈키 히데코(2006), 『가장 아름다운 이별이야기』, 최경식 옮김, 생활성서, 240쪽.
14. 엘리자베스 퀴블러 로스·데이비드 케슬러(2006), 『인생수업』, 류시화 옮김, 이레, 123쪽.

엄마는 네가 정말로 나를 미워하지 않는다는 것을 잘 알고 있단다. 그래서 그 말을 한 것에 대해 절대로 죄책감을 가지지 않기를 바란다. 너는 내게 엄마가 되는 일이 얼마나 멋진 일인지 알게 해주었어. 너와 함께 한 것만으로도 인생은 살 가치가 있었어."

라. 깨어서 지켜볼 것을 말하기

마지막으로 해야 할 일은 죽어가는 사람이 어떤 종교적인 믿음을 가지고 있든 죽음이라고 하는 것이 인간으로서 성장할 수 있는, 영적인 성취를 얻을 수 있는 중요한 기회라는 것을 알리고 그 기회를 놓치지 않도록 격려해주는 것이다. 사실 이것이 죽어가는 사람에게 해주어야 할 가장 중요한 일이라고 할 수 있다. 모든 생명은 죽음의 순간 깨어남의 짧은 경험을 하게 된다. 그 뒤에 그다음의 환생이 시작되고 환생에 따른 형상, 즉 몸과의 동일시가 일어난다. 사자가 얼룩말의 몸을 찢어놓을 때 얼룩말의 형상으로 육체화되었던 의식은 그 소멸하는 형상으로부터 분리되며, 일순간 자기의 본질인 불멸의 의식으로 깨어난다. 그러다가 금방 잠 속으로 다시 떨어져 또 다른 형상 속으로 환생한다. 사자가 늙어 더 이상 사냥할 수 없게 되고 최후의 숨을 내쉴 때, 여기서도 또다시 짧은 깨어남이 있고, 또 다른 형상의 꿈이 뒤를 잇는다.[15] 달라이 라마는 이를 다음과 같이 말하고 있다.[16]

끝이 다가오면 우리 육신과 정신 상태의 전체적인 수준에서 해체가 일어나게 됩니다. 점점 더 미묘한 단계들이 분명해집니다. 죽음의 순간 가장 내밀하고 섬세한 단계에서 이 상태의 또렷한 빛이

---

15. 에크하르트 톨레, 『삶에서 다시 떠오르기』, 366쪽.
16. 달라이 라마·데스몬드 투투·더글러스 에이브람스(2017), 『조이, 기쁨의 발견』, 이민영·장한라 옮김, 예담, 206쪽.

나타납니다. 죽음이 아니라 죽어가는 것이지요. 육체적인 느낌이 완전히 멈춥니다. 호흡도 멈춥니다. 심장이 멈추고 더 이상 뛰지 않아요. 뇌 역시 작동을 멈춥니다. 그러나 여전히 미세한, 아주 미세한 단계의 의식이 남아서 삶의 다음 목적지를 향한 준비를 합니다.

따라서 무엇보다도 죽음을 깨어서 지켜볼 수 있도록 격려해야 한다. 죽음의 순간에는 많은 고통과 두려움이 엄습하여 깨어 있기가 어렵다. 그러나 최근에는 임종 의료의 방향이 병의 치료에서 고통의 완화로 변화하고 있기 때문에, 자신이 집중만 한다면 죽음을 지켜볼 수 없을 만큼의 고통은 없다고 한다. 만일 누구든지 자신의 죽음을 깨어서 지켜볼 수만 있으면 누구나 평화롭게 죽을 수 있다. 이를 롱가커는 다음과 같이 말하고 있다.[17]

죽어감이란 신체적 힘과 오감, 그리고 우리의 몸을 이루는 크고 작은 요소들과 인지적 능력의 점진적인 해체의 과정이다. 외적인 면의 해체는 우리가 마지막 숨을 내쉴 때 끝나나, 이 시점 이후에는 우리의 내부의 에너지와 함께 우리의 자아를 뒷받침해온 분노, 욕망, 무지의 상태가 무너지면서 내적인, 즉 정신적 해체 과정이 지속된다. (중략) 우리의 의식이 죽음의 완전한 어둠으로부터 깨어날 때, 근원적 광명인 마음의 참된 본성은 구름 한 점 없이 밝은 하늘처럼 출현한다. 이 순간의 핵심은 바로 '알아봄'이다. 만일 우리가 근원적 광명을 우리의 참된 본성으로 알아볼 수 있다면, 우리는 그것과 합일하고 자유를 성취할 수 있다.

17. 크리스틴 롱가커(2006), 『죽음 앞에서 만나는 새로운 삶』, 조원현 옮김, 계명대학교출판부, 67쪽.

죽음교육의 가장 중요한 목표는 죽음이 삶의 완성, 삶의 최고봉이 되도록 하기 위한 것이다. 그러기 위해서 우리는 자신의 죽음을 깨어서 지켜볼 수 있어야 한다. 그러나 죽음에 임박해서 깨어서 지켜봄을 연습할 수는 없다. 깨어서 지켜봄은 죽기 전에 미리 연습을 해야 한다.

3. 죽음 이해의 네 단계

　죽음이란 살아 있는 인간에게는 결코 알려지지 않은 세계다. 따라서 죽음을 언어로 표현하려는 어떤 시도도 실패할 수밖에 없다. 그래서 언어라는 조건화에서 벗어나지 못하면 우리는 삶과 죽음의 분별에서 벗어날 수 없다. 그렇기 때문에 죽음과 죽음교육에 대한 모든 논의는 낙서가 즐비한 벽에 주인이 '낙서금지'라고 낙서하는 것과 같다. 또 시끄럽게 떠드는 아이들에게 '야, 조용히 좀 하자'라고 떠드는 것과 같다. 학생들이 죽음을 공부함으로써 죽음을 더 이상 두려운 것으로 생각하지 않게 될 때, 죽음교육도 두려움과 함께 사라질 수 있다. 이처럼 죽음이란 결코 설명할 수 없는 대상이라는 것을 두순杜順의 오교지관五教之觀을 빌려 죽음에 대한 문답을 설정해 살펴보자.

문　죽음이란 존재하는가?

답　아니다. 존재하지 않는다. 죽음은 자체가 공空하다. 연기緣起하는 모든 법은 자성自性이 없기 때문에 죽음은 공하다.

문　그렇다면 죽음은 참으로 공한 것인가?

답　아니다. 죽음은 존재한다. 연기緣起하는 법은 무시無始 이래로 존재해왔기 때문이다. 그렇지 않다면 바로 이 질문은 생길 수 없을 것이다.

문　그렇다면 죽음은 존재하기도 하고 공하기도 한 것인가?

답　아니다. 공함도 존재함도 완전히 하나로 융섭融攝되기 때문이다. 공함과 존재함이 융섭하는 곳에서 모든 연기하는 법은 둘이 아니다. 따라서 둘이라는 모습의 어떤 흔적도 없다. 이것은 금과 금사자의 관계와 같다.

문 그렇다면 죽음은 공하지도 않고 존재하지도 않는 것인가?

답 아니다. 공함과 존재함 둘 다 서로가 서로를 방해함 없이 공존하기 때문이다. 이것은 공함과 존재함이 서로를 지지하므로 그런 견지에서 연기하는 법은 동시에 자기 자신을 세울 수 있기 때문이다.

문 그렇다면 죽음의 존재함과 존재하지 않음은 모두 정녕 공한가?

답 아니다. 공함과 존재함은 서로 융섭하기 때문에 그런 견지에서 그것들은 그와 같은 존재의 의미를 잃어버린다. 공함이 존재함을 부정한다는 견지에서 보면 죽음은 공하여 존재하지 않지만, 존재함이 공함을 부정한다는 견지에서 보면 죽음은 존재하므로 공하지 않다. 동시부정의 견지에서 조망하면 죽음의 존재함과 존재하지 않음은 둘다 없어진다. 서로를 세운다는 견지에서 보면 죽음의 존재함과 존재하지 않음은 둘다 존재하는 것이다.

죽음이란 우리의 생각이나 언어로는 표현할 수 없는 대상이다. 표현할 수 없는 대상을 표현하려고 하는 언어가 바로 불교의 언어이다. 특히 화엄華嚴의 논리는 불가사의不可思議, 언어도단言語道斷의 대상을 설명하기 위한 가장 체계적인 노력이다.

화엄이란 화장장엄華藏莊嚴의 세계를 말한다. 즉 깨달음의 눈으로 보면 이 세계가 바로 불국토이고 모든 중생이 부처라는 것이다. 화엄사상은 이러한 깨달음의 눈으로 가는 단계를 네 가지 법계法界로 제시한다. 네 가지 법계는 사법계, 이법계, 이사무애법계, 그리고 사사무애법계이다. 이 네 가지는 깨달음의 수준에 따라 세상을 보는 눈이 어떻게 달라지는지 설명하기 위한 것이다. 따라서 화엄의 네 가지 법계는 모든 대상에 대한 이해의 깊이를 순차적으로 설명한 것이라고도 할 수 있다. 이제 각 법계의 의미를 죽음에 대입하여 죽음 이해의 네 가지 단계를 살펴보도록 하자.

가. 사법계事法界에서의 죽음

사법계란 우리가 지각하고 이해하는 현상계와 같다. 즉 우리가 스스로 만들어낸 망상의 세계이다. 사법계에서의 죽음은 우리의 평상적인 죽음에 대한 이해와 같다. 즉 삶과 죽음은 서로 반대되는 것이고, 삶이 끝나는 어느 지점에 죽음이 있다는 것이다. 그렇기 때문에 죽음은 항상 두려운 것이고 우리는 일상에서 가급적 죽음을 멀리하고자 한다. 붓다의 아버지가 그랬듯이 우리는 자신뿐만 아니라 아이들에게도 죽음을 감추려고 한다. 또한 같은 맥락에서 아이들을 노인들로부터도 가급적 격리시키려고 한다. 노인들은 죽음에 가깝기 때문일 것이다. 노동력을 중시하는 근대의 관점에서 보면 아이들은 장차 노동력을 제공할 수 있는 자원이지만, 노인들은 더 이상 노동력을 제공할 수 없는 '폐기된 노동'이기 때문이기도 할 것이다.

그래서 노인들은 늙지 않기 위해서 피나는 노력을 한다. 극작가인 이근삼은 이를 다음과 같이 실감나게 묘사하고 있다.[18]

> 아침에 일어나 가벼운 운동을 하고, 밥은 꼭 먹어야 하며, 커피의 잔 수를 줄이고, 술은 맥주 한 병만 하고, 일요일에는 등산을 갈 것이며, 보약을 정기적으로 먹고, 1년에 두 번은 병원에 가서 진단

---

18. 피천득 외 지음, 이강엽 엮음(2001), 『노인예찬』, 평민사, 28쪽.

을 받으라는 것이다. 오래 살기 위해 철저한 생활을 하는 이들의 노력은 거의 초인간적이다. 그렇지만 그런 생활을 하기에 얼마나 힘이 들까 하는 동정도 간다. 인생의 목적이 오래 산다는 한 가지뿐인 것 같은 착각이 든다.

나. 이법계理法界에서의 죽음

이법계는 사법계와는 달리 진리의 세계이다. 이법계에서는 죽음이 없다. 왜냐하면 삶도 없기 때문이다. 모든 존재는 끊임없는 인연화합因緣化合에 따른 변화의 과정에 있다. 삶과 죽음이란 이러한 변화의 과정에 이름을 붙인 것일 뿐이다. 『금강경金剛經』에서 부처는 우리 마음을 별과 가물거리는 눈과 등불과 환영과 이슬방울과 물거품이라고 했다.[19] 이법계에서의 삶도 마찬가지다. 삶은 별과 같다. 별은 캄캄할 때만 존재한다. 의식의 태양이 떠오르면 삶도 자취를 감춘다. 삶은 가물거리는 눈이다. 가물거리는 눈이란 우리가 사물을 있는 그대로 볼 수 없게 하는 고정관념, 즉 인식틀을 말한다. 우리가 삶이라는 인식틀에 의존하여 사물을 대할 때 우리는 사물을 있는 그대로 볼 수 없다. 삶은 등불이다. 등불은 욕망이라는 연료가 있어야만 타오른다. 욕망이 사라질 때 삶도 죽음과 함께 존재하지 않음을 깨달을 수 있다. 삶은 마야, 즉 환영이다. 낱장의 사진들을 연결해서 마치 사물이 움직이는 것처럼 보이는 것과 같이, 우리들의 삶은 전등의 불빛과 같이 낱낱의 불빛의 집합에 지나지 않는다. 삶은 풀잎에 맺힌 이슬방울과 같다. 우리는 삶을 진주나 다이아몬드와 같이 아름답게 여기지만 아침 해가 떠오르면 없어지는 순간적인 현상에 지나지 않는다. 삶은 또한 물거품과 같다. 우리가 삶이라고 생각하는 모든 경험은 죽음에 이르러 물거품처럼 터져서 사라지고 아무것도 남지

---

19. 一切有爲法 如夢幻泡影 如露亦如電 應作如是觀.

않는다. 삶은 한바탕의 꿈이다. 삶은 우리 자신이 감독이며 배우며 관객인 주관적인 상상에 지나지 않는다. 그래서 우리의 일생은 번갯불과 같다. 한순간 번쩍했다 사라진다. 마지막으로 삶은 구름과 같다. 삶은 하늘인 의식, 즉 깨어 있음의 주위에 일어나는 구름과 같다. 슈타이너는 다음과 같이 말했다.[20]

죽음이란 이미 자기 자신에 의해 이전의 초감각적 세계가 더 이상 전진할 수 없는 지점까지 도달했다는 표현에 지나지 않는다. (중략) 사멸하여 응결해가는 세계의 잔해로부터 새로운 세계의 싹이 돋아난다. 그것이 바로 이 세계에 삶과 죽음이 공존하는 이유이다. (중략) 인간은 옛 세계에서 물려받은 유산을 자기 존재의 씨방으로 간직하고 있다. 그리고 이 씨방 속에서 미래를 살아야 할 존재의 싹이 자라가고 있다. 인간은 이렇게 이중적인 존재이다. 죽어가는 존재이면서 동시에 불멸의 존재인 것이다. 그 죽음에 이르는 부분은 종말의 상태에, 불멸의 부분은 시작의 상태에 놓여 있다. 그러나 감각적 물질적 존재형식이 나타내는 이러한 이중적 세계의 내부에서 비로소 인간은 세계를 영속시킬 수 있는 능력을 얻는다. 인간의 사명이란 이렇게 죽음으로 가는 것 속에서 불멸의 과실을 발견하는 일이다. (중략) 죽음으로 가는 존재야말로 나의 스승이었다. 내가 지금 죽어가는 것은 과거에 내가 자아낸 모든 것의 결과에 의해서이다. 그러나 죽어가는 것들이 놓여진 터전은 내 안에 있는 불멸의 씨앗을 열매 맺게 할 것이다. 지금 나는 그 과실을 다른 세계에 가져가려 하고 있다. 과거에만 얽매여 있었다면 나는 결코 다시 태어나지 못했을 것이다. 과거의 생활은 탄생의 시간에 이미 끝났

---

20. 루돌프 슈타이너(1999), 『초감각적 세계인식』, 양억관·Dakahashi Iwao 공역, 물병자리, 205쪽.

다. 감각생활은 새로운 생명의 씨앗을 통하여, 단순한 죽음으로부터 구원받는다. 탄생에서 죽음의 사이는, 얼마나 많은 생명이 죽어가는 과거로부터 구원받는가를 표현하는 공간에 지나지 않는다. 그리고 질병이란 이러한 과거의 사멸해가는 부분의 연속에 지나지 않는다.

슈타이너의 주장과 같이 죽음이 존재한다는 말은 우리가, 존재계 전체가 존재하지 않는다는 말과 같다. 존재계는 삶 자체이기 때문이다. 또한 죽음이 존재한다는 것은 신이 존재하지 않는다는 것과 같은 말이다. 왜냐하면 존재하는 모든 것이 신이고 모든 것이 통일된 전체를 이루고 있는 세계 속에서는 하나가 죽으면 모든 것이 죽을 수밖에 없기 때문이다.

더 많은 삶을 낳는 방법은 더 많은 죽음을 체험하는 것이다. 그래서 선사들은 죽음이 일생에 단 한 번뿐인 것이 되게 해서는 곤란하다고 한다. 삶의 순간순간들을 죽음으로 체험해야 한다는 뜻이다.

다. 이사무애법계理事無碍法界에서의 죽음

그렇지만 죽음은 있다. 이사무애법계란 죽음이 있다는 사법계와, 죽음은 없다는 이법계가 걸림 없이 공존한다는 뜻이다. 그래서 이사무애법계에서의 죽음은 삶과 더불어 시작된다고 본다. 딜런 토머스는 "태 속의 아기는 어머니의 두 다리를 가위로 삼아 장차 자신이 입을 수의를 자르는 재단사"라고 했다. 또 영국의 시인 존 던은 달걀노른자의 눈, 즉 배胚가 곧 죽음이라고 하였다.[21]

---

21. 김열규. 2001. 『메멘토 모리, 죽음을 기억하라』. 궁리. 50쪽.

달걀 씨눈은 노른자에서 영양분을 취해서 자라난다. 난황은 씨눈의 먹이인 셈이다. 그러다가 씨눈이 자라서 병아리가 제대로 모양을 갖춘 개체가 되면 그때 껍질을 깨고 밖으로 나온다. 존 던은 이 순간을 사람들의 임종에 견주었다. 이 견줌에 의하자면 난황 덩어리가 삶이 되고 배가 죽음의 씨앗이고 부화가 곧 죽음의 완성이 되어야 한다. 요컨대, 죽음인 배는 삶인 노른자를 먹고 자라고 그 최후의 단계가 부화, 곧 껍질 깸이 된다. 삶은 죽음을 길러주면 그 소임이 끝나는 것이다.

그늘과 비교되지 않고서는 빛이 제대로 밝을 수 없듯이, 죽음을 외면한 삶은 온전할 수 없다. 엄밀히 말해 삶의 끝에 죽음이 오는 것이 아니라, 삶 속에 보이지 않게 간직되어 온 죽음이 어느 날 문득 다 갖추어진 모습으로 삶 전체를 뒤집는 것이다. 삶은 죽음 없이 존재할 수 없다. 삶이 존재할 공간을 마련하는 것이 죽음이다. 죽음은 삶이라는 백묵으로 쓰인 칠판이고, 죽음은 삶이 별처럼 반짝이는 밤의 어둠이다. 죽음을 불안하게 생각하거나, 아니면 미래에 언젠가 올 그 무엇으로 미뤄놓는다면, 그 삶은 내내 불안한 것일 수밖에 없지 않겠는가?

라. 사사무애법계事事無碍法界에서의 죽음

화엄이란 부처가 깨달음을 증득한 후 깨달은 눈으로 세상을 본 것을 묘사한 것이다. 화엄의 세계는 종래의 부정적 세계와 구별되는 절대적 긍정의 세계다. 부처의 눈으로 볼 때 지금 여기에 존재하는 이 세상은 진리와 자비가 흘러넘치는 세계다. 한 생각만 돌리면—아니 한 생각을 돌릴 필요도 없이—존재계는 아름답고 장엄한 화장장엄華藏莊嚴의 세계인 것이다. 화엄의 세계에서는 더 이상 얻을 것도 없고, 성취해야 할 것도 없고, 생각해야 할 것도 없다. 그 세계는 절대적이고, 심원하고, 고요하다. 그 세계는 더할 나위 없이 완벽하고, 모든 형상의 배후에 있는 형상 없음으로 찬란하게 빛난다. 사법계 속에서 이 세상은 무수히 뜯어고치고 바로잡아야 할 대상이지만, 사사무애법계에서는 이런 생각은 한낱 망상에 지나지 않다는 것을 알게 된다.

사사무애법계란 바로 화엄의 세계를 말한다. 그렇기 때문에 사사무애법계는 참으로 존재하는 궁극적이고 유일한 법계다. 앞에서 설명한 다른 세 가지 법계는 단지 사사무애법계에 접근하기 위한 설명적 방편일 뿐이다. 사사무애법계를 설명한 대표적인 사례가 『화엄일승십현문華嚴一乘十玄門』이다. 『화엄일승십현문』은 열 가지 문을 통해 사사무애법계의 중중무진重重無盡을 설명한다. 두순杜順(557~640)은 우리의 마음에 사사무애법계의 광경이 분명히 드러나게 하기 위해 십현문을 세웠다고 한다. 그렇다면 화엄일승십현문에서 본 죽음의 모습은 어떤 것일까?

십현문 중 시간에 관련되는 문은 총문總門에 해당되는 동시구족상응문同時具足相應門과 제8문인 십세격법이성문十世隔法異成門이다. 동시구족상응문은 시간적 공간적 상즉相卽 상입相入을 모두 포괄하여 전체 세계의 중중무진重重無盡과 원융무애圓融無碍를 설명하고 있다. 동시구족이란 과거, 현재, 미래 삼세가 서로 의지하고 도우며 동시에 서로 이어져 나타나기 때문에 일세 속에 나머지 2세가 동시에 구족되어 있음을 말한다. 또한 공간적으로는 일체의 모든 현상은 같은 때 같은 곳에서 모자람 없이 서로 응하여 일즉일체一卽一切, 일체즉일一切卽一이라는 관계를 맺고 있다.

십세격법이성문에서 십세十世란 과거, 현재, 미래를 각각 과거 속의 과거, 과거 속의 현재, 과거 속의 미래 등으로 나누어 아홉으로 나누고, 다시 삼세를 한 생각으로 삼아 앞의 아홉과 합하여 십세라고 한 것이다. 이러한 십세는 서로 하나 되고相卽, 서로 들어가면서도相入 각각의 모습을 잃지 않기 때문에 십세격법이성문이라고 하는 것이다.[22]

죽음이란 본질적으로 시간과 관련된 것이다. 사법계 속에서 우리는 '시간이 흐른다'고 한다. 그러나 흐르는 것은 시간이 아니라 우리의 마음일 뿐이다. 이것은 마치 움직이는 기차 속에서 '나무가 빨리 달린다'고 말하는 것과 다르지 않다. 태양과 지구의 관계에서 보면 우리는 '지구가 뜬다', 혹은 '지구가 진다'라고 말해야 한다. 지구는 매일 한 바퀴 자전을 하고 매년 태양의 주위를 한 바퀴 돈다. 지구의 둘레가 4만 킬로미터라고 한다면 우리는 매일 4만 킬로미터를 움직이고 있는 것이다. 이는 어떤 비행기보다도 빠른 속도다. 게다가 지구의 공전 속도까지 생각한다면 우리는 지구 위에서 어지러워 서 있지 못할 것이다. 그러나 시간과 공간은 움직이지 않는다. 움직이는 것은 우리의 마음일 뿐이다. 시간과 공간이란 우리의 마음이 만들어낸 관념일 뿐, 그래서 동시구족상응문 속에서 시간은 항상 영원한 현재인 것이다. 공간도 마찬가지다. 공간 역시 우리의 마음이 만들어낸 관념일 뿐이다. 우리의 관념 속의 시간은 공간과 분리되지 않는다.

골목길에 A라고 하는 사람이 서 있다고 생각해보자. 그 사람에게 B라고 하는 사람이 모퉁이를 지나는 순간 '현재'가 나타난다. 그리고 B가 다시 모퉁이로 사라지면 B는 '미래' 속으로 사라지는 것이다. 만약 A가 골목길에 서 있지 않고 지붕 위에 올라가 있다면 B가 동네 어귀에 들어서는 순간부터 동네 밖으로 사라지는 순간까지 현재는 확대될 것이다. 만약 A가 무한대로 높이 올라갈 수 있다면 A에게는 모든 것이 영원한 현재가 될 것이다.

미래 역시 시간의 한 부분이 아니다. 미래는 단지 우리의 욕망일 따름이다. 그래서 과거의 선사들은 과거는 기억이요, 미래는 욕망이라고 말했다. 우리가 과거라고 생각하는 것은 마음속에 저장된 지나간 '지금'에

---

22. 대한불교조계종 역경위원회. 2001. 『화엄종관행문』. 조계종출판사. 280~282쪽 참조.

대한 기억의 흔적이며, 우리가 미래라고 생각하는 것은 마음의 투사물로 상상 속의 '지금'에 지나지 않는다. 우리가 추구하는 완벽함 또한 미래의 어떤 목표가 아니다. 만약 완벽함이란 것이 있다면 그것은 본래부터 존재하고 있는 것이다. 마찬가지로 깨달음, 즉 니르바나도 미래에 성취해야 할 어떤 목표가 아니다. 그렇기에 우리가 강조하는 '희망' 역시 삶을 미루는 한 방식일 뿐이다. 우리가 어디 있더라도 그 자리가 바로 목표다. 의상義相은 '화엄일승법계도華嚴一乘法界圖'에서 초발심을 낸 때가 바로 그대로 바른 깨달음初發心時便正覺이라고 했다. 즉 깨어 있는 의식으로 가득 차, 평범한 삶을 사는 것이 바로 니르바나라는 뜻이다. 그래서 그는 생사와 열반은 항상 함께 조화롭게 있는 것生死涅槃常共和이라고 했다.

그러나 엄밀하게 따지면 사실 현재라는 것도 존재하지 않는다. 『금강경金剛經』에 과거심도 얻을 수 없고, 미래심도 얻을 수 없고, 현재심도 얻을 수가 없다고 했듯이, 과거와 미래란 현재라는 강물의 양 둑과 같은 것이다. 양 둑이 없다면 강물이 존재할 수 없듯이 과거와 미래가 없으면 현재도 존재할 수 없는 것이다.

시간이 없다면 죽음도 없다. 그러나 앞의 이사무애법계에서는 죽음이 존재하는 사법계와 죽음이 없는 이법계가 서로 장애가 되지 않고 공존한다고 말했다. 사사무애법계에서는 더 나아가 삶과 삶, 죽음과 죽음, 그리고 삶과 죽음이 서로 장애되지 않고 상즉相卽 상입相入한다고 말하고 있다. 사사무애법계는 사법계와 이법계, 이사무애법계를 포괄하고 있기 때문이다. 먼저 사사무애법계에서는 분리 독립된 자아, 즉 에고의 죽음이 있다. 내가 나의 몸, 생각과 느낌을 나라고 생각하는 한 나는 죽을 수밖에 없는 존재다. 그렇지만 우주적 나, 참나는 죽지 않는다. 이것이 이법계에서 죽음이 없다는 뜻이다. 그리고 죽음이란 삶과 분리되지 않는 것이라는 면에서 이사무애법계도 있다. 마침내 사사무애법계에서 우리는 에고의 삶을 살아가는 사람들을 불쌍히 여기고, 그들로 하여금 이 법계와 이사무애법계를 거쳐 사사무애법계를 체험할 수 있도록 격려하게 되는 것이다.

사사무애법계의 가장 중요한 특징은 시간을 경험할 수 없다는 것이다. 우리가 사랑을 할 때 우리는 순간적으로 영원한 현재, 즉 시간이 존재하지 않음을 체험할 수 있다. 왜냐하면 그 순간 우리는 죽음을 체험하기 때문이다. 그리고 죽음과 함께 새로운 생명이 잉태되는 것이다.

모든 것은 변한다. 그렇지만 변하지 않는 중심이 있다. 그 중심은 변하기도 하고 변하지 않기도 한다. 그 중심이 바로 우리의 마음이다. 그리고 중심인 마음은 욕망으로 구성되어 있다. 그러나 사사무애법계의 욕망은 사법계의 욕망과 다르다. 이 욕망은 자연의 흐름과 함께 흐른다. 〈십우도十牛圖〉의 아홉 번째 그림과 같이 버들은 푸르고 꽃은 붉고, 그리고 욕망은 강물처럼 흘러간다.

죽음은 삶의 일부분이고, 죽음은 연속되는 과정이다. 죽음은 미래로 향하는 과정이 아닌, 지금 여기 존재한다. 죽음이 확실하다고 느낄 때 과거는 존재하지 않는다. 그리고 일단 과거를 놓아버리면 미래도 스스로 떨어져 나간다. 미래는 다만 과거의 투사일 뿐이기 때문이다. 시간 감각이 사라지면 모든 욕구와 결핍감이 사라질 뿐만 아니라 죽음도 사라진다. 시간은 우리의 상념이 만들어낸 허구이다. 사실 존재하는 것은 지금 이 순간뿐이다.[23]

참존재 속에서 모든 시간관념은 사라지며, 그것이 사라지는 것이야말로 평화의 핵심적인 측면이다. 일단 시간의 압력이 사라지고 나면 시간이야말로 인간 조건에 따라붙는 괴로움의 첫째가는 근

---

23. 데이비드 호킨스(2001), 『나의 눈』, 문진희 옮김, 한문화, 209~210쪽.

원 중의 하나였으리라는 것을 깨닫게 된다. 시간관념은 스트레스와 압박감과 근심과 두려움을 빚어내고 다양한 형태의 무수한 불만과 불쾌감을 자아낸다. … '그렇게 계산하고 쫓기는 일에 너무 많은 시간이 허비되었다. 이제는 그렇게 허비할 시간이 별로 없다. 우리가 하고 싶은 일은 많은데 시간은 얼마 없다. 시간은 곧 바닥날 것이다.' 시간 감각이 사라지기 전까지는 참된 자유와 평화가 어떤 기분인지 체감할 가능성은 전혀 없다.

우리는 우리가 분리 독립된 개체라는 환상에서 벗어나야 한다. 우리는 '다중 형상을 한 단일 실체'임을, 그리고 단일 실체로서 우리의 영광을 깨닫고 체험할 수 있도록 다중 형상을 하고 있음을 깨달아야 한다. 또 신은 삶 자체의 에너지이고 절대 죽지 않고 단지 형태를 바꿀 뿐이며, 이 에너지는 삼라만상 안에 있을 뿐 아니라 삼라만상 자체로서 모든 형상을 가진 것을 형성하는 에너지임을 깨달아야 한다.[24]

---

24. 닐 도널드 월시(2001), 『신과 나눈 교감』, 이현정·조경숙 옮김, 한문화, 64쪽.

4. 매 순간의 죽음 체험

진리는 체험될 수 있는 것이 아니다. 진리는 내가 진리가 됨으로써 알수 있는 것이다. 우리 마음이 무엇을 알고 있다고 생각한다면 그것은 무엇에 '대해' 아는 것에 지나지 않는다. 참으로 안다는 것은 그 아는 대상이 됨을 뜻한다. 내가 미국에 대해 모든 것을 다 안다고 해도 미국이되는 것은 아니다. 죽음도 마찬가지다. 죽음에 대해서 아는 것은 아무의미가 없다. 죽음은 체험되어야 한다. 매일매일의 삶 속에서 죽음을 체험해야 한다.

죽음의 체험은 광대하고 눈부신 사랑의 영역을 체험케 해준다. 죽음과 유사한 체험을 한 사람은 마음가짐과 태도에서 커다란 변화를 보여준다. 전보다 훨씬 평화롭고 너그러운 태도를 보여주며, 죽음에 대한 두려움이 사라진다. 퀴블로 로스는 사후생을 경험한 사람들의 말을 통해이를 다음과 같이 말하고 있다.[25]

많은 이들이 예수, 하느님 혹은 사랑에 비유하고 있는 이 엄청난 빛의 출현을 통해, 이승에서의 당신의 모든 삶이 어떤 시험을 통과하거나 특별한 교훈을 배우기 위해 거쳐야 하는 학교에 지나지않다는 것을 알게 될 것이다. 이 학교를 끝내고 이 수업을 마치자마자 당신은 졸업하기 위해 집에 가게 되는 것이다. (중략) 모든 사람

---

25. 엘리자베스 퀴블러 로스(1996), 『사후생』, 최준식 옮김, 대화출판사, 31쪽.

들은 자기가 왔던 곳으로 되돌아가기 전에 배워야 할 한 가지가 있는데 그것은 무조건적인 사랑이다. 이것을 배우고 실행했다면 당신은 모든 교과과정을 훌륭하게 마친 것이다.

이러한 죽음을 우리는 매 순간 경험해야 한다. 미얀마의 존경받는 승려 우 꼬살라 사야도는 생일은 '개념적인 생일'과 '실재적인 생일' 두 가지가 있다고 했다.[26] 개념적인 생일은 부모가 정해준 것이고, 실재하는 생일은 매 순간마다 나고 매 순간마다 죽는 것을 말한다. 그래서 매 순간 나고 죽는 것을 아는 날이 실재하는 생일이 된다고 한다.

깨달음이란 죽음의 순간 이전에 죽음이라는 환상을 사라지게 하는 것이다. 더 많은 삶을 사는 방법은 더 많은 죽음을 체험하는 것이다. 우리는 죽음이 일생에 단 한 번뿐인 것이 되게 해서는 안 된다. 삶의 순간순간들을 죽음으로 체험해야 한다. 삶의 영광과 자신이 누구인지를 알기 위해 육체에서 벗어나는 순간까지 기다릴 필요는 없다.

'나'라는 생각의 탄생이 곧 한 개인의 탄생이며, '나'라는 생각의 죽음이 그 개인의 죽음이다. '나'라는 생각이 일어나면 곧 이어 육체와의 그릇된 동일시가 시작된다. 그러나 닐 도널드 월시가 말했듯이 삶은 해석된 신이다. 우리의 삶은 다양한 형상으로 전환되어 나타난 신이다. 첫번째 전환은 영혼의 탄생이다. 즉 신이라는 통일된 비물질에서 개별화된 비물질로 바뀌는 것이다. 두 번째 전환은 몸의 탄생이다. 즉 개별화된 비물질에서 개별화된 물질로 바뀌는 것이다. 세 번째는 깨달음이다. 즉 개별화된 물질에서 통일된 물질로 바뀌는 것이다. 그리고 마지막으로 죽음이다. 죽음은 통일된 물질에서 통일된 비물질로 바뀌는 것이다. 이로써 삶의 순환이 완성된다.[27]

26. 우 꼬살라 사야도(2005), 『쉐우민의 스승들』, 묘원 옮김, 행복한숲, 47쪽.
27. 닐 도널드 월시, 앞의 책, 19쪽.

우리는 왜 이러한 순환을 거쳐야 하는가? 통일된 하나임만으로는 어떤 것도 될 수 없으니, 그것은 환희로 체험되지 않고 공허로 체험된다. 삶 전체가 결합과 분리, 분리와 결합을 체험하는 과정이다. 분리는 환상이다. 그러나 그것은 우리에게 합일의 환희를 체험하게 해주는 멋진 환상이다. 바라보는 모든 것에서 자신 말고는 아무것도 보지 않을 때 우리는 신의 눈을 통해 보고 있는 것이다.[28]

이처럼 자신이 본래의 하나임oneness을 한 번도 떠난 적이 없음을 깨달으면, 자신은 태어난 적이 없고 죽을 수도 없음을 깨닫게 된다. 그렇지만 통일된 물질에서 통일된 비물질로 바뀌는 죽음은 일상적인 삶이 결코 할 수 없는 것을 경험하도록 해준다. 즉 몸과 마음이라는 정체성 너머에 있는 것, 곧 몸이 없는 자기와 한없이 자유로운 마음을 경험하게 해준다.[29]

죽음뿐만 아니라 늙음과 질병, 심신의 장애, 상실, 개인적인 비극 등을 통해 에고가 약해지고 소멸될 때는 영적인 깨어남의 기회가 찾아온다. 의식이 형상과의 동일화에서 벗어날 기회이기 때문이다. 형상 차원에서의 잃음은 본질 차원에서의 얻음이다. 고대 문명과 전설에 등장하는 '눈 먼 예언자'나 '상처 입은 치료사' 같은 전통적인 인물을 보면 형상 차원에서의 크나큰 상실이나 장애가 오히려 영적 차원의 문을 여는 계기가 되었음을 알 수 있다.[30]

시인 김종삼(1921~1984)은 「어부漁夫」라는 시에서 다음과 같이 썼다.

바닷가에 매어둔
작은 고깃배

---

28. 위의 책, 172쪽.
29. 바이런 케이티, 앞의 책, 330쪽.
30. 에크하르트 톨레, 『삶으로 다시 떠오르기』, 360쪽.

날마다 출렁거린다
풍랑에 뒤집힐 때도 있다
화사한 날을 기다리고 있다
머얼리 노를 저어 나가서
헤밍웨이의 바다와 노인이 되어서
중얼거리려고
살아온 기적이 살아갈 기적이 된다고
사노라면
많은 기쁨이 있다고

우리의 삶은 세상을 배우기 위한 기회이다. 바닷가에 매어놓은 늙은 고깃배가 말해주듯 사노라면 많은 경험을 하게 되고, 그 경험 속에는 많은 기쁨이 있다. 그래서 살아온 기적이 살아갈 기적을 만드는 것이다. 라즈니쉬는 이를 다음과 같이 말했다.[31]

세상은 배우기 위한 기회이다. 시간은 영원을 배우기 위한 기회이다. 육체는 존재를 배우기 위한 기회이다. 사물은 의식을 배우기 위한 기회이다. 성은 삼매를 배우기 위한 기회이다. 분노는 자비를 배우기 위한 기회이다. 탐욕은 나눔을 배우기 위한 기회이다. 죽음은 에고가 내가 존재하는가 존재하지 않는가? 내가 존재한다면 아마도 죽는 것이 가능하다를 알기 위한 기회이다.

우리의 행성에서 인간의 에고는 의식의 형상과 동일화되는 우주적인 잠의 마지막 단계를 나타낸다. 이것은 의식의 진화에 꼭 필요했던 단계

---

31. 오쇼 라즈니쉬(2002), 『지혜의 서』, 황금꽃, 464쪽.

이다. 인간의 뇌는 고도로 차별화된 형상이며, 이 형상을 통해 의식이 이 세상의 차원으로 들어온다. 인간의 뇌에는 뉴런이라 불리는 약 천억 개의 신경세포가 있다. 이것은 우주의 뇌라고 볼 수 있는 은하계에 있는 별들의 숫자와 같다. 뇌가 의식을 만들어내는 것은 아니다. 의식이 그 자신을 표현하기 위해 지구에서 가장 복잡한 물질 형태인 뇌를 만들어 낸 것이다. 뇌가 손상되었다고 해서 의식을 잃는 것을 의미하지 않는다. 의식이 이 형상 차원으로 돌아오기 위해 그 뇌를 사용할 수 없게 되었을 뿐이다. 당신은 의식을 잃어버릴 수 없다. 왜냐하면 의식은 본질적으로 당신 자신이기 때문이다. 당신은 오직 자신이 소유한 것만을 잃을 수 있을 뿐이며, 당신 자신인 것을 잃을 수는 없다.[32]

---

32. 에크하르트 톨레, 『삶에서 다시 떠오르기』, 366쪽.

제11장

평화교육

홀로 가을 정원에 앉으니 달빛이 새롭다.
천지 어느 곳에 이보다 한가로운 사람 있으리.
높은 노래는 맑은 바람과 함께 사라져가고
그윽한 뜻은 흐르는 물을 따라 절로 봄날이 된다.
천성에게는 본래 마음 밖의 비결이 없고
육경을 알자면 거울 속의 먼지를 떨어내야 하네.
가련하구나. 분주하게 주공을 꿈꾸는 것이
누항의 깨어 있는 현인보다 못하나니!

_『왕양명 전서』 권20, 夜坐

1. 부동심不動心과 평화

평화란 무엇일까? 평화에 대해 진정으로 알고 싶으면 우리는 다음과 같은 사실을 받아들여야 한다. 첫째, 평화는 인간의 본질이다. 평화는 '건강'과 같이 우리 인간의 본질이다. 건강은 오직 그것의 결여를 통해 정의할 수 있다. 마찬가지로 우리는 오직 평화의 결여를 통해 평화를 이해할 수 있다.

둘째, 평화는 외부적 환경이 아니라 심리적 상태이다. 전쟁과 테러, 대량학살이 없는 것이 평화가 아니라, 고요하고 충만한 마음 상태가 평화다. 우리 안에 평화가 없으면 세상에도 평화가 없다. 내가 세상이고 당신이 지구이기 때문이다.

셋째, 평화는 오직 체험을 통해서만 알 수 있다. 우리가 평화를 체험하게 될 때 이 세상은 완벽한 평화 그 자체임을 동시에 알게 된다. 그때의 평화는 사랑과 진리, 무아 등과 다르지 않다. 우리가 진정으로 평화를 체험해보지 않았다면, 그것은 단지 마음속에서만 자아탐구를 했음을 의미한다. 마음이 사라지면 우리는 영원한 평화를 깨달을 수 있다.

그렇다면 마음이 사라진 상태는 어떤 모습일까? 어떤 외부적인 상황이 닥쳐도 마음에 아무런 동요가 일어나지 않는 상태를 말하는 것일까?

어느 날 맹자의 영악한 제자 공손추公孫丑는 스승을 시험하여 혹시 당시 가장 큰 나라인 제나라의 재상이 되면 마음이 동요되지 않겠느냐고 물었다. 이에 맹자는 자신은 마흔이 되자 부동심不動心하게 되었다고 말하였다. 공손추가 부동심이 무엇인지 묻자 맹자는 북궁유北宮 와 맹시사孟施舍를 예를 들어 부동심을 설명하였다. 즉 북궁유는 자객으로 반드시 승리함을 위주로 부동심을 길렀으며, 맹시사는 장군으로 두려움 없음을 위주로 부동심을 길렀다. 맹자는 북궁유는 남을 대적하기를 힘쓰는務敵人 점에서 성인을 독실하게 믿는篤信聖人 자하子夏와 같고, 맹시사는 자신을 지키기를 오로지 하여專守己 자기 자신에서 돌이켜 찾는反求諸己 증자曾子와 같다고 하였다. 따라서 북궁유가 맹시사만 못하고 맹시사의 지킴守은 기氣이기 때문에 증자의 지킴인 요약約만 못하다고 하였다. 즉 장황하게 설명하였지만 결국 자신의 부동심은 증자의 지킴과 같은 것이라는 주장이었다.

그러자 다시 공손추는 맹자의 부동심不動心과 고자告子의 부동심이 어떻게 다른지 물었다. 아마 맹자 이전에 고자가 먼저 부동심에 대해 언급했었던 모양이다. 이에 맹자는 "고자가 말하기를 '말에서 이해되지 못하거든 마음에서 구하지 말며, 마음에서 얻지 못하거든 기에서 구하지 말라' 하였으니, 마음에서 얻지 못하거든 기에서 구하지 말라는 것은 가하거니와, 말에서 얻지 못하거든 마음에서 구하지 말라는 것은 불가하다. 지志는 기氣의 장수將帥요, 기는 몸에 가득 차 있는 것이니, 지가 으뜸이요, 기가 그다음이다. 그러므로 말하기를 '그 지를 잘 잡고도 또 그 기를 포악하게 하지 말라'고 한 것이다"라고 대답하였다. 공손추가 두 사람의 부동심의 차이에 대해 물었는데 맹자는 질문에 대해 정면으로 대답하지 않고 빙 둘러서 대답하였던 것이다. 이에 양명은 맹자의 부동심과 고자의 부동심의 차이를 다음과 같이 설명하였다.[1]

맹자의 부동심과 고자의 부동심은 단지 터럭만 한 차이밖에

1.『전습록 (하)』,『왕양명 전서』권3, 79쪽.

없다. 즉 고자는 오직 부동심만을 공부의 내용으로 삼았지만 맹자는 곧장 마음이 일어나는 근원에서부터 분석해 들어갔다. 마음의 본체는 원래 동요되지 않는 것이다. 다만 행위가 의義에 합치되지 못하면 동요하게 되는 것이다. 맹자는 마음이 동요하느냐 동요하지 않느냐는 문제 삼지 않고 오직 '의를 쌓기만集義' 했다. 모든 행위가 의에 맞지 않음이 없게 되면 자연히 그 마음이 동요할 이유가 없게 된다고 본 것이다. 고자는 오직 마음을 동요되지 않게 하려고만 해서 곧장 자신의 마음을 붙잡아둠으로써 끊임없이 생성되는 마음을 도리어 틀어막았다. 맹자가 말한 집의의 공부를 택하면 자연히 마음이 수양되고 충실해져서 전혀 허전한 느낌이 없게 된다. 그러면 자연스럽게 종횡으로 자재하게 되고 생동감이 넘치게活潑潑 된다. 이것이 바로 호연지기浩然之氣이다.

정자程子도 "부동심에는 두 가지가 있다. 도를 깊이 체득하여 동요되지 않는 것이 있고 마음을 제압하여 움직이지 못하게 하는 경우가 있다. 이것은 의이고 이것은 불의인 경우 의는 내가 취해야 할 것이고 불의는 내가 버려야 할 것이다. 이것이 의意로 마음을 제어하는 경우이다. 의가 나에게 있어서 그로부터 행하면 느긋하게 중도에 맞게 되니 억지로 제어하는 것이 아니다. 이것이 두 부동심의 차이이다"라고 하였다.[2]

양명이나 정자가 부연한 고자와 맹자 두 사람의 부동심의 차이는 마음에 대한 통제 여부이다. 즉 고자는 마음을 통제하여 감정이 동요되지 않는 것을 부동심이라고 주장한 반면, 맹자의 부동심은 그 일어나는 마음과의 동일시를 버림으로써 동요되지 않는 마음을 말한다는 것이다. 의에 합치되는지 합치되지 않는지를 바라보는 마음은 일어나는 마음과

---

2. 『이정유서』 권21 하.

다르다. 바라보는 마음은 결코 동요되는 일이 없다. 이처럼 부동심에는 두 가지가 있다. 한 가지는 동요하는 마음을 꽉 붙잡아 움직이지 못하게 하여 형성된 부동심이 있고, 또 한 가지는 마음이 물과 같이 흘러 기뻐하는 바도 없고 분노할 일도 없고 당황하여 갈팡질팡하지도 않는 부동심이 있다. 전자가 고자의 부동심이고 후자가 맹자의 부동심이다.

우리의 마음이 동요되는 근원은 바로 두려움 때문이다. 왜냐하면 두려움은 모든 부정적인 감정의 바탕에 있는 근원적인 감정이기 때문이다. 두려움이 일어나면 우리는 그 두려움과 동일시하여 그에 대해 저항하고 그 두려움을 억지로 제어하려고 한다. 그러나 우리는 마음에서 일어나는 생각들을 결코 제어할 수 없다. 마음에서 생각들을 비워버리는 것은 바다에서 물을 다 비워내는 것과 같이 불가능한 일이기 때문이다.

두려움은 왜 일어나는 것일까? 두려움은 에고가 만들어내는 감정이다. 에고는 근원적으로 분리 독립된 개체를 위험으로부터 보호하기 위해 만들어졌다. 따라서 두려움이란 에고가 활동하기 위한 근본적인 계기다. 이처럼 평화로운 마음에서 벗어나게 하는 근원적인 생각은 하나의 '나'라는 생각이다. 그 생각이 있기 전에는 평화가 있었다. 생각은 무에서 태어나며, 즉시 나온 곳으로 되돌아간다. 만일 우리가 생각이 일어나기 이전, 생각과 생각 사이, 그리고 생각이 일어난 이후를 바라본다면, 한없는 빈 공간만이 있음을 알게 될 것이다. 사실 이것이 진정한 부동심의 뜻이다.

마하리쉬는 평화란 우리의 본래의 상태이며, 마음이란 그 본래의 상태를 방해하는 것이라고 하였다.[3] 그리고 진정한 나를 깨달으면 자기 자신의 고통뿐만 아니라 이 세상의 모든 고통이 실재하지 않는다는 사실을 알게 된다고 하였다.[4] 당연한 논리적 귀결로 라마나는 다른 사람의

---

3. 라마나 마하리쉬, 『나는 누구인가』, 149쪽.
4. 위의 책, 292쪽.

고통을 없애주기 위한 가장 효과적인 방법은 자신이 진정한 나를 깨닫는 것이라고 하였다.

끊임없는 동일시로 인해 괴롭고 고통스러운 마음을 장자는 하늘과 땅 사이에 매달려 있는 마음이라고 하였다.[5]

> 마음은 하늘과 땅 사이에 매달려 있는 것 같다. 우울하고 번민하고 가라앉고 어지러워 불이 일어나는 것이 심히 자주이며 사람들의 마음속의 평화를 태워버린다. 사람에게는 이익을 쫓고 손해를 피하려는 두 가지 함정이 있어 도망칠 수가 없다. 그래서 마음이 천지간에 매달려 있는 듯이 불안한 것이다.

알마스가 말하고 있듯이 저항은 우리 내면의 분리를 암시한다. 그것은 일어나는 모든 것이 의식과 자각의 현현임을 모른다는 것을 보여준다. 예를 들면 증오나 두려움이 일어난다면 그것은 아마도 우리가 아직 잘 모르는 어떤 이유로 우리의 영혼, 의식이 그 시점에서 취한 모습일 것이다.[6] 우리의 본성은 '단지 있음'이기 때문에 단지 펼쳐지면서 우리에게 드러날 필요가 있는 것을 드러낸다. 본성의 본질은 움직이고 펼치고 자신을 비추며 드러내는 것이므로 그 과정에서 겪는 경험 역시 자기의 본성을 드러내게 되어 있다. 왜냐하면 각각의 경험은 어떤 식으로든 우리의 본성과 연결되어 있기 때문이다.

그렇기 때문에 저항할 때 우리는 근본적으로 자신의 본성에 저항하는 것이다. 즉 모든 저항은 일종의 자기 저항인 것이며, 모든 스트레스는 기본적으로 저항하기 때문에 생기는 것이다. 그래서 바이런 케이티는 스트레스를 주는 이야기가 없이 사는 것, 지금 있는 현실을, 심지어 통

---

5. 心若懸於天地之間, 慰暋沈屯, 利害相摩, 生火甚多, 衆人焚和. 『장자』, 654쪽.
6. 알마스, 『늘 펼쳐지는 지금』, 115쪽.

증까지도 사랑하는 것, 그것이 천국이며, 통증을 느끼고 있는데도 통증을 느끼면 안 된다고 믿는 것, 그것이 지옥이라고 하였다.[7] 우리 마음속에 '나'라고 하는 생각이 일어날 때, 우리가 나라고 생각하는 사람이 주인공인 영화가 시작된다. 하지만 그것과 동일시하지 않으면 그것은 단지 한 편의 근사한 영화일 뿐이다. 그래서 '나'라는 생각이 일어날 때마다 바이런 케이티는 말한다. "팝콘을 준비하세요. 영화가 시작됩니다."

지금 나에게 주어지는 경험은 이 순간 삶이 나에게 주는 유일한 것이다. 그렇기 때문에 그 경험은 나에게 꼭 맞는 것이다. 만일 내가 그 경험을 제대로 받아들이고 이해한다면 내가 알아야 할 모든 것을 이해할 수 있게 될 것이다. 그렇기 때문에 삶이 나에게 준 경험을 거부하는 것은 곧 '자기 거부'이다. 삶이 우리에게 준 경험은 자신의 한 부분이기 때문이다. 외적인 경험이던 아니면 의식 속에서 일어나는 사실에 대한 경험이든 그 경험에 대한 거부는 자동적으로 자기 거부가 된다.[8]

엔소니 드 멜로 신부는 『행복하기란 얼마나 쉬운가』에서 살아 있음의 세 가지 조건을 말하고 있다. 이 세 조건이 충족되지 못하면 살아도 살아 있는 것이 아니라는 뜻이다. 첫 번째가 자기 자신이 되는 것이고, 두 번째가 지금 있는 것이고, 세 번째가 여기에 있는 것이라고 한다. 자기 자신이 되는 것은 모든 조건화에서 벗어나는 것이다. 멜로 신부는 조건화에 따라 사는 사람을 자동인형이라고 표현하고 있다. 편견에 따라 꼭 두각시처럼 산다는 뜻이다. 과거의 사람이 한 말과 과거의 경험에 원격 조종을 받으면서 살아간다는 것이다.[9]

예수가 '내 제자가 되려면 자기 아버지와 어머니를 미워해야 한다'는 말이 바로 부모로부터 받은 조건화를 벗어나라는 말이다. 두 번째의 지

7. 바이런 케이티, 『기쁨의 천 가지 얼굴』, 40쪽.
8. 알마스, 앞의 책, 205쪽.
9. 엔소니 드 멜로, 『행복하기란 얼마나 쉬운가』, 72쪽.

금 여기라는 말은 지켜보는 마음을 작동시켜야 한다는 뜻이다. 우리의 생각은 끊임없이 과거와 미래를 그리고 여기가 아닌 저기와 거기를 옮겨 다닌다. 그 생각을 지켜볼 때 그 지켜보는 생각은 지금 여기에 있다. 생각을 멈추고 느낌에 집중하는 것도 결국 마찬가지다.

2. 자각과 현존

평화교육은 오늘날의 우리 학생들에게 가장 시급한 교육과정이다. 명문대학과 좋은 직장이라는 목표를 향해 좁은 울타리에 갇혀 서로 물어뜯으며 살아가고 있는 요즈음 학생들에게 가장 필요한 교육과정이기 때문이다. 앞에서 언급했듯이 평화교육의 핵심은 일어나는 마음과의 동일시에서 벗어나는 것이다. 일어나는 마음과의 동일시에서 벗어나는 유일한 방법은 자신의 마음을 거울에 비추듯이 바라보는 것이다. 이를 자각이라고 한다. 내 마음속에 일어나는 모든 생각과 감정을 일어나는 즉시 알아차리고 그것을 어머니가 보채는 어린아이를 달래듯 있는 그대로 받아들이는 것이다.

그러나 자각만으로는 충분하지 않다. 자각과 함께 현존이 필요하다. 자각과 현존은 사실은 둘이 아니다. 알마스는 『늘 펼쳐지는 지금』이라는 책에서 '자각하고 현존하라'고 말했다. 자각과 현존을 동시에 하라고 말하는 까닭은 자각을 멀리 떨어져서 대상을 관찰하기만 하고 그 대상으로부터 초연해지는 것이라고 오해할 수도 있기 때문이다. 자각하면서 현존하라는 것은 경험을 단지 알아차릴 뿐 아니라 또한 그 경험과 깊숙이 만나야 한다는 것을 의미한다. 여기서 경험이란 우리에게 일어난 사건을 말하는 것이 아니라 어떤 일이 일어났을 때 우리가 그 사건에 대처하는 느낌과 생각과 행동을 말하는 것이다. 현존은 자각의 직접성이라는 특질을 가져온다. 직접성이란 자각과 대상 사이에 거리가 없다는 뜻이다. 우리가 존재를 의식할 때는 사실 존재가 스스로를 의식하는 것이다. 존재가 자신을 의식하게 되면 그것이 바로 현존이다. 따라서 현존이란 자신을 의식하는 의식이라고 말할 수 있다.

우리가 경험할 수 있는 것은 오직 지금 여기서 벌어지고 있는 사건과 그 사건에 대한 우리의 느낌과 생각과 행동뿐이다. 지금 일어나는 나의 경험은 이 순간 우주가 나에게 주는 유일한 것이다. 만일 그 경험을 온전히 받아들이고 이해한다면 나의 본성이 스스로 펼쳐져 발현될 수 있다. 경험이 참으로 직접적이 될 때, 어떠한 마음의 구조도 끼어들지 않을 때, 우리는 여기에 존재하고, 이 순간은 참으로 온전히 경험 속에 존재한다. 이런 식으로 경험 속에 존재하는 것을 우리는 현존이라고 부르며, 본래 모습으로 존재한다는 말의 의미가 바로 이것이다. 나는 자각이며 의식이다. 그 자각과 의식은 지금 이 순간 존재하고 현존하며, 나는 나 자신을 바로 그 존재로서 경험한다.[10] 우리가 겪는 경험과 그 경험을 통해 일어나는 마음을 깨어서 지켜보며, 동시에 그 일어나는 마음으로부터 도망치지 않고 그것을 온전히 경험하는 것이 바로 평화교육의 교육과정의 핵심이다.

퇴계는 죽기 2년 전 자신이 평생 동안 공부한 것을 총정리해서 『성학십도聖學十圖』라는 책을 썼다. 그리고 그것을 어린 선조 임금에게 보냈다. 이 책에서 퇴계 선생은 나를 위한 공부의 핵심은 '경敬'이라고 하였다. '경'이 『성학십도』의 제1도인 〈태극도太極圖〉에서 제10도인 〈숙흥야매잠도夙興夜寐箴圖〉를 관통하는 유일한 공부 방법이라는 것이다.

'경'의 공부란 어떻게 하는 것일까? '경'이란 마음이 항상 깨어 있는常惺惺 것이다. 공자는 우리의 마음에 대해 '잡으면 보존되고 놓으면 잃어서, 나가고 들어옴이 정한 때가 없으며, 그 방향을 알 수 없는 것은 오직 사람의 마음을 두고 말한 것이다'고 하였다.[11] 맹자 역시 '흩어지려는 마

---

10. 알마스, 앞의 책, 290쪽.
11. 孔子曰 操則存 舍則亡 出入無時 莫知其鄕(向) 惟心之謂與(『맹자』「고자장구」상).

음放心'을 끊임없이 끌어모아야 한다고 말하였다.[12] 우리 마음은 잠시도 조용히 있기 어렵다. 사실 단 일 분이라도 아무런 잡념이 없이 존재하기가 얼마나 어려운가? 끊임없이 일어나는 마음을 억지로 붙잡으려고 하거나 끌어모으는 것은 부질없는 노력에 지나지 않는다. '경'이란 이처럼 일어나는 마음을 붙잡거나 끌어모으는 것이 아니라, 그저 깨어서 지켜보는 일이다.

『성학십도』의 마지막 장인 〈숙흥야매잠도〉에서 퇴계는 '경' 공부의 핵심적인 방법을 '마음이 항상 여기에 있다念兹在兹'는 네 글자로 설명하고 있다. 항상 '지금 여기에' 있는 마음은 일어나는 마음이 아니라, '지켜보는 마음'이다. 일어나는 마음은 결코 지금 여기에 존재할 수 없다. 일어나는 마음은 항상 과거와 미래를 왕복하며 우리를 얽매이게 하거나 걱정에 휩싸이게 만든다. 일어나는 마음은 항상 여기가 아니라 저기 멀리 콩밭에 가 있다.

알마스는 수행이란 다른 것이 아니고 지금 이 순간에 자각을 가져오는 것이라고 하였다. 즉 지금 일어나고 있는 경험에 단순히 주의를 기울이고 일어나고 있는 일을 자각하는 것이 우리가 해야 할 일이라는 것이다. 따라서 우리는 바로 지금 이 순간 일어나고 있는 일이 무엇이든 그것에 주의를 기울여야 하며, 어떤 경험이든 우리는 그 경험의 사실을 자각하기만 하면 된다. 왜냐하면 우리가 있는 그 자리를 알지 못하면 거기에 존재할 수 없기 때문이다.[13]

있는 그 자리에 그대로 존재한다는 것은 일어나는 모든 일에 내맡기는 것을 말한다. 내맡김은 우리의 경험이 무엇이든 그것을 껴안는 자각이다. 자각하면서 현존하라는 것은 경험을 단지 알아차릴 뿐 아니라 또

---

12. 人有鷄犬放 則知求之 有放心而不知求 學問之道 無他 求其放心而已矣(『맹자』「고자장구」상).
13. 알마스, 위의 책, 89쪽.

한 그 경험과 깊숙이 만나야 한다는 것을 의미한다. 여기서 경험이란 우리에게 일어난 사건을 말하는 것이 아니라 어떤 일이 일어났을 때 우리가 그 사건에 대처하는 느낌과 생각과 행동을 말하는 것이다. 현존은 자각의 직접성이라는 특질을 가져온다. 직접성이란 자각과 대상 사이에 거리가 없다는 뜻이다.

우리가 경험할 수 있는 것은 오직 지금 여기서 벌어지고 있는 사건과 그 사건에 대한 우리의 느낌과 생각과 행동뿐이다. 지금 일어나는 나의 경험은 이 순간 우주가 나에게 주는 유일한 것이다. 만일 그 경험을 온전히 받아들이고 이해한다면 나의 본성이 스스로 펼쳐져 발현될 수 있다. 우리가 겪는 경험과 그 경험을 통해 일어나는 마음을 깨어서 지켜보며, 동시에 그 일어나는 마음으로부터 도망치지 않고 그것을 온전히 경험하는 것, 그것이 바로 '나를 위한 공부爲己之學'의 비법이다.

알마스는 지금 이 자리에 그저 존재하기, 아무것도 하지 않기, 그리고 느낌의 직접성과 함께 존재하고 거기에 단지 열려 있기를 강조한다. 만일 우리가 느낌의 직접성과 함께 존재하고 아무것도 하지 않는다면 어떤 시점에서 아무것도 하지 않음이 그 스스로의 힘을 드러낸다. 이 힘은 우리가 행위를 그만두는 것만이 아니라, 완전한 고요의 현존을 경험하게 하는데, 이것이 바로 무위의 에센스이며 평화라고 하였다.[14]

우리가 평화로울 수 있는 유일한 기회는 지금 이 순간밖에 없음을 에고는 알지 못한다. 현재의 순간과 화해하면 무엇이 일어나는지 보라. 자신에게 무엇이 가능한지, 어떤 행동을 선택할 수 있는지를, 아니 더 정확히 말해, 삶이 당신을 통해 무엇을 하는지를, 삶과 예술에 대한 비밀, 모든 성공과 행복의 비밀을 전하는 세 단어가 있다. '삶과 하나가 되기'이다. 삶과 하나가 되는 것은 현재의 순간과 하나가 되는 것이다. 그때 당

---

14. 알마스, 위의 책, 243쪽.

신은 자신이 삶은 사는 것이 아니라 삶이 당신을 살고 있음을 깨닫는다. 삶은 춤추는 자이고 당신은 그 춤이다.

3. 평화교육의 실제

넬슨 만델라는 아프리카 민족회의 무장 세력의 우두머리로 감옥에서 27년을 보냈다. 만델라가 대통령이 된 뒤 '진실과 화해 위원회' 위원장을 맡았던 투투 대주교는 그 27년이 만델라에게 '꼭 필요한 시간'이라고 하였다. 즉 그 시간은 만델라의 내면에 남아 있던 찌꺼기를 없애고 그를 큰 그릇의 사람으로 바꾸는 데 꼭 필요한 시간이었다는 것이다.[15]

> 넬슨 만델라는 감옥에 수감될 때는 분노로 가득 찬 젊은이였죠. 그는 아프리카 민족회의 무장 세력의 우두머리였고요. 그는 적들을 살상해야 한다고 생각했고, 그와 동료들은 정의를 졸렬하게 모방한다는 데서 죄책감을 느꼈죠. … 그들은 로벤섬으로 끌려가 채석장에서 일을 했어요. … 너그러운 영혼을 갖기 위해서는 찌꺼기를 제거해야 하고 이를 위해 고난과 좌절을 겪어 보아야 한다는 것은 자명한 이치입니다.

만델라가 감옥에 가지 않고 무장 투쟁의 우두머리로 남아 있었다면 그는 결코 남아프리카공화국의 흑백갈등을 해소하지 못했을 것이다. 1994년 남아프리카공화국의 대통령이 된 만델라는 진실과 화해 위원회를 만들었다. 이 위원회는 아파르트헤이트가 시작된 1960년 이래 저질

---

15. 달라이 라마·데스몬드 투투·더글러스 에이브람스(2017), 『조이, 기쁨의 발견』, 이민영·장한라 옮김, 예담, 179쪽.

러진 인종 차별 범죄를 공개하고 보복 대신 화해를 유도하기 위해 설립되었다. 노벨 평화상 수상자 데스몬드 투투 대주교가 위원장을 맡은 이 위원회는 1960년부터 1994년에 이르는 기간에 발생한 모든 인권 침해를 밝히고자 하였다. 위원회는 공개 청문회를 여러 차례 열어 2만 명에 이르는 증인들이 증언할 기회를 주었다. 법정과 달리 증인들은 자신들이 가장 편하게 여기는 말과 몸짓을 통해 말했으며, 그 누구도 중단시키지 않았다. 무엇보다 무조건적으로 그들의 말을 믿었다. 진실을 그들의 기억을 통해 보는 데 초점을 맞췄고, 상처를 피해자 입장에서 보기 위해 노력했다. 가해자들에게는 모든 사실을 전면적으로 밝히는 조건으로 사면을 약속했다.[16]

한편 2008년 3월 10일, 티베트 봉기 기념일에 티베트의 수도 라싸에서는 대규모 반중국 시위가 일어났다. 중국 정부는 며칠에 걸쳐 수많은 티베트 사람을 죽이고 감옥에 보내는 등 대대적인 탄압을 하였다. 중국 정부의 이와 같은 잔인한 진압에 대해 달라이 라마는 중국 정부를 시각적으로 그리며 통렌이라는 명상 수행을 하였다. 통렌은 문자 그대로 풀이하면 '받고 주는' 것이다. 그는 사람들의 두려움, 분노, 의심을 받아들이고 그들에게 제 사랑과 용서를 주려고 했다.[17] 또 달라이 라마의 친구인 로폰-라는 18년간의 고생스러운 노역 끝에 인도로 돌아왔다. 130명이 체포되어 그가 수용소를 떠날 무렵에는 고작 스무 명 정도만이 살아남게 되었다. 그는 그곳에 있는 동안 정말 위험한 일들을 겪었다고 했다. 그것은 죽을 고비를 넘긴 것이 아니라 중국 군인들을 향한 연민을 잃을 뻔한 위험을 말한 것이었다.[18]

---

16. 진실과 화해, 네이버 지식백과(『죽기 전에 꼭 알아야 할 세계 역사 1001 Days』, 2009, 마로니에북스).
17. 달라이 라마 외, 앞의 책, 143쪽.
18. 위의 책, 182쪽.

통렌 수행은 다음과 같은 절차로 진행된다.[19]

1. 코로 몇 차례 심호흡을 하며 마음을 가라앉히고 시작하라.
2. 고통을 받고 있는 누군가를 생각하라.
3. 당신과 마찬가지로 그들도 고통을 극복하고 기쁨 속에 살고 싶어 한다는 사실을 깊이 생각하라.
4. 그들의 고통을 가져오라−숨을 들이마시면서 그들의 고통이 당신의 자비로운 마음이 내뿜는 따뜻하고 밝은 빛을 만나 몸에서 빠져나와 사라지는 것을 상상한다.
5. 당신의 기쁨을 그들에게 주어라−숨을 내쉬면서 당신의 사랑과 연민, 용기와 자신감, 힘과 기쁨으로 가득한 빛의 광선을 그들에게 보내는 상상을 한다.
6. 고통을 가져오고 기쁨을 줌으로써 변화를 일으키는 수행을 반복하라−전 세계 고통받는 사람들에게 확대하라. 모든 존재의 고통을 가져가고 그들에게 연민을 실천하고 기쁨을 주도록 해 보자.

한편 프랑스 플럼빌리지에서 수행단체를 이끄는 틱낫한 스님은 1975년 베트남 공산화 이후 배를 이용하여 베트남을 탈출한 보트 피플을 돕는 일을 하고 있었는데, 어느 날 태국의 해적에게 성폭행을 당한 어느 소녀에 대한 편지를 받았다. 그녀는 12살에 불과했는데 성폭행을 당하고 바다에 뛰어들어 자살을 하였다. 틱낫한 스님은 이 이야기를 듣고 처음에는 마음속에 분노가 잠시 일었으나 명상을 통해 다음과 같은 시를 썼다. 시의 제목은 「진정한 이름으로 나를 불러달라」이다.[20]

---

19. 위의 책, 379쪽.
20. 틱낫한(2002), 『틱낫한의 평화로움』, 류시화 옮김, 열림원, 125~127쪽.

내일 내가 떠날 것이라고 말하지 말라.
오늘도 나는 여기에 도착하고 있으니까.

자세히 보라. 나는 매 순간 도착하고 있다.
봄날 나뭇가지에 움트는 싹
새로 만든 둥지 안에서 노래 연습을 하는
아직 어린 날개를 가진 새
꽃의 심장부에 있는 애벌레
돌 속에 숨어 있는 보석
그것들이 바로 나 자신이다.

나는 지금도 이곳에 도착하고 있다.
웃기 위해, 울기 위해
두려워하고 희망을 갖기 위해.
내 뛰는 심장은
모든 살아 있는 것들의 탄생과 죽음

나는 강의 수면 위에서 알을 깨고 나오는 하루살이이다.
나는 또한 봄이 올 때
그 하루살이를 먹기 위해 때맞춰 날아오는 새다.

나는 맑은 연못에서 행복하게 헤엄치는 개구리.
또한 그 개구리를 잡아먹기 위해
조용히 풀섶에서 다가오는 풀뱀.

나는 대나무 막대기처럼 다리가 가늘고

가죽과 뼈만 남은 우간다의 어린이.
또한 나는 그 우간다에 치명적인 무기를 파는 무기상이다.

나는 해적에게 성폭행을 당하고 바다에 뛰어든
그 작은 보트에 탔던 열두 살 난민 소녀.
그리고 나는 가슴에 사랑하는 능력을 지니지 못한 그 해적.

나는 손에 권력을 움켜쥔 독재 정권의 일원.
또한 강제 노동 수용소에서 서서히 죽어가는 내 백성들에게
피의 빚을 갚아야만 하는 그 사람.

내 기쁨은 봄과 같아
그 따뜻한 온기로
생명의 모든 길목에서 꽃들을 피어나게 한다.
또한 내 고통은 눈물의 강.
온 바다를 눈물로 가득 채운다.

그 모든 진정한 이름으로 나를 불러달라.
내가 나의 웃음과 울음을 동시에 들을 수 있도록.
내 기쁨과 슬픔이 하나임을 볼 수 있도록.

진정한 이름으로 나를 불러달라.
내가 잠에서 깨어날 수 있도록.
내 가슴의 문이 열릴 수 있도록.

그 자비의 문이.

지금도 지구촌 곳곳에서는 테러와 대량학살, 전쟁과 기아가 일어나고 있다. 이런 현상을 어떻게 바라보아야 할까? 투투 대주교는 이렇게 말한다.[21]

전쟁, 기아, 테러, 오염, 대량학살과 같은 문제를 바꾸기 위해 여러분은 무엇을 할 수 있을까요? 어쩌면 대단한 일을 하지 못할지도 몰라요. 하지만 자신이 있는 그 자리에서 시작하세요. 그 자리에서 지금 할 수 있는 일을 하세요. 그리고 끔찍한 충격을 받으세요. 만약 그 모든 참혹한 일을 보면서도 그게 별게 아니라고 치부한다면, 그것이야말로 가장 끔찍한 일이 될 것입니다. 우리가 괴로움을 느낀다는 것은 오히려 멋진 일이에요. 혈연도 아닌 사람들의 고통에 괴로움을 느낀다는 것은 우리 본성이 위대하다는 증거입니다.

테러와 같은 재앙이 일어났을 때 우리는 좌절하기보다는 인류가 모두 한 가족이라는 것을 깨달아야 한다. 9·11테러가 일어났을 때 미국을 증오했던 사람들이 통쾌해할 것으로 예상했지만 실제로 그 일을 통쾌하게 여겼던 사람들은 극히 적었다. 대부분의 사람들은 깊은 고통을 느꼈다. 만약 부시 대통령이 이라크와 알카에다에 대해 대규모로 반격하지 않았다면 우리는 훨씬 더 평화로운 세상을 만들 수 있었을 것이다.

우리는 증오와 분노가 일어나면 그것을 억압하거나 동일시하지 말고 그것을 껴안는 법을 배워야 한다. 분노는 자기 자신의 머리에서 계속되고 있는 두려움이다. 두려움은 항상 분노 뒤에 숨어 있다. 두려움을 숨길 수 있는 단 하나의 방법은 화를 내는 것이다. 그러나 부처는 내가 화를 내는 것은 다른 사람의 잘못 때문에 자신을 벌하는 어리석은 행위

---

21. 달라이 라마 외, 앞의 책, 140쪽.

라고 했다. 다른 사람이 나를 욕했다. 그것은 그의 행동이다. 그런데 나는 화를 냄으로써 자신을 벌한다. 왜 자신을 벌한다고 할까? 그것은 자신을 변화시키는 데 사용할 에너지를 엉뚱한 곳에 방출해버렸기 때문이다. 이처럼 분노를 방출하는 것은 다른 사람을 해치는 것이고 억압하는 것은 자신을 해치는 것이다.

증오와 분노가 일어나면 그 감정에서 벗어나려고 하지 말고 감정들과 함께 있어야 한다. 그 감정과 함께 있어야 한다는 것은 최대한 그것을 느끼라는 것이다. 증오와 분노의 에너지와 힘을 느끼고 증오와 분노를 만든 근원으로 탐구해 들어가야 한다. 라즈니쉬는 분노의 원천으로 들어가는 것을 천국에 들어가는 것이라고 하였다.[22]

만약 내가 증오가 느껴지면 대상으로 눈길을 던지지 말고 증오가 생겨나는 그 점으로 들어가라. 그것은 바로 내 속에 있다. 나의 증오나 사랑, 분노 등의 감정을 근원에 이르는 내면의 여행으로 삼아야 한다. 분노에 대해서 아무것도 하지 말라. 그것을 붙잡지 말라. 단지 하나의 길로 사용하라. 분노를 따라 들어가면 분노가 나온 원천에 이를 것이다. 구제프는 화가 터져 나오는 순간 소리를 지른다. 눈을 감아라. 너의 분노를 인식하라. 내면으로 들어가라. 나는 전모를 알았지만 에너지는 갑자기 사라지지 않는다. 나는 원천으로 떨어지는 에너지와 함께 내려갈 수 있다. 신의 나라 천국으로 들어갔다는 말을 과학적으로 풀이하면 그대의 에너지가 원천으로 돌아갔다는 뜻이다.

분노가 일어나는 원천으로 들어가는 것이 곧 알마스가 말하는 현존

22. 오쇼 라즈니쉬(1993), 『탄트라비전 1』, 이연화 옮김, 태일출판사, 340쪽.

이다. 분노에 저항하지 않고 또 분노를 숨기려고도 하지 않고 분노를 온전히 경험하는 것이기 때문이다. 그렇다면 분노가 일어나지 않는 일상적인 상황에서 현존을 느끼는 방법은 무엇일까? 에크하르트 톨레는 현존의 한 가지 방법으로 몸 안의 에너지 장을 느끼는 것을 제안하고 있다.[23] 이 방법은 밤에 잠들기 전이나 아침에 잠자리에서 일어나자마자 하는 것이 좋다.

> (1) 등을 바닥에 대고 똑바로 누어 눈을 감는다. 처음에 잠시 동안 주의력을 집중할 신체 부위를 선택한다. 손, 다리, 팔, 배, 가슴, 머리 등 아무 곳이나 좋다.
> (2) 최대한 강렬하게 그러한 부위들 안에서 생명력을 느껴본다. 각 부분에 15초 정도씩 주의를 집중한다.
> (3) 몇 차례 파도치듯이 온몸에 의식이 흐르게 한다. 발끝에서 머리까지, 그리고 다시 거꾸로 머리에서 발끝까지 의식이 흐르게 한다. 1분 정도만 그렇게 한다.
> (4) 몸 안 전체를 하나의 에너지 장으로 느껴본다. 그 느낌을 몇 분간 유지한다. 그동안 몸 구석구석까지 확고하게 현존한다.

이와 같이 몸 안을 하나의 에너지 장으로 느낄 수 있게 되면 모든 시각적인 이미지가 사라지고 느낌에만 집중할 수 있게 된다. 이때 가능하면 육체에 대해 가지고 있는 마음의 이미지를 모두 버리는 것이 좋다. 그러면 남는 것은 전체를 하나로 에워싸고 있는 현존이며 내면의 몸에 경계가 사라진다. 그 경계가 사라진 느낌 속으로 더 깊게 주의력을 집중하면 더 이상 주체와 객체, 나와 내 몸이 따로따로 인식되지 않는다. 몸

---

23. 에크하르트 톨레(2008), 앞의 책, 180쪽.

안으로 깊이 들어가 몸을 초월한 것이다.

내면의 몸에 깊이 주의를 기울이면 우리는 모든 것이 하나인 단일성의 지점에 도달할 수 있다. 바로 그 지점에서 세상은 현시되지 않은 세계 속으로 용해되고 현시되지 않은 세계는 기의 에너지 흐름으로 형태를 취해서 이 세상이 된다. 그곳이 바로 탄생과 죽음의 지점이다. 그곳에서 우리의 의식이 밖을 향하면 마음과 이 세상이 생겨나고, 안을 향하면 의식은 자신의 근원을 깨닫고는 현시되지 않는 세계 속으로 귀환한다. 그리고 나서 우리의 의식이 현시된 세상으로 돌아오게 되면 우리는 잠시 버려두었던 형태로서의 정체성을 회복하게 된다.[24]

이처럼 기는 우리 내면의 몸의 에너지 장이다. 피부 밑 자아와 나의 근원을 잇는 다리이다. 이 기氣를 통해 우리는 형상으로 드러나지 않은 세계와 형상을 갖춘 세계 사이를 연결할 수 있게 된다. 즉 신과 이 세상 사이를 연결하는 다리가 된다. 이렇게 근원과 연결된 상태를 우리는 '깨달음'이라고 한다.

세계적으로 유명한 의학자이자 영적 지도자인 디팩 초프라는 『완전한 삶』에서 물아일체의 체험을 위해 다음과 같은 방법을 제안하였다.[25] 먼저 아름다운 붉은 장미를 화병에 꽂고 향기를 들이마신 뒤 스스로에게 말한다. "내가 없다면 이 꽃의 향기도 없다." 다음에 장미의 붉은색을 보고 말한다. "내가 없다면 이 꽃의 색깔도 없다." 다음에 부드러운 꽃잎을 쓰다듬고 말한다. "내가 없다면 이 꽃의 조직도 없다." 그 뒤 그 장미는 허공에서 진동하고 있는 원자에 지나지 않는다고 자각한다.

다음에 장미의 세포 속 DNA를 떠올린 뒤 말한다. "나의 DNA가 장미의 DNA를 보고 있다." 다음에 이제 DNA가 보이지 않는 에너지로 진동하는 것을 자각하고 말한다. "이 장미는 원초적 에너지로 돌아갔다.

---

24. 위의 책, 188쪽.
25. 디팩 초프라(2008), 『완전한 삶』, 구승준 옮김, 한문화, 47~48쪽.

나도 사라져 나의 원초적 에너지로 돌아갔다. 이제 한 에너지의 장場이 다른 에너지의 장을 보고 있을 뿐이다."

마지막으로 한 물결이 다른 물결 속으로 포개지듯 나의 에너지가 장미의 에너지와 하나로 합쳐지는 것을 자각한다. 이때 "모든 에너지는 하나의 근원에서 나와 그것으로 돌아간다. 내가 장미를 볼 때 그 근원으로부터 스스로를 표현하기 위한 무한성이 한 번 펄럭인 것이다"라고 말한다.

물아일체란 이처럼 무한하고 조용한 에너지의 장이 한순간 펄럭여 장미와 나를 한 번 경험한 것이다. 유일한 실체인 자연이 한 번 펄럭여 영원한 아름다움을 잠시 드러낸 것이다. 처음에 나와 장미는 반대의 극에 있었지만 사실은 본래부터 서로 분리되어 있지 않았다. 장미와 내가 분리된 것처럼 보인 것은 오직 그 아름다움을 경험하도록 하기 위한 것이었다.

우리가 꿈도 꾸지 않는 깊은 잠을 잘 때마다 우리는 형상으로 드러나지 않은 세계 속으로 여행을 한다. 그 근원으로부터 우리는 잠시 동안 우리를 지탱해주는 생명 에너지를 얻고 다시 형상이 있는 세계 속으로 돌아온다. 이 생명 에너지는 몸을 지탱해주는 음식보다 훨씬 더 중요하다.[26] 맹자는 「우산지목장」에서 다음과 같이 말했다.[27]

　　비록 사람에게 보존된 것인들 어찌 인의의 마음이 없으리오마는 그 양심을 잃어버림이 또한 도끼와 자귀가 나무에 대해서 아침마다 베어가는 것과 같으니, 이렇게 하고서도 아름답게 될 수 있겠

26. 에크하르트 톨레, 앞의 책, 190쪽.
27. 雖存乎人者 豈無仁義之心哉 其所以放其良心者 亦有斧斤之於木也 旦旦而伐之 可以爲美乎 其日夜之所息 平旦之氣 其好惡與人相近也者幾希 則其旦晝之所爲 有梏亡之矣 梏之反覆 則其夜氣不足以存 夜氣不足以存 則其違禽獸 不遠矣 人見其禽獸也 而以爲未嘗有才焉者 是其人之情也哉.

는가? 일야日夜에 쉬는 바와 평단平旦의 맑은 기운에 그 좋아하고 미워함이 남들과 서로 가까운 것이 얼마 되지 않는데, 낮에 하는 소행이 이것을 곡망梏亡하니, 곡망하기를 반복하면 야기夜氣가 족히 보존될 수 없고, 야기가 보존될 수 없으면 금수와 거리가 멀지 않게 된다. 사람들은 그 금수 같은 행실만 보고는 일찍이 훌륭한 재질이 있지 않았다고 여기니, 이것이 어찌 사람의 실정이겠는가?

위의 글에서 맹자는 우산이 민둥산이 된 것은 사람들이 재목을 베어가고 또 소와 양이 풀을 뜯어먹기 때문이라고 하였다. 밤의 휴식과 이슬이 풀과 나무의 싹을 자라게 하지만 소와 양이 뿌리째 뜯어먹기 때문에 민둥산이 되어버렸다고 했다. 사람의 경우에도 낮 동안에 하는 이기적인 소행으로 밤의 야기를 보존할 수 없어 금수와 같은 행실을 하는 자가 나타나게 되었다고 하는 것이다. 여기서 우산의 밤의 휴식과 이슬에 해당되는 것이 야기夜氣인데 야기는 바로 꿈도 꾸지 않는 깊은 잠을 통해 형상이 없는 세계로부터 얻는 생명 에너지를 말한다.

물론 깊은 잠을 자지 않더라도 우리는 형상이 없는 세계와 접촉할 수 있다. 형상이 없는 세계로 들어가는 문은 언제나 열려 있기 때문이다. 내면의 몸의 에너지 장과의 접촉, 확고한 현존, 마음으로부터의 독립, 있는 그대로에 대한 내맡김, 이러한 것들이 모두 우리가 사용할 수 있는 형상이 없는 세계로 들어가는 문이다. 형상이 없는 세계는 침묵으로 존재하며 우주 전체에 펼쳐져 있다. 그렇지만 우리는 공간 속에 있는 물체에만 주의를 기울일 뿐 공간 자체를 주목하지 않듯이, 침묵보다는 침묵이라는 공간에서 금붕어처럼 떠다니는 소음에만 주목한다. 이러한 공간에 상응하는 것이 우리의 의식이다. 공간이 모든 것을 존재하게 하듯, 의식은 마음의 대상들이 존재할 수 있게 해주는 공간이 된다.[28]

우리가 모든 개념을 버린 뒤 완전한 텅 빔, 완전한 침묵 속으로 들어가면 우리는 신이라는 개념이 가리키는 것을 직접 경험하게 된다. 그 직접적인 경험 속에서 우리는 마음의 꿈에서 깨어나고 신이라는 것이 실제로는 참된 나 자신을 가리킨다는 것을 깨닫게 된다. 밖에는 침묵이 흐르고 안에는 고요함이 자리 잡으면 우리는 평화 그 자체를 경험하게 된다. 그리고 그 평화 속에서 우리는 우리의 존재를 통해 다른 사람의 존재를 느끼게 되고 그것이 하나 됨의 실현이요 사랑의 시작이라는 것을 깨닫게 된다.

따라서 평화교육은 단순히 자신의 마음을 자각하고 온전히 경험하는 것에 그쳐서는 안 된다. 평화교육은 적극적으로 다른 사람을 사랑하고 도울 수 있는 방법을 찾아보는 것으로 나타나야 한다. 데스몬드 투투 대주교는 평화교육의 출발로서 사이가 좋지 않은 이웃과의 관계 개선을 예로 들고 있다.[29]

저는 종종 우리가 이웃과 어떻게 관계를 맺어야 하는가를 예로 들곤 합니다. 옆집 사람과 사이가 나쁘다고 가정해봅시다. 그를 판단하고 비판할 수 있습니다. 그와 관계를 개선하지 않고 불편과 고통을 감수할 수도 있고, 문제를 부정할 수도 있으며, 사이가 나쁘지 않은 척 자신을 속일 수도 있습니다. 그러나 이 가운데 어느 것도 자신에게 이롭지 않습니다. 차라리 이웃과 관계가 좋지 않다는 것을 인정하는 게 나아요. 그리고 그 관계를 개선하고 싶다는 것도요. 관계 개선에 성공할 수도 있고 실패할 수도 있지만 어쨌든 우리가 할 수 있는 한 가지는 바로 뭐라도 시도하는 거예요. 이웃을 통제할 수는 없지만 자신의 생각과 감정은 어느 정도 통제할 수 있어요. 분노, 증오, 두려움 대신 그들을 향한 연민의 마음을 기를 수

28. 에크하르트 톨레, 앞의 책, 198쪽.
29. 달라이 라마 외, 앞의 책, 261쪽.

있어요. 그리고 이웃을 향한 인정 넘치는 마음도요. 그들을 향한 따뜻한 마음을 키울 수도 있어요. 이것만이 관계를 개선시키는 유일한 방법이에요. 그러다 보면 그들과 좋아질 수도 있겠지요. 물론 그러지 않을 수도 있어요. 우리가 그것까지 통제할 수는 없지만 대신 마음속에 평화가 찾아올 거예요. 이웃과의 사이가 개선되든 안 되든 기쁘고 행복할 수 있을 거예요.

마라톤 주자들이 고통의 극한 속에서 느끼는 황홀감을 '러너스 하이Runner's High'라고 하듯이 다른 사람을 도움으로써 느껴지는 황홀감을 '헬퍼스 하이Helper's High'라고 부른다. 달라이 라마가 마음속에 증오심이 나타날 때마다 수행했던 통렌 수행이나 만델라가 로벤섬으로 끌려가 채석장에서 돌과 함께 자신의 분노의 찌꺼기를 제거했던 것, 그리고 틱낫한 스님이 성폭행을 당하고 바다에 뛰어든 소녀와 그 소녀를 성폭행한 해적을 둘로 보지 않은 것처럼 타인에 대한 도움과 타인에 대한 분노심의 제거는 동전의 양면과 같다.

『삶에서 깨어나기』에는 아프리카 마토보 지역의 쿠족에 대한 이야기가 있다.[30] 쿠족은 누군가가 살해되면 일 년간 애도한 다음 '물에 빠진 자의 재판'이라는 의식을 치른다고 한다. 즉 강가에서 밤새 잔치를 벌인 다음 새벽에 살인자를 묶어 배에 태워 물 가운데로 나가서 물에 빠뜨린다. 그런데 오직 살해된 자의 유가족만이 살인범을 구할 수 있다고 한다. 유가족은 두 가지 중 한 가지를 선택해야 한다. 물에 빠져 죽도록 그냥 두던지 아니면 헤엄쳐 들어가 그를 구하던지. 쿠족은 사랑하는 사람을 잃은 슬픔은 오직 한 생명을 구함으로써 치유될 수 있다고 생각한다. 물론 거의 대부분의 쿠족은 헤엄쳐 들어가 한 생명을 구한다.

---

30. 타라 브랙(2014), 『삶에서 깨어나기』, 윤서인 옮김, 불광출판사.

4. 평화-그 본래의 상태

평화는 우리 내면의 투쟁을 멈추는 것이다. 우리의 마음에는 투쟁하려는 무의식적 욕구가 내재되어 있다. 그것을 만들어내는 것은 물론 에고이다. 끊임없이 투쟁하는 상태 속에서 우리는 분리된 자아라는 경계를 유지할 수 있기 때문이다. 우리는 분리된 채로 있기 위해 투쟁할 뿐만 아니라 분리된 채로 있기를-비록 그것이 수많은 고통과 두려움, 혼란을 초래할지라도-원한다.[31] 우리가 내면에서 투쟁하는 이유는 분리된 자아라는 느낌을 유지하기 위해서이다. 만약 내가 그 투쟁을 잠시라도 멈춘다면 분리된 자아감을 만들어주는 경계가 사라진다.

투쟁을 멈추는 방법은 오직 한 가지이다. 그것은 그 투쟁을 자각하고, 받아들이고, 온전히 경험하는 것이다. 맹자의 부동심에서 언급했듯이 마음을 억압하고 회피한다고 해서 마음이 평화로워질 수는 없다. 그 마음이 일어나는 것을 지켜보고, 그것을 온전히 받아들이는 것이 부동심, 즉 평화로운 마음의 요체인 것이다.

우리가 아무리 노력해도 투쟁을 불러일으키는 생각을 억압하거나 놓아버릴 수는 없다. 애초에 생각을 창조한 것은 우리가 아니기 때문이다. 많은 사람들이 자신에게 일어나는 생각은 자신이 스스로 만든다고 여긴다. 그러나 생각은 우리가 만들어내는 것이 아니다. 생각은 그저 나타난다. 그러니 내 것이 아닌 생각을 통제하거나 억압하거나 놓아버리는

---

31. 아디야 샨티(2015), 『완전한 깨달음』, 심성일 옮김, 침묵의향기, 69쪽.

것은 애초에 불가능한 일이다. 그 생각을 자각하고 그것을 받아들이고 또 온전히 경험하면 생각이 사라진다. 우리가 생각을 놓아주는 것이 아니라 생각이 우리를 놓아주는 것이다.

우리는 오직 자신이 믿는 것만을 두려워할 수 있다. 모든 두려움은 자신의 생각을 믿기 때문에 일어난다. 두려움은 미래의 것이다. 내가 두려워하는 일은 아직 일어나지 않았다. 그렇지만 나는 그것이 일어날 것이라고 믿는다. 바로 그 믿음 때문에 두려움이 일어나는 것이다. 여기에도 여전히 '두 번째 화살'이 적용된다. 첫 번째 일어나는 두려움에 이어 그보다 더 강렬한 두 번째, 세 번째 두려움이 따라서 일어나는 것이다.

물론 미래는 '알 수 없는 것'이다. 그리고 알 수 없는 것은 항상 불안감을 유발한다. 이 알 수 없는 것에 대한 불안감은 우리가 결코 회피할 수 없는 것이다. 그 불안감을 회피하거나 억압하지 말고 그 속에 온전하게 있을 때 불안감은 본래의 자기 모습을 드러내게 된다. 그것은 아름다움 자체이며, 영원한 그 무엇이며, 완전한 평화로움이다. 그것이 우리의 본래 모습이다. 안도감이나 불안감이나 모두 분리된 나라는 생각에서 비롯된 것이다. 이 분리된 나라는 것이 사라질 때 모든 두려움과 불안감은 사라지고 완전한 공, 완전한 평화로움만 남게 된다.[32]

분리된 개체로서의 자아는 우리가 맞서 싸울 대상이 아니라 단지 뒤로 하고 넘어가야 할 대상일 뿐이다. 우리는 어린 시절을 뒤로 하고 앞으로 나아가지만 뒤에 남겨둔 어린 시절이 잘못되었다고 여기지는 않는다. 물론 깨달음을 얻은 후에도 '나'라는 분리감은 여전히 남아 있지만 그것은 고집을 부리는 어린아이에 지나지 않는다. '나'라는 분리감뿐만 아니라 그 분리감 밖에 존재하는 모든 것들이 곧 '나'라는 생각의 반영인 것을 알게 되기 때문이다. 우리는 우리가 만든 이야기를 바깥으로

---

32. 아디야 샨티, 위의 책, 44쪽.

투사하는 사람이며, 세상은 우리 이야기들의 투사된 이미지에 불과하다는 것도 깨닫게 된다. 이처럼 우리가 평화교육을 통해 배우는 것은 투사된 대상이 아니라 투사하는 영사기, 즉 우리의 마음을 바꾸는 것이다. 그리고 그 마음은 본래 평화롭다.

제12장

인공지능 시대와 마음교육

나는 생각한다(빠를수록 좋다!)
사이버네틱 초원을.
동물들과 컴퓨터들이
서로 도우며 함께 살고
조화롭게 프로그래밍하는 곳
마치 맑은 물이
파란 하늘을 어루만지듯

나는 생각한다(부디 지금 당장!)
사이버네틱 숲을.
소나무와 전자제품들이 빽빽하고
사슴이 평화롭게
컴퓨터 사이를 거니는 곳
마치 회오리 모양 꽃봉오리를 지닌 꽃들처럼

나는 생각한다(그래야 한다!)
사이버네틱 생태계를.
우리가 노동에서 해방되어
다시 자연으로 돌아가
우리의 포유류 형제자매들과 함께할 수 있는 곳
어여쁘고 고귀한 기계들이
멀찍이서 지켜봐주는 곳

_리처드 브라우티건(1967), 「어여쁘고 고귀한 기계들이 멀찍이서 지켜봐주는」

1. 인공지능과 핵심역량교육

유럽연합집행위원회가 출간한 2015년 12월 EC 보고서는 미래사회의 변화를 예측하고 대비한 메가트렌드를 세 가지로 정리하였다. 그 한 가지는 세계는 연결되고 경제적으로 서로 경쟁하게 되며 학습과 발견 등의 방식이 바뀐다는 것이고, 또 한 가지는 인구 변화로 이주, 고령화 등의 상황뿐 아니라 교육 등 여러 분야에서 사람들이 할 수 있는 것이 변하게 되며, 마지막으로 기술 변화 속도가 더욱 빨라져 경제뿐 아니라 교육과 과학 분야에서 일하는 방식까지 변할 것이라고 하였다.[1]

2016년 스위스 다보스에서 열린 세계경제포럼에서 클라우스 슈밥 Klaus Schwab 세계경제포럼 회장은 "4차 산업혁명은 모든 것이 연결되고 보다 지능적인 사회로의 진화를 의미한다"라고 정의하였다. 특히 포럼을 통해 발표된 '미래고용보고서'에서는 올해 초등학교에 입학하는 학생의 65%는 지금의 사회에서는 존재하지도 않는 직업을 가지게 될 것이라고 보았다. 또 슈밥은 인공지능이 우리가 '하는 일'을 바꾸는 것이 아니라 '인류 자체'를 바꿀 것이라고, 우리의 행동양식뿐 아니라 정체성까지 변화시킬 것으로 전망하였다. 이는 결국 '우리는 누구인가?' 하는 인간존재의 본질에 대한 의문으로 연결될 것으로 보인다. 이처럼 유전공학과 인공지능 기술혁신으로 새로운 진화 과정을 겪고 있는 인류를 '포스트 휴먼'이라고 부르기도 하고, 피터 노왁 Peter Nowak 은 현재 인류를 '휴

---

1. 박영숙·제롬 글렌(2016), 『유엔 미래보고서 2050』, 교보문고.

먼 3.0', 미래 인류를 '휴먼 4.0'이라고 명명하기도 했다.

　교육 영역에서 제4차 산업혁명에 대한 연구는 이것이 불러올 고용구조의 변화에 따른 교육과정과 체제에 대한 연구가 대부분이다. 그 대표적인 것이 핵심역량에 대한 논의이다. 20세기 말부터 DeSeCo 프로젝트, 세계교육포럼 등 세계의 주요 교육연구기관들은 저마다 미래사회에 필요한 핵심역량에 대한 연구 결과를 보고서나 선언문 형태로 발표하고 있다. 이들은 한결같이 미래사회를 살아가는 데 필요한 핵심역량은 인류의 정체성에 대한 고민과 더불어 인류가 자연과 함께 살아가는 데 필요한 공존능력을 기르는 것이라고 강조하고 있다. 직업교육에서도 학생들의 직업기초능력, 학습민첩성, 직업윤리 등의 중요성이 커지면서 '무엇을 알고 있는가?'보다는 '무엇을 할 수 있으며, 어떤 성과를 얻을 수 있는가?'를 요구하고 있다. 특히 국가직무능력표준NCS에 기본을 둔 역량 중심 직업교육이 강조되고 있다.[2]

　미래의 교육과 관련해서 학자들이 공통적으로 지적하는 것은 창의교육이다. 비판적 사고, 소통, 협동 능력을 갖추고 창의력 있는 인재를 키우는 것을 목표로 해야 한다. 이러한 창의교육에는 기계가 갖지 못한 다양한 능력의 함양이 포함된다. 즉 인문학적인 상상력, 문화 예술적인 감수성, 협력적인 인성 등의 능력을 함양하는 것이 중요하다고 지적한다.[3]

　인공지능의 특성과 비교해볼 때, 인간은 감정과 직관력, 질문능력을 지닌 존재라는 점에서 특수성을 지닌다. 또한 고도의 도덕적, 윤리적인 판단능력은 기술을 설계하고 활용하기 위해 꼭 필요한 인간의 능력으로 드러난다. 기계를 잘 활용하며 인류 문명을 발전시켜가기 위해서는 이러한 인간의 능력을 키우기 위한 교육이 필요하다고 말한다.[4]

2. 이용순(2016), 「미래 사회 변화를 대비한 진로교육의 과제」, 『교육정책포럼』 227, 한국교육개발원.
3. 천세영(2016), 「4차 산업혁명시대의 스마트교육」, 『월간교육』 8.

교육 내용의 측면에서, 초연결사회에서의 교육은 지식과 접속할 수 있는 능력을 키우는 교육이어야 한다는 주장이 많다. 방대한 외부지식과 언제든 접속하기 위해서는 신체에 밀착된 탄탄한 핵심지식이 필요한데, 이는 정서교육, 직관교육과의 협조를 통해서 이루어질 수 있다는 것이다. 지식의 양은 줄이되 외부지식과 접속하는 탐색과정은 반복적으로 체험되어야 한다고 말한다. 교육 방법의 측면에서 구술미디어, 문자미디어, 디지털미디어, 인공지능 미디어 등을 교차적으로 융합시켜야 한다는 것이다. 성장세대가 지식을 찾아 창조적으로 융합하며 도덕적 가치를 지향할 수 있도록 이끌기 위해서는 교육활동에서 미디어를 적절하게 활용하는 지혜가 필요하다. 이때 교사의 민감한 관찰과 소통, 교감 능력은 앞으로 교사의 전문성을 특징짓는 중요한 능력이 될 것으로 예측한다. 다만, 기술 발달이 이루어놓은 최근의 교육환경이 인간의 교육적 이상과 정반대로 흘러갈 수 있다는 점에서 교육의 어려움이 클 것으로 예상된다고 말한다.[5]

미래의 학교는 사라질 것이라는 전망도 있고 또 공동체의 지식센터로 거듭날 것이란 전망도 있다. 분명한 것은 학습이 학교에서만 이루어지지 않을 것이고 학습 내용 또한 고정된 것이 아니라 일상적 삶의 활동과 통합될 것이라는 점이다. 분명한 것은 우리가 원하는 미래사회는 저절로 오는 것이 아니라 우리가 만들어가야 한다는 점이다. 미래의 사회나 교육은 교육 구성원들이 지금 어떤 선택과 결정을 하느냐에 따라 달라진다.

한편 일본은 2000년대 이후 '마음교육'이라는 말을 학교현장에 도입하였으며, 『마음 노트心のの_と』를 교재로 개발하여 활용하고 있다. 1997

4. 김지원(2017), 「인공지능 시대의 새로운 교육패러다임에 대한 연구」, 경북대학교 박사학위 논문.
5. 조희연(2016), 「인공지능 시대의 미래교육」, 『인물과 사상』 221호, 72~85쪽.

년 고베에서 발생한 아동연쇄살인사건은 물질적인 풍요에도 불구하고 흉포화되는 청소년 범죄, 학교폭력의 확산과 학교 부적응아 등장 등 학교현장 전반에 대한 반성을 촉구했고, 중앙교육심의회는 그에 대한 해결책으로 『새로운 시대를 개척할 마음을 가꾸기 위해』라는 보고서를 제출했다. 이것이 마음교육이 학교현장에 등장하게 된 계기가 되었다.

이상에서 살펴본 바와 같이 제4차 산업혁명과 관련된 연구물들은 대부분 직업교육을 중심으로 대안을 제시하고 있다. 즉 제4차 산업혁명으로 인공지능이 기존의 직업을 대체할 것이라는 사실에 대해 인공지능이 대체할 수 없는 직업이 반드시 있을 것이고, 그러한 직업을 갖는 데 필요한 능력이 어떤 것인가에 초점을 맞추고 있는 것이다. 그러나 이제는 인공지능이 대체할 수 없는 직업이 무엇이고 그 직업을 수행하기 위해서는 어떤 능력이 필요한가에 대한 연구보다는, 인간이 직업 대신 무엇으로 자신을 실현할 수 있는가에 대한 연구가 본격적으로 이루어져야 한다.

피터 노왁의 『휴먼 3.0』이 그나마 미래의 인류 변화를 다루고 있지만 그의 주장은 현대적 인간관의 연장에 불과하다. 그는 즉 제4차 산업혁명을 통해 에너지 문제와 식량 문제가 완전히 해결되지만 개인주의와 이기주의는 더욱 치열해질 것이라 보고 있다. 그래서 그는 미래에 태어날 휴먼 4.0은 이타적인 존재가 될 것으로 보고 있지만 왜, 그리고 어떻게 그런 존재가 될 것인지에 대해서는 말하지 못하고 있다.

그렇기 때문에 대부분의 연구에서는 인공지능과 인간을 대립적으로 간주하고 있다. 이것은 인공지능과 관련하여 인류의 미래를 다룬 대부분의 영화나 공상과학 소설이 디스토피아를 그리고 있는 것과 연관되어 있을 것이다. 그러나 이런 부정적인 미래에 대한 예측은 현대 인간관이 변하지 않을 것이라는 전제를 바탕에 깔고 있다. 제4차 산업혁명과 인공지능은 인류의 미래에 독립변수가 아니라 매개변수이다. 즉, 중요한 것은 인간관의 변화이다. 인류가 어떤 인간관을 선택하느냐에 따라 인공지능이 인류에 대립적인 존재가 되느냐 우호적인 존재가 되느냐가 달라지며, 나아가 미래의 모습도 달라진다. 그런 측면에서 이 시점에서 가장 중요한 것은 인간관과 인류의 존재 차원의 변화이며 그 변화를 위한 핵심이 바로 마음교육인 것이다.

4차 산업혁명과 관련하여 등장할 트랜스휴머니즘에 대한 논의는 크게 두 가지로 나눌 수 있다. 한 가지는 휴머니티 플러스를 중심으로 한 흐름이다. 이들은 개인의 선택과 자유를 가장 우선시하고 국가와 정부의 개입을 반대하는 '자유주의적 트랜스휴머니스트'들이다. 또 한 가지는 '기술진보주의자'들로 개인의 권리를 존중하지만 시장자본주의를 배척하고 사회민주주의를 받아들이는 집단이다. 이들은 우리 삶의 본성이나 능력, 가능성까지도 변화시킬 수 있다고 보고 그것을 기대하지만, 그 변화의 구체적인 방법까지는 제시하지 못하고 있다.

2. 사지食志 노동과 사공食功 노동

인공지능 시대의 일자리 불확실성과 관련하여 최근 역량교육이 강조되고 있다. 역량교육이란 향후 어떤 일자리가 생길지 모르지만 어떤 상황에서라도 그 일에 적합한 핵심역량을 길러야 한다는 주장일 것이다. 그러나 이 역시 책임회피에 지나지 않는다. 교육정책을 입안하는 책임을 맡은 사람들이 해야 할 일은 역량교육과 같은 그럴듯한 개념을 만들어 책임을 회피하는 일이 아니라, 일자리가 사라진 이후에 학교와 학생들이 추구해야 할 교육의 목표를 보다 분명하게 제시해주는 일이다.

현대 문명의 관점으로 보면 일자리는 단순히 생계수단이 아니다. 루터는 일과 직업이 신의 소명에 따른 것이라고 주장했고, 칼뱅은 노동을 신의 영광을 드러내는 도구라고 설파했다. 따라서 현대 문명 속에서 실직이란 곧 정체성 훼손과 자존감 상실로 이어진다. 대부분의 일자리가 사라지는 인공지능 시대에는 일자리가 더 이상 인간의 정체성이나 자존감을 지탱하는 것이 될 수 없다는 것이 자명하다.

그렇다면 인공지능 시대의 삶을 살아갈 학생들을 위한 교육에서는 일자리를 대신하여 학생의 정체성과 자존감을 형성할 수 있는 것이 무엇일까? 우리는 이를 시급히 탐색하여 학생들에게 제시할 수 있어야 한다. 이 지구상에서 오직 자신만이 할 수 있고 또한 그것으로 인해 나의 삶이 풍성해지는 것, 그것이 무엇인지 찾아내도록 교육해야 한다. 그것은 일자리가 없는 시대에 더 이상 직업교육만을 고집해서는 안 된다는 것, 진로교육이 곧 일자리 교육이라고 생각하는 틀에서 벗어나야 한다는 것을 의미한다. 인공지능시대의 진로교육은 인간 개인의 정체성과 자존감을 어디에서 찾을 것인가를 더 깊이 고민하도록 하는 일이어야 한다.

맹자는 일자리를 사지 노동과 사공 노동으로 나누었다. 맹자 「등문공 장구滕文公章句」 하下에 다음과 같은 구절이 있다.[6]

맹자의 제자인 팽경彭更이 물었다. "뒤에 따르는 수레가 수십 대이며, 종자從者 수백 명을 거느리고 제후諸侯에게 밥을 얻어먹는 것이 너무 지나치지 않습니까?" 맹자께서 말씀하셨다. "그 도道가 아니라면 한 그릇의 밥이라도 남에게 받아서는 안 되지만, 만일 그 도라면 순舜임금은 요堯임금의 천하天下를 받으시되 지나치다고 여기지 않으셨으니, 그대는 이것을 지나치다고 여기는가?" 팽경이 대답하였다. "아닙니다. 선비가 일없이 밥을 얻어먹는 것이 불가하다는 말입니다." 맹자께서 말씀하셨다. "자네는 집을 짓는 목수와 수레를 만드는 장인에게는 밥을 먹일 것이다. 그런데 들어오면 효도하고 나가면 어른에게 공경하며 인의仁義를 행하는 사람은 자네에게 밥을 얻어먹지 못할 것이다. 그대는 어찌하여 목수와 장인은 높이고 인의를 행하는 자는 가볍게 여기는가?" 팽경이 말하였다. "목수와 장인은 그 뜻이 밥을 구하는 것이거니와 군자가 도를 행하는 것이 과연 밥을 구해서 그런 것입니까?" (중략)

맹자가 말씀하셨다. "밥을 먹이는 것에는 두 가지가 있다. 공이 있어서 밥을 먹이는 것과 뜻이 있는 자에게 밥을 먹이는 것이 그것이다.

---

6. 彭更問曰 後車數十乘 從者數百人 以傳食於諸侯 不以泰乎 孟子曰 非其道 則一簞食 不可受於人 如其道 則舜受堯之天下 不以爲泰 子以爲泰乎 曰 否 士無事而食이 不可也 (중략) 子如通之 則梓匠輪輿皆得食於子 於此有人焉 入則孝 出則悌 守先王之道 以待後之學者 而不得食於子 子何尊梓匠輪輿而輕爲仁義者哉 曰 匠輪輿 其志將以求食也 君子之爲道也 其志亦將以求食與 曰 子何以其志爲哉 其有功於子 可食 而食之失 且子 食志乎 食功乎(「文公章句」下).

그것을 필요로 하는 사람에게 공功이 있어서 밥을 먹이는 것을 사공食功이라고 하고, 뜻이 있는 자에게 밥을 먹이는 것을 사지食志라고 한다. 이것이 유학의 두 가지 노동이다. 물론 두 가지 다 지불支拂 노동이다. 사지란 도를 닦고 이를 실천하는 노동에 대한 지불을 말하고, 사공이란 일상생활에 필요한 재화와 용역을 제공하는 것에 대한 지불을 말한다. 사공 노동에서도 일상생활에 필요한 노동이라고 해서 모두 같은 평가를 받는 것은 아니다. 상업보다는 공업을 중시하고 또 공업보다는 농업을 중요시하는 것이 유학의 노동관이다. 맹자는 이러한 사공 노동의 차이를 방패를 만드는 노동과 창을 만드는 노동을 예로 들어 설명한 바 있다.[7]

> 맹자께서 말씀하셨다. "화살 만드는 사람이 어찌 갑옷 만드는 사람보다 仁하지 못하겠는가마는, 화살 만드는 사람은 행여 사람을 상하지 못할까 두려워하고, 갑옷 만드는 사람은 행여 사람을 상할까 두려워하니 무당과 관 만드는 목수도 또한 그러하다. 그러므로 기술을 (선택함에) 삼가지 않으면 안 되는 것이다."

유학의 근본 목적은 인仁의 실현이다. 인은 어려움에 처한 사람이나 사물에 대해 측은히 여기는 마음惻隱之心으로 발현된다. 화살을 만드는 일을 계속하다 보면 인한 마음을 해치게 되고, 갑옷을 만드는 일을 계속하다 보면 인한 마음을 보존할 수 있게 된다. 그렇기 때문에 나의 마음속에 있는 인이 발현되는 것을 돕는 직업이 좋은 직업이라는 것이다.

맹자는 사지 노동과 사공 노동의 구분과 함께 노동을 노심勞心과 노

---

7. 孟子曰 矢人 豈不仁於函人哉 矢人 惟恐不傷人 函人 惟恐傷人 巫匠亦然 故 術不可不愼也 (「公孫丑章句」上).

력勞力으로 구분하기도 하였다.[8]

그러므로 '혹은 마음을 수고롭게 하며, 혹은 힘을 수고롭게 하나니, 마음을 수고롭게 한 자는 남을 다스리고, 힘을 수고롭게 한 자는 남에게 다스려진다' 하였다. 남에게 다스려지는 자는 남을 먹여주고, 남을 다스리는 자는 남에게 얻어먹는 것이 천하의 공통된 의리이다.

노심과 노력은 플라톤의 『국가』 이래로 하나의 전통이 된 서양의 정신노동과 육체노동의 구분과 유사하다. 그러나 사지와 사공 노동의 구분은 정신노동과 육체노동의 구분과는 분명히 다르다. 노심이나 정신노동은 지배자로서의 자질과 능력을 기르는 것에 한정되지 않고, 그러한 능력을 활용하여 국가나 사회에 도움을 주는 활동을 노동이라고 규정하는 반면, 사지 노동은 자기 수양 그 자체를 노동으로 규정하기 때문이다.

그런 측면에서 사지와 사공으로 노동을 이원화한 유학의 노동관은 차라리 유승무가 말한 불교에서의 법시法施와 재시財施의 교환을 의무화한 붓다의 실험과 유사하다.[9] 즉 수행을 하는 승려는 자신의 수행을 통한 깨달음을 나누어 주고, 이러한 수행승들로부터 깨달음을 전해 받는 신자들은 이들에게 공양을 제공하는 사회적 교환을 말한다. 물론 유학에서는 사지와 사공의 교환을 의무화한 것이 아니고, 각 개인이 아니라 국가가 사지에 대한 지불을 담당했으므로 붓다의 실험과는 차이가 있다고 말할 수 있다.

---

8. 故曰 或勞心 或勞力 勞心者 治人 勞力者 治於人 治於人者 食人 治人者 食於人 天下之通義 也(「文公章句」上).
9. 유승무(2009), 「'좋은 노동'을 위한 발상의 전환」, 『동양사회사상학회. 2009 기획학술대회 발표논문집』, 19쪽.

그러나 불교와 마찬가지로 유학 교육의 궁극적인 목표는 일상생활에 필요한 노동력의 양성이 아니라 도를 닦고 실천하는 자를 양성하는 것이었다. 그래서 공자는 농사짓는 법을 묻는 어리석은 제자 번지樊遲를 나무라기도 했고, 또 군자불기君子不器라고 하여 군자는 한 분야의 전문가가 되어서는 안 된다고 주장하기도 하였다.

사공 노동은 현대 문명의 대부분의 일자리와 같이 남들에게 필요한 재화와 용역을 제공하는 노동이다. 반면 사지 노동은 도를 추구하는 삶을 사는 사람들이 하는 노동이다. 수행과 낙도로서의 노동으로 자신의 정체성을 삼을 수 있는 구체적인 방법은 무엇일까?

3. 수행과 낙도-미래의 삶

개항과 일제 식민지를 거쳐 서구 현대 문명이 강제적으로 이식 수용된 오늘날, 우리 사회의 노동은 전적으로 사공食功을 위주로 조직되어 있다. 현대 문명에 대한 대안적 삶의 실천을 위해 노력하는 사람들에게 작은 후원금을 내는 것이 그나마 오늘날 사지 노동의 명맥이 끊기지 않고 남아 있도록 하는 작은 실천이 되고 있을 뿐이다.

조선시대의 유학은 사공 노동의 의무가 없어 무위도식無爲徒食하는 유한계급의 공부였다. 따라서 계급적 관점에서 보자면 유가儒家의 담론은 철저하게 신분에 의존해 있었고, 이기론理氣論, 심성론心性論 등의 형이상학은 당시의 불평등한 현실을 은폐하고 왜곡하는 데 기여했다. 그렇지만 이러한 유학사상에서 역사적, 시대적 한계를 덜어내고 나면 그 본질적 이념은 탈현대 사회를 디자인하는 데 커다란 시사점을 준다. 특히 현대 문명에서 말하는 사공 노동을 통한 자아실현ego realization이 아니라 사지 노동을 통한 자기실현self realization의 구체적 방법을 제시하고 있다는 점에서 더욱 그렇다. 이를 구체적으로 살펴보기로 하자.

자아ego란 더 이상 나눠지지divide 않는in 분리 독립된 개체individual를 뜻한다. 현대 교육은 이런 자아의 정체성 확립과 확장을 목적으로 삼고 있다. 그리고 앞에서도 언급하였듯이 이런 자아의 확립과 확장의 가장 강력한 수단이 노동이다. 그러나 유학에서는 '나'를 분리 독립된 개체로 보지 않고 우주적인 존재로 이해한다. 장횡거는 『서명西銘』에서 다음과 같이 말했다.

하늘을 아버지라고 부르고 땅을 어머니라고 부른다. 나의 이 조그만 몸이 그 가운데 뒤섞여 있다. 그러므로 천지에 가득 찬 것이 나의 몸이요, 천지를 이끄는 것이 나의 본성이다. 세상 사람들은 나의 동포요, 모든 식물과 동물들은 나와 함께 사는 무리이다.[10]

정명도程明道 역시 "인자仁者는 천지만물을 한 몸으로 보므로 나에게 속하지 않은 것이 없다"[11]라고 하였다. 이처럼 유학은 인권人權보다는 자연권自然權을, 평등同보다는 조화和를 중요시한다和而不同. 또 생산력의 증대보다는 욕심을 줄이는 것寡慾을 목표로 삼고, 제도나 구조의 변화보다는 '나'의 변화를 근원적인 것으로 본다反求諸己.[12]

유학의 관점에서 보면 현대 문명에서의 '개아個我로서의 나'는 극복해야 할 허상일 뿐이다. 우주적인 존재로서의 '나'를 융의 표현을 빌려 '자기self'라고 한다면, 유학은 자아ego를 극복하여 진정한 '나'인 자기를 실현하는 것을 목표로 삼는다. 그리고 이러한 자기실현의 방법으로 수행을 제시하고 있다. 따라서 수행은 현대 문명에서 자아를 실현하는 가장 강력한 수단인, 직업으로서의 노동을 대체할 수 있는 가장 현실적인 대안이라고 볼 수 있다.

유학 사상이 가진 본질적 이념은 지난 100여 년간의 현대 문명이 수반한 각종 폐해, 즉 인간성 상실, 자연 파괴, 상호경쟁의 일상화, 시간과 공간 사이에서 무의미한 존재라는 공허감 등을 해결할 수 있는 대안을 제시해준다. 물론 이러한 주장을 하는 것은 현시대가 인류가 몇 번 경험하지 못한 문명사적 전환 시기라는 믿음에 터해 있다. 즉 2~3세기 전

---

10. 乾稱父坤稱母 予玆貌焉 乃混然中處 故天地之塞 吳其體 天地之帥 吳其性 民吾同胞 物吳與也.

11. 仁者以天地萬物爲一體 莫非己也.

12. 자세한 설명은 정재걸(2006), 「논어와 탈근대 교육의 설계」(『동양사회사상』 제14집)를 참조

에 발흥한 서구 현대 문명이 이제 한계에 봉착했고, 새로운 문명이 출현하는, 아니 해야만 하는 초입에 우리가 서 있다는 것이다. 이를 함석헌 선생은 "박혀 버린 역사의 배를 서양이라는 죽음의 진탕에서 빼내려면, 죽은 듯이 서 있는 저 언덕의 동양바위를 한사코 박찰 필요가 있다"[13]라고 하였다. 이제 우리는 동양사상에서 탈현대 사회의 청사진을 찾아내야 한다. 이제 더 이상 자유와 인권과 같은 현대 사회의 이념을 인류의 보편적인 이념으로 간주해서는 안 된다. 자유와 인권은 전근대 사회에서의 인신적 예속을 벗어나기 위해 분명히 필요한 이념이었지만 그것 자체를 목표라고 강요하는 것은 어불성설이다.

자유와 인권을 목표로 하는 것은 마치 노인들이 오직 건강을 위해 살아가는 것과 같다. '무엇을 위한 건강인가?'라는 질문과 같이 무엇을 위한 자유이고, 무엇을 위한 인권인가를 물어야 한다. 오늘날 자유와 민주, 인권과 같은 이념을 중심으로 사회운동을 하는 사람들은 '시대착오'적인 사람들일 뿐이다. 지금 우리가 필요로 하는 것은 마르크스의 공산주의에 대신할 만한 미래에 대한 구체적인 청사진이다.

일본의 경영 컨설턴트로 일하는 간다 마사노리는 "99%의 인간은 현재를 보면서 미래가 어떻게 될지를 예측하고, 1%의 인간은 미래를 내다보면서 지금 현재 어떻게 행동해야 될지를 생각한다. 물론 후자에 속하는 1%의 인간만이 성공한다. 그리고 대부분의 인간은 1%의 인간을 이해하기 어렵다고 말한다"라고 하였다. 노자老子 역시 많은 못난 사람들이 비웃지 않으면 진정한 도가 아니라고不笑不足以爲道 했다. 그러나 제대로 이해하지 못하여 그것을 비웃는 사람들을 무조건 무시할 수는 없다. 그러한 사람들을 최대한 줄이기 위해서라도 미래에 대한 청사진은 보다 분명하고 구체적이어야 한다.

---

13. 김진편(2003), 『너 자신을 혁명하라』, 오늘의책, 136쪽.

인공지능으로 인해 소멸하게 될 노동은 주로 사공 노동이다. 전통사회의 사공 노동은 물론 지불支拂 노동이지만, 노동의 종말에 따라 점차 교환 영역에 속하지 않는 다양한 노동이 나타날 것으로 예측된다. 예컨대 텃밭을 가꾸는 것과 같은 자급자족활동이나, 가사노동과 봉사활동과 같은 노동이 그것이다. 그렇다면 탈현대 사회의 노동은 어떤 모습일까?

홍승표는 탈현대 사회의 대표적인 노동으로 탁낫한 스님을 예로 들었다.[14]

> 씨앗을 심고 씨앗에서 새싹이 돋아나는 것을 보며 즐거워한다. 물을 주고 김을 매어준다. (중략) 씨앗이 싹을 틔우고 무럭무럭 자라고 열매를 맺고 죽어서 땅으로 돌아가는 모습을 보면서 나의 탄생과 성장의 신비를 느끼고 나이 들어감의 의미와 편안함을 느끼며, 쉼으로서의 죽음을 맞이할 수 있는 능력을 키운다. 이것이 수행과 낙도로서의 노동의 의미이다.

홍승표의 수행과 낙도로서의 노동은 수행이 노동이라는 의미와는 전혀 다르다. 홍승표의 주장은 수행이 노동이 되는 것이 아니라, 노동이 수행이 되어야 한다는 뜻이다. 그런 의미에서 홍승표는 탈현대 사회에서는 노동만이 아니라 모든 활동이 수행과 낙도가 되어야 한다고 주장한다. 즉 아침에 깨어나서 밤에 잠자리에 들 때까지의 모든 생활이 곧 수행과 낙도로서의 활동이 될 수 있고 또 되어야 한다는 것이다.

따라서 조선시대 선비들의 사지 노동은 두 가지 점에서 홍승표가 제시한 수행과 낙도로서의 노동과 구별된다. 먼저 조선시대의 사공 노동은 꼭 필요하고 중요한 노동이었지만, 결코 수행으로서의 노동이 되지

---

14. 홍승표(2009), 「통일체적 세계관과 인간적 노동의 구현」, 『동양사회사상학회 2009 기획 학술대회 발표 논문집』, 60쪽.

는 못하였다. 앞에서 언급한 바 있지만 농사일을 묻는 번지를 나무라는 공자와 같이, 조선시대 선비들은 '노동을 수행으로 생각'한 것이 아니라 선비로서의 일, 즉 '수행을 노동으로 생각'하였던 것이다. 그래서 조선시대 선비들은 비록 농사를 짓는 경우가 있다고 하더라도 농사를 수행으로 생각하지는 않았다.[15] 또 한 가지는 사지 노동의 경우라도 틱낫한 스님과 같이 수행과 낙도가 일치되지 못하고 두 가지 활동 사이에는 약간의 차이가 있었다. 즉 수행 그 자체가 낙도가 아니라 낙도는 수행의 결과이자 수행 중에 간간히 맛보는 여가 활동으로 간주하였던 것이다.

물론 '수행이 과연 노동인가?' 하는 의문이 여전히 제기될 수도 있다. 즉 수행은 노동이 아니라 여가 활동이라고 할 수 있으며, 최대한 양보해서 일Work이라고는 할 수 있어도 노동Labour이라고는 말하기 어렵다는 주장이다. 이런 주장은 노동이 인류 역사상 어느 사회에서나 보편적일 것이라는 암묵적인 가정을 내포하고 있다. 그러나 노동의 개념은 보편적인 개념이 아니라 전현대 사회와 현대 사회에 한정된 개념이다.

최초의 인류에게는 노동이란 개념이 존재하지 않았다. 대부분의 동물이 그렇듯이 인간의 경우에도 노동과 노동 아닌 것이 구별되지 않았던 것이다. 원숭이가 나무에서 열매를 채취하는 것은 노동이고 그것을 먹는 것은 여가인가? 아니면 최초의 인류가 짐승을 사냥하고 그것을 나누어 먹는 것은 노동이고, 먹고 나서 나무 그늘 밑에서 쉬는 것은 여가인가?

인류 최초의 노동은 노동 계급의 형성과 더불어 시작되었다. 집단 구성원 모두가 생산 활동, 즉 먹을 것을 구하는 활동에 종사해야만 생존할 수 있을 정도로 생산력이 지극히 낮은 사회에서는 노동과 노동이 아닌 것이라는 구별이 존재할 수 없었다. 생산력의 발전으로 노동을 하지 않

---

15. 불교에서는 울력이라고 하여 노동 자체를 수행이라고 본다. 이 점이 유학과 불교의 차이점이라고 할 수 있다.

고 다른 사람의 잉여 노동을 착취해서 먹고사는 집단이 형성되면서 비로소 노동이 발생하였던 것이다. 즉 노동의 발생은 계급의 발생과 시기적으로 일치하는 것이다. 이렇게 발생한 노동은 전현대 사회에서는 집단 노동으로, 그리고 현대 사회에서는 개인 노동으로 전개되었다. 집단 노동이란 분리 독립된 개체로서의 개인이 나타나기 전에 자신이 속한 집단으로서 자아정체감을 가지는 시기의 노동이다. 고대 노예제 사회나 중세 봉건제 사회에서 자신의 출생과 더불어 노동의 형태가 정해지는 것이 바로 집단 노동이라고 할 수 있다. 이러한 집단 노동의 시대에서는 노동의 선택이 집단 내에 한정되고, 그러한 노동이 평생의 삶을 지배하였다.

그러나 현대 문명과 함께 노동은 여타 상품과 함께 팔고 사는 대상이 되었으며, 개인은 '자유롭게' 자신의 노동을 팔고 그 대가로 임금을 받아 삶을 영위하게 되었다. 이것이 바로 마르크스가 자본주의의 기준으로 설정한 '이중으로 자유로운 임금 노동의 출현'인 것이다. 노동의 종말이란 이러한 현대 문명의 개인 노동이 정보화의 진척과 함께 사라져 가고 있음을 지적한 것이다. 이제 인류는 다시 한 번 최초의 인류와 같이 노동이 없는 사회로 진입하고 있는 것이다.

사지 노동은 이런 노동이 없는 사회를 위한 수행 노동이다. 다시 말해서 사지 노동은 근대적 노동과 탈현대의 무노동 사이에서 활용 가능한 과도기적 형태의 노동이라고 규정할 수 있는 것이다. 그렇다면 수행 노동이 구체적으로 어떻게 하는 것인지 조선시대 유학자들의 사례를 통해 살펴보기로 하자.

조선시대 유학자들의 수행은 곧 '경(敬)'의 실천을 의미하였다. 퇴계가 죽기 2년 전에 선조 임금에게 올린 『성학십도聖學十圖』는 퇴계 평생의 학문적 노력이 담겨 있는 책이다. 이 책에서 퇴계는 10개 그림을 한 글자로 표현하면 곧 '경'이라고 하였다. 이처럼 경은 조선 유학자들에게 성인이 되는 가장 중요한 수행으로 간주되었다. 그렇다면 경은 무엇이며 어떻게 실천하는 것일까?

퇴계는 『성학십도』의 「대학장大學章」에서 경敬을 주일무적主一無適, 정제엄숙整齊嚴肅, 상성성常惺惺, 기심수렴불용일물其心收斂不容一物의 네 가지로 설명하였다. 주일무적이란 마음을 전일하게 하여 다른 잡념이 들어오지 못하게 하는 수행이다. 따라서 이는 마음을 수렴하여 한 물건도 마음에 들어오지 않도록 하는 기심수렴불용일물과 동일한 수행이라고 할 수 있다. 정제엄숙은 몸가짐을 바르고 엄숙하게 하여 몸의 움직임 하나하나에 모두 자신의 마음이 실려 있도록 하는 수행을 말한다. 퇴계는 상성성은 이 모든 수행방법을 모두 포괄하는 것으로서 마음이 항상 깨어 있도록 하는 것이다.

이러한 경의 실천을 퇴계는 제9도인 〈경재잠도敬齋箴圖〉와 제10도인 〈숙흥야매잠도夙興夜寐箴圖〉에서 자세히 설명하고 있다. 〈경재잠도〉에서는 지두地頭, 즉 공간적 상황에 따른 경의 실천 방법을, 그리고 〈숙흥야매잠도〉에서는 시간적 상황에 따른 경의 실천을 설명하고 있다. 〈경재잠도〉는 일상생활에서 공간적으로 경敬하는 방법을 설명한 그림이다. 여기서 퇴계는 경이란 몸과 마음을 하나로 하는 방법敬則心便一이라고 하였다. 우리의 몸과 마음은 구별될 수 없다. 그래서 몸이라고 한다. 우리의 몸은 하나로 하기 어렵다. 잠시 사이에 두 가지 세 가지便時二三介로 갈라진다. 몸을 하나로 하는 방법은 오직 한 가지이다. 바로 지켜보는 마음照心을 유지하는 것이 그것이다. 지켜보는 마음은 항상 지금, 여기에 있다. 내 마음이 어제에 있든 콩밭에 가 있든, 그리고 나의 몸이 무의식적으로 행위하더라도 지켜보는 마음은 항상 지금, 여기에 있다. 경이란 이런 지켜보는 마음을 끊임없이 작동시키는 것이다.

숙흥야매잠에서는 시간의 흐름에 따라 숙오夙悟, 신흥晨興, 독서讀書, 응사應事, 일건日乾, 석척夕惕, 겸숙야兼夙夜의 7조항으로 구분하여 항상 깨어 있는 방법을 설명하고 있다. 이렇게 하면 번잡한 일상에서 '이 마음을 거둬 환하기가 떠오르는 태양과 같게 하고 엄숙하게 정제하여 허명하고 정일하게' 할 수 있게 된다. 닭이 울 때 깨어나 생각이 점차 달리기 시작할 때 그 마음을 담연하게 정돈하는 것부터, 밤에 잠자리에 들 때 야기夜氣를 모으는 행위에 이르기까지 경을 놓치지 말아야 한다. 따라서 퇴계가 말하는 경은 모든 일상생활에서 자신의 몸과 행동과 마음의 움직임을 하나도 놓치지 않고 살펴보는 것이라고 할 수 있다.

일상생활의 모든 국면에서 자신의 행동과 생각과 느낌을 깨어서 지켜보는 것은 지난至難한 일이다. 그것이 정제엄숙整齊嚴肅이 되었던 주일무적主一無適이 되었던 상성성常惺惺이던 간에 일상에서의 깨어 있음은 고도의 집중력을 요하기 때문이다. 그래서 퇴계는『성학십도』의 제8도인〈심학도心學圖〉에 대한 설명에서 아성亞聖으로 불리는 안회도 세 달에 한 번은 마음이 흩어졌음을 지적하고 있다.[16] 따라서 이러한 수행을 위해서는 잠깐씩이라도 몸과 마음을 이완하는 시간이 필요하게 된다. 이를 우유함영優游涵泳이라고 한다. 우유함영은 퇴계의 서원공부에서 독서와 궁리로 집중된 마음을 이완하기 위해 고안된 공부 방법이다. 즉 동재와 서재에서 경전 공부를 하면서 이루어진 팽팽한 긴장을 이완하기 위해서 자연을 이리저리 소일하면서 문득 깨닫는 공부 방법으로서 우유함영을 제안하였던 것이다. 성현의 가르침은 집중해서 경전을 읽는다고 저절로 깨우쳐지는 것은 아니다. 오히려 긴장을 풀고 몸과 마음을 충분히 이완한 상태에서 문득 성현의 말씀이 체득되는 경우도 있는 것이다. 서원에서 반드시 사우와 함께 정자를 설치하는 이유는 바로 이러한 우유함영의 공부 방법을 위한 것이었다.

우유함영과 같이 수행을 통하여 긴장된 몸과 마음을 이완하는 공부

---

16. 臣竊以爲求放心 淺言之則固爲第一下手著脚處 就其深而極言之 瞬息之頃 一念少差亦是放 顔子猶不能無違於三月之後 只不能無違 斯涉於放.

를 낙도樂道라고 한다. 조선시대 선비들은 깨어 있는 일상으로서의 수행 노동 중 틈틈이 자연 속을 소일하며 도를 즐기는 것으로 여가를 삼았다.

> 아름다운 풀로 봄 산에 푸르름 가득한데
> 옥 같은 시냇물 사랑스러워 늦도록 앉아 있노라
> 한 세상 살아가노라면 세상 얽매임 없을 수 없기에
> 물과 구름을 다시 물과 구름에 돌려보낸다[17]

낙도樂道가 도를 즐기는 것이라고 할 때 도는 무엇이고 즐긴다는 것은 어떻게 하는 것일까? 『논어論語』에는 즐김樂을 두 가지 형태로 구별하여 말하고 있다. 먼저 한 가지는 공자의 수제자인 안회顏回가 곤궁한 생활 속에서도 고치지 않았던 즐김이다. 즉 「옹야장雍也章」에서 공자는 "어질다, 안회여. 한 그릇의 밥과 한 표주박의 물—簞食 一瓢飮로 누추한 시골에 있는 것을, 딴 사람들은 그 근심을 견디어내지 못하는데, 안회는 그 즐김을 변치 않으니, 어질다, 안회여"라고 하였다. 여기서 물론 안회가 누추하고 가난한 생활 그 자체를 즐겼다는 의미는 아니다. 그렇다면 안회는 무엇을 즐긴 것일까? 주돈이周敦頤는 제자인 이정二程에게 '공자와 안회가 즐겼던 것孔顏樂處을 찾도록 가르쳤는데, 이후 많은 유학자들이 이 즐김을 찾기 위해 노력하였다.

또 한 가지의 즐김은 「선진장先進章」에서 증점曾點이 대답한 "늦봄에 어른 5, 6명과 동자 6, 7명과 함께 기수沂水에서 목욕하고, 무우無雩에서 바람 쐬고 노래하며 돌아오는" 즐김이다. 안회의 즐김과 증점의 즐김은 어떻게 다른 것일까? 안회의 즐김은 '자기를 이겨 예로 돌아가서 인이

---

17. 『남명집』 권 1, 칠언절구. 「讀書神凝寺」. 瑤草春山綠滿園 爲憐溪玉坐來遲 生世不能無世累 水雲還付水雲歸.

되는克己復禮爲仁' 즐김이다. 일상생활 속에서 분리 독립된 '나'라는 생각을 극복하고 천지자연의 질서와 하나가 되는 즐김이다. '인이 된다爲仁'는 것은 물론 내 밖에 있는 그 어떤 것을 내면화하는 것은 아니다. 인이 된다는 것은 진정한 나의 본성인 사랑仁을 실현하는 것이다. 이러한 나의 본성으로서의 인을 실현할 때 생활의 곤궁함조차 편안하게 여길 수 있다는 것이다.

반면 증점의 즐김은 내 밖에 있는 외적 본성, 즉 자연을 즐기는 것이다. 아름다운 산과 강과 들판과 계곡과 구름과 계절을 즐기는 것이 증점의 즐김이다. 이 두 가지 즐김에 대한 평가를 통해 후대의 유학자들은 두 가지 계열로 구분된다. 두 가지 즐김 모두 중요시하는 계열과 안회의 즐김은 높이 평가하지만, 증점의 즐김은 폄하하는 계열이 그것이다. 전자의 계열에 속하는 유학자는 주돈이, 소옹, 명도明道, 양명陽明 등이고 후자의 계열에 속하는 사람은 이천伊川, 주자朱子 등이다. 주돈이의 광풍제월光風霽月, 소옹의 소요안락逍遙安樂, 정호의 음풍농월吟風弄月은 전자의 계열에 속하는 주장들이다. 반면 주자는 『논어집주論語集註』에서는 증점의 즐김을 "가슴속이 느긋하여 곧장 천지만물과 아래위로 함께 흐르는 것胸次悠然 直如天地萬物上下同流"이라고 비교적 긍정적으로 평가하였지만, 다른 곳에서는 "안회의 즐김은 평담平淡하고 증점의 즐김은 힘들고 번잡하다勞攘"라고 하였다.[18] 주자가 이처럼 증점의 즐김에 대해 부정적으로 보는 것은[19] 그것이 성인의 우환의식과 양립하기 어렵다고 보았기 때문이다. 그러나 성인의 우환의식은 '사람들이 고통에서 벗어나기를 바라는 마음'이기 때문에 근원적으로 사랑으로서의 인仁과 다르지 않다. 주자는

---

18. 顔子之樂平淡 曾點之樂勞攘. 진래(2003), 『양명철학』, 전병욱 옮김, 예문서원, 35쪽.

19. 주자의 증점에 대한 비판은 여러 곳에서 나타난다. "증점의 성격은 장자와 비슷하다"(『어류』 권40, 1027쪽), "증점에게는 노장의 성격이 있는 것 같다"(『어류』 권40, 1028쪽), "내 평소에 사람들이 이 말(증점을 인정한다는 말) 하는 것을 좋아하지 않았다"(『어류』 권117, 2820쪽) 등이 그것이다.

아마 이 점에 대한 이해가 부족하였다고 생각된다.

결론적으로 인이라고 하는 것이 나의 본성이고 그 본성 역시 자연의 하나라면 안회의 즐김은 내적 본성인 인仁을 즐기는 것이고, 증점의 즐김은 외적 본성인 자연을 즐기는 것으로 정리할 수 있다.

1990년 나는 화천에 있는 화음동華陰洞 계곡에 답사를 다녀온 적이 있다. 늦가을인지 초봄인지 기억이 가물가물하지만 인문석人文石에 새겨진 글자와 도상은 희미하였고, 삼일정三一亭을 잇는 한래왕교開來往橋는 흔적도 찾기 어려웠다. 답사의 계기는 유준영의 「조형예술과 성리학」[20]을 읽고 그곳에서 유학자들이 어떻게 자연과 하나 되는 삶을 살았는지 실제로 확인하기 위한 것이었다. 그러나 화음동 계곡은 이름 그대로 음산하기 그지없었다.

화음동 계곡은 조선 후기 김수증(1624~1701)에 의해 조성된 수행 공간으로 철저하게 자연과 하나가 되는 삶을 살기 위해 조성된 공간이다. 이를 처음 소개한 유준영에 의하면 한래왕교는 음양소식陰陽消息의 원리에 의거 만들어졌으며, 이는 소강절康節의 「관물음觀物吟」이라는 시에 연원한다고 한다. 즉 소옹은 이 시에서 "건괘乾卦와 손괘巽卦가 만나는 때에 월굴月窟을 보고 곤괘坤卦와 진괘震卦가 만나는 곳에서 천근天根을 본다. 이렇게 천근과 월굴 사이를 무심히 오가니 바로 유행하는 자연의 이치가 아닌가?"[21]라고 하였다. 여기서 건괘와 손괘가 만나는 곳이란 구괘를 말하고 곤괘와 진괘가 만나는 순간은 복復괘를 말한다. 선천도先天圖에서 복괘에서 건괘까지가 양이고, 구괘에서 곤괘까지가 음이므로 이것이 음양소식의 원리이고, 한래왕교는 이를 공간적으로 상징한 다리라는 것이다.

우주적 존재로서의 '나'의 실현은 곧 자연과 하나 되는 삶을 실현하

---

20. 『한국미술사 논문집』(1984).
21. 乾遇巽時觀月窟 地逢雷處看天根 天根月窟開來往(「觀物吟二首」 其一, 위의 논문).

는 것이다. 소옹邵雍은 「관물내외편觀物內外篇」에서 '나의 입장에서 사물을 보느냐以我觀物, 사물의 입장에서 사물을 보느냐以物觀物'로 나누어, 사물의 입장에서 사물을 볼 수 있어야 유무합일有無合一의 경지에 도달할 수 있다고 하였다.[22] 왕국유王國維는 "이슬 맺힌 눈으로 꽃을 향해 묻지만 꽃은 대답하지 않고, 흩날리는 붉은 꽃잎 그네를 스치며 떨어지네 淚眼問花花不語 亂紅飛過鞦韆去"는 나의 입장에서 사물을 보는 것이고, "동쪽 울타리 아래에서 국화를 꺾다가 유연히 남산을 바라본다採菊東籬下 悠然 見南山"는 사물의 입장에서 사물을 보는 것이라고 하였다. 이러한 유무합일의 경지는 곧 경敬이라는 수행의 최종 목표이고 도달처인 것이다.[23]

경敬이란 사물의 본질이 왜곡되지 않고 환하게 읽힐 수 있도록 일체의 편견이나 선입관이 배제된 마음의 상태이다. 자연을 자연 그 자체로 이해하기 위해서는 경을 통해 고착된 자아를 벗어버릴 때 가능하다. 이때 비로소 대상과 나는 하나가 된다. 나의 주관적인 판단 행위가 정지될 때 대상은 그 본질을 드러낸다. 이때 경은 동정을 초월하고 내외를 아우르게 된다.[24]

우리는 경의 수행을 통해 '나'를 극복할 수 있다. 그리고 극복된 나를 통해 비로소 자연의 아름다움을 즐길 수 있게 된다.

---

22. 전병욱 옮김, 앞의 책, 411쪽.
23. 王國維, 『人間詞話』, 전병욱 옮김, 위의 책 25쪽에서 재인용. 이 책에서는 앞의 시에서 추천을 秋千이라고 하고 있는데, 誤記라고 판단되어 鞦韆으로 수정하였다.
24. 정순우, 앞의 책, 200쪽.

4. 가상현실과 깨달음

가상현실이란 어떤 특정한 환경이나 상황을 컴퓨터로 만들어서, 그것을 사용하는 사람이 마치 실제 주변 상황 혹은 환경과 상호작용을 하고 있는 것처럼 만들어주는 인간-컴퓨터 사이의 인터페이스를 말한다.[25] 우리말의 가상현실에서 가상假想은 '가짜'라는 의미를 갖고 있지만 영어의 'virtual'은 '사실상의' 혹은 '본질적인'이라는 의미를 지닌다. 따라서 가상의 반대는 '명목상'이라는 뜻이다.[26] 이처럼 가상현실은 현실보다 더 생생한 현실을 제공한다.

4차 산업혁명의 핵심은 온라인과 오프라인의 융합이며, 이 융합의 결정판이 가상현실이다. VR은 머리에 쓰는 헤드셋을 통해 보는 가상의 현실이다. 하지만 현실보다 더 생생하기 때문에 앞으로 VR이 대중화되면 가상과 현실을 구분하지 못하는 때가 올 수도 있다. 미래학자이자 구글의 엔지니어링 이사인 레이 커즈와일은 2030년대엔 가상과 현실 사이의 경계가 사라질 것이라고 내다본다

가톨릭대 인천성모병원 정용안 교수팀과 미 하버드대 브링엄여성병원 이원혜·유승식 교수팀은 2015년 3월 세계적 학술지 사이언티픽 리포트 온라인판에 현실과 가상의 착각에 관한 논문을 게재했다. 지원자 15명을 대상으로 뇌의 특정부위에 초음파를 쏘자 이들은 실제로 손에 자극을 주지 않았는데도 촉각, 차가움, 무거움 등 아홉 가지 감각을 느

---

25. 네이버 두산백과.
26. 버추얼의 유의어는 'in all but name'이다.

졌다고 한다.[27] 이처럼 인공지능이 가상현실과 결합함으로써 개인의 욕망을 최적으로 충족시켜주는 일이 가능하게 되었다. 사람의 감정 표현을 파악하는 데는 오히려 인공지능이 사람보다 뛰어나다. 인공지능은 사람이 말하는 내용을 알아듣는 것은 물론 표정, 눈동자 움직임, 음성, 음색, 동작, 맥박, 혈액의 성분 변화를 파악하고, 전 세계 수많은 사람들을 대상으로 실시된 연구 결과와 비교해 정교한 감정 인식을 한다.[28] 알데바란이 2010년 개발한 감성형 로봇 나노는 다른 사람들의 감정이나 반응을 파악하는 데 어려움을 겪는 자폐증 어린이들이 감정적 상태를 식별하는 훈련을 하도록 도와준다.[29]

이처럼 인공지능이 나의 욕망을 정확하게 인식하여 그 욕망을 최적으로 실현시켜주는 가상현실을 제공해줄 때 그곳이 바로 현대 문명이 꿈꾸는 천국이 될 것이다. 현대 문명의 이상은 바로 욕망 충족이기 때문이다. 그러나 개개인이 은둔형 외톨이가 되어 자신이 창조한 최적의 가상현실 속에서 욕망을 최대한 충족하는 유토피아적 미래와 함께 현대 문명이 두려워하는 정반대의 미래가 있다. 그것은 가상현실이 인공지능이나 소수의 사람에게 독점되어 그들이 꿈꾸는 새 세상의 프레임을 창조하려고 할 때, 대다수 인간은 그들이 만든 프레임에 갇혀 폐인이 되어 무력하게 시간을 낭비하면서 노예로 전락하는 것이다.[30] 그러나 이 두 가지 시나리오가 과연 반대되는 것일까? 자신의 욕망을 최대한 투영한 가상현실을 만들어 그 속에서 평생을 살아가는 삶과 인공지능이나 독재자에 의해 만들어진 가상현실 속에서 그것을 의식하지 못하고 살아가는 삶이 무슨 차이가 있을까?

---

27. 「가상현실」, 『국제신문』, 김찬석 수석논설위원, 2016년 2월 23일 자.
28. 구본권(2016), 『로봇시대, 인간의 일』, 에크로스, 206쪽.
29. 위의 책, 203쪽.
30. 이민화·이상욱(2016), 「서문」, 『가상현실을 말한다』, 클라우드북스.

가상현실은 3단계를 거쳐 발전하고 있다. 제1세대 가상현실은 4D 스크린을 통한 가상현실이다. 제2세대 가상현실은 HMD(Head-mount Display), 즉 이마에 쓰는 헬멧 타입의 가상현실이다.[31] 그리고 제3세대 가상현실은 뇌파연동을 통한 가상현실이다. 영화 〈매트릭스〉에서 보여주는 가상현실이 바로 제3세대 가상현실이다. 사실상 두뇌에 직접 가상현실 정보를 송수신하는 제3세대 가상현실이 가상현실의 종결판이다.

영화 〈매트릭스〉에서는 인간들로부터 대학살을 경험한 인공지능 로봇이 모여 독자적인 세계를 만들고 인간과 대결한다. 인간은 인공지능의 에너지를 차단하기 위해 햇볕을 가리지만 결국 인공지능과의 전쟁에서 패해 햇볕 대신 생체에너지를 제공당하는 처지로 전락한다. 인공지능은 인간의 감정 변화에 따라 발생하는 생체 에너지를 활용하기 위해 두뇌에 가상현실을 연결하여 인간이 마치 일상생활을 경험하는 것처럼 느끼게 한다. 영화 〈매트릭스〉가 보여주는 미래가 현대 문명이 두려워하는 최악의 가상현실일 것이다.

그렇다면 매트릭스에 반대되는 최상의 가상현실은 무엇일까? 이 질문은 적절하지 않다. 가상현실의 발전이 독립적이라는 발상은 현대적 발상이기 때문이다. 가상현실은 독립변인이 아니라 매개변인이다. 독립변인은 세계관이다. 따라서 가상현실에 대한 탈현대적 질문은 다음과 같다. 탈현대를 위해 우리는 어떻게 가상현실을 활용할 수 있을까?

가상현실의 기술적인 발전에서 우리가 참고할 수 있는 중요한 경험이 있다. 바로 임사체험이다. 임사체험은 두 가지 측면에서 가상현실의 미래를 보여준다. 한 가지는 시간의 압축이고 또 한 가지는 감각복합이다. 그러나 시간의 압축과 감각복합은 사실 밀접하게 관련된 현상인지도 모른다. 모두 다 제3세대 가상현실로서 직접 우리의 두뇌에서 일어나는 현

---

31. 위의 책, 32쪽.

상이기 때문이다.

물론 임사체험은 탈현대를 위한 가상현실의 활용에서 대표적인 것이기도 하다. 임사체험은 에고를 벗어나는 중요한 경험이기 때문이다. 티베트 불교에서는 임사체험의 경험자들을 '델로크' 즉 '죽음에서 돌아온 사람'이라고 부르는데, 델로크들의 증언 중 공통되는 것은 긴 터널을 빠져나가 밝고 평화스럽고 지극히 행복한 빛과 만나 그 빛과 하나가 되어 지복을 누리는 경험을 한다는 것이다. 지복은 물론 에고를 벗어나 전체와 하나가 되는 경험에서 느끼게 되는 것이다.

현재 가상현실의 발전에 가장 큰 걸림돌은 장시간의 체험이 어렵다는 것이다. 체험자들은 10분 이상 시간이 지나면 어지럼증과 구토를 느끼게 된다. 그렇기 때문에 임사체험의 시간 압축이 가상현실의 발전에 큰 시사점을 주는 것이다. 임사체험의 한 가지 특징은 시간 감각이 전혀 없다는 것이다. 임사체험을 겪은 사람들은 공통적으로 시간이라는 것이 없고 영원히 현재가 계속된다는 느낌을 받았다고 이야기한다.[32] 또 임사체험을 겪은 사람들은 '고차적 의식체험'을 말하는데 이는 요가의 명상이나 기독교나 이슬람교의 신비주의 체험과 같이 우주의 전일성을 직관적으로 파악하는 의식체험을 말한다. 핀란드의 의학박사인 라우니 리나 루카넨 킬데는 이를 다음과 같이 말한다.[33]

우리는 우주의 끄트머리에 있는 아주 작은 지구라는 혹성 위의 3차원에 갇혀 있습니다. 거기서 우주를 바라보면서 우주가 멀리 저쪽에 있다고 생각합니다. 그러나 그 3차원 세계에서 차원을 뚫고 한 발 내딛으면 바로 전 우주가 일체가 된 고차원적 의식 세계가 펼쳐져 있습니다. (중략) 아주 소수이기는 하지만 임사체험을 통

---

32. 다치바나 다카시(2003), 『임사체험(상)』, 윤대석 옮김, 청어람미디어, 159쪽.
33. 위의 책, 220~221쪽.

해 혹은 우주인과의 접촉을 통해 혹은 고차원적 의식 체험을 통해 이미 눈을 뜬 사람들이 있습니다. 아이들에게 알파벳을 가르쳐주듯이 그 사람들이 일반인들에게 의식의 각성을 설득하고 있는 상황이 현 단계라고 생각합니다.

임사체험에서 체험자들이 공통적으로 겪는 현상은 두 가지이다. 한 가지는 검은 터널을 통과하는 것이다. 이 터널을 통과하는 과정을 파노라믹 스테이지라고 하는데, 왜냐하면 이 터널을 통과하면서 태어나면서부터 죽을 때까지의 모든 경험을 다시 한 번 반복하기 때문이다. 임사체험자들이 임사체험을 하는 시간은 고작 2~3분에 불과하지만 그 시간 동안 이들은 죽음에 이르기까지 모든 것을 다시 체험한다. 그리고 또 한 가지는 터널 끝에서 태양보다 밝은 빛을 만난다는 것이다.

칼 세이건은 '모태 속의 우주'라는 논문을 통해 이러한 터널 체험이 출생시의 경험과 같다고 주장한다. 즉 아기가 태어나는 산도가 바로 터널이고 산도의 출구 끝에 보이는 빛이 바로 태양보다 밝은 빛이라는 것이다.[34]

모든 인간은 예외 없이 죽음의 세계로부터 돌아온 여행자와 비슷한 체험을 한다. 즉 부양감이나 암흑에서 빛으로 빠져나가는 것이나, 빛과 영광에 둘러싸인 신과 같은 인물이 어렴풋이 감지되는 것 등이 그것이다. 이 조건을 충족시키는 유일한 공통 체험이 있다. 사람들은 그것을 가리켜 탄생이라고 한다.

그러나 출생 시의 경험과 임사체험이 결정적으로 다른 것은 출생 시

---

34. 위의 책, 209쪽.

의 경험은 임사체험과 달리 파노라마가 존재하지 않는다는 것이다. 칼 베커 교토대 교수는 「왜 출생 모델로 임사 현상을 설명할 수 없는가?」라는 논문을 통해 신생아는 지적 능력도 기억 능력도 없기 때문에 출생 시의 기억이 남아 있을 수가 없다고 주장하였다.[35]

임사체험의 시간압축과 밀접하게 관련된 현상은 감각복합이다. 감각 복합이란 영어로 'synesthesia'라고 하는데, 소리를 들으면 색깔이 보이거나 거꾸로 무언가를 보았을 때 소리가 들려오는 경우처럼 어떤 감각이 자극을 받았을 때 동시에 다른 감각도 자극을 받는 현상을 말한다.[36] 프랑스 시인 랭보의 '모음'이라는 시에는 "A는 검은색, E는 흰색, I는 붉은색, U는 녹색, O는 파란색"이라는 구절이 있다. 이것이 바로 소리를 들으면 색깔을 보는 색청(색청, colour-hearing) 현상이다. 임사체험자들은 감각복합을 통해 이 짧은 시간에 모든 형상, 소리, 느낌을 분명한 깨어 있음 속에서 동시에 인식하게 된다. 이것은 깨달은 마음의 전지全知와 비슷한 현상이라고도 할 수 있다.[37]

일반적으로 감각복합은 유아에게 강하게 나타나고 성장함에 따라 약해진다. 이를 통해 인간의 감각신경계는 원래 공통적인 기반을 가지고 있는데, 성장함에 따라 특정한 감각 입력과 특정한 감각 중추가 결합되는 방식으로 분화된다고 추정된다. 임사체험은 감각복합 현상을 강화시킨다. 그 까닭은 임사체험을 통한 에고의 소멸이 감각을 더욱 생생하게 만들기 때문이다. 알마스는 이를 다음과 같이 말하고 있다.[38]

단지 우리가 늘 마음과 동일시하기 때문에 마음에 묶여 있는

35 위의 책, 210쪽.
36. 위의 책, 299쪽.
37. 툴쿠 톤둡(2002), 『티베트 명상법』, 이현주 옮김, 두레, 102쪽.
38. 알마스(2015), 『늘 펼쳐지는 지금』, 박인수 옮김, 김영사, 407쪽.

것뿐이다. (중략) 마음이 사라지면 경험도 사라질 것이라고 생각하는 사람들이 많다. 사실은 그 반대다. 자각은 더욱더 강렬하고 명료하고 투명하게 지속된다. 색채는 더욱 생생해지고 형상은 훨씬 더 윤곽이 분명해진다. 모든 장막과 투사와 개념이 사라져서 모든 것이 더욱더 자기 자신으로 있게 되기 때문이다.

임사체험 중 아주 짧은 시간에 전 생애를 다시 경험하는 파노라믹 스테이지가 가능한 것은 우리 의식이 빛과 같은 속도를 갖기 때문이다. 알마스는 우리가 지금 이 순간 경험하는 것은 자신의 의식이며, 흐르는 빛이라고 했다.[39] 빛에게는 시간이 흐르지 않는다. 즉 빛에게는 늘 영원한 지금인 것이다. 오직 지금밖에는 아무것도 없다. 빛은 특정한 속도로 공간을 여행하지만 나이가 든다는 경험을 갖지 않는다.[40] 따라서 우리가 현재라고 부르는 것은 실제로 시간과 시간 없는 현존 사이에 있는 교차점이다. 우리가 참본성을 만나는 유일한 곳은 과거와 미래가 아닌 현재의 순간에 있다.[41]

동양사상에서는 에고가 중심이 되어 사는 삶 자체를 이미 가상현실이라고 한다. 이때 가상현실에는 두 가지 의미가 있다. 첫 번째는 피부경계선을 중심으로 나와 내가 아닌 것을 구분하여 사는 것 자체가 진정한 삶이 아니라 가상현실이라는 것이다. 또 한 가지는 인간의 감각기관이 갖는 인식 자체의 한계로 말미암아 현실을 있는 그대로 인식할 수 없고 감각기관의 틀 안에서 왜곡된 형태로 인식한다는 뜻이다.

우리가 다르게 산다는 말은 우리의 눈앞에 펼쳐진 세계가 에고의 틀 속에서 벗어나지 못하고 있음을 자각하는 것에서 시작된다. 내 안에 있

---

39. 위의 책, 333쪽.
40. 위의 책, 328쪽.
41. 위의 책, 329쪽.

는 참자아에서 벗어나 추구하는 것은 모두가 에고의 작용에 지나지 않는다. 그것이 개인의 사욕을 충족시키는 것이든, 인류 평화를 성취하려는 것이든 관계없이 결코 도달할 수 없는 신기루를 쫓는 것에 불과하다. 에고가 주체인 상태에서 욕망이나 충동으로부터 자유로워지려는 모든 노력은 불가능한 것이다. 공산주의의 실패나 평화운동을 비롯한 모든 도덕적 선의지를 토대로 한 사회운동이 근본적으로 실패할 수밖에 없는 이유도 동일하다. 그러므로 에고를 제거하고 참자아를 회복하지 않는 한 인류는 막다른 골목에서 벗어날 수 없다.

에고를 벗어나 참자아를 회복하는 데 거쳐야 하는 것은 감정과 느낌이다. 에고는 머리이고 감정과 느낌은 가슴이고 그 가슴 다음이 존재이다. 우리가 흔히 '사랑에 빠진다'고 표현하는 것은 머리에서 가슴으로 내려오기 때문이다. 이를 이어령은 '지성에서 영성으로'라고 했고, 또 어느 수행자는 머리에서 가슴으로 내려오는 데 평생이 걸렸다고 말하기도 하였다. 라즈니쉬는 인간은 머리, 가슴, 그리고 존재라는 세 가지 지평을 가지고 있다고 하였다. 머리는 생각하고, 가슴은 느끼고, 그리고 존재는 있는 것이다. 그래서 인간의 성장은 머리에서 가슴으로 그리고 가슴에서 존재로 이동해야 한다고 말한다.

〈인셉션〉이라는 영화에서는 꿈속에서 꿈을 꾸는 이야기가 있다. 가상현실이 바로 꿈속에서 꾸는 꿈이라고 볼 수 있다. 가상현실이 꿈이라는 것을 자각하면 스스로 현실이라고 생각했던 것이 꿈이라는 것을 자각할 수 있을까? 가상현실을 구운몽이라는 소설과 같이 삶이 꿈임을 자각하는 계기로 삼을 수 있을까?

깨달음을 위한 가상현실의 구축은 크게 네 가지 유형으로 가능할 것이다. 한 가지는 앞에서 언급한 가상현실을 통해 임사체험을 경험하도록 하는 것이다. 가상현실을 통한 임사체험은 가장 현실성이 있고 효율적인 교육 프로그램이다. 지금까지의 죽음교육은 입관 체험과 같이 자신의 죽음을 미리 체험해보는 것에 지나지 않았다. 그러나 임사체험은 그 체험을 한 사람에게 근본적인 변화를 가져온다. 임사체험은 자신의 죽음을 체험하는 것은 아니다. 물론 「크리스마스 캐럴」의 스크루지 영감과 같이 자신의 죽음을 체험하는 것도 우리 삶에 커다란 변화를 불러온다. 임사체험도 여러 가지 유형으로 나눌 수 있다. 크리스마스 캐럴의 스크루지 영감이 겪은 것처럼 자신이 죽은 후 가까운 부모 형제와 이웃들의 삶의 모습을 보여주는 가상현실도 가능할 것이다. 깨달음이라고 하는 것이 에고에서 벗어나는 경험이라고 한다면 스크루지 영감이 겪는 경험도 그 깨달음의 한 유형이라고 볼 수 있기 때문이다.

가상현실을 통한 임사체험에서 가장 중요한 것은 파노라믹 스테이지이다. 자신의 삶을 짧은 순간에 다시 한 번 경험하게 하기 위해서는 가상현실 경험자의 자기 진술을 통한 삶의 재구성이 필요하며, 동시에 감각복합을 통해 시간을 단축하는 기술이 요구된다. 파노라믹 스테이지 이후의 장면은 문화권에 따라 다양하게 구성할 수 있을 것이다. 기독교 문화권에 있는 경험자의 경우 밝은 빛과 감싸안는 포근함을 느끼게 해주는 것이 필요하며, 일본문화권에 있는 경험자들의 경우 삼도천을 건너는 경험을 느끼도록 해주면 좋을 것이다.

깨달음을 위한 가상현실에서 두 번째로 생각해볼 수 있는 것은 욕망 충족적 삶의 덧없음을 느끼도록 해주는 교육 프로그램이다. 이른바 구운몽 류의 가상현실이다. 이 프로그램 역시 가상현실 경험자의 욕망이나 문화적 배경에 따라 다양하게 구성할 수 있을 것이다. 구운몽 류의 가상현실이 활용되기 위해서는 앞에서 언급한 시간압축과 감각통합이 이루어져야 한다. 온갖 욕망의 실현이 헛된 것이라는 것을 깨닫게 하려면 현실보다도 더 생생한 욕망 충족이 이루어지도록 해야 하기 때문이다.

구운몽 류의 가상현실과 같이 욕망 충족적 삶의 덧없음을 깨닫도록 하지만 전혀 다른 프로그램도 있다. 즉 불교의 구상관九想觀과 같이 자신이 죽은 후의 신체적 변화를 가상현실을 통해 경험하도록 하는 것이다. 구상관은 죽음의 과정을 자세히 관찰하여 몸을 나라고 집착하는 어리석음을 치유하기 위한 방편이다. 첫째, 창상脹想은 사람의 시체가 부어 마치 곡식을 담은 자루처럼 탱탱한 모습을 관하는 것이다. 둘째, 괴상壞想은 시체의 가죽과 살이 문드러지고 오장이 썩는 모양을 관하는 것이다. 셋째, 혈도상血塗想은 시체의 온몸이 피고름으로 더러워진 모양을 관하는 것이다. 넷째, 농란상膿爛想은 시체가 썩어서 벌레와 고름이 흘러나오고 살이 흩어진 모양을 관하는 것이다. 다섯째, 청어상靑瘀想은 시체가 바람에 쏘이고 비에 씻겨 피고름이 엉켜 푸르스름한 모양을 관하는 것이다. 여섯째, 담상噉想은 시체가 새, 짐승, 구더기, 개미 등에게 파먹히는 모양을 관하는 것이다. 일곱째, 산상散想은 가죽과 살은 없어지고 뼈만 붙어 있으면서 머리와 다리가 뒤섞인 모양을 관하는 것이다. 여덟째, 골상骨想은 백골이 낭자한 모양을 관하는 것이다. 마지막으로 소상燒想은 죽으면 화장하여 악취가 나고 마침내 재와 흙이 되어 흩어지는 모양을 관하는 것이다.[42]

세 번째 종류의 프로그램은 깨달은 사람과 가상현실에서 직접 만나도록 하는 프로그램이다. 이를 위해서는 깨달은 사람을 대신할 프로그램이 필요하다. 영화 〈그녀〉에 나오는 프로그램과 마찬가지로 모든 것을 포용하고 이해해주며 동시에 에고의 소멸을 경험토록 해주는 프로그램이 제공되어야 한다. 얼마 전 중국에서는 승려 인공지능 로봇이 만들어졌다고 하는데 이러한 프로그램이 완성되면 정말로 깨달은 인공지능 로봇이 나타날 수 있을 것이다.

네 번째 종류의 프로그램은 현재 오프라인에서 이루어지고 있는 수

---

42. 『법구경』, 한명숙 옮김(2005), 홍익출판사, 47~48쪽

행 프로그램을 가상현실에서 체험하도록 하는 것이다. 플럼빌리지의 수행 프로그램이나 해인사 사미승 프로그램을 직접 가상현실에서 체험하도록 하는 것이다. 물론 이런 프로그램의 운용에서도 중요한 것은 감각복합을 통한 시간의 압축이다.

5. 탈현대의 여가와 에고의 소멸

가상현실이 인간의 욕망 충족만을 위한 도구로 활용될 것이라는 전망은 현대 문명의 관점에서 보면 지극히 당연한 것이다. 그래서 가상현실을 발전시킬 원동력은 섹스산업이라고 보기도 한다. 그러나 탈현대 문명의 관점에서 볼 때 가상현실은 탈현대적 세계관, 탈현대적 문명을 실현하기 위한 가장 중요한 수단이 될 수 있다. 왜냐하면 향후 인공지능 로봇을 통해 인류가 진정으로 노동으로부터 해방이 될 때 가상현실이 모든 여가생활의 중심이 될 것이기 때문이다.

삶의 대부분이 여가로 주어질 때 사람들은 어떻게 여가를 보내게 될까? 여가시간이 지루함과 불안함, 보람 없는 분주함이나 고독감과 동의어인 사람들이 있는가 하면, 행복하고 보람 있는 활동과 도전의 기회인 사람들도 있다.[43] 아리스토텔레스는 행복 추구의 수단으로 여가를 삶의 목표로 설정하고 진정한 여가를 누리기 위한 사회적 차원의 여가교육을 강조했다.[44] 아널드 토인비 또한 "미래 문명의 발전을 여가를 어떻게 처리하느냐에 달려 있다"고 했다.[45] 이처럼 여가는 개인적인 차원에서는 행복의 가장 중요한 수단이고 또한 미래 문명의 발전에 핵심적인 요소이다.

그렇지만 학교를 포함에서 어느 누구도 여가를 어떻게 보내야 하는

---

43. 위의 책, 180쪽.
47. 위의 책, 181쪽.
45. 위의 책, 178쪽.

가에 대해서 가르쳐주지 않는다. 칙센트미하이는 "사람들은 자유 시간을 즐기는 것이 누구나 할 수 있는 일이며 별다른 기술도 필요하지 않다고 생각한다. 하지만 실제로는 그 반대다. 자유시간은 일보다도 즐기기가 어렵다. 여가를 효과적으로 쓰는 방법을 알지 못하면 여가가 아무리 생겨도 삶의 질은 높아지지 않는다. 여가를 효과적으로 쓰는 것은 자동적으로 획득할 수 있는 기술이 아니다"고 했다. 그는 여가를 효과적으로 쓰는 방법의 하나로 최적 경험이라고 일컫는 몰입감을 안겨주는 사례를 제시하고 있다. 체스, 암벽 등반, 요트 타기, 작곡, 춤 등이 그것이다. 이 사례들은 규칙과 기술을 습득해야 하고 목표가 분명하며 명확한 피드백을 제공하는 활동들이다. 우연에 맡기지 않고 자신이 통제해야 하는, 일상과 확연히 구분되는 활동이다.[46]

만약 인간의 의식이 근본적으로 변하지 않는다면 기본소득의 지급에 따른 무한한 여가 시간은 대부분 인공지능과 결합한 가상현실 속의 삶 속에서 보내게 될 것이다. Y콤비네이터 CEO인 샘 올트먼은 기본소득이 실현되면 대부분의 사람들이 욕망 충족의 삶을 살게 될 것이라고 말하고 있다.[47]

(기본소득이 실현되면) 아마 사람들 가운데 90%가 마리화나나 피우고 비디오게임을 하며 살아가게 될지도 모른다. 그러나 나머지 10% 정도라도 새로운 혁신적 제품과 서비스 그리고 새로운 부를 창출하는 데 성공한다면, 그것으로도 (인류 사회는) 큰 이익을 보는 것이다.

제3세대 가상현실은 마리화나나 비디오게임과 비교할 수 없을 정도

---

46. 위의 책, 177쪽.
47. 이종태 기자, 앞의 글, 18~19쪽.

로 강한 쾌감을 줄 것이다. 〈매트릭스〉 영화와 같이 인공지능이 인간을 강제적으로 가상현실에 접속하지 않더라도 인간 스스로 자발적으로 가상현실에 접속하여 그 속에서 살아가게 될지도 모른다. 여가교육이 필요한 까닭이 여기에 있다. 그렇다면 탈현대 문명을 위한 여가는 어떤 것일까?

현대 문명 속에서 삶의 목표는 분명하지 않다. 현대인은 자신이 원하는 것을 잘 알고 있다는 착각 속에서 살지만 실제로는 타인의 관점에서 볼 때 그가 원하는 게 마땅한 것만 원한다.[48] 현대인이 원하는 것은 진짜 그들의 소망이 아니라 외부에서, 다른 사람에게서 주어진 것이다. 프롬은 루이지 피란델로를 인용하여 다음과 같이 말하고 있다.[49]

나는 누구일까? 내 신체적 자아가 지속된다는 것 말고 내 정체성을 입증할 어떤 다른 증거가 있을까? 개인의 자아를 긍정한 데카르트와 달리 그의 대답은 자아의 부정이다. 내게는 정체성이 없다. 타인이 나에게 기대하는 것의 거울상을 빼면 자아란 없다. 나는 '네가 원하는 나'일 뿐이다.

탈현대 문명에서는 인간 개개인이 자신의 본성을 실현하는 것을 삶의 목표로 삼는다. 인간이 자신의 본성을 실현하는 방법에는 여러 가지가 있다. 노동을 통한 본성의 실현도 그중의 한 가지 방법이다. 즉 노동을 통해 창조한 자신의 고유한 창조물이 곧 본성의 실현이라고 보는 것이다. 그러나 이러한 본성의 실현은 부수적인 것이다. 본성의 실현은 융이 말하는 자기실현 즉 개성화이다. 즉 자기 자신이 되는 것이 본성의 실현이다.

---

48. 에리히 프롬(2016), 『나는 왜 무기력을 되풀이하는가』, 장혜경 옮김, 나무생각, 101쪽.
49. 위의 책, 103쪽.

노동이 사라진 탈현대 사회에서 모든 시간은 곧 여가시간이고 모든 여가시간은 본성의 실현을 위한 시간이 되어야 한다. 『요가 수트라』는 에고의 시간을 '수평적 시간'이라고 하고 셀프의 시간을 '수직적 시간'이라고 하였다.[50] 라즈니쉬는 예수 십자가의 의미는 수평적 시간을 수직적 시간으로 바꾸라는 의미라고 말하고 있다. 수평적 시간에서 수직적 시간으로 바꾸는 것은 삶에서 완벽함이 아니라 전체성을 추구하는 것과 같다. 전체성과 완벽함은 어떻게 다른가? 완벽함은 수평선에서 움직인다. 왜냐하면 완벽함은 지금 여기가 아니라 미래 언젠가 존재할 것인 반면, 전체성은 이 순간, 지금 여기에서 이루어지기 때문이다.

엔소니 드 멜로 신부는 다음과 같이 말했다.[51]

> 음악은 플루트의 텅 빈 속이 필요하고
> 글씨는 그 지면의 여백이
> 빛은 창문이라는 빈 자리가
> 거룩함은 자아의 부재가 필요하다.

탈현대 문명이 현대 문명을 극복하여 이룩하는 것이라고 해서 탈현대 문명이 문명 이전의 상태로 돌아가자고 주장하는 것은 아니다. 그런 점에서 탈현대 문명론은 '구석기 시대로 돌아가자'는 반문명론과는 구별된다. 탈현대 문명과 문명 이전의 구석기 시대는 많은 공통점이 있다. 아직 에고가 형성되지 않아 인간이 자연과 분리되어 있지 않은 점, 모든 것이 서로 연결되어 있는 물활론적 세계에 살고 있다는 점, 과거와 미래가 아니라 지금, 여기를 살고 있다는 점 등이 그것이다. 그러나 문명 이전의 세계와 탈현대 문명은 결코 동일하지 않다.

---

50. 마하리쉬 파탄잘리(2012), 『요가 수트라』, 박지명·이서경 주해, 동문선.
51. 엔소니 드 멜로(2012), 『개구리의 기도 1』, 이미림 옮김, 분도출판사, 144쪽.

멀리 여행을 떠났다가 다시 집으로 돌아온 사람은 떠날 때의 그 사람이 아니다. 새로운 것을 보았고 고통을 느꼈고 새로운 아름다움을 알았기 때문이다. 두 개의 똑같은 점이 있다. 하나는 처음부터 그 자리에 있었던 점이고 또 하나는 멀리 돌아서 다시 제자리로 돌아온 점이다. 두 점은 같지만, 그 안에 있는 내용은 전혀 다르다. 하나는 그냥 점이고 또 한 점은 설렘과 충만으로 편만한 점이다.

참고 문헌

• 유가 경전류
『周易』.
『論語』.
『大學』.
『中庸』.
『孟子』.
『小學』.
『心經』.
『朱子家禮』.

• 도가 경전류
『道德經』.
『莊子』.
『列子』.
『抱朴子』.
『淮南子』.

• 불가 경전류
『阿含經』.
『수타니파타』.
『金剛經』.
『法華經』.
『華嚴經』.
『般若心經』.
『成唯識論』.
『信心銘』.
『六祖壇經』.
『解深密經』.
『大乘起信論』.

감산(1990). 『감산의 노자풀이』. 오진탁 옮김. 서광사.
강신주(2011). 『철학적 시 읽기의 괴로움』. 동녘.
강신주(2013). 『김수영을 위하여』. 천년의상상.
강신주(2013). 『상처받지 않을 권리』. 프로네시스.
강신주(2013). 『철학 대 철학』. 그린비.
강영안(2005). 『타인의 얼굴』. 문학과지성사.

구본권(2016). 『로봇시대, 인간의 일』. 에크로스.

권근(1981). 『입학도설』. 권덕주 옮김. 을유문고.

그렉 브레이든(2008). 『디바인 매트릭스』. 김시현 옮김. 굿모닝미디어.

기시미 이치로·고가 후미타케(2014). 『미움받을 용기』. 전경아 옮김. 인플루엔셜.

길희성(2003). 『마이스터 엑카르트의 영성사상』. 분도출판사.

김기태(2013). 『지금 이대로 완전하다』. 침묵의향기.

김동인(2002). 「위인지학, 위기지학」. 『처음처럼』 제33-34권 합집. 내일을여는책.

김병호(1999). 『아산의 주역강의』. 소강.

김보경(2002). 『선과 파블로프의 개』. 교육과학사.

고형(1995). 『고형의 주역』. 김상섭 옮김. 예문서원.

김상섭(2006). 『내 눈으로 읽은 주역』. 지호.

김석진(1997). 『주역전의대전역해(상·하)』. 대유학당.

김연숙(2007). 「과학전통과 자연관」. 『공학윤리』. 인간사랑.

김열권(2001). 『보면 사라진다』. 정신세계사.

김열권 편저(2007). 『위빠사나 2』. 불광출판부.

김열규(2001). 『메멘토 모리, 죽음을 기억하라』. 궁리.

김용규(2011). 『철학 카페에서 시 읽기』. 웅진지식하우스.

김용옥(2011). 『중용 인간의 맛』. 통나무.

김종석 역주(1999). 『심경강해』. 이문출판사.

김지원(2017). 「인공지능 시대의 새로운 교육패러다임에 대한 연구」. 경북대학교 박사학위논문.

김진 편(2003). 『너 자신을 혁명하라』. 오늘의책.

김태완(2008). 『깨달음의 노래』. 무사인.

김태형(2014). 『싸우는 심리학』. 서해문집.

김학주 옮김(2003). 『묵자(상·하)』. 명문당,

김형효 외(1997). 『퇴계의 사상과 그 현대적 의미』. 한국정신문화연구원.

김형효(2011). 『마음혁명』. 살림출판사.

까르마 C. C. 츠앙(Garma C. C. Chang)(1990). 『화엄철학』. 이찬수 옮김. 경서원.

닐 도널드 월시(2000). 『신과 나눈 교감』. 이현정·조경숙 옮김. 한문화.

다니엘 밀로(2017). 『미래중독자』. 양영란 옮김. 청림출판.

달라이 라마·데스몬드 투투·더글러스 에이브람스(2017). 『조이, 기쁨의 발견』. 이민영·장한라 옮김. 예담.

대한불교조계종교육원 역경위원회(2001). 『화엄오교장』. 조계종출판사.

대한불교조계종교육원 역경위원회(2001). 『화엄종관행문』. 조계종출판사.

데이비드 호킨스(1997). 『의식혁명』. 이종수 옮김. 한문화.

데이비드 호킨스(2013). 『놓아버림』. 박찬준 옮김. 판미동.

디팩 초프라(2008). 『완전한 삶』. 구승준 옮김. 한문화.

라마나 마하리쉬(2011). 『나는 누구인가』. 이호준 옮김. 청하.

레프 톨스토이(2005). 『이반 일리치의 죽음』. 고일 옮김. 작가정신.

레프 톨스토이(2012). 『톨스토이 인생론』. 유상우 옮김. 홍신문화사.

레프 톨스토이(2012). 『톨스토이 인생론, 참회록』. 박병덕 옮김. 육문사.

레이 커즈와일(2007). 『특이점이 온다: 기술이 인간을 초월하는 순간』. 장시형·김명남 옮김. 김영사.

로먼 크르즈나릭(2014). 『공감하는 능력』. 김병화 옮김. 더퀘스트.

롤프 메르클레(2014). 『나는 왜 나를 사랑하지 못할까』. 유영미 옮김. 생각의날개.

루돌프 슈타이너(1999). 『초감각적 세계인식』. 양억관·Dakahashi Iwao 공역. 물병자리.

류시화(2003). 『나는 왜 너가 아니고 나인가』. 김영사.

류시화(2017). 『새는 날아가면서 뒤돌아보지 않는다』. 더숲.

마거릿 헤퍼넌(2014). 『경쟁의 배신』. 김성훈 옮김. RHK.

마명(1991). 진제 한역. 『대승기신론』. 이홍우 번역·주석. 경서원.

마울라나 젤랄렛딘 루미(2014). 『루미시초』. 이현주 옮김. 늘봄.

마하리쉬 파탄잘리(2012). 『요가 수트라』. 박지명·이서경 주해. 동문선.

우 꼬살라 사야도(2005). 『쉐우민의 스승들』. 묘원 옮김. 행복한숲.

미치오 카쿠(2015). 『마음의 미래』. 박병철 옮김. 김영사.

바바라 헤거티(2013). 『신의 흔적을 찾아서』. 홍지수 옮김. 김영사.

바이런 케이티(2014). 『나는 지금 누구를 사랑하는가』. 유영일 편역. 쌤앤파커스.

바이런 케이티(2014). 『기쁨의 천 가지 이름』. 김윤 옮김. 침묵의향기.

박영숙, 제롬 글렌(2015). 『유엔 미래보고서 2045』. 교보문고.

박웅현(2016). 『다시, 책은 도끼다』. 북하우스.

박이문(1998). 『문명의 미래와 생태학적 세계관』. 당대.

박연호 편(2006). 『논문으로 읽는 교육사』. 문음사.

박중환(2014). 『식물의 인문학』. 한길사.

브레네 브라운(2016). 『마음가면』. 안진이 옮김. 더퀘스트.

사미르 아민(1985). 『주변부 자본주의론』. 정성진·이재희 옮김. 돌베개.

『사이언스 타임스』 2017년 6월 9일 자.

성균관대학교 대동문화연구원(1983). 『경서(經書)』.

성백효 역주(1996). 『논어집주』. 전통문화연구회.

성백효 역주(1996). 『맹자집주』. 전통문화연구회.

성백효 역주(1996). 『대학중용집주』. 전통문화연구회.

성윤갑(2005). 『행복한 삶을 위한 유식삼십송』. 불교시대사.

소노 아야코(2016). 『약간의 거리를 둔다』. 김욱 옮김. 책읽는고양이.

손병욱(1992). 「유가 수행법으로서의 정좌에 대하여」. 중국철학연구회 편저. 『동양의 인간이해』. 형설출판사.

손인호(2001). 「이제 기쁘고 행복하세요」. 『정신세계』 제18호.

스즈키 다이세츠(鈴木大拙)(1998). 『가르침과 배움의 현상학-선문답』. 서명석·김종구 옮김. 경서원.

스즈키 히데코(2006). 『가장 아름다운 이별이야기』. 최경식 옮김. 생활성서.

신경인문학연구회(2012). 『뇌과학 경계를 넘다』. 바다출판사.

아디야 샨티(2015). 『깨어남에서 깨달음까지-영적 여정의 굴곡을 지혜롭게 넘어가기』. 정성채 옮김. 정신세계사.

아디야 샨티(2015). 『완전한 깨달음』. 심성일 옮김. 침묵의향기.

아디야 샨티(2016). 『아디야 샨티의 참된 명상』. 심성일 옮김. 침묵의향기.

아라키 겐고(荒木見悟)(2000). 『불교와 유교』. 심경호 옮김. 예문서원.

아브라함 요수아 헤셸(2008). 『어둠 속에 간힌 불꽃』. 이현주 옮김. 한국기독교연구소.

아잔 브라흐마(2012). 『성난 물소 놓아주기』. 김훈 옮김. 공감의기쁨.

아잔 브라흐마(2014).『술 취한 코끼리 길들이기』. 류시화 옮김. 연금술사.

안셀름 그륀(2014).『황혼의 미학』. 윤선아 옮김. 분도출판사.

알마스(2015).『늘 펼쳐지는 지금』. 박인수 옮김. 김영사.

앨런 와츠(Alan Watts)(2001).『자신이 누구인지를 아는 것을 막는 터부에 관한 책』. 진우기·
　신진욱 옮김. 부디스트웹닷컴.

에드가 모랭(Edgar Morin)(2006).『미래의 교육에서 반드시 필요한 7가지 원칙』. 고영림 옮
　김. 당대.

에리히 프롬(1999).『건전한 사회』. 김병익 옮김. 범우사.

에리히 프롬(2011).『소유냐 존재냐』. 이철범 옮김. 동서문화사.

에리히 프롬(2012).『사랑의 기술』. 권오석 옮김. 홍신문화사.

에리히 프롬(2014).『자유로부터의 도피』. 원창화 옮김. 홍신문화사.

에리히 프롬(2014).『인간의 마음』. 황문수 옮김. 문예출판사.

에마뉘엘 레비나스(2003).『존재에서 존재자로』. 서동욱 옮김. 민음사.

에크낫 이스워런(2007).『죽음이 삶에게 보내는 편지』. 이명원 옮김. 에문.

에크하르트 톨레(2008).『지금 이 순간을 살아라』. 노혜숙·유영일 옮김. 양문.

에크하르트 톨레(2011).『고요함의 지혜』. 진우기 옮김. 김영사.

에크하르트 톨레(2012).『나우』. 류시화 옮김. 조화로운삶.

에크하르트 톨레(2013).『삶으로 다시 떠오르기』. 류시화 옮김. 연금술사.

엔리케 바리오스(Enrique Barrios)(1991).『별을 찾아 떠난 여행』. 황성식 옮김. 나무심는사람.

엔소니 드 멜로(2012).『개구리의 기도 1』. 이미림 옮김. 분도출판사.

엔소니 드 멜로(2013).『행복하기란 얼마나 쉬운가』. 이현주 옮김. 샨티.

엘리자베스 퀴블러 로스(1996).『사후생』. 최준식 옮김. 대화출판사.

엘리자베스 퀴블러 로스·데이비드 케슬러(2006).『인생수업』. 류시화 옮김. 이레.

오경웅(鳴經熊)(1998).『선의 황금시대』. 류시화 옮김. 경서원.

오쇼 라즈니쉬(1983).『베샤카의 아침』. 한상영·류시화 옮김. 제일출판사.

오쇼 라즈니쉬(2012).『소중한 비밀-까비르 강론』. 손민규 옮김. 태일출판사.

오쇼 라즈니쉬(2002).『지혜의 서』. 편집부 옮김. 황금꽃,

오쇼 라즈니쉬(1993).『탄트라비전(1)』. 이연화 옮김. 태일출판사

오형근(1998).『유식학 입문』. 대승.

왕수인 찬(1992).『왕양명전집』. 상해고적출판사.

왕양명(2004).『전습록(1·2)』. 정인재·한정길 역주. 청계.

왕필(王弼)(1997).『왕필의 노자』. 임채우 옮김. 예문서원.

움베르토 마뚜라나·프란시스코 바렐라(2007).『앎의 나무』. 최호영 옮김. 갈무리.

원효(2000).『원효의 금강삼매경론』. 은정희·송진현 역주. 일지사.

유발 하라리(2015).『사피엔스』. 조현욱 옮김. 김영사.

유발 하라리(2017).『호모데우스: 미래의 역사』. 김명주 옮김. 김영사.

유승무(2009).「좋은 노동을 위한 발상의 전환」.『동양사회사상학회 2009 기획학술대회 발
　표 논문집』.

유지 크리슈나무르티(1999).『깨달음은 없다』. 홍성규 옮김. 마당기획.

윤근혁.「학생에게 인성교육? 미국에선 상상도 못해」.『오마이뉴스』2015년 7월 27일 자.

윤호녕 외(2003).『주체 개념의 비판』. 서울대학교출판부.

이민화·이상욱(2016).『가상현실을 말한다』. 클라우드북스.

이승연(2010). 「유가에 있어서 '노인': 늙음에 대한 인식과 대처」.『유교사상문화연구』제42집.

이승연(2015). 「이동공부론의 시대적 함의」.『한국학논집』제61집.

이시 히로유키 외(2003).『환경은 세계사를 어떻게 바꾸었는가』. 이하준 옮김. 경당.

이오덕 동요제를 만드는 사람들 엮음(2014).『복숭아 한번 실컷 먹고 싶다』. 보리.

이아무개(2014).『무위당 장일순의 노자 이야기』. 삼인.

이아무개(2004).『장자산책』. 삼인.

이영광(2010).『아픈 천국』. 창작과비평사.

이용규(2010).『더 내려놓음』. 규장.

이용순(2016). 「미래 사회 변화를 대비한 진로교육의 과제」.『교육정책포럼』227. 한국교육개발원.

이재룡(2016)). 「소설 때때로 맑음」.『현대문학』2016년 7월호.

이재숙(1998).『우파니샤드 Ⅱ』. 한길사.

이지(2004).『분서(Ⅰ·Ⅱ)』. 김혜경 옮김. 한길사.

이진경(2016).『불교를 철학하다』. 한겨레출판.

이케다 다이사쿠·로케시 찬드라(2016).『동양철학을 말한다』. 중앙북스.

이혜경(2004).『맹자』(해제). 서울대학교 철학사상연구소. 네이버 지식백과.

이현지(2005). 「남녀속의 유교」.『오늘의 동양사상』제12호(봄·여름).

이현지(2005). 「탈현대적 가족 여가를 위한 구상」.『동양사회사상』제12집.

장대익(2012). 「거울뉴런과 공감본능」. 신경인문학연구회 지음.『뇌과학 경계를 넘다』. 바다출판사.

장 바니에(2010)).『인간되기』. 제병영 옮김. 다른우리.

장윤수 편저(1992).『정주철학원론』. 이론과실천.

장자(1993).『장자(莊子)』. 안동림 역주. 현암사.

장회익 외(2011). 한국교회환경연구소 엮음.『생태적 삶을 추구하는 영성』. 동연.

재레드 다이아몬드(2011).『문명의 붕괴』. 강주현 옮김. 김영사

재레드 다이아몬드(2013).『어제까지의 사회』. 강주현 옮김. 김영사.

잭 런던. 「배교자」. 고정아 옮김.『현대문학』2015년 3월호(723권).

잭 콘필드(2011).『깨달음 이후의 빨랫감』. 이균형 옮김. 한문화.

전홍석(2012).『문명담론을 말하다』. 푸른역사.

제레미 리프킨(2001).『소유의 종말』. 이희재 옮김. 민음사.

제레미 리프킨(2010).『공감의 시대』. 이경남 옮김. 민음사.

제레미 리프킨(2012).『제3차 산업혁명』. 안진환 옮김. 민음사.

제레미 리프킨(2014).『한계비용 제로 사회-협력적 공유사회』. 안진환 옮김. 민음사.

정민정(1991).『심경부주』. 조대봉·김종석 공역. 이문출판사.

정목(2013). 「비울수록 가득하네」. 쌤앤파커스.

정수일(2009).『문명담론과 문명교류』. 살림.

정약용(1989). 「논어고금주」권2.『여유당전서』제5책 제2집. 여강출판사 영인본.

정용환(2007). 「고자의 성무선악설과 맹자의 성선설」.『동양철학연구』제51집

정인석(2009).『트랜스퍼스널 심리학』. 대왕사.

정재걸(2002). 「전통교육, 근대 교육, 탈근대 교육」.『동양사회사상』제6집.

정재걸(2005). 「동양사상에서 본 자기성찰지능」.『대구교육대학교 논문집』제40집.

정재걸(2006). 「『논어』와 탈근대 교육의 설계」.『동양사회사상』제14집.

정재걸(2007). 「나는 누구인가?-유식 30송의 경우」. 『교육철학』 제34집.
정재걸(2010). 「탈현대 사회와 교육에서의 종교성 회복」. 『교육철학』 제42집.
정재걸(2010). 『오래된 미래교육』. 살림터.
정재걸(2010). 『삶의 완성을 위한 죽음교육』. 방송통신대출판부.
정재걸(2013). 「『주역』과 마음교육」. 『교육철학』 제51집.
정재걸 외(2014). 「동양사상과 한국적 청소년 죽음교육 프로그램 개발」. 『한국학논집』 제56집.
정재걸(2015). 「극기(克己)와 무아(無我)의 교육학」. 『사회사상과 문화』 18(1).
정재걸(2016). 「『노자』와 탈현대 교육의 설계」. 『사회사상과 문화』 19(3).
정재걸(2017). 「인공지능 시대의 가상현실과 교육」. 『사회사상과 문화』 20(1).
정재걸 외(2014). 『동양사상과 마음교육』. 살림터.
정재걸 외(2014). 『주역과 탈현대 1·2』. 문사철.
정호·정이(1984). 『이정집(二程集)』 제1책·제4책. 중화서국.
조엘 스프링(2001). 『머리 속의 수레바퀴』. 조종인, 김회용 옮김. 양서원.
조계화·이윤주·이현지(2006). 『더 좋은 삶-삶을 강화하는 죽음 이야기』. 양서원.
조희연(2016). 「인공지능 시대의 미래교육」. 『인물과 사상』 221호.
존 로크·존 스튜어트 밀(1994). 『통치론/자유론』. 이극찬 옮김. 삼성출판사.
존 저잔(2009). 『문명에 반대한다』. 정승현·김상우 옮김. 와이즈북.
주희·여조겸(1991). 『근사록』. 정영호 편역. 자유문고.
주희(1998). 『주자어류』. 허탁·이요성 역주. 청계출판사.
중국철학연구회 편저(1994). 『중국의 사회사상』. 형설출판사.
진래(2003). 『양명철학』. 전병욱 옮김. 예문서원.
진순(1995). 『북계자의』. 김영민 옮김. 예문서원.
진현종(2003). 『틱낫한 스님과의 소박한 만남』. 명진출판.
천세영(2016). 「4차 산업혁명시대의 스마트교육」. 『월간교육』 10월호.
카터 핍스(2016). 『인간은 무엇이 되려 하는가』. 이진영 옮김. 김영사.
케빈 켈리(2017). 『인에비터블 미래의 정체』. 이한음 옮김. 청림출판.
케이트 윌헬름(2016). 『노래하던 새들도 지금은 사라지고』. 정소연 옮김. 아작.
켄 윌버(2015). 『무경계』. 김철수 옮김. 정신세계사.
크리스틴 롱가커(2006). 『죽음 앞에서 만나는 새로운 삶』. 조원현 옮김. 계명대학교출판부.
클라우스 슈밥(2016). 『제4차 산업혁명』. 송경진 옮김. 새로운현재.
클라우스 슈밥(2016). 『클라우스 슈밥의 제4차 산업혁명: 특집 [비디오 녹화 자료]』. EBS 미디어.
클라우스 슈밥 외(2016). 『4차 산업 혁명의 충격: 과학기술 혁명이 몰고 올 기회와 위협』. 흐름출판.
타라 브랙(2013). 『받아들임』. 김선주·김정호 옮김. 불광출판사.
타라 브랙(2014). 『삶에서 깨어나기』. 윤서인 옮김. 불광출판사.
틱낫한(2001). 『귀향』. 오강남 옮김. 모색.
틱낫한(2002). 『틱낫한의 평화로움』. 류시화 옮김. 열림원.
틱낫한(2002). 『화』. 최수민 옮김. 명진출판.
틱낫한(2002). 『부디 나를 참이름으로 불러다오』. 이현주 옮김. 두레.
틱낫한(2002). 『거기서 그것과 하나 되시게』. 이현주 옮김. 나무심는사람.
틱낫한(2003). 『힘』. 진우기 옮김. 명진출판.

틱낫한(2003). 『주머니 속의 조약돌』. 김이숙 옮김. 열림원.

틱낫한(2003). 『죽음도 없이 두려움도 없이』. 허문명 옮김. 나무심는사람.

틱낫한·달라이 라마 외(2000). 『이 세상은 나의 사랑이며 또한 나다』. 진우기·신진욱 옮김. 양문.

폴 보가드(2014). 『잃어버린 밤을 찾아서』. 노태복 옮김. 뿌리와이파리.

프란츠 알트(Franz Alt)(2003). 『생태주의자 예수』. 손성현 옮김. 나무심는사람.

프랜시스 후쿠야마(2007). 『역사의 종말』. 이상훈 옮김. 한마음사.

피르빌라야트 이나야트(2004). 『숨겨진 보물을 찾아서-삶과 죽음의 연금술 수피즘』. 이현주 옮김. 삼인.

피에르 클라스트르(2005). 『국가에 대항하는 사회-정치인류학 논고』. 홍성흡 옮김. 이학사.

피천득 외 지음(2001). 이강엽 엮음. 『노인예찬』. 평민사.

피터 노와 (2015). 『휴먼 3.0: 미래 사회를 지배할 새로운 인류의 탄생』. 김유미 옮김. 새로운 현재.

하비 콕스(Harvey Cox)(2010). 『세속도시』. 이상률 옮김. 문예출판사.

한병철(2014). 『시간의 향기』. 김태환 옮김. 문학과지성사.

한병철(2014). 『피로사회』. 김태환 옮김. 문학과지성사.

한병철(2015). 『심리정치』. 김태환 옮김. 문학과지성사.

헤르베르트 마르쿠제(2004). 『에로스와 문명』. 김인환 옮김. 나남.

헬레나 노르베리-호지(Helena Norberg-Hodge)(1996). 『오래된 미래』. 김종철·김태언 옮김. 녹색평론사.

홍승표(2002). 『깨달음의 사회학』. 예문서원.

홍승표(2003). 『존재의 아름다움』. 예문서원.

홍승표(2005). 『동양사상과 탈현대』. 예문서원.

홍승표(2009). 「통일체적 세계관과 인간적 노동의 구현」. 『동양사회사상학회 2009 기획학술대회 발표 논문집』.

홍승표(2011). 『동양사상과 탈현대적 삶』. 계명대학교출판부.

회산계현(晦山戒顯)(1993). 『선문단련설(禪門鍛鍊說)』. 연관(然觀) 역주. 불광출판사.

후쿠자와 유키치(福澤諭吉)(1986). 『문명론의 개략』. 정명환 옮김. 홍성사.

휴버트 드레이프스, 숀 켈리(2013). 『모든 것은 빛난다』. 김동규 옮김. 사월의책.

Legge James.(1963). 『*The I Ching*』. N. Y.: Dover Publication. Inc.

Fritjof Capra.(1992). 『*The Turning Point*』. N. Y.: Simon & Schuster.

Wilhelm/Baynes.(1968). 『*The I Ching*』. Princeton University Press.

『경향신문』 2011년 7월 7일 자.

『경향신문』 2011년 12월 14일 자.

『경향신문』 2012년 9월 3일 자.

『동아일보』 2011년 7월 15일 자.

『조선일보』 2015년 2월 23일 자.

『한국일보』 2015년 3월 4일 자.

삶의 행복을 꿈꾸는 교육은 어디에서 오는가?

▶ 교육혁명을 앞당기는 배움책 이야기
혁신교육의 철학과 잉걸진 미래를 만나다!

한국교육연구네트워크 총서

01 핀란드 교육혁명
한국교육연구네트워크 엮음 | 320쪽 | 값 15,000원

02 일제고사를 넘어서
한국교육연구네트워크 엮음 | 284쪽 | 값 13,000원

03 새로운 사회를 여는 교육혁명
한국교육연구네트워크 엮음 | 380쪽 | 값 17,000원

04 교장제도 혁명
한국교육연구네트워크 엮음 | 268쪽 | 값 14,000원

05 새로운 사회를 여는 교육자치 혁명
한국교육연구네트워크 엮음 | 312쪽 | 값 15,000원

06 혁신학교에 대한 교육학적 성찰
한국교육연구네트워크 엮음 | 308쪽 | 값 15,000원

07 진보주의 교육의 세계적 동향
한국교육연구네트워크 엮음 | 324쪽 | 값 17,000원
2018 세종도서 학술부문

08 더 나은 세상을 위한 학교혁명
한국교육연구네트워크 엮음 | 404쪽 | 값 21,000원
2018 세종도서 교양부문

혁신학교
성열관·이순철 지음 | 224쪽 | 값 12,000원

행복한 혁신학교 만들기
초등교육과정연구모임 지음 | 264쪽 | 값 13,000원

서울형 혁신학교 이야기
이부영 지음 | 320쪽 | 값 15,000원

혁신교육, 철학을 만나다
브렌트 데이비스·데니스 수마라 지음
현인철·서용선 옮김 | 304쪽 | 값 15,000원

혁신교육 존 듀이에게 묻다
서용선 지음 | 292쪽 | 값 14,000원

다시 읽는 조선 교육사
이만규 지음 | 750쪽 | 값 33,000원

대한민국 교육혁명
교육혁명공동행동 연구위원회 지음 | 224쪽 | 값 12,000원

한국교육연구네트워크 번역 총서

01 프레이리와 교육
존 엘리아스 지음 | 한국교육연구네트워크 옮김
276쪽 | 값 14,000원

02 교육은 사회를 바꿀 수 있을까?
마이클 애플 지음 | 강희룡·김선우·박원순·이형빈 옮김
356쪽 | 값 16,000원

**03 비판적 페다고지는
세상을 변화시킬 수 있는가?**
Seewha Cho 지음 | 심성보·조시화 옮김 | 280쪽 | 값 14,000원

04 마이클 애플의 민주학교
마이클 애플·제임스 빈 엮음 | 강희룡 옮김 | 276쪽 | 값 14,000원

05 21세기 교육과 민주주의
넬 나딩스 지음 | 심성보 옮김 | 392쪽 | 값 18,000원

**06 세계교육개혁:
민영화 우선인가 공적 투자 강화인가?**
린다 달링-해먼드 외 지음 | 심성보 외 옮김 | 408쪽 | 값 21,000원

대한민국 교사, 어떻게 가르칠 것인가?
윤성관 지음 | 320쪽 | 값 15,000원

아이들을 어떻게 가르칠 것인가
사토 마나부 지음 | 박찬영 옮김 | 232쪽 | 값 13,000원

모두를 위한 국제이해교육
한국국제이해교육학회 지음 | 364쪽 | 값 16,000원

경쟁을 넘어 발달 교육으로
현광일 지음 | 288쪽 | 값 14,000원

독일 교육, 왜 강한가?
박성희 지음 | 324쪽 | 값 15,000원

핀란드 교육의 기적
한넬레 니에미 외 엮음 | 장수명 외 옮김 | 456쪽 | 값 23,000원

한국 교육의 현실과 전망
심성보 지음 | 724쪽 | 값 35,000원

▶ 비고츠키 선집 시리즈
발달과 협력의 교육학 어떻게 읽을 것인가?

생각과 말
레프 세묘노비치 비고츠키 지음
배희철·김용호·D. 켈로그 옮김 | 690쪽 | 값 33,000원

성장과 분화
L.S. 비고츠키 지음 | 비고츠키 연구회 옮김
308쪽 | 값 15,000원

도구와 기호
비고츠키·루리야 지음 | 비고츠키 연구회 옮김
336쪽 | 값 16,000원

연령과 위기
L.S. 비고츠키 지음 | 비고츠키 연구회 옮김
336쪽 | 값 17,000원

어린이 자기행동숙달의 역사와 발달 I
L.S. 비고츠키 지음 | 비고츠키 연구회 옮김
564쪽 | 값 28,000원

의식과 숙달
L.S 비고츠키 | 비고츠키 연구회 옮김
348쪽 | 값 17,000원

어린이 자기행동숙달의 역사와 발달 II
L.S. 비고츠키 지음 | 비고츠키 연구회 옮김
552쪽 | 값 28,000원

분열과 사랑
L.S. 비고츠키 지음 | 비고츠키 연구회 옮김
260쪽 | 값 16,000원

어린이의 상상과 창조
L.S. 비고츠키 지음 | 비고츠키 연구회 옮김
280쪽 | 값 15,000원

성애와 갈등
L.S. 비고츠키 지음 | 비고츠키 연구회 옮김
268쪽 | 값 17,000원

비고츠키와 인지 발달의 비밀
A.R. 루리야 지음 | 배희철 옮김 | 280쪽 | 값 15,000원

관계의 교육학, 비고츠키
진보교육연구소 비고츠키교육학실천연구모임 지음
300쪽 | 값 15,000원

수업과 수업 사이
비고츠키 연구회 지음 | 196쪽 | 값 12,000원

비고츠키 생각과 말 쉽게 읽기
진보교육연구소 비고츠키교육학실천연구모임 지음
316쪽 | 값 15,000원

비고츠키의 발달교육이란 무엇인가?
비고츠키교육학실천연구모임 지음 | 412쪽 | 값 21,000원

교사와 부모를 위한 비고츠키 교육학
카르포프 지음 | 실천교사번역팀 옮김 | 308쪽 | 값 15,000원

▶ 살림터 참교육 문예 시리즈
영혼이 있는 삶을 가르치는 온 선생님을 만나다!

꽃보다 귀한 우리 아이는
조재도 지음 | 244쪽 | 값 12,000원

선생님이 먼저 때렸는데요
강병철 지음 | 248쪽 | 값 12,000원

성깔 있는 나무들
최은숙 지음 | 244쪽 | 값 12,000원

서울 여자, 시골 선생님 되다
조경선 지음 | 252쪽 | 값 12,000원

아이들에게 세상을 배웠네
명혜정 지음 | 240쪽 | 값 12,000원

행복한 창의 교육
최창의 지음 | 328쪽 | 값 15,000원

밥상에서 세상으로
김흥숙 지음 | 280쪽 | 값 13,000원

북유럽 교육 기행
정애경 외 14인 지음 | 288쪽 | 값 14,000원

우물쭈물하다 끝난 교사 이야기
유기창 지음 | 380쪽 | 값 17,000원

▶ 4·16, 질문이 있는 교실 마주이야기
통합수업으로 혁신교육과정을 재구성하다!

통하는 공부
김태호·김형우·이경석·심우근·허진만 지음
324쪽 | 값 15,000원

내일 수업 어떻게 하지?
아이함께 지음 | 300쪽 | 값 15,000원
2015 세종도서 교양부문

인간 회복의 교육
성래운 지음 | 260쪽 | 값 13,000원

교과서 너머 교육과정 마주하기
이윤미 외 지음 | 368쪽 | 값 17,000원

수업 고수들 수업·교육과정·평가를 말하다
박현숙 외 지음 | 368쪽 | 값 17,000원

도덕 수업, 책으로 묻고 윤리로 답하다
울산도덕교사모임 지음 | 320쪽 | 값 15,000원

체육 교사, 수업을 말하다
전용진 지음 | 304쪽 | 값 15,000원

교실을 위한 프레이리
아이러 쇼어 엮음 | 사람대사람 옮김 | 412쪽 | 값 18,000원

마을교육공동체란 무엇인가?
서용선 외 지음 | 360쪽 | 값 17,000원

교사, 학교를 바꾸다
정진화 지음 | 372쪽 | 값 17,000원

함께 배움
학생 주도 배움 중심 수업 이렇게 한다
니시카와 준 지음 | 백경석 옮김 | 280쪽 | 값 15,000원

공교육은 왜?
홍섭근 지음 | 352쪽 | 값 16,000원

자기혁신과 공동의 성장을 위한
교사들의 필리버스터
윤양수·원종희·장군·조경삼 지음 | 280쪽 | 값 14,000원

함께 배움 이렇게 시작한다
니시카와 준 지음 | 백경석 옮김 | 196쪽 | 값 12,000원

함께 배움 교사의 말하기
니시카와 준 지음 | 백경석 옮김 | 188쪽 | 값 12,000원

교육과정 통합, 어떻게 할 것인가?
성열관 외 지음 | 192쪽 | 값 13,000원

미래교육의 열쇠, 창의적 문화교육
심광현·노명우·강정석 지음 | 368쪽 | 값 16,000원

주제통합수업, 아이들을 수업의 주인공으로!
이윤미 외 지음 | 392쪽 | 값 17,000원

수업과 교육의 지평을 확장하는 수업 비평
윤양수 지음 | 316쪽 | 값 15,000원
2014 문화체육관광부 우수교양도서

교사, 선생이 되다
김태은 외 지음 | 260쪽 | 값 13,000원

교사의 전문성, 어떻게 만들어지나
국제교원노조연맹 보고서 | 김석규 옮김 392쪽 | 값 17,000원

수업의 정치
윤양수·원종희·장군 지음 | 280쪽 | 값 14,000원

학교협동조합,
현장체험학습과 마을교육공동체를 잇다
주수원 외 지음 | 296쪽 | 값 15,000원

거꾸로교실,
잠자는 아이들을 깨우는 수업의 비밀
이민경 지음 | 280쪽 | 값 14,000원

교사는 무엇으로 사는가
정은균 지음 | 292쪽 | 값 15,000원

마음의 힘을 기르는 감성수업
조선미 외 지음 | 300쪽 | 값 15,000원

작은 학교 아이들
지경준 엮음 | 376쪽 | 값 17,000원

아이들의 배움은 어떻게 깊어지는가
이시이 준지 지음 | 방지현·이창희 옮김 | 200쪽 | 값 11,000원

대한민국 입시혁명
참교육연구소 입시연구팀 지음 | 220쪽 | 값 12,000원

교사를 세우는 교육과정
박승열 지음 | 312쪽 | 값 15,000원

전국 17명 교육감들과 나눈
교육 대담
최창의 대담·기록 | 272쪽 | 값 15,000원

들뢰즈와 가타리를 통해
유아교육 읽기
리세롯 마리엣 올슨 지음 | 이연선 외 옮김 | 328쪽 | 값 17,000원

학교 혁신의 길, 아이들에게 묻다
남궁상운 외 지음 | 272쪽 | 값 15,000원

 프레이리의 사상과 실천
사람대사람 지음 | 352쪽 | 값 18,000원
2018 세종도서 학술부문

 혁신학교, 한국 교육의 미래를 열다
송순재 외 지음 | 608쪽 | 값 30,000원

 페다고지를 위하여
프레네의 『페다고지 불변요소』 읽기
박찬영 지음 | 296쪽 | 값 15,000원

 노자와 탈현대 문명
홍승표 지음 | 284쪽 | 값 15,000원

 선생님, 민주시민교육이 뭐예요?
염경미 지음 | 244쪽 | 값 15,000원

 어쩌다 혁신학교
유우석 외 지음 | 380쪽 | 값 17,000원

 미래, 교육을 묻다
정광필 지음 | 232쪽 | 값 15,000원

 대학, 협동조합으로 교육하라
박주희 외 지음 | 252쪽 | 값 15,000원

 입시, 어떻게 바꿀 것인가?
노기원 지음 | 306쪽 | 값 15,000원

 촛불시대, 혁신교육을 말하다
이용관 지음 | 240쪽 | 값 15,000원

 라운드 스터디
이시이 데루마사 외 엮음 | 224쪽 | 값 15,000원

 미래교육을 디자인하는 학교교육과정
박승열 외 지음 | 348쪽 | 값 18,000원

 흥미진진한 아일랜드 전환학년 이야기
제리 제퍼스 지음 | 최상덕·김호원 옮김 | 508쪽 | 값 27,000원

 폭력 교실에 맞서는 용기
따돌림사회연구모임 학급운영팀 지음 | 272쪽 | 값 15,000원

 학교 민주주의의 불한당들
정은균 지음 | 276쪽 | 값 14,000원

 교육과정, 수업, 평가의 일체화
리사 카터 지음 | 박승열 외 옮김 | 196쪽 | 값 13,000원

 학교를 개선하는 교장
지속가능한 학교 혁신을 위한 실천 전략
마이클 풀란 지음 | 서동연·정효준 옮김 | 216쪽 | 값 13,000원

 공자뎐, 논어는 이것이다
유문상 지음 | 392쪽 | 값 18,000원

 교사와 부모를 위한
발달교육이란 무엇인가?
현광일 지음 | 380쪽 | 값 18,000원

 교사, 이오덕에게 길을 묻다
이무완 지음 | 328쪽 | 값 15,000원

 낙오자 없는 스웨덴 교육
레이프 스트란드베리 지음 | 변광수 옮김 | 208쪽 | 값 13,000원

 끝나지 않은 마지막 수업
장석웅 지음 | 328쪽 | 값 20,000원

 경기꿈의학교
진흥섭 외 지음 | 360쪽 | 값 17,000원

 학교를 말한다
이성우 지음 | 292쪽 | 값 15,000원

 행복도시 세종, 혁신교육으로 디자인하다
곽순일 외 지음 | 392쪽 | 값 18,000원

 나는 거꾸로 교실 거꾸로 교사
류광모·임정훈 지음 | 212쪽 | 값 13,000원

 교실 속으로 간 이해중심 교육과정
온정덕 외 지음 | 224쪽 | 값 13,000원

 교실, 평화를 말하다
따돌림사회연구모임 초등우정팀 지음 | 268쪽 | 값 15,000원

▶ 교과서 밖에서 만나는 역사 교실
상식이 통하는 살아 있는 역사를 만나다

전봉준과 동학농민혁명
조광환 지음 | 336쪽 | 값 15,000원

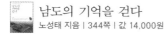
남도의 기억을 걷다
노성태 지음 | 344쪽 | 값 14,000원

응답하라 한국사 1·2
김은석 지음 | 356쪽·368쪽 | 각권 값 15,000원

즐거운 국사수업 32강
김남선 지음 | 280쪽 | 값 11,000원

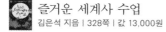
즐거운 세계사 수업
김은석 지음 | 328쪽 | 값 13,000원

강화도의 기억을 걷다
최보길 지음 | 276쪽 | 값 14,000원

광주의 기억을 걷다
노성태 지음 | 348쪽 | 값 15,000원

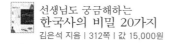
**선생님도 궁금해하는
한국사의 비밀 20가지**
김은석 지음 | 312쪽 | 값 15,000원

걸림돌
키르스텐 세룹-빌펠트 지음 | 문봉애 옮김
248쪽 | 값 13,000원

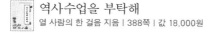
역사수업을 부탁해
열 사람의 한 걸음 지음 | 388쪽 | 값 18,000원

진실과 거짓, 인물 한국사
하성환 지음 | 400쪽 | 값 18,000원

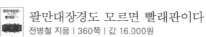
교과서 밖에서 배우는 역사 공부
정은교 지음 | 292쪽 | 값 14,000원

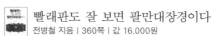
팔만대장경도 모르면 빨래판이다
전병철 지음 | 360쪽 | 값 16,000원

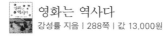
빨래판도 잘 보면 팔만대장경이다
전병철 지음 | 360쪽 | 값 16,000원

영화는 역사다
강성률 지음 | 288쪽 | 값 13,000원

친일 영화의 해부학
강성률 지음 | 264쪽 | 값 15,000원

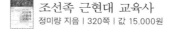
한국 고대사의 비밀
김은석 지음 | 304쪽 | 값 13,000원

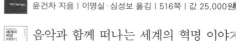
조선족 근현대 교육사
정미량 지음 | 320쪽 | 값 15,000원

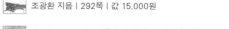
다시 읽는 조선근대교육의 사상과 운동
윤건차 지음 | 이명실·심성보 옮김 | 516쪽 | 값 25,000원

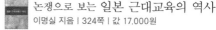
음악과 함께 떠나는 세계의 혁명 이야기
조광환 지음 | 292쪽 | 값 15,000원

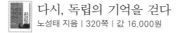
논쟁으로 보는 일본 근대교육의 역사
이명실 지음 | 324쪽 | 값 17,000원

다시, 독립의 기억을 걷다
노성태 지음 | 320쪽 | 값 16,000원

▶ 평화샘 프로젝트 매뉴얼 시리즈
학교폭력에 대한 근본적인 예방과 대책을 찾는다

학교폭력 어떻게 만들어지는가
문재현 외 지음 | 300쪽 | 값 14,000원

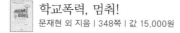
학교폭력, 멈춰!
문재현 외 지음 | 348쪽 | 값 15,000원

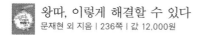
왕따, 이렇게 해결할 수 있다
문재현 외 지음 | 236쪽 | 값 12,000원

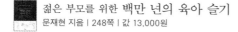
젊은 부모를 위한 백만 년의 육아 슬기
문재현 지음 | 248쪽 | 값 13,000원

아이들을 살리는 동네
문재현·신동명·김수동 지음 | 204쪽 | 값 10,000원

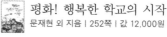
평화! 행복한 학교의 시작
문재현 외 지음 | 252쪽 | 값 12,000원

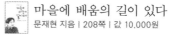
마을에 배움의 길이 있다
문재현 지음 | 208쪽 | 값 10,000원

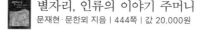
별자리, 인류의 이야기 주머니
문재현·문한뫼 지음 | 444쪽 | 값 20,000원

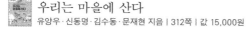
우리는 마을에 산다
유양우·신동명·김수동·문재현 지음 | 312쪽 | 값 15,000원

▶ 더불어 사는 정의로운 세상을 여는 인문사회과학
사람의 존엄과 평등의 가치를 배운다

밥상혁명
강양구·강이현 지음 | 298쪽 | 값 13,800원

좌우지간 인권이다
안경환 지음 | 288쪽 | 값 13,000원

도덕 교과서 무엇이 문제인가?
김대용 지음 | 272쪽 | 값 14,000원

민주시민교육
심성보 지음 | 544쪽 | 값 25,000원

자율주의와 진보교육
조엘 스프링 지음 | 심성보 옮김 | 320쪽 | 값 15,000원

민주시민을 위한 도덕교육
심성보 지음 | 500쪽 | 값 25,000원
2015 세종도서 학술부문

민주화 이후의 공동체 교육
심성보 지음 | 392쪽 | 값 15,000원
2009 문화체육관광부 우수학술도서

교과서 밖에서 배우는 인문학 공부
정은교 지음 | 280쪽 | 값 13,000원

갈등을 넘어 협력 사회로
이창언·오수길·유문종·신윤관 지음 | 280쪽 | 값 15,000원

오래된 미래교육
정재걸 지음 | 392쪽 | 값 18,000원

동양사상과 마음교육
정재걸 외 지음 | 356쪽 | 값 16,000원
2015 세종도서 학술부문

대한민국 의료혁명
전국보건의료산업노동조합 엮음 | 548쪽 | 값 25,000원

교과서 밖에서 배우는 철학 공부
정은교 지음 | 280쪽 | 값 14,000원

교과서 밖에서 배우는 고전 공부
정은교 지음 | 288쪽 | 값 14,000원

교과서 밖에서 배우는 사회 공부
정은교 지음 | 304쪽 | 값 15,000원

전체 안의 전체 사고 속의 사고
김우창의 인문학을 읽다
현광일 지음 | 320쪽 | 값 15,000원

교과서 밖에서 배우는 윤리 공부
정은교 지음 | 292쪽 | 값 15,000원

카스트로, 종교를 말하다
피델 카스트로·프레이 베토 대담 | 조세종 옮김
420쪽 | 값 21,000원

한글 혁명
김슬옹 지음 | 388쪽 | 값 18,000원

일제강점기 한국철학
이태우 지음 | 448쪽 | 값 25,000원

우리 안의 미래교육
정재걸 지음 | 484쪽 | 값 25,000원

▶ 창의적인 협력 수업을 지향하는 삶이 있는 국어 교실
우리말 글을 배우며 세상을 배운다

중학교 국어 수업 어떻게 할 것인가?
김미경 지음 | 340쪽 | 값 15,000원

토론의 숲에서 나를 만나다
명혜정 엮음 | 312쪽 | 값 15,000원

토닥토닥 토론해요
명혜정·이명선·조선미 엮음 | 288쪽 | 값 15,000원

인문학의 숲을 거니는 토론 수업
순천국어교사모임 엮음 | 308쪽 | 값 15,000원

어린이와 시
오인태 지음 | 192쪽 | 값 12,000원

수업, 슬로리딩과 함께
박경숙 외 지음 | 268쪽 | 값 15,000원

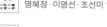

▶ 남북이 하나 되는 두물머리 평화교육
분단 극복을 위한 치열한 배움과 실천을 만나다

10년 후 통일
정동영·지승호 지음 | 328쪽 | 값 15,000원

 선생님, 통일이 뭐예요?
정경호 지음 | 252쪽 | 값 13,000원

분단시대의 통일교육
성래운 지음 | 428쪽 | 값 18,000원

 김창환 교수의 DMZ 지리 이야기
김창환 지음 | 264쪽 | 값 15,000원

한반도 평화교육 어떻게 할 것인가
이기범 외 지음 | 252쪽 | 값 15,000원

▶ 출간 예정

근간 **한국 교육 제4의 길을 찾다**
이길상 지음

근간 **선생님, 페미니즘이 뭐예요?**
염경미 지음

근간 **마을교육공동체 운동의 역사와 미래**
김용련 지음

근간 **경남 역사의 기억을 걷다**
류형진 외 지음

근간 **언어던**
정은균 지음

근간 **인성교육의 철학과 방법**
박제순 지음

근간 **교육이성 비판**
조상식 지음

근간 **교사 전쟁**
Dana Goldstein 지음 | 유성상 외 옮김

근간 **식물의 교육학**
이차영 지음

근간 **자유학기제란 무엇인가?**
최상덕 지음

근간 **콩도르세, 공교육에 관한 다섯 논문**
혁명 프랑스에 공교육의 기초를 묻다
니콜라 드 콩도르세 지음 | 이주환 옮김

근간 **한국 교육 어디서 와서 어디로 가는가?**
이주영 지음

근간 **신채호, 역사란 무엇인가?**
이주영 지음

근간 삶을 위한
국어교육과정, 어떻게 만들 것인가?
명혜정 지음

근간 민·관·학 협치 시대를 여는
마을교육공동체 만들기
김태정 지음

근간 **마을수업, 마을교육과정!**
서용선·백윤애 지음

근간 **민주주의와 교육**
Pilar Ocadiz, Pia Wong, Carlos Torres 지음| 유성상 옮김

근간 **즐거운 동아시아 수업**
김은석 지음

근간 **미국의 진보주의 교육 운동사**
윌리엄 헤이스 지음 | 심성보 외 옮김

근간 **혁신학교,**
다함께 만들어 가는 강명초 5년 이야기
이부영 지음

근간 민주시민교육을 위한
역사수업 어떻게 할 것인가?
황현정 지음

참된 삶과 교육에 관한
생각 줍기